Vahlefeld 100 Millionen Außenseiter

Hans Wilhelm Vahlefeld

100 Millionen Außenseiter

Die neue Weltmacht Japan

Econon Verlag · Düsseldorf · Wien

Bildquellen:
Japanisches Auswärtiges Amt, Tokio: 14; dpa: 4;
Orion Press, Tokio: 1

1.– 5.	Tausend	Januar	1969
6.– 8.	Tausend	April	1969
9.–13.	Tausend	Juni	1969
14.–16.	Tausend	Dezember	1969
17.–30.	Tausend	Januar	1971

Gesetzt aus 10 auf 12 Punkt Garamond der Linotype GmbH
Gesamtherstellung: Ebner, Ulm
Printed in Germany
ISBN 3 430 193109

RENA
die ich in Tokio heiratete

PETER
der in Tokio geboren wurde

INHALTSVERZEICHNIS

EINE GANZ PERSÖNLICHE BETRACHTUNG

Am 28. Juni 1958 kam ich mit der »Dresden« der Hamburg-Amerika-Linie in Yokohama an. Ein Schiffsoffizier sagte mir, ich solle ein Taxi nehmen, zum Bahnhof fahren und mich dort in den Zug nach Tokio setzen. Klopfenden Herzens, endlich im Land der aufgehenden Sonne zu sein, voll von Erinnerungen an traumschöne Bildbände, die es in heimatlichen Buchläden zu kaufen gibt, und verlockt vom Fernweh nach einer Kultur der Stille stand ich in der von Menschen wimmelnden Bahnhofshalle von Yokohama. Von niemandem erwartet und niemandem angekündigt, ohne Gehalt und Spesen – ich hatte zwölf Monate unbezahlten Urlaub genommen und zur Finanzierung der Reise in Hamburg meinen VW verkauft –, der Sprache unkundig und von den rätselhaften Schriftzeichen verwirrt, gelang es mir irgendwie, an irgendeinem Schalter eine Fahrkarte zu kaufen. Und so fuhr ich denn los.

Ich träumte von der Majestät des heiligen Berges Fuji, der weißen Pracht der Kirschblüten und der mandeläugigen Schönheit der Geishas. Ich sah im Geist Tempel und Schreine wie die Dome von Köln und Ulm in den Himmel ragen; Schlösser, deren Gestein von Größe und Ruhm aus langer Geschichte kündeten; blaue Meere, weiße Strände, grüne Wälder, saftige Wiesen und blühende Parks. Aber der Zug raste durch ein endloses Chaos niedriger Holzhäuser, blecherner Buden, trister Fabrikhallen und scheußlicher Mietskasernen. Die Ärmsten wohnten in Bretterverschlägen unter Eisenbahnbrücken, an Bambusstangen trocknete Wäsche, am Horizont qualmten Schlote, der Himmel hing voller Drähte und war noch grauer als über dem Ruhrgebiet.

Ich wartete darauf, daß mir auf dieser 45 Minuten langen Fahrt von Yokohama nach Tokio der heiße Atem des meditativen Zen-Buddhismus entgegenschlagen würde, dessen tiefer Sinn in Europa ganze Bibliotheken füllt; daß ich den alten stolzen Geist der

Samurai und die männliche Tapferkeit des Bushido erahnen und Menschen sehen und begegnen würde, aus deren kleinen Augen mir die Todesverachtung der Kamikaze-Flieger entgegenrätselte. Aber die Jünglinge auf den Bahnhöfen, die der Zug durchraste, trugen Röhrenhosen, Beatle-Frisuren und Holzsandalen; viele junge Mädchen geschlechtslose Marineblusen. Die Masse erschien mir eigentümlich gesichtslos und stoisch.

Der Zug hielt, und die Menschen stiegen aus. Aber ich blieb sitzen. Es mußte ja noch weitergehen nach Tokio! Unmöglich, daß die winzigen Kirmesbuden zu Füßen gigantischer Betonkästen ... dieses Brust-an-Brust von vorgestern und übermorgen ... dieses schockierende Durcheinander von Brettern, Sperrholz, Glas, Beton und Stahl die japanische Hauptstadt sein sollte. Ich hatte mir die größte Metropole der Welt als eine Mischung von Rom, Paris und New York vorgestellt. Ein Bahnbeamter in dunkelblauer Uniform und mit weißen Handschuhen kam auf mich zu und sprach mich an. Er verbeugte sich mehrmals, und als er merkte, daß ich den Schwall seiner gutturalen Laute nicht verstand, sagte er nur: »Tokio! Tokio! Tokio!« Er half mir die Koffer auf den Bahnsteig tragen – ich war angekommen.

Ich folgte dem Strom der Menschen – er würde mich schon zum Ausgang spülen. In der Bahnhofshalle entdeckte ich linker Hand in großen lateinischen Buchstaben »Japan Travel Bureau«. Ich ging hin, entbot, vom Koffertragen in der tropisch-feuchten Juni-Hitze schwitzend, artig meinen Gruß und bat auf englisch um die Adresse eines Ryokans, eines japanischen Hotels. Dort würde ich endlich finden, was ich suchte: Zimmer mit lyrischen Namen wie Chrysantheme, Morgenrot und weißer Schnee; zarte Dienerinnen in gekachelten Bädern, die dem müden Reisenden den Rücken schrubbten und den Leib massierten. Nachts würde der Mond scheinen und im Gärtchen auf einem Zederchen eine Nachtigall singen

Die freundlichen Mädchen vom Japan Travel Bureau beantworteten mein Englisch nur mit einem Lächeln. Sie waren so höflich, wie wir es sind, wenn uns ein Fremder in suaheli anspricht. Sie baten mich, hinter den Schalter zu kommen, schoben mir einen Stuhl und eine Tasse grünen Tee hin und telefonierten. Das heiße grüne Wasser im klassischen Land des Tees schmeckte nach Fisch und Seetang. Ein junger Japaner kam und behauptete von sich, er spreche Englisch. Nach sechzig Sekunden wußte ich, daß sein Wortschatz mit »yes« erschöpft war. Aber nach fünfzehn Minuten ging ihm schließlich ein Ahnen auf, daß der vor ihm sitzende Gaijin (Ausländer) möglicherweise ein Hotel suchen könnte. Er saugte Luft zwischen den Zähnen ein, stammelte meinen deutschen Ohren vertraute Heimatlaute, »ach so« und »nee«, nahm Zettel und Bleistift und kritzelte in erstaunlicher Geschwindigkeit ein paar Schriftzeichen hin. Er packte einen meiner Koffer, hieß mich mit den übrigen folgen und setzte mich in ein Taxi.

Der Fahrer gab Gas und raste los. Wir jagten durch Schlaglöcher und über fußhohe Kanaldeckel; überquerten Kreuzungen bei Gelblicht und schafften mit der Hand auf der Hupe schmalbrüstige Gassen im 50-km-Tempo. Entgegenkommende Wagen stoppten, wenn wir überholten; Einbieger, die den fließenden Verkehr blockierten, umsteuerten wir wie Slalomtore. Wer in Tokio bremst, ist feige.

Auf einer abschüssigen Gasse hupte der Taxifahrer dreimal kurz und hielt. Ich hörte das Geklapper von hölzernen Sandaletten. Eine Japanerin öffnete die Wagentür, und drei weitere stürzten sich auf mein Gepäck. Sie trugen Arbeitskimonos und weiße Kopftücher wie zu Hause unsere Mütter beim Hausputz. Alle verbeugten sich und geleiteten mich klappernd und plappernd über Steinstufen zwischen kleinen Felsen, die wie gewaschen aussahen, ins Hotel. Es war ein unter Bäumen verstecktes zweistöckiges Gartenhaus mit gläsernen Veranden. Im kleinen Foyer knieten der Manager und das weibliche Personal des ehrenwerten Hauses bis zur letzten Putzfrau.

Ich zog die Schuhe aus, schlüpfte in Pantoffeln und schritt im Kielwasser eines Zimmermädchens durch das Spalier der Knienden wie ein Pascha. Alle verbeugten sich und berührten dabei mit der Stirn den lackierten, spiegelblanken Holzboden. Vor dem mir zugedachten Zimmer das erste Pantoffelpaar zurücklassend und in ein zweites schlüpfend, betrat ich meine Bleibe für die kommenden Wochen. Ich stand in einem großen, niedrigen, zweiteiligen Zimmer.

Das erste europäische Drittel war möbliert mit Sessel, Couch und Rauchtisch; in dem nur mit Socken oder barfuß zu betretenden Tatami-Raum standen ein Fernsehapparat, ein fußhoher Lacktisch, Telefon, Wasserkesselchen, Gasöfchen und ein winziges Toilettentischchen, vor dem ich nur auf dem Bauche liegend meine Haare kämmen konnte.

Ich sagte dem Zimmermädchen, daß ich Hunger hätte. Morgens um sieben Uhr hatte ich die letzte Scheibe Brot gegessen, und es war inzwischen früher Nachmittag geworden. Sie lächelte. Als ich merkte, daß sie mich nicht verstand, redete ich in Zeichensprache. Ich öffnete gähnend den Mund, vollführte dramatische Gesten des Hineinstopfens, ließ Ober- und Unterkiefer aufeinanderschlagen, kaute, krümmte mich und rieb mir die Bauchgegend. Mein Zimmermädchen aber lächelte weiter. Plötzlich fühlte ich ihre zarten Hände auf meinem breiten Rücken. Ach so, dachte ich, zunächst das Bad! Sie zog mir die Jacke aus, es war heiß: 30 Grad und noch dazu sehr feucht. Dann aber verließ sie das Zimmer.

Als sie zurückkam, kniete sie nieder und stellte ein Täßchen grünen Tee und ein kleines Tellerchen mit einem winzigen Gebäckstückchen auf das niedrige Tischchen. Aber ich wollte weder Tee noch Süßes – ich hatte Hunger! Ich vollführte den Zeichensprachentanz ein zweites Mal. Aber wiederum lächelte sie nur. Ich wurde nervös. In dem Zimmer bewegte sich kein Lüftchen. Ich sagte »essen« – ich sagte »eat« – ich sagte »manger« – ich sagte »mangiare«: sie schien Gefallen an mir zu haben, denn sie lächelte weiter. Ich ging zu der Blumenvase vor dem Rollbild in der heiligen Nische des Zimmers und spielte Kuh, die Blumen frißt. Jetzt endlich schien mein Zimmermädchen mich verstanden zu haben. Sie öffnete die Tür, bat mich heraus und führte mich in die Küche. Dort öffnete sie alle Schränke. Im Eisschrank entdeckte ich vier Eier. Ich nahm sie, griff eine Pfanne und deutete über dem Gasherd an, daß ich Spiegeleier haben wollte. Dann ging alles sehr schnell, und ich war sehr bald satt.

Für die Zimmermädchen und den alten Mann, der den Ofen für das Ofuro heizte, in dem ich mich auf niedrigsten Schemelchen aus winzigsten Schüsselchen wusch, bevor ich in das kochendheiße Wasser der Sitzwanne stieg, war ich ein Mensch von einem anderen Stern. Wann und wo ich auftauchte, hielten sie in der Arbeit inne, staunten mich an und lächelten; ich staunte zurück und lächelte ebenfalls. Abends beim Essen, das mir im Schneidersitz auf der Tatami hockend von meiner Humie-san kniend serviert wurde, gesellten sich gelegentlich ihre Kolleginnen hinzu, sangen Lieder, tanzten und hatten ihre Freude dran, wenn mir die schleimigen Schlinggewächse von den Eßstäbchen glitten.

Ich werde nie den Schrecken vergessen, als mir das erste echt japanische Frühstück vorgesetzt wurde. Auf Schüsselchen und Tellerchen lagen ganze Fische und halbe Fische; Fisch in Scheiben und Fisch in Würfeln; roher Fisch und gekochter Fisch; lila Knollen und kartoffelgraue; Senf so schwarz wie Teer und nie gesehene Wurzeln, kalt oder lauwarm. Aus der klaren Suppe in der dunklen Lackschale blickten mir die Glubschaugen eines toten Zierfischchens entgegen. Alles war garniert mit hier einem Marienblümchen und dort einem Blättchen. Aber trotz des liebevollen Blumen- und Petersilienarrangements bleibt ein japanisches Frühstück auch für den Magen eines Liebhabers des Landes ein Schreck in früher Morgenstunde. Es dauerte einige Zeit, bis man O-sashimi – den rohen Fisch; O-sushi – den rohen Fisch auf kalten Reisbällchen – und Tempura, die in heißem Öl gebackenen Langusten, lieben lernt. Aber dann können sie zu Delikatessen und begehrter als Kaviar oder Hummer werden. Grundsätzlich essen Japaner mit den Augen. Sie haben das künstlerische Arrangement ihrer kargen Kost zu einem solchen Ästhetizismus kultiviert, daß ihre gedeckten Tische eigentlich nichts für Hungernde, sondern nur für Fotografen sind.

Das Onishi-Hotel gegenüber der Tokio-Universität war für mich eine Insel der Seligkeit, wenn ich abends erschöpft und mit meinem freiwilligen Los hadernd aus dem nervenbelastenden Lärm und Chaos des Monstrums Tokio zurückkehrte. Ich wurde von meinem Zimmermädchen Humie-san mit oyasumi-nasai zu Bett gebracht und mit ohaiyo-gozaimasu am nächsten Morgen wieder geweckt. Die schmutzige Wäsche des Vortages lag dann gewaschen und gebügelt im Korb. Am Japanischen in Japan konnte ich ausruhen und entspannen. Aber japanisch war das Land eigentlich nur nach Feierabend; tagsüber schien es mir seine Seele verloren zu haben.

Denn was war noch japanisch an Tokio? Die Strip-teaser in den Kellerschuppen von Asakusa, die als Nonnen verkleidet mit brennenden Kerzen auf der Bühne erschienen und sich auszogen nach der Melodie »Kommt, lasset uns anbeten«? Der Sadismus und die Perversitäten auf den Kinoleinwänden in Shibuya und Shinjuku? Der Schlager der Weihnachtssaison »Stille Nacht, heilige Nacht«, nach dem die mit Pappnasen und bunten Papiermützen geschmückten Paare auf den Parketts der Cabarets Wange an Wange tanzten? Waren Mozart, Beethoven und Schubert Japaner, deren Symphonien und Lieder aus den Lautsprechern der Kaufhäuser täglich acht Stunden auf die wimmelnden Menschenmassen herunterrieselten? Waren die vollautomatischen Kegelbahnen japanischen Ursprungs, wo von morgens zehn Uhr bis mitternachts auf jeweils 104 Bahnen die Kugeln rollten und die Puppen flogen? Oder die dreistöckigen Golf-Terrassen, wo mehrere hundert Anfänger über- und nebeneinander in monotonem Ehrgeiz die kleinen Bälle in haushohe Netze schlugen? Oder die Pachinko-Hallen, vor deren Automatenreihen Männer und Frauen mit schicksalsergebener Spielleidenschaft knickergroße Metallkugeln klingelnd in die Kästen schossen? War es noch japanisch, daß beinahe täglich Demonstranten mit Stirnbändern und farbigen Schutzhelmen vom Hibiya-Park aus in das Regierungsviertel zogen? Daß in den Leitartikelspalten der Zeitungen die Regierung nur kritisiert wurde? Daß Schüler und Studenten Lehrer und Professoren einsperrten und Schulen und Universitäten in Belagerungszustand versetzten?

Wo war denn das Japan, das in Europa so sehr die Phantasie beschäftigt? Im Kabuki-Theater, diesem einzigen Theaterchen seiner Gattung in einer Stadt von elf Millionen Menschen? Auf den Nô-Bühnen, zu denen sich alle Taxifahrer zunächst einmal verfuhren? Im Nationalmuseum für japanische Kunst in Ueno, in dessen gähnend leeren Galerien die Schritte von den Wänden widerhallten? Wo konnte man sie denn noch finden – die Kultur der Stille? In Ikebukuro, wo einem vom Geplärr der Lautsprecher die Ohren schmerzten? Auf dem 4000 m hohen Fuji, den ich von 20 000 Menschen eingekeilt durch Berge weggeworfener Konservendosen erkletterte, so daß ich vor lauter Gewimmel und Abfall kaum noch Landschaft sah? Die im Ausland so viel gerühmte Ästhetik der Japaner – wo war sie denn? In Tokio nicht – diesem Chaos, das an Häßlichkeit auf der Welt seinesgleichen sucht – und auch nicht in Osaka, der zweitgrößten, aber noch viel schlimmeren Stadt des Landes. An dem von Plastiktüten, Orangen- und Bananenschalen übersäten lavaschwarzen Strand bei Enoshima entdeckte ich sie auch nicht. Und auch nicht im Hibiya-Park, in dem die wenigen Bäume unter der Dreckglocke erstickten und umwickelt und gestützt werden mußten. Ich wollte in Tokio Japan sehen und fand es nicht.

Dafür begegnete ich auf Bahnsteigen und öffentlichen Plätzen dem »Männeken Piss« aus Brüssel, dürftig bekleideten Grazien des europäischen Jugendstils und auf der Museumsinsel in Ueno eines

Tages der Venus von Milo. Die Gastfreundschaft der Japaner für die eiskalte Dame aus dem Pariser Louvre kannte keine Grenzen. Die hochversicherte Kiste, in der sie reiste, wurde von Musikkapellen begrüßt, als sie noch zwischen Schiffsbauch und Hafenkai an Drahtseilen baumelte. Der antiken Schönheit wurde ein für täglich 20 000 Besucher berechneter Pavillon gebaut, in dem die armamputierte Blondine in einem Meer kleiner Schwarzhaariger unterging.

In Tokio sah ich auch Chagall und Picasso, hörte Richard Strauss und Strawinski und erlebte Karajan und die Deutsche Oper Berlin. Aus Mailand kam die Scala, aus Cincinatti das Symphonieorchester und aus Moskau das Bolschoi-Ballett. Französische Köche kochten, bayrische Schuhplattler jodelten, und aus Paris importierte Transvestiten begeisterten. Ich trank tschechoslowakisches Bier, spanischen Wein und italienischen Espresso. Ich aß amerikanische Hot-dogs, deutsches Eisbein und chinesische Frühlingsrollen. Ich kaufte englischen Stoff, römische Krawatten und texanische Hemden. Auf den Revue-Bühnen des Takarazuka, Nichigeki und Kokusai sah ich die stempelbeinigen Girls wienerisch, mexikanisch und hawaiianisch tanzen. Ich diskutierte über Sartre, Thomas Mann und Karl Marx und saß in münchnerischen Bierkellern, skandinavischen Restaurants und Pariser Cafés.

Als ich dann eines Tages in Tokio vom Europäischen und Amerikanischen übersättigt war, von der Überfremdung und dem Unechten genug hatte, endlich einmal das Japanische sehen, entdecken und erleben wollte, das Eigene, Ursprüngliche und Unverwechselbare, besuchte ich die berühmteste Kunstakademie des Landes in Ueno. Dort saßen die Studenten vor griechischen und römischen Plastiken und kopierten sie mit Bleistift, Pinsel und Spachtel. Ich fragte sie, ob sie gelegentlich auch Buddha-Statuen abmalten. Ihre Antwort: »Selten.« Ich fragte sie, ob sie denn noch die altjapanische Maltechnik des Sumie erlernten, die Pinseltechnik jener jahrhundertealten Bilder, über die es heute in Europa so viele Bücher gibt. Ihre Antwort: »Nein!«

Was ist das für ein Volk, das nicht in Betten schläft, aber in der schnellsten Eisenbahn fährt ... nicht auf Stühlen sitzt, aber die größten Schiffe baut ... keine Heizung kennt, aber den höchsten Turm besitzt ... kaum Straßen hat, aber Raketen abschießt ... im Rhythmus der Jahreszeiten nach Feierabend schwitzt und friert, aber tagsüber in klimatisierten Hochhäusern arbeitet ... wöchentlich internationale Kongresse veranstaltet, aber Bars weltbekannter Vergnügungsviertel off limits für Ausländer erklärt ... als höflich bekannt ist, aber Frauen in der U-Bahn keinen Sitzplatz anbietet ... die Natur anbetet, aber überall, wo es schön ist, Rummelplätze baut ... die auflagenstärksten Zeitungen druckt, aber das Wesentliche verschweigt ... in Tokio zwischen sieben Fernsehkanälen wählt, aber an der Kultur des Nicht-Sprechens festhält ... in Gruppen und Clans atomisiert ist, aber als unbedingt national gilt ... für die Sumo-Ringkämpfe die dicksten, fettesten und größten Männer der Welt mästet, aber selbst so klein ist ... Geishas züchtet, aber in seiner Mehrheit so wenig Charme ausstrahlt ... mit exakten Zahlen auf Kriegsfuß steht, aber selbst philosophische Probleme noch in Prozente auflöst ... gigantische Städte baut, aber ihren Straßen keine Namen gibt ... besessen fremde Sprachen lernt, aber nur Japanisch versteht ... das Teetrinken zur Zeremonie kultiviert, aber für unseren Geschmack nur guten Kaffee kocht ... die Kunst des Blumensteckens übt, aber in Gärten keine Blumen duldet ... so unlogisch erscheint, aber die winzigsten Radios der Welt konstruiert?

Was ist das für ein Volk? Man hat es begabt und beschränkt genannt, freundlich und fremdenfeindlich, diszipliniert und unbeherrscht, asiatisch und verwestlicht, aufgeklärt und mittelalterlich, überheblich und unterwürfig, stolz und verklemmt, schöpferisch und nachahmerisch, natürlich und unnatürlich, höflich und rücksichtslos, gefühlvoll und roh, wissensdurstig und kontaktarm, treu und unzuverlässig, fremdartig, undurchschaubar, rätselhaft.

Es trocknet sich mit *feuchten* Handtüchern ab, ißt seine Speisen *kalt*, trinkt seinen Wein *heiß*, schlürft die Suppe *nach* dem Essen und hängt Verkehrsampeln *hinter* den Kreuzungen auf; lächelt, wenn es traurig ist; nimmt nicht den Hut ab, sondern zieht die Schuhe aus; fürchtet sich nicht vor Abschluß-, sondern vor Aufnahmeexamina; begrüßt nicht lärmend das neue Jahr, sondern verabschiedet laut das alte Jahr; sieht als des Menschen Mitte nicht das Herz, sondern den Bauch an. Seine Männer lieben nicht den Busen, sondern den Nacken einer Frau; sein Symbol ist nicht die knorrige Eiche, sondern der sich biegende Bambus, und sein Gott hängt nicht schmerzverzerrt mit einer Dornenkrone auf dem Haupt blutig am Kreuz, sondern sitzt aufrecht in erlösender Ruhe und lächelt.

In Japan ist so vieles so ganz anders als bei uns. Liegt es an der Geographie des Landes? In Europa waren die Grenzen ständig in Bewegung und standen die Uhren nie still. Völkerwanderungen und fremde Heere haben Rassen, Stämme und Völker gemischt. Religionen, Ideen und Werte prallten aufeinander; Erkenntnisse, Erfahrungen und Entwicklungen kreuzten, durchdrangen und ergänzten sich. Europa war geistig und technisch ein dynamischer Kontinent und ein Unruheherd der Welt. In dem vom Pazifischen Ozean geschützten Japan verlief die Geschichte ruhiger, langsamer und statischer. Nur ein einziges Mal drohte dem Inselreich eine Invasion. Das war im Mittelalter, als die Mongolen mit ihren Schiffen kamen, aber dank einem Taifun, einem kamikaze, einem göttlichen Wind scheiterten. Die Rezeption der chinesischen Kultur Mitte des 6. Jahrhunderts und die Modernisierung nach abendländischem Vorbild Mitte des 19. Jahrhunderts waren friedliche Wandlungen im Rhythmus eines Jahrtausends. Fremde Herren betraten das Land zum erstenmal 1945. Seit der im Dunkel mythischer Vorzeit liegenden Reichsgründung konnte sich Japan von außen im großen und ganzen ungestört in sich selbst entwickeln und seine Individualität ausbilden. Für die Kultivierung und Verkrustung seiner nationalen Eigentümlichkeiten war der Pazifik bis auf den heutigen Tag ein sicheres Versteck.

Wer den Stillen Ozean überwunden hat, trifft auf das zweite Versteck der Japaner: auf ihre Riesenstädte ohne Straßennamen. Es ist, als wollten die Menschen den Weg nicht zeigen, der zu ihnen führt. Hat man schließlich ihr Haus gefunden, wehren Mauern, Zäune und Hecken den Besucher ab. Die Türen sind so niedrig, daß sich jeder Eintretende tief verbeugen muß. Als viertes Hindernis steht dann die Sprache vor uns. Das Japanische gehört zu den schwierigsten Sprachen der Welt. Bis zur Zeitungsreife dauert das Studium bei täglich sechs Stunden Unterricht zwei Jahre. Als letztes kommt des Japaners fremdartigster Schutzwall: seine Maske. Er kann versteinert und regungslos dasitzen, ohne eine Miene zu verziehen« laut lachen, wenn er verzweifelt ist, und weinen, wenn uns Europäern Tränen verboten sind. Man ist sich seiner Zuneigung und auch seiner Ablehnung niemals ganz sicher.

Um alles noch konfuser zu machen, ist der Ausländer in Japan darüber hinaus auf ständiger Wanderschaft zwischen Geistesverfassungen, die sich unserer Meinung nach ausschließen; zwischen

Jahrhunderten, die sich unserer Meinung nach nicht vertragen; zwischen Welten, die unserer Meinung nach nicht nebeneinander existieren können. Es gab Stunden, da haßte ich Japan – es gab Minuten, da wollte ich in seiner Fremdheit wie erlöst versinken.

Aber lag dieses Hin- und Hergerissenwerden wirklich nur an Japan, oder lag es nicht vielleicht auch an mir? Wer hatte mich denn auf dieses fremde Volk im Fernen Osten vorbereitet? Etwa Professoren der Philosophie an deutschen Universitäten? Ich hatte bei ihnen jahrelang in den Hörsälen gesessen und ihre Vorlesungen über »den« Menschen gehört. Aber in Japan ging mir auf, daß es »den« Menschen der abendländischen Kathederphilosophie überhaupt nicht gibt. Er ist eine europäische Anmaßung und ein von keiner Ostasienreise beeinflußtes blut- und kulturloses Abstraktum. Wir Weißen müssen lernen, bescheidener zu werden. Unsere Gefahr, an Ostasien politisch zu scheitern oder die historische Entwicklung in diesem Raum nur als eine Kette von Schocks zu erleben, hat tiefere Gründe als nur die Unkenntnis. Wahrscheinlich bedarf unser Menschenbild einer Korrektur, denn wenn wir von »dem« Menschen sprechen, steht doch immer nur der Europäer Pate. Japan sprengt die Kategorien unserer Anthropologie. Es kommt von ganz anderen Voraussetzungen aus und auf ganz anderen Wegen zu genau den gleichen Ergebnissen wie wir. Mit einer Mathematik, in der zweimal zwei gleich fünf zu sein scheint, baut Japan die größten Schiffe der Welt, modernere Stahlwerke als im Ruhrgebiet und schnellere Gliederzüge als die Trans-Europa-Expresse.

In Nippon kommen Europäern Zweifel an sich selbst, denn sie müssen erfahren, daß es auch anders geht, als sie es machen. Sie beginnen die abendländischen Wahrheiten und Werte relativ zu sehen und lassen sie nicht mehr so ohne weiteres als etwas Höheres und Gültigeres gelten, denen unbedingt die ganze Welt unterworfen werden müßte. Shintoismus, Buddhismus und Konfuzianismus haben ihre eigenen Wahrheiten und Werte, die sich von den unserigen aber nicht dadurch unterscheiden, daß sie niedriger, sondern dadurch, daß sie andersartig sind. Japan hat die Modernisierung ohne Verwestlichung erreicht und damit den Mythos gebrochen, daß die Seele des Ostens ein Widersacher des technischen Fortschritts sei. Das Abendländische, das jahrhundertelang als weltanschauliche Voraussetzung des zivilisatorischen Sprungs nach vorn galt, ist ausmanövriert worden. Seit dem Eintritt Japans in die moderne Geschichte gibt es zwei Pole der Entwicklung: einen westlichen und einen östlichen; und es sieht so aus, als solle die Spannung zwischen beiden die nächsten Jahrzehnte, vielleicht sogar Jahrhunderte überschatten.

In Japan blätterte ich nach vielen Jahren zum ersten Mal wieder im »Untergang des Abendlandes« von Oswald Spengler. »Die Erscheinung anderer Kulturen redet eine andere Sprache. Für andere Menschen gibt es andere Wahrheiten. Für den Denker sind sie alle gültig oder keine ... Ich sehe statt jenes öden Bildes der linienförmigen Weltgeschichte – der zünftige Historiker sieht sie in der Gestalt eines Bandwurmes, der unermüdlich Epochen ansetzt – das Schauspiel einer Vielzahl mächtiger Kulturen, die mit urweltlicher Kraft aus dem Schoße einer mütterlichen Landschaft aufblühen, von denen jede ihrem Stoff, dem Menschentum, ihre eigene Form aufprägt, von denen jede ihre eigene Idee, ihre eigenen Leidenschaften, ihr eigenes Leben, Wollen, Fühlen, ihren eignen Tod hat.« [1]

Bevor ich nach Japan kam, hatte ich zwischen dem Nil und dem Gelben Meer viele Länder gesehen – fremdartige, exotische, arme und schöne Länder –, aber das beinahe schon umwerfende Gefühl, einem total andersartigen Volk zu begegnen, hatte ich nur in Japan. Woher kam dieser Eindruck? Er läßt sich vielleicht so umschreiben: Mich hätte Japan nicht so unsicher gemacht, wenn es noch primitiv, wenn es noch ein Entwicklungsland gewesen wäre. Aber angesichts seiner Ungereimtheiten und Andersartigkeit mußte ich mir immer wieder ins Gedächtnis zurückrufen, daß dieses Land im Zweiten Weltkrieg einen ganzen Kontinent erobert hatte und von allen Industrienationen des Westens wegen seiner Konkurrenz gefürchtet war. Eines Abends traf ich meine Kollegin von der FAZ, Lily Abegg. Wir tranken Gin wie Wasser. Zu vorgerückter Stunde fragte ich sie: »Bin ich eigentlich verrückt, oder sind die Japaner verrückt? Sie antwortete: »Wenn Sie glauben, Sie sind verrückt, dann haben Sie eine Ahnung davon, was Japan sein könnte.«

Empfand ich die Andersartigkeit deshalb so stark, weil das Land noch immer von den Nachwirkungen der nationalen Katastrophe des Jahres 1945 geschüttelt wurde? War der verlorene Krieg die Erklärung für all das, was mir als unvereinbar und unverträglich erschien? Was war damals eigentlich geschehen?

»Keine Nation und kein Volk sind in der Geschichte jemals so total geschlagen worden wie Japan am Ende des Zweiten Weltkrieges«, urteilt General MacArthur. »Es erlitt mehr als nur einen militärischen Zusammenbruch, mehr als nur die Auslöschung seiner Industrie, ja sogar mehr als nur die Besetzung seines Landes durch ausländische Truppen. In der Agonie der totalen Niederlage erstarb auch der letzte Funke des Glaubens an das Japanische, das jahrhundertelang als unbesiegbar gegolten hatte ... Eine geistige Revolution ereignete sich, die fast über Nacht zweitausend Jahre Geschichte und Tradition hinwegfegte. Der Götzenglaube an Feudalherren und Kriegerkaste schlug in Haß und Verachtung um. Diese Revolution im Geistigen ist keine nur dem Zweck der Stunde dienende schöne Schminke. Sie spiegelt eine Erschütterung wider, die in der Weltgeschichte nicht ihresgleichen hat.« [2]

Der siegreiche Feldherr schien recht zu haben und Japan durch Kapitulation und Besatzung aus den Fugen geraten zu sein. Überall traf ich auf den unjapanischen Japaner, dieses Zwitterwesen zwischen Ost und West; diesen Heimatlosen, der im eigenen Volk kein Zuhause mehr hat. Auch ich glaubte zunächst, die Menschen wüßten mit sich, der Zeit und der Welt nichts mehr anzufangen. Ich sah nur Schwimmer und nirgends Land. Japans Kompaß schien auf nichts mehr eingenordet zu sein und das Volk Abschied von der Geschichte genommen zu haben.

Der scheinbar schockierendste Beweis: die Amoralität, die Sittenlosigkeit, die Sexualisierung. Wohin man abends blickte: Bars, Mini-Bars, Strip-tease, Kabaretts, anzügliche Spiele, Musikboxen, Hostessen. Wieviel Hostessen hatte Tokio eigentlich? Zehntausend, hunderttausend, eine halbe Million? Da gab es Queen-Bee mit seiner drehenden Bar vor Spiegelglaswänden. Im Kreise aufgestellt die Mädchen. Man rotierte vor Mädchengesichtern: breitknochigen, hageren und pausbäckigen; verbrauchten, müden und frischen; gepuderten, geschminkten und natürlichen. Copacabana: die besten, teuersten und amerikanisiertesten Hostessen. Papagayo: laut täglichen Inseraten in den englischen Zeitungen – die frivolsten Nude-shows der ganzen Stadt. In Shibuya standen Animierknaben in abgetragenen Uniformen der ehemaligen kaiserlichen Armee; Schlepper einer nahen Pinte, in der nach altem Drill militärisch bedient wurde. In einer anderen Bar trugen die Mädchen nur westliche Brautkleider. Gleich nebenan servierten sie in Bikinis. Ein

Stockwerk darüber verschwanden sie mit Ausländern in verdunkelten Nischen.

Die Frivolität hatte auf der Welt nicht ihresgleichen. Im France-za in Asakusa: eine einzige deutsche Mark kostete der fast dreistündige Spaß. Die fast nackten Stripper ließen sich auf der Bühne auspeitschen, an Flaschenzügen hochhieven und planschten anschließend in der Badewanne. Schräg gegenüber in der »Neuen Welt« begann das Vergnügen im Keller. Zunächst Badestube, dann Kaufhaus, darüber Kabaretts mit tausend Taxi-girls; mit der Rolltreppe höher ins Disneyland; dann Geisterbahnen, Schießbuden, Restaurants und schließlich auf dem Dach eine Sternwarte. Und überall in allen Stadtteilen die Toruku boru, die türkischen Bäder. Elf Mark kostete die Stunde plus elf Mark Trinkgeld. Wurden die Männer dort massiert? Offiziell hieß es so, aber alles in allem war es mehr ein Kitzeln. Mikado: ein Riesenschuppen in Plüsch. Japaner haben eine Schwäche für Fin de siècle. Bühnenbild: ein Tisch mit Kuhglocken, dahinter die Fassade eines bayrischen Bauernhauses. In den Fenstern Japanerinnen, topless. Ihre Busen kaum zu erkennen, so flach waren die Mädchen gebaut. Dann kamen halbnackt ihrer zehn und bimmelten, kling-Glöckchen-klinge-linge-ling, den Kuhglockenwalzer.

Die Ginza: Bar an Bar, Straße für Straße. Sechs Bars im Keller, zwei parterre, vier im ersten Stock. Groß, klein und winzig. Drei Hostessen, zehn, fünfunddreißig. Pro Gast mindestens zwei Mädchen. Biru, Bier, aus Literflaschen. Sake, Reiswein, trank man kaum. Mädchen mit operierten Augen, wegoperierten Schlitzaugen, galten als chic. Sie machten es den Schaufensterpuppen nach. Auch sie hatten alle europäische Augen. Andere Hostessen mit gespritztem Busen – Atombusen war Mode. Aber für dieses Ideal muß die Japanerin zum Arzt gehen. Die Natur kennt in Japan nur Bügelbrett.

Europas Sex-Welle? Wer Japan kannte, mußte müde lächeln. Tokio bot alles – nicht nur in der Ginza – überall. Und nicht nur in Tokio! Auch in Sapporo, Sendai, Niigata, Atami, Nagoya, Osaka, Kobe, Beppu bis hinunter in den fernsten Süden. Die Ausmaße – kaum vorstellbar. Aber was war das Japanische, das Besondere, das nur diesem Volk Eigentümliche daran? Die Art der Mädchen, der Liebreiz der Hostessen. Niemals ordinär, gewöhnlich, geschmacklos. Wie umwerfend direkt konnten sie das Allerintimste fragen, aber mit welch sympathischer Naivität! Sie rutschten mit ihren Worten nie in die Gosse. Ob sie Kimonos, Bikinis, Miniröcke oder Abendkleider im Rüschenstil unserer Großmütter trugen – man konnte glauben, sie alle lebten noch im Vorstadium des Sündenfalls.

Anzüglichkeit und Frivolität waren immer Elemente der japanischen Kultur. Deswegen haben Japaner auch heute kein schlechtes Gewissen dabei. Viele der berühmtesten weiblichen Porträts der Kunstgeschichte wurden in Freudenhäusern gemalt. Manche der schönsten Feste feierte das Volk in Bordell-Vierteln. Ein ganz früher Japan-Besucher berichtete:

»Ich darf, um ein anschauliches Bild zu geben, die zahllosen Dirnen, großen und kleinen Wirtshäuser, Teehäuser und Eßstuben nicht vergessen, die in Japan besonders in den kleinen Städten und Dörfern so zahlreich wie der Sand am Meer sind. Gegen Mittag, wenn die Mädchen ihre Toilette beendet haben, stehen sie in der Haustür oder auf dem Balkon und fordern die Reisenden mit Lächeln und guten Worten zum Eintritt auf, und sie vergessen nicht zu betonen, daß ›ihr Haus‹ viel besser als die anderen sei. In den Orten, wo sich mehrere dieser Häuser beisammen befinden, benehmen sich die Mädchen sogar sehr laut und aufdringlich ... Selten passiert ein Japaner diese Dörfer, ohne nähere Bekanntschaft mit den ›Damen‹ gemacht zu haben. Ich muß noch besonders betonen, daß in Japan jedes Wirtshaus ein unmoralisches Haus genannt werden kann. Wenn ein Haus zu viele Gäste beherbergt, so hilft der Nachbar mit seinen Mädchen gern aus. Auch ist diese Sitte nicht neu, sondern sie ist uralt, und schon der Feldmarschall Yoritomo befürwortete diese Plätze, um seine Soldaten vor der Desertion und der Sehnsucht nach ihren Weibern zu bewahren.« [3]

Es dauerte lange Zeit, bis mir Zweifel kamen, ob das japanische Volk den Glauben an sich tatsächlich verloren hatte und 1945 wirklich eine so radikale, das nationale Rückgrat brechende Zäsur gewesen war. Von Monat zu Monat wuchs mein Mißtrauen gegenüber dem, was in die Augen springt, den Blick fesselt und sich tonangebend in den Mittelpunkt drängt. Die Kulisse von Tokio, die den ausländischen Besucher zunächst so gefangennimmt – das Disproportionale, Zerrissene, Atonale und Geschmacklose –, kann den Blick trüben. Das Verwirrende, Chaotische, Schizophrene,

Konfuse, Anarchische und der Ausverkauf des Traditionellen – sind diese Schockerlebnisse von Ausländern nicht schon immer so interpretiert worden, als habe Japan seine Seele verloren und sei ein Land im permanenten Umbruch?

Ich las die Tagebücher des in Bietigheim in Württemberg geborenen Mediziners Erwin Bälz, der um die Jahrhundertwende Arzt am kaiserlichen Hof in Tokio war; die wie ein Lexikon gegliederten, mit viel Liebe und Verständnis niedergeschriebenen Beobachtungen des Engländers Basil Hall Chamberlain aus der gleichen Zeit; die Artikel des deutschen Professors Ludwig Riess, der ebenfalls in jenen Jahrzehnten in Japan lebte und für die Preußischen Jahrbücher, das Berliner Tageblatt und die Münchener Allgemeine Zeitung schrieb; und blätterte in frühen Mitteilungen der Deutschen Gesellschaft für Natur- und Völkerkunde Ostasiens, dem kurz nach der Öffnung des Landes gegründeten wissenschaftlichen Club, der damals im Raum Tokio und Yokohama lebenden deutschen Entwicklungshelfer, Kaufleute und Diplomaten.

Es verstärkte sich der Eindruck, daß alles, was ich erlebte und empfand, schon vor mir erlebt und empfunden worden, alles schon einmal dagewesen war. Bereits um die Jahrhundertwende hatten die Europäer im Land über die rauschgiftartige Sucht, es dem Westen gleichzutun, den Kopf geschüttelt und sich gefragt, wohin die Reise für Japan gehen werde. Schon damals gab es Studenten, die, ihre blaugefrorenen Finger am Hibachi wärmend, sich in schlaflosen Nächten vor Ehrgeiz und Eifer verzehrten und von ihren europäischen Lehrern hörten, sie sollten nicht so verbissen und humorlos studieren. Auch damals schon waren die gebildeten Söhne in Aufruhr und lagen im Streit mit ihren Vätern; stürzten Regierungen aus unbekannten Gründen; hatte Japan den größten Verschleiß an Ministern; rebellierten die Zeitungen gegen die Regierung; rieb man sich als Ausländer an einer untergründigen, verfeinerten Fremdenfeindlichkeit; sollte alles über Bord geworfen werden, was an die Vergangenheit erinnerte; versteckten sich die Autoritäten; wurde das Land aus den Kulissen heraus regiert; gehorchten die Untertanen väterlich sorgenden Bossen; änderte sich die Fassade in atemberaubender Schnelligkeit und ließ im Grunde doch vieles beim alten. Die Japan-Themen der Ausländer waren eigentlich immer die gleichen. Wir suchten vor hundert Jahren nach einer Erklärung für das fremde Land und suchen sie heute noch.

1904 schrieb der Engländer Basil Hall Chamberlain: »Zuweilen möchte man behaupten, daß die japanische Logik und die europäische Logik Antipoden seien, etwa wie London und Neuseeland – wenn die Sonne in dem einen scheint, ist es Nacht in dem anderen und umgekehrt. Wenn es aber tatsächlich so wäre, so könnte man sich leicht helfen; man hätte einfach immer das Gegenteil zu tun. Aber nein, auch so geht es nicht. Der Widerspruch ist nur gelegentlich und tritt nur sporadisch auf und in gewissen oder besser ungewissen Beziehungen; er ist wie eine Falte in einem Gewand, eine Falte, von der man nicht weiß, wo man sie erwarten kann; die Folge davon ist, daß der älteste Ansiedler – selbst wenn sein Haar grau wurde im Lande des Bambus – zu guter Letzt noch immer perplex werden kann und zugestehen muß, daß alle seine Erfahrungen noch nicht zur Ergründung der Seele dieser anziehenden, aber rätselhaften Rasse ausreichen.« [4] 45 Jahre später schrieb die Schweizerin Lily Abegg: »Es ist nicht notwendig, lange in Ostasien zu weilen, um herauszufinden, daß die Chinesen und Japaner fast bei jeder Gelegenheit anders handeln, anders empfinden und denken, als wir das in der gleichen Lage tun würden. Will man sich ausmalen, wie die Ostasiaten auf ein bestimmtes Ereignis reagieren werden, so stelle man sich am besten einmal vor, was sie logischerweise tun müßten, und dann läßt sich sicher darauf bauen, daß das genaue Gegenteil davon eintreten wird. Diejenigen, die auf logisches Denken großen Wert legen oder keine Widersprüche ertragen, werden sich in Ostasien nicht zu Hause fühlen.« [5]

Je länger ich im Lande war, desto ungerechtfertigter erschien es mir, die Ungereimtheiten und Widersprüche dieses Volkes mit seinen Erfahrungen und Erlebnissen aus dem Jahre 1945 zu erklären. Die Erinnerung an die nationale Katastrophe verblaßte endgültig, als sich die japanische Regierung Anfang der sechziger Jahre entschloß, die 18. Olympischen Sommerspiele nach Tokio zu holen. Was in den darauffolgenden Jahren über dieses Monstrum von Stadt hereinbrach – man muß es miterlebt haben, um es glauben zu können. In die hunderttausend namenlosen Gassen und Gäßchen, durch die einem in jenen Tagen der Weg mit den Worten gewiesen wurde: »Verlassen Sie in Omori die s-Bahn. Nehmen Sie einen Autobus, der vor dem Bahnhof den Berg hinunterfährt. Beim vierten Stopp steigen Sie aus. Rechts ist ein Gemüseladen, daneben eine O-sushi-Bar, wo es rohen Fisch gibt. Nach zehn Metern geht linker Hand ein Pfad hinein. An der Ecke ist eine Polizeibox mit roter Lampe und gleich daneben ein Geschäft mit O-sembe, salzigen Reisplätzchen, die man zum Bier ißt. Wenn Sie dann noch etwas geradeaus gehen, am öffentlichen Badehaus vorbei – Sie erkennen es an einem hohen Schornstein und an Japanern, die mit Schüssel und Waschlappen hineingehen –, gleich dahinter halbrechts einbiegen, das Geschäft mit Kesseln und Töpfen schräg liegenlassen, an der Schneiderwerkstatt für Kimonos vorbeigehen – dann stoßen Sie bald auf einen hohen Zaun, hinter dem meistens ein Hund bellt. Da wohnen wir!« – in diesen größten Irrgarten der Welt, in dem sich nicht einmal Landvermesser und Taxifahrer auskannten, sollten nun Schneisen für Hochstraßen, Prachtstraßen und Untergrundbahnen geschlagen werden.

In jenen vorolympischen Jahren wurde überall gebaut, in jeder Straße und an jeder Ecke. Hochhäuser schossen wie Pilze aus dem Boden; Highways hingen wie abgebrochene Finger in der Luft; Gassen wurden auf zwanzig Meter verbreitert, und U-Bahn-Schächte fraßen sich durch die Erde. Straßen wurden auf- und Häuser eingerissen; Rammer donnerten Betonsäulen ins Meer und Stahlträger in die Erde; Preßluftbohrer heulten, Lautsprecher plärrten, Straßenbahnen klingelten, Zementmixer dröhnten, und der Himmel über Tokio war ein Himmel voller Kräne. 700 000 Autos stolperten über Stahlplatten- und Holzbohlendecken – an Umleitungen war nicht zu denken, sonst wäre Tokio an seinem Verkehr erstickt. Aus der Tiefe kam das dumpfe Donnern rasender Untergrundzüge, und über der Erde schrillten die Sirenen der Stadtbahnen und Unfallwagen. Tonnenschwere T-Eisen pendelten an daumendicken Kranseilen über den dünnen Schiebedächern der PKW. Über gestoppten Autokolonnen wurden Brücken zusammengeschweißt und stählerne Verbindungsstücke eingeschwenkt. Am Bahnhof Yurakucho ging man in jenen Jahren von Tausenden eingekeilt durch ein Gewirr von Stahlträgern Slalom. Und in diesem Chaos und unter dieser Lärmglocke das regellose Gewühl von elf Millionen Menschen! Das vorolympische Tokio war eine Zumutung. Ich las in Büchern, daß es auch früher nicht viel anders war, und ich weiß von Besuchen, daß es auch heute noch so ist.

Das japanische Volk bereitete sich mit einer beinahe schon beängstigenden nationalen Disziplin auf die Olympischen Spiele vor. Von dem Wort Olympiade ging eine fast magische Wirkung auf die Besinnung ererbter nationaler Tugenden aus. Dazu kam noch eine ans Hysterische grenzende Überhitzung des psychologischen Klimas. Zeitungen und Zeitschriften kannten monatelang nur ein einziges Thema: Was werden die Ausländer von uns denken? Wie müssen wir uns benehmen, daß wir ihnen gefallen? In Tokios Straßen erschienen Plakate, auf denen die Männer ermahnt wurden, nicht öffentlich an Wände, Häuser und Bäume zu urinieren – solche Praktiken machten auf Ausländer einen schlechten Eindruck. Der Ministerpräsident höchstpersönlich zeigte sich ungehalten über seine mit keinem Oberhemd bekleideten Landsleute, die der Hitze des Sommers wegen die klimatisierte Empfangshalle des Flughafens Haneda als eine Art Wartesaal benutzten. Schulen verteilten an Kinder Anstands- und Benehmensfibeln, und die Väter wurden belehrt, Damen den Vortritt zu lassen und ihnen in Bussen und Bahnen ihren Sitzplatz anzubieten. Man empfand Mitleid für ein Volk, das für ganze zwei Wochen in die Zwangsjacke fremder Höflichkeitsformen gesteckt werden sollte.

Ich habe über die faustischen Bemühungen der kleinen Japaner, die wieder einmal nach den Sternen zu greifen schienen, gelächelt. Und dieses Schmunzeln war ja nicht grundlos! Wir ausländischen Pressevertreter wurden eines Tages zur Besichtigung der vom Zentrum Tokios ziemlich weit entfernten olympischen Wettkampfstätten in Komazawa eingeladen. Die Autobusfahrt ging im Schritttempo über Shibuya hinaus, bis wir nach mehreren Straßengabelungen eine Kreuzung erreichten, an der unser Fahrer anhielt und nicht weiterwußte. Im Flüsterton fragte er die uns begleitenden olympischen Funktionäre nach dem Weg, aber keiner der für die Organisation der Spiele verantwortlichen Offiziellen hatte eine Ahnung, ob wir geradeaus, nach links oder rechts fahren sollten. Auch die charmante uniformierte Stewardess wurde plötzlich sprachlos, die uns sechzig Minuten lang durch ihr Mikrofon mit Bauplänen, Zahlen und Statistiken bombardiert hatte. Welcher Japaner findet sich schon in seinem eigenen Tokio zurecht? Und das sollte ausgerechnet zu den Olympischen Spielen anders werden?

War Tokio für ein olympisches Fiasko nicht geradezu prädestiniert? Schon allein aufgrund der Mentalität seiner Bewohner? Als sie sich daranmachten, den Hauptstraßen Namen zu geben, damit die Ausländer mit Hilfe der Stadtpläne den Weg finden sollten, tauften sie als erste Straße die Ginza um, die längste, breiteste und schönste der Hauptstadt, die jedes Kind im ganzen Land als einzige Straße kannte, und gaben ihr einen unaussprechbaren Namen. Ferner kalkulierten sie für den mehrjährigen Aufbau, Neubau und Umbau ihrer Metropole, für das wahrscheinlich größte und gewagteste Unternehmen in der Geschichte des Städtebaus, einen Spielraum von ganzen zehn Tagen ein. Zehn Tage vor der Eröffnungsfeier sollten die Stadien, Rennstrecken, olympischen Dörfer, Hotels, U-Bahnen und Zufahrtsstraßen, die Einschienenbahn und die Fernexpreßstrecke nach Osaka fertig sein; sollten Kräne, Planierraupen und Bagger verschwunden, die chaotischen Großbaustellen aufgeräumt und auch die gärtnerischen Arbeiten beendet sein; sollten Blumen blühen und Fahnen wehen und alles so aussehen, als sei es in Tokio schon immer so gewesen: schön, modern und weltstädtisch. Ein Spielraum von zehn Tagen in einer Stadt, in der es keinen Quadratzentimeter freier Fläche gab, und dazu noch in einem Land, dessen Erde jeden Tag bebt und über dem alljährlich im Sommer Taifune hinweggehen und Schneisen von Verwüstung und Tod hinter sich lassen. Bis fast zuletzt habe ich nicht daran geglaubt, daß Tokio schaffen würde, was es sich vorgenommen hatte.

Ich habe mich geirrt. Als die Invasion der Gaijin, der Fremden, auf die das Volk wie auf Menschen von einem anderen Stern vorbereitet worden war, begann, konnten sie auf autobahnbreiten Hochstraßen in fünfzehn Minuten vom Flughafen in die Stadt fahren, wofür wir alten Tokioter früher anderthalb Stunden und mehr gebraucht hatten. Europäer und Amerikaner staunten über den fließenden Verkehr, lobten, bewunderten und waren begeistert. Verschämt und vorsichtig vorgetragene Einwände unsererseits, daß wir für die Olympischen Spiele Jahre stillen Duldens und Leidens hinter uns hatten, wurden von ihnen als Betriebsblindheit abgetan. Tokio gestaltete die 18. Olympischen Sommerspiele zu den wahrscheinlich glanzvollsten und schönsten der Geschichte.

Die Erfahrung jener Tage hat mein Japan-Bild von Grund auf geändert. Volk und Land haben ihre Seele nicht verloren, auch wenn es heute noch immer so aussieht, als ob das Inselreich da irgendwo im Fernen Osten ein bemitleidenswerter Außenseiter und skurriler Einzelgänger in der Familie der hochzivilisierten Völker sei. Geschichten machen die Runde, als könnten Japaner nur kopieren. In Berlin sollen sie während des Krieges bei Betriebsbesichtigungen nur in Kompaniestärke aufgetreten sein und alles fotografiert haben, was ihnen an Maschinen, Schrauben und Zahnrädern interessant erschien. Die deutschen Fabrikanten beschwerten sich über die an Industriespionage grenzenden Praktiken der japanischen Bundesgenossen beim Auswärtigen Amt. Man solle sie gewähren lassen, war die Antwort; sie kämpften schließlich auf deutscher Seite, und deshalb müsse man ihnen beistehen. Daraufhin griffen die deutschen Firmen zur Selbsthilfe. Nach jeder Betriebsbesichtigung wurden die japanischen Kolonnen durch einen Strahlenraum geführt, der alle verknipsten Filme schwärzte und unbrauchbar machte.

Es gibt eine andere Geschichte, wonach eine holländische Porzellan-Manufaktur eines Tages auf den Gedanken kam, Teller, Tassen und Schüsseln aus Kostengründen in Japan in Auftrag zu geben. Während des Seetransportes erhielt die als Muster geschickte Tasse unglücklicherweise einen Sprung. Als dann Monate später die bestellten Geschirrteile in den Niederlanden eintrafen, hatten alle tausend Kaffeetassen Sprünge. Die Japaner hatten das Muster so haargenau kopiert, daß sie die Risse mit Farbe in das Porzellan eingebrannt hatten.

Erzählungen dieser Art gibt es viele, und sie haben alle die eine Tendenz, die Japaner ein bißchen lächerlich zu machen. Haben sie nicht auch von Deutschland die ersten Geheimnisse der Fotoindustrie gestohlen? Was wären Canon und Nikon ohne Leica und Voigtländer? Von wo kommen letztlich Japans Transistoren her? Doch aus den USA, weil die Amerikaner wegen ihrer Weltraumprojekte keine Zeit haben, sie kommerziell zu nutzen. Auch Europas Fahrräder haben die Japaner kopiert und unsere Eisenbahnen, Nähmaschinen, Waschmaschinen und Kühlschränke. Auf der ganzen Welt haben sie die besten Rezepte abgeschrieben.

Solche Spötteleien sind populär und ein beliebtes Thema auf ausländischen Cocktailparties in Tokio. Es sind Witzeleien aus Gründen der Selbstbestätigung und Selbstverteidigung, denn in wahrscheinlich keinem anderen Land fällt es Europäern so schwer, sich psychologisch zu behaupten und durchzusetzen. Sie klammern sich an die japanischen Schwächen – auch in der Betriebsführung und im kaufmännischen Verkehr – und gehen schmunzelnd mit der Überzeugung nach Hause, die Japaner seien noch lange nicht so weit wie wir.

Doch Zahlen sprechen eine andere Sprache. Im Schiffbau überschritt Japan als erstes Land die Hunderttausend-Tonnen-, als erstes Land die Zweihunderttausend-Tonnen- und als erstes Land die Dreihunderttausend-Tonnen-Grenze! Seine Werften erhielten 1966/67 Aufträge zum Bau von 495 Schiffen mit einer Gesamttonnage von 11,5 Millionen Bruttoregistertonnen. Sie bauten damit im zehnten Jahr hintereinander mehr Schiffe als ihre größten europäischen Konkurrenten Großbritannien und die Bundesrepublik zusammengenommen. Während in Kiel, Hamburg und Bremen von einer Krise im Schiffbau gesprochen wurde, meldeten Nagasaki, Kure und Yokohama die Ausnutzung ihrer Werftkapazitäten für die nächsten drei Jahre.

Ähnlich droht es in Zukunft auch in der Automobilindustrie zu werden. Fasziniert von dem Erfolg der Volkswagen-Käfer und stolz auf den über fast allen Hauptstädten der Erde leuchtenden Neon-Stern von Mercedes haben wir Namen wie Toyota und Nissan nie gehört. Als Europäern durch die vielen Siege auf den Motorradrennstrecken zum ersten Mal der Begriff Honda bewußt wurde, war es schon fast zu spät. Japans Automobilindustrie hatte bereits zum Überholen angesetzt und steht heute hinter den Vereinigten Staaten an zweiter Stelle in der Welt. 1967 rollten in Nippon 3 Millionen Kraftfahrzeuge vom Fließband. Während in der Bundesrepublik VW, Opel und Ford zur Kurzarbeit übergingen und Arbeiter entließen, stieg im ersten Halbjahr 1967 die Produktion von Toyota um 40%, von Nissan um 52% und von Honda sogar um 80%. Die Herstellung von PKWs verdoppelte sich; die Zahlen von Lastkraftwagen und Autobussen kletterten um jeweils 25%.

Wer heute in Bangkok, Taipeh oder Seoul ein Taxi besteigt, fährt japanisch. Wer vom Flugplatz in Hawaii nach Honolulu hineinfährt, sieht große Verkaufs- und Mietsalons japanischer Wagen und Motorräder. Einer der Erfolgreichsten im Automobilbau ist Soichi Honda. Er hat nach dem Kriege mit Fahrrad-Motoren angefangen und ist dann auf Motorräder und Sportwagen umgestiegen. Bei einer Begegnung – er war in Werksdrillich gekleidet – sagte er mir einmal, er habe eigentlich nur noch einen einzigen Wunsch, daß sich Mercedes wieder an Autorennen beteilige. Wenn dann in Monte Carlo Mercedes von Honda geschlagen werde, habe er sein Lebensziel erreicht.

Äußerlich beherrscht und unpathetisch, aber dennoch empfänglich für Lob und Anerkennung, scheinen Japaner von einem Industrialisierungsrausch besessen zu sein. Als wollten sie sagen: »Ein 1945 gibt es in unserer Geschichte nicht ein zweites Mal. Mag passieren, was will, von industrieller Überlegenheit lassen wir uns nicht noch einmal schlagen.« Dieser nationale Stachel im patriotischen Fleisch macht Japan in den siebziger Jahren zur drittgrößten Industrienation der Erde. Das Land steht bereits heute in der Produktion von Rundfunk- und Fernsehgeräten an erster Stelle in der Welt; in der Stahlerzeugung auf Platz Nummer drei und in der Energiegewinnung an vierter Stelle. Das japanische Bruttosozialprodukt, steiler gestiegen als das aller übrigen Länder, wuchs 1967 um weitere 16,4% und erreichte die Rekordhöhe von DM 476 Milliarden; eine, wie Fachleute sagen, phantastische Steigerung. Es ist mehr als doppelt so groß wie das Bruttosozialprodukt des riesigen Kontinents Afrika und größer als dasjenige ganz Asiens zwischen dem Mittelmeer und Korea, mit Ausnahme von Indien und China. 100 Millionen Japaner produzieren unvergleichlich mehr als 700 Millionen Chinesen. Und das auf einer bewohnten Fläche ihres Landes, die so groß wie das Bundesland Bayern ist. Der allergrößte Teil Japans besteht aus unbebauter Berglandschaft. 100 Millionen Menschen zwischen Mittenwald und Würzburg und dazu die drittgrößte Industrie der Welt: das ist Japan im Jahre 1969. Ein Ballungsraum von beklemmender Dynamik!

Japan, einst das Land der Seide und Oberhemden, baut heute Schwermaschinen, und seine chemische Industrie produziert Kunststoffe und Kunstdünger. Wo immer in Asien Stahlwerke, Zementfabriken, Dämme, Eisenbahnen und Straßen entstehen sollen – ob in China, Südostasien, den Philippinen, Formosa oder Südkorea –, Japan zeigt sein Interesse und bekommt oft den Zuschlag. Es zahlte seinen ehemaligen Kriegsgegnern und Kolonien Reparationen und andere Wiedergutmachungsleistungen in Höhe von 7,2 Milliarden Mark und soll 1967, nach frisierten Zahlen der Regierung, 3,4 Milliarden Mark, das sind 0,9% des Volkseinkommens, für Entwicklungshilfe ausgegeben haben. Japan kleidet die Finanzierung seiner Industrie und Exporte allerdings nicht so pathetisch wie Europäer und Amerikaner in humanitäre Phrasen. Es überläßt auch Aktionen wie »Brot für die Welt« Ländern mit schlechtem Gewissen und macht ohne Sentimentalitäten nur schlichte, harte Geschäfte.

Kaum beachtet gingen Mitte der fünfziger Jahre auch Japans Raketenbauer ans Werk. Als die ersten Bleistiftraketen hochgeschossen wurden, schmunzelte man wieder einmal über die ehrgeizigen Söhne Nippons, die es nicht lassen konnten, den Großen dieser Welt nachzueifern. 1960 aber erstarb das Schmunzeln, und das Staunen begann. Damals erreichten zweistufige Kappa-Raketen mit einer achtzig Pfund schweren Instrumentenlast Höhen bis zu 345 km. Im olympischen Jahr folgten die dreistufigen Lambda-Raketen; Gewicht acht Tonnen, Länge 16 m, Durchmesser 73 cm, Schubkraft 40 Tonnen, erreichte Höhe 1800 km. Sie gingen im rd. 2000 km entfernten Zielgebiet der Marianen-Inseln nieder. Als die Japaner anschließend eine der amerikanischen interkontinentalen Rakete Minuteman entsprechende 4-Stufen-Rakete vom Typ Mu abfeuern und auch einen Erdsatelliten made in Japan kreisen lassen wollten, gab es Schwierigkeiten im Kontroll- und Steuerungssystem.

Im Grunde ist alles in Japan keine Frage des Könnens, sondern nur des Willens. Trotz mancher Rückschläge sind die Weltraum-Ambitionen inzwischen in das japanische Kimochi eingebettet, in eine materielle Energien freisetzende Gefühlswelt, die die Voraussetzung zu Erstaunen erregenden Leistungen ist. Darum ist es kaum zweifelhaft, daß das Prestige-Projekt eigener Raketen und Satelliten zum Erfolg getrieben wird.

Das Kimochi ist einer der Schlüssel zum Verständnis des japanischen Volkes. Das Wort ist schwer zu übersetzen und kaum zu definieren. Es umreißt eine Dunstwolke von Stimmung und Hingabe, Geborgenheit und Pflichterfüllung, Sentimentalität und Leidenschaft. Kimochi ist eine Schubkraft, die aus der Identifizierung des einzelnen mit seiner Aufgabe im Betrieb oder in der nationalen Gemeinschaft entsteht. Die Vorbereitungen der Olympischen Spiele waren von einer solchen Partei- und Klassengrenzen sprengenden Gefühlswelle getragen, und auch die in die Industrialisierung gesteckten Energien wurden von einer solchen Stimmungswoge getrieben. Es bleibt nur zu hoffen, daß in der Atomfrage die Disziplin der praktischen Vernunft überwiegt. Die Blaupausen für nukleare Waffen liegen im Schreibtisch. Es hängt sehr wahrscheinlich von Peking ab, ob Tokio sie herausnehmen wird.

Relativ unbemerkt von der europäischen Öffentlichkeit schiebt sich das fernöstliche Kaiserreich hinter den USA und der Sowjetunion auf den dritten Platz in der Weltrangliste der Industrienationen. Und das Hand in Hand mit den Lohn- und Sozialleistungen des Wohlfahrtsstaates. Natürlich verdient der Durchschnittsjapaner noch lange nicht so viel wie ein amerikanischer Industriearbeiter. Aber VW in Wolfsburg zahlt ja auch nicht so gut wie Ford in Detroit. Wohlstand ist relativ. Er hängt von den Lebensgewohnheiten, der Kaufkraft des Geldes und den Bedürfnissen ab. Der Japaner stellt als Asiate andere, bescheidenere Ansprüche und Erwartungen an das Leben als ein Europäer. Ein großer Teil der jüngeren, unverheirateten Industriearbeiterschaft wohnt in Schlafsälen und lebt in gewisser Weise kaserniert. Massenbetrieb und Reglement aber werden aufgrund der auch in der Familie vorherrschenden engen Tuchfühlung nicht als traurige Pflicht empfunden, sondern entsprechen einer spontanen Neigung. 1952 verdiente ein Stammarbeiter in der Großindustrie ein Zehntel von einem amerikanischen Arbeiter in gleicher Position; 1967 bereits ein Viertel. Die Lohndifferenzen in der Großindustrie sind zwischen Japan und den westlichen Ländern in den vergangenen Jahren beträchtlich zusammengeschrumpft. Als Faustregel läßt sich sagen, daß japanische Stammarbeiter heute norditalienische Löhne bekommen.

Sozial jedoch liegt noch manches im argen. Durch Vermittlung eines deutschen Missionars besichtigte ich einmal ein Betriebskrankenhaus im Kohlengrubenrevier von Bibai auf der nördlichen Insel Hokkaido. Von den Gängen des düsteren Baus rieselte der Verputz. Der unhygienische Zustand der Toiletten erregte Ekel. In den mit zehn Mann belegten Zimmern saßen Angehörige der Kranken auf Tatami-Matten zwischen den Betten und schienen ihre halbe Kücheneinrichtung mitgebracht zu haben; teilweise hockten sie im Schneidersitz auch auf den Krankenbetten. Von der Decke hingen Glühbirnen und gaben ein kaltes Licht. Die Wände und Fußböden der Zimmer hatten lange weder Pinsel noch Besen gesehen. Vor der Essenausgabe der Küche standen Frauen und Töchter Schlange und holten für ihre bettlägerigen Männer und Väter die Mahlzeit. Das Pflegepersonal, so sagte man mir, bestünde aus den Angehörigen der Kranken. Sie sorgten für die Verpflegung und das morgendliche Waschen. Sie schliefen auch mit den Kranken, unter oder neben den Betten. Ausgebildete Schwestern stünden nur für die rein medizinischen Dienste zur Verfügung. Dementsprechend war die Hygiene. Auf allen Gängen, in allen Zimmern. Für mich war das Krankenhaus ein Alptraum.

Ein Supertanker auf der Werft von Mitsubishi in Nagasaki. Während Europa von einer Krise im Schiffbau redet, sind Japans Werften ausgebucht für die nächsten Jahre.

Im Automobilbau hat sich Japan fast unbemerkt auf den zweiten Platz in der Welt vorgeschoben.

Japan hat die Bundesrepublik industriell überholt und steht heute hinter den USA und der Sowjetunion an dritter Stelle.

Es wird dem Besucher alles gezeigt: die ganze Fülle des technisch-zivilisatorischen Fortschritts der letzten Jahrzehnte – Fabriken, Werften, Atomreaktoren, Fließbänder und Hochstraßen –, aber keine modernen Krankenhäuser. Auch das unter Ausländern in Tokio bekannte, d. h. angesehene und teuere Seibo-Hospital kann weder architektonisch noch sanitär mit deutschen Durchschnittskrankenhäusern verglichen werden. Eigentümlicherweise haben Kliniken, mit Ausnahme des Krankenhauses in Hiroshima, für Japaner keinen nationalen Prestigewert. Ganz im Gegensatz zu den chinesischen Maoisten, die die Fortschritte ihrer Medizin und Krankenpflege propagandistisch groß herausstellen. Die japanische Gleichgültigkeit gegenüber dem Kranken und Hilfsbedürftigen hängt mit der Gemütsarmut und Hartherzigkeit des Konfuzianismus zusammen, der die Liebe zum anonymen Nächsten nicht kennt. Es fehlt eine bestimmte Einstellung zum Kranken, die westliche Völker immer wieder anspornt, schönere und modernere Sanatorien zu bauen und damit ein humanes Klima zu schaffen. Die »soziale Rückständigkeit« im öffentlichen Bereich, auch im Wohnungs- und Schulbau, lagert in einer anderen Mentalität und wird deshalb nicht so stark empfunden. Trotzdem aber hat Japan erstklassige Mediziner und ist allen asiatischen Ländern gesundheitspolitisch weit voraus.

Man muß das Japan von heute an dem von gestern messen. Das einstmals steile soziale Gefälle zwischen Stadt und Land ist weitgehend ausgeglichen. 94% aller Familien besitzen ein Fernsehgerät, 76% eine Waschmaschine und 62% einen Eisschrank. Heute spart man für ein Motorrad oder Auto. Auf Tokios Bahnsteigen in Ueno und Shinjuku warten an den Wochenenden Zehntausende in Bergstiefeln, Keilhosen und Anorak auf die Fernzüge in die japanischen Alpen. Schulklassen und Betriebsausflügler fahren in langen Autobusschlangen zu den touristischen Sehenswürdigkeiten. Jede Großstadt hat ihren fernen Naturpark mit Seen, Bergen, Wäldern, Rummelplätzen, Schlittschuhbahnen und Hotels. Kein Wintersport ist heute populärer als Skifahren. Man importiert für viel Geld Toni Sailer, um Pisten und Skilifte einzuweihen. Luxuszüge rasen durch das Land. Die auf Pfeilern und Dämmen gebaute kurvenlose 550 km lange Fernstrecke zwischen Tokio und Osaka für den schnellsten Expreß der Welt wird alle 15 Minuten befahren. Alle 15 Minuten von Hamburg nach Frankfurt – bei uns unvorstellbar. Zusätzlich fliegen jede Stunde Düsenflugzeuge nach den wichtigsten Städten. Im Vergleich zu Japan ist der innerdeutsche Flugverkehr hinterwäldlerisch. Inzwischen streben Zehntausende auch über die Grenzen des Landes hinaus. Formosa, Hongkong, ja selbst das ferne Hawaii – acht Düsenflugstunden entfernt – sind Ziele japanischer Touristen geworden.

Ich habe nie verstanden, daß in der Bundesrepublik ernsthaft die Frage diskutiert werden konnte, wer das Rennen in Asien eines Tages politisch machen werde: China oder Indien. Für denjenigen, der zwischen Kairo und Tokio die Länder bereist hat, klingt die Frage absurd. Die Indien-Sentimentalität der Bundesrepublik beruhte auf dem Charisma des verstorbenen Ministerpräsidenten Nehru. Ein einziger großer Mann ließ die indische Wirklichkeit vergessen und nährte in Bonn und anderen westlichen Hauptstädten illusionäre Erwartungen. In vertraulichen Gesprächen allerdings machte man auch schon damals aus der Hoffnungslosigkeit und dem Pessimismus über die politische Bedeutung von Neu-Delhi keinen Hehl. Für die uninformierte Öffentlichkeit jedoch behielt der verelendete Subkontinent seine Faszination. Aus der Mischung der Verehrung für Nehru, des moralischen Prestiges seines Landes bei den Vereinten Nationen, der Angst vor der »gelben Gefahr« und des schlechten Gewissens gegenüber Hungernden und Armen konnte die indische Regierung aus der Entwicklungshilfe Kapital schlagen. Bei indisch-chinesischen Grenzkonflikten entflammte der Westen in moralischer Empörung gegen Peking, obgleich die Schuldfrage niemals so simpel war. Das Image von Indien aber sollte nicht darüber hinwegtäuschen, daß das Land als asiatische Führungskraft keine Rolle spielen kann, wenn es nicht Abschied von seiner Religion nimmt. Ob China den aufstrebenden Völkern Ostasiens Vorbild sein wird – wer kann es wissen? Indien jedenfalls wird auf absehbare Zeit als Modell ausfallen. Deshalb kann die Frage nach den Konkurrenzmächten im Fernen Osten gegenwärtig niemals heißen: China oder Indien, sondern höchstens: Peking oder Tokio.

Mit einer Geduld sondergleichen hat Japan die Dinge in China sich entwickeln lassen. Das ferne Europa ist über die Maoisten noch heute nervöser als das benachbarte Nippon. Die japanische Gelassenheit sah wie Schwäche aus, aber vielleicht verbarg sich hinter ihr eine psychologische Stärke. Seit dem 16. Oktober 1964 jedoch, da um 15 Uhr Pekinger Zeit in der Nähe des Sees Lop Nor in der Wüste Takla Makan in der westlichen Grenzprovinz Sinkiang die erste chinesische Atombombe gezündet wurde, hat in Japan ein langsamer Prozeß des Umdenkens eingesetzt. Durch die Kulturrevolution zwei Jahre später ist er beschleunigt worden.

Was will China? Japan weiß es auch nicht. Aber dadurch beginnt es, sich zu besinnen, was es selbst will. Ministerpräsident Sato erklärte im Dezember 1967 vor dem Parlament in Tokio, die Länder Asiens stellten hohe Erwartungen an Japan. Diese seien durch die Überzeugung begründet, daß Japan den Frieden wolle und sich in die inneren Angelegenheiten anderer nicht einmische. Wörtlich fuhr er fort: »Ich glaube, wir müssen die in uns gesetzten großen Erwartungen innerhalb der Grenzen unserer nationalen Stärke erfüllen.« [6] China hat also auf die Geschichte Ostasiens keinen Monopolanspruch mehr. Nach der wirtschaftlichen Konsolidierung scheint Tokio zu Peking nun auch in politische Konkurrenz treten zu wollen.

Japan befindet sich 1969 in einer einmalig günstigen außenpolitischen Situation. Es wird von den Vereinigten Staaten als der gegenwärtig einzige Verbündete von tatsächlicher Größe im Fernen Osten umworben. Da sich Washington seines Partners aber niemals ganz sicher weiß, bedarf es amerikanischerseits wirklicher diplomatischer Anstrengungen, um das eingegangene Bündnis funktionsfähig zu erhalten. Gleichzeitig klopfen die Sowjets an die japanischen Türen. Aufgrund des Konflikts zwischen Peking und Moskau ist der Kreml Tokio gegenüber ausgesprochen freundlich und wohlwollend geworden. Die Sowjets drücken vor den restaurativen Tendenzen der japanischen Innenpolitik beide Augen zu. Dadurch können die Japaner heute Dinge sagen, die die Sowjets der Bundesregierung in Bonn als Beweise für Revanchismus und Militarismus ankreiden würden. Aber auch die dritte Weltmacht China pflegt mit Japan ausgedehnte Kontakte, allerdings inoffizieller und vor allem wirtschaftlicher Art. Obgleich die Regierung in Tokio periodisch in das Kreuzfeuer der Pekinger Propaganda gerät und die verleumderischen Attacken gewöhnlich unter der Gürtellinie liegen, führte die maoistische Hysterie in den letzten Jahren niemals zu einer wesentlichen Beeinträchtigung des Handels zwischen beiden Ländern. Japaner können bei Chinesen, besser als Europäer und Amerikaner, zwischen Phrase und Tat, Propaganda und Wirklichkeit unterscheiden. Tokio ist zu einer Hauptstadt geworden, in der die Großen Drei um die Gunst des Gastlandes buhlen. Amerikaner, Sowjets und Chinesen unterhalten ihre eigenen Kanäle und Kontakte, und dank der eigenartigen Struktur der japanischen Gesellschaft, ihrer unterentwickelten horizontalen Bindungen und der Unüberschaubarkeit der tatsächlichen Autoritäten dürfen alle die Hoffnung hegen, daß ihr Werben nicht auf unfruchtbaren Boden fällt. Dabei betreibt Tokio aber keine Schaukelpolitik. Es liegt in seiner Art, Interessenten an seiner Freundschaft trotz Verträgen, Abkommen und Gunstbezeigungen im unklaren und ungewissen zu lassen. So hat das Land erreicht, was der 1967 verstorbene Altministerpräsident Yoshida nach dem Kriege gewollt hatte: die militärische Niederlage in einen diplomatischen Sieg zu verwandeln.

Mein neues Japan-Bild formte sich während der Olympischen Spiele und aufgrund der anschließenden Versetzung nach Hongkong. Ich konnte das eigentlich nie recht geliebte, aber doch immer bewunderte Land aus der Ferne betrachten. Ich rieb mich nicht mehr an den nervenkostenden Kleinigkeiten des japanischen Alltags, die dem Europäer das Leben schwermachen. Tokio ist ein Monstrum, in dem man vor lauter Bäumen, wenn das Sprichwort für dieses Häusermeer erlaubt ist, den Wald nicht mehr sieht. Ferner ging mir in der traditionell chinesischen Umwelt von Hongkong die spannungsgeladene Dynamik der Japaner auf. Im Vergleich zu ihnen erscheinen Chinesen – diejenigen in der britischen Kronkolonie und im China des Sommers 1965, wie ich es auf einer dreiwöchigen Reise erlebte – bei all ihrem Fleiß und ihrer emsigen Geschäftigkeit im Hinblick auf eine moderne Industriegesellschaft zurückgeblieben und »unterentwickelt« zu sein. Der Durchschnittschinese ruht so sehr in sich und seinen nicht in Frage gestellten Traditionen, daß der kulturell zerrissene Japaner für die Anforderungen von Gegenwart und Zukunft überlegener wirkt. Noch auffallender war früher der Unterschied beider Völker in ihren gesellschaftlichen Systemen. Das chinesische war nicht koordiniert und konnte deshalb aus dem Fleiß und der Begabung des einzelnen nicht den größtmöglichen Nutzen für das abstrakte Allgemeine gewinnen. Die ameisenartige Emsigkeit traditioneller Chinesen trug für den Staat nicht diejenigen Früchte, die bei einer anderen Mentalität durchaus denkbar gewesen wären. Gemessen an der Anonymität einer rationalisierten, koordinierten und arbeitsteiligen Gesellschaft wurden in der chinesischen zu viele Energien und Fähigkeiten vergeudet. Das war der große Nachteil eines familienzentrierten Denkens. Dagegen war die japanische Gesellschaft immer viel abstrakter, gerichteter und gelenkter. Sie hat im Tenno einen Mittelpunkt, auf den sie sich hin bewegt. Deshalb scheint sich in ihr alles in einem Koordinatensystem und nach Plan abzuspielen. Japans Wanderschaft zwischen West und Ost, für die ich bis zu meiner Übersiedlung nach Hongkong gern Begriffe aus der Psychiatrie benutzt hatte, erschien mir auf einmal als Stärke und Vitalität.

Im Zusammenhang der japanischen Geschichte gesehen, verliert das Jahr 1945 an Dramatik. Japan hat Entscheidenderes durchgemacht und überstanden als die Niederlage im Zweiten Weltkrieg: die Rezeption der chinesischen Kultur in der Mitte des sechsten und die Übernahme der europäischen Zivilisation in der Mitte des vorigen Jahrhunderts. Beide Reformationen haben dem Land ein neues Gesicht gegeben, aber trotzdem wurde es durch den Einfluß Chinas nicht chinesisch und durch den des Westens nicht westlich. Seine geschichtlichen Erschütterungen sind Erdbeben vergleichbar, bei denen die Oberfläche, die Kulisse, einstürzt, aber der Wiederaufbau vollzieht sich doch immer wieder auf dem gleichen Mutterboden.

Man muß einen solchen Wandel seines Japan-Bildes wahrscheinlich erlebend erfahren, denn Büchern allein will man ja zunächst nicht glauben. Bereits 1939 schrieb Friedrich Sieburg: »Japan hat so erbarmungslose Eingriffe in sein Wesen vorgenommen, daß jedes andere Volk dabei sein Bestes eingebüßt hätte. Aber es hat dabei gewisse Geheimnisse, Kräfte und Elemente seines Wesens nie aufgegeben.« [7] 1904 urteilte Basil Hall Chamberlain: »Altjapan ist tot, aber für die, die unter die Oberfläche des modernen Japans tauchen, ist es offenbar, daß mehr von der Vergangenheit zurückbehalten als abgestreift wurde, weil der nationale Charakter unverletzt blieb, der keine wesentliche Veränderung zeigt. Die Verhältnisse haben ihn in neue Kanäle geleitet, das ist alles.« [8]

I. TEIL

1945

Am 6. Dezember 1941 – es war ein Samstag – meldete sich abends um 9.30 Uhr der stellvertretende Marine-Adjutant, Fregattenkapitän Schulz, bei Präsident Roosevelt in dessen ovalem Arbeitszimmer im ersten Stock des Weißen Hauses in Washington. Er überreichte dem Präsidenten in Gegenwart von Harry Hopkins eine vom amerikanischen Geheimdienst aufgefangene und dechiffrierte Note des Auswärtigen Amtes in Tokio an die Japanische Botschaft in Washington. Sie war zur Weiterleitung an die amerikanische Regierung bestimmt. Roosevelt überflog das Dokument und sagte: »Das bedeutet Krieg.«

Zur gleichen Stunde war es auf dem amerikanischen Flottenstützpunkt Pearl Harbor auf Hawaii nachmittags 4.30 Uhr. Auf den im Hafen versammelten 70 Kriegsschiffen, darunter acht Schlachtschiffen, herrschte Wochenendstimmung. Die Flakgeschütze waren kaum besetzt, und die Schlüssel für die Bereitschaftsmunition befanden sich bei den wachhabenden Offizieren. Washington gab keinen Alarm, obgleich der amerikanische Botschafter in Tokio bereits am 27. Januar 1941 gewarnt hatte, Japan plane für den Ernstfall mit allen ihm zur Verfügung stehenden militärischen Mitteln einen Angriff auf Pearl Harbor. Darüber hinaus hatte der US-Geheimdienst am 2. Dezember eine geheime Mitteilung aus Tokio an japanische Agenten in Honolulu abgefangen, täglich über Schiffsbewegungen, Beobachtungsballons und Minenschutznetze zu berichten. Trotzdem aber packte man an diesem Samstagnachmittag des 6. Dezember 1941 auf Hawaii die Badehose ein und ging zur Waikiki-Beach schwimmen.

Zur gleichen Stunde dampfte ein japanischer Flottenverband von den nördlichen Kurilen-Inseln in Richtung Pearl Harbor: sechs Flugzeugträger mit insgesamt 423 Flugzeugen, zwei schnelle Schlachtschiffe, zwei schwere Kreuzer, ein leichter Kreuzer, elf

Zerstörer und drei Unterseeboote. Der Verband hatte sich am 22. November in der Hitokappu-Bucht der heute von den Sowjets besetzten Kurilen-Insel Etorofu hoch im Norden Japans gesammelt und war dort am 26. November ausgelaufen. In der Nacht zum 7. Dezember setzte Vizeadmiral Nagumo auf seinem Flaggschiff »Akagi« die Flagge, unter der Admiral Togo 1905 bei Tsushima über die Flotte des zaristischen Rußlands gesiegt hatte. »Die Kommandanten und Geschwaderführer hielten Ansprachen an ihre Leute, eng geschlossen stürmte der Verband mit hoher Fahrt die Nacht durch seinem Ziel entgegen. Im Morgengrauen des 7. Dezember 1941, 275 Seemeilen nördlich von Oahu, unter brausenden Banzais der Schiffsbesatzungen, startete von den bewegten Decks der stark stampfenden Träger die erste Welle Flugzeuge gegen einen kräftigen Nordostpassat. Es waren 40 Torpedoflugzeuge, 50 Hochbomber, 50 Stukas und 50 Jäger. Weitere 50 Jäger und ein halbes Dutzend Bordflugzeuge der Schlachtschiffe und Kreuzer sicherten die Kampfgruppe gegen Überraschung durch amerikanische Flieger.« [1]

Bereits um 3.42 Uhr Ortszeit sichteten amerikanische Minensuchboote in den Einfahrtsgewässern nach Pearl Harbor das Sehrohr eines japanischen Klein-Unterseebootes. Drei Stunden später explodierten die ersten Wasserbomben und versenkten ein Klein-U-Boot. »Die Funkmeldung hierüber erlitt einige Verzögerungen, zuerst beim Entschlüsseln, dann auf dem Wege von der Funkstelle über den Offizier vom Dienst beim Stationskommando zum Kommandierenden Admiral der Hawaii-Station und schließlich von diesem über den Admiralstabsoffizier vom Dienst beim Flottenkommando zum Flottenchef selbst. Infolgedessen befand sich dieser gerade erst auf dem Weg zum Lagezimmer, als um 7.55 Uhr die ersten Detonationen krachten.« [2] Rund eine Stunde vorher waren die anfliegenden japanischen Jagd- und Bomber-Staffeln bereits im Radar gesichtet worden. Die Nachricht von sich nähernden Flugzeugen unbekannter Herkunft aber wurde nicht ernst genommen, weil der Beobachter aus reinem Sonntagsvergnügen am Radargerät saß und zur Beobachtung des Luftraums keinen Befehl hatte.

Sechzehn Stunden nachdem Präsident Roosevelt gewußt hatte, daß es Krieg geben würde, fielen auf die in Sonntagsruhe daliegenden 70 Kriegsschiffe im Hafen von Pearl Harbor die ersten Bomben. 45 Minuten nach der ersten Welle von 190 Flugzeugen kam die zweite mit 160 Maschinen. Nach zwei Stunden flogen die letzten Japaner ab und ließen an Land bombardierte Rollbahnen und brennende Flugzeuge zurück. Im Hafenbecken lagen versenkt oder beschädigt: acht Schlachtschiffe, drei Kreuzer, vier Zerstörer, ein Minenleger und ein Hilfsschiff. 2 400 Amerikaner waren gefallen. Demgegenüber betrugen die japanischen Verluste 29 Flugzeuge, fünf Klein-Unterseeboote und etwa 50 Mann. Kurze Zeit später traf die Meldung von der Katastrophe der amerikanischen Pazifikflotte bei Präsident Roosevelt in Washington ein. Er war gerade im Begriff, sich seiner Briefmarkensammlung zu widmen.

Wenige Stunden vorher hatte sich im schlafenden Tokio Außenminister Togo vom Tenno verabschiedet. »Als ich mich von meiner Audienz zurückzog, war ich tief bewegt vom Anblick des gefaßten Gesichtsausdruckes des Kaisers und von seinem edlen Empfinden der Bruderschaft mit allen Völkern, das ich darin lesen konnte. Ich sah aber auch seine unbeugsame Haltung selbst jetzt, da er mich unmittelbar am Rande des Krieges empfing. Feierlich schritt ich, von einem Hofbeamten begleitet, Korridore von einigen hundert Metern entlang, die sich friedlich und ruhig durch den mitternächtlichen Palast zogen. Ich verließ ihn an der Wageneinfahrt des Sakashita-Tores. Ich erhob meinen Blick zu den helleuchtenden Sternen und fühlte mich durchströmt von einem heiligen Geist. Als ich in tiefster Stille über den Palastvorplatz fuhr, wo kein Geräusch der schlafenden Stadt, sondern nur das Schurren der Kiesel unter den Rädern meines Wagens zu hören war, dachte ich daran, daß in wenigen kurzen Stunden einer der Schicksalstage der Geschichte heraufdämmern würde, und mannigfache Gedanken bewegten mich. Mit Herz und Seele hatte ich in den vorangegangenen sechs Wochen für die Sache der Menschheit und meines Landes gearbeitet; nun fühlte ich die Überzeugung, daß der von uns eingeschlagene Kurs, eingeschlagen erst, nachdem jede Alternative mit Sicherheit ausgeschlossen war, vor dem höchsten Urteil des Himmels bestehen können müßte.« [3]

An diesem 7. Dezember 1941 schien Japan endgültig der Herrscher über Groß-Ostasien geworden zu sein. Schlag auf Schlag folgten in den kommenden Wochen und Monaten die Siegesmeldungen unglaublicher japanischer Erfolge. Die Brände auf Hawaii waren noch nicht gelöscht, da versenkten japanische Flugzeuge in den

Gewässern der Halbinsel Malakka nördlich von Singapur das modernste, 35 000 Tonnen große britische Schlachtschiff »Prince of Wales« und den 32 000 Tonnen großen Schlachtkreuzer »Repulse«. Am 10. Dezember wurde den Amerikanern die Insel Guam entrissen. Weihnachten kapitulierte Hongkong.

Am 23. Januar 1942 eroberten die Japaner die Insel Rabaul an der Nordspitze von Neubritannien im ehemaligen Bismarck-Archipel und bauten sie zu einem ihrer stärksten Stützpunkte in der Südsee aus. Mitte Februar kapitulierte die für uneinnehmbar gehaltene Festung Singapur. Sir Winston Churchill sprach von der größten Katastrophe in der Geschichte des Britischen Empire. Die Japaner richteten unter der chinesischen Bevölkerung ein Blutbad an, bei dem schätzungsweise 50 000 Menschen getötet wurden. Am 16. Februar fiel Palembang, die Hauptstadt von Sumatra. Drei Tage später bombardierten 54 japanische Flugzeuge Hafen und Stadt von Darwin in Nordaustralien. Am selben Tag wurde die Insel Bali besetzt. 24 Stunden später landeten die Japaner auf Timor. Am 8. März stießen sie über die burmesische Hauptstadt Rangun in Richtung der indischen Grenze vor. Einen Tag später fiel durch die Kapitulation der Holländer die Insel Java in ihren Besitz. Am Abend des 11. März mußte General MacArthur bei Corregidor die Philippinen verlassen und nach Australien flüchten. Er sprach die berühmt gewordenen Worte: »Ich komme zurück!« Von den amerikanischen Soldaten, die bei den schweren Kämpfen in Gefangenschaft geraten waren, brachen bei einem neuntägigen Todesmarsch durch die Gluthitze der philippinischen Halbinsel Bataan 8 000 vor Erschöpfung zusammen und wurden erschossen oder erschlagen. Rund einen Monat später bombardierten japanische Trägerflugzeuge die Ostküste von Ceylon. Am 3. Mai landeten japanische Truppen auf Guadalcanar in den Salomonen nordöstlich von Australien. Ende des Monats tauchten ihre Klein-U-Boote im Hafen von Sydney auf.

Nach knapp sechs Monaten war das koloniale Imperium des weißen Mannes in Ostasien zusammengestürzt. Die Japaner kontrollierten mit ihren Kriegsschiffen und Flugzeugen die riesige Wasserwüste des westlichen Pazifik und des östlichen Teils des Indischen Ozeans; ihre zähen Soldaten kämpften sich durch bis dahin für undurchdringlich gehaltene Dschungelwälder vor und nahmen Besitz von den reichen, für ihr Land lebensnotwendigen Rohstoffgebieten in den Schatzkammern Südostasiens und Holländisch-Indiens. Ihr Imperium dehnte sich über unendliche Räume vom Amur an der Grenze zwischen der Mandschurei und Sibirien über Korea, Peking und Shanghai in Richtung Südwesten über Thailand und Burma bis zur Grenze nach Indien aus. Im Südosten bedrohten sie von Neuguinea und den Salomon-Inseln aus den Kontinent Australien. Der vorgeschobenste Außenposten ihres Reiches war von Tokio so weit entfernt wie der Kongo von Berlin; zwischen dem Grenzfluß Amur und den Salomonen lag eine Unendlichkeit wie zwischen Berlin und Wladiwostok. Der japanische Traum von »Asien den Asiaten« schien endgültig verwirklicht worden zu sein.

Den besetzten Kolonien versprach Tokio die Befreiung vom Joch der weißen Kolonialherren und die staatliche Unabhängigkeit. Es etablierte Satellitenregime, gründete japanfreundliche Parteien und ließ den Völkern in der Verwaltung teilweise größeren Spielraum als ehemals Engländer und Holländer. Gleichzeitig appellierten die Japaner an die aufgrund des gemeinsamen Buddhismus bestehenden verwandtschaftlichen Beziehungen auf religiösem Gebiet. Sie organisierten in manchen Gebieten mit Freiwilligen aus der eingeborenen Bevölkerung sogenannte Befreiungsarmeen. Im Gegensatz zu den von den Deutschen besetzten Ländern in Europa galt es in den Kolonialgebieten Ostasiens grundsätzlich nicht als Vaterlandsverrat, mit den Japanern zusammenzuarbeiten. Die indonesischen Freiheitskämpfer Sukarno und Hatta zeigten sich ausgesprochen kooperativ und genossen bei der Besatzungsmacht große Achtung. Auch der spätere Präsident der Philippinen, Manuel Roxas, bekleidete während der japanischen Besetzung hohe Ämter. Kaiser Bao Dai wurde im März 1945 Staatsoberhaupt des von den Japanern für unabhängig erklärten Vietnam und nach dem Kriege Ratgeber des nationalen Kommunisten Ho Tschi-minh.

Die europäische Problematik der Quislinge und Kollaborateure war in den von Japan eroberten Kolonialgebieten mit Ausnahme der Philippinen relativ unbekannt, denn in den meisten Ländern atmeten die revolutionären Nationalisten über die Vertreibung der Weißen zunächst einmal auf. Japanfreundlich erscheinend, warteten sie den Verlauf des Krieges ab; ließen sich, als das Blatt sich wendete, von Amerikanern und Engländern Waffen geben und halfen in der Endphase des Krieges dann teilweise mit, die Japaner aus dem Lande zu jagen. Dabei verfolgten sie gleichzeitig das Ziel, die Weißen niemals wieder hereinzulassen. So gab der Krieg dem südostasiatischen Nationalismus die große Chance eines erfolgversprechenden Freiheitskampfes für nationale Unabhängigkeit und Selbständigkeit. Die Landkarte dieses Raumes sollte nie wieder so aussehen wie 1941.

Aber auch im unbesetzten Indien wurden die Unabhängigkeitsbestrebungen gefördert. Als die Japaner im benachbarten Burma standen, ging die Feindschaft zwischen Indern und Engländern tiefer denn je. 1942 wurden Unruhen blutig unterdrückt und Gandhi, Nehru und 60 000 andere in Gefängnisse geworfen. Der radikale Nationalist Subhas Chandra Bose, der über Afghanistan nach Deutschland und weiter nach Tokio geflohen war und 1945 auf dem Flug von Japan nach Burma den Tod fand, gründete mit Indern aus Malaia eine Freiheitsarmee zum Kampf gegen Großbritannien. London mußte dem Nationalismus der Inder und Burmesen und Den Haag dem Freiheitswillen der Indonesier zumindest auf dem Papier diplomatische Konzessionen machen oder in Aussicht stellen. Die Not der Stunde zwang die ehemaligen Kolonialmächte, die das Schwergewicht ihrer Kriegsanstrengungen auf die Schlachtfelder in und um Europa konzentrierten und dadurch Japan nur geschwächt gegenübertreten konnten, den ostasiatischen Nationalisten entgegenzukommen. Diese konnten auf das Vorbild der Vereinigten Staaten hinweisen, die den Philippinen bereits 1934 nach einer Übergangszeit von zehn Jahren die Unabhängigkeit zugesagt hatten. Dank des in der Kolonialgeschichte einmaligen Vorgangs, daß ein großer Staat auf der Höhe seiner Macht freiwillig auf eine Kolonie verzichtete, kämpften die Filipinos gegen die Japaner von allen ostasiatischen Völkern, mit Ausnahme der Chinesen, am entschlossensten. Von all den riesigen Gebieten, die Japan den Engländern, Holländern, Franzosen und Amerikanern entriß, ist heute nur noch das winzige Hongkong eine Kolonie. Die Völker aller anderen Territorien – Burmesen, Malaien, Indonesier, Filipinos, Vietnamesen, Laoten und Kambodschaner – wurden selbständig.

Doch bis zur nationalen Unabhängigkeit war es 1942, als Japan auf dem Höhepunkt seiner Macht stand, noch ein weiter Weg. Im Frühjahr beschloß der Generalstab in Tokio die Eroberung der Midway-Inseln. Sie liegen, wie der Name sagt, in der Wasserwüste des Pazifischen Ozeans auf der Mitte des Weges zwischen den Kontinenten Asien und Amerika. Mit diesem Vorstoß nach Osten wollten die Japaner Hawaii gefährden und gleichzeitig den Rest der amerikanischen Pazifikflotte zur letzten entscheidenden Seeschlacht herausfordern. Unter dem Oberbefehl des japanischen Rommels, des bei seinen Gegnern gefürchteten und geachteten Admirals Yamamoto – auf sein Flugzeug stürzten sich ein Jahr später in der Südsee 16 amerikanische Lightning-Jäger und schossen es ab, wobei Admiral Yamamoto den Tod fand –, setzten die Japaner für die Operationen 4 Flugzeugträger mit 272 Flugzeugen, 11 Schlachtschiffe, 13 Kreuzer, 50 Zerstörer und 15 U-Boote ein. Als Flaggschiff diente das damals größte Schlachtschiff der Welt, die 73 000 Tonnen große »Yamato«. Die amerikanischen Seestreitkräfte bestanden demgegenüber nur aus 3 Flugzeugträgern mit 233 Maschinen, 8 Kreuzern und 15 Zerstörern. Midway, ein Korallenriff von fünf Seemeilen Durchmesser, ein winziger Punkt in der Weite des Weltmeers, wurde, wie Admiral Ruge in seiner pazifischen Seekriegsgeschichte schreibt, »zu einer der entscheidenden Schlachten der Weltgeschichte«. [4]

Der Kampf, der eine Seeschlacht nach dem Beispiel vom Skagerrak werden sollte, tobte in den ersten Juni-Tagen 1942. Aber die schwere Artillerie der Schlachtschiffe und Kreuzer kam überhaupt nicht zum Einsatz. Midway wurde allein von Trägerflugzeugen entschieden und endete für Japan mit einer Katastrophe. Es verlor seine vier eingesetzten Flugzeugträger, einen schweren Kreuzer, 253 Flugzeuge und 3 500 Mann seines fliegenden und Bodenpersonals. Von diesem schweren Verlust seiner modernen Träger und seiner bestausgebildeten Piloten sollte sich Japan nicht mehr erholen. Sein Vormarsch wurde gestoppt und die strategische Initiative ihm entrissen. Es war von nun an in die Verteidigung gedrängt. Sechs Monate nach Eröffnung der Feindseligkeiten brachte Midway bereits den Wendepunkt des pazifischen Krieges. Man nennt die Seeschlacht darum auch das japanische Stalingrad.

Sie änderte gleichzeitig die Strategie der Seekriegführung aller Flottenmächte, denn in den Gewässern der Midway-Inseln versank der alte Glaube aller Admiralstäbe an die Macht der Schlachtschiffe. »Kein Schiff, abgesehen von U-Booten, hatte ein Schiff des Gegners unter Feuer genommen oder auch nur gesichtet. Die 11 japanischen Schlachtschiffe hatten keinen Schuß ihrer schweren

Artillerie abgefeuert.« [5] Die als klassische Seeschlacht geplant gewesene Operation wurde zur Geburtsstunde der Flugzeugträger, deren Propeller-Maschinen die Hauptlast des Kampfes getragen und über Sieg und Niederlage entschieden hatten.

Nach Midway begann die amerikanische Gegenoffensive zum Aufreißen des äußeren japanischen Verteidigungsgürtels und zum Eindringen in den inneren Verteidigungsring des Gegners. Sie verlief in zwei Richtungen. Der eine Flügel unter dem Oberbefehl von Admiral Nimitz stieß von den Salomonen über die Gilbert-, Marshall- und Marianen-Inseln auf Okinawa vor, um vor allem Luftstützpunkte zum Bombardement des japanischen Mutterlandes zu gewinnen. Der zweite Flügel unter dem Oberkommando von General MacArthur kämpfte sich von Australien aus über Neuguinea nach den Philippinen vor, um den Japanern die Versorgungswege nach den rohstoffreichen Gebieten Südostasiens abzuschneiden. Es folgten Jahre blutigen Inselhüpfens mit zahlreichen großen und kleinen Seeschlachten. Im Sommer 1944 besetzten die Amerikaner schließlich Saipan und Guam in der Marianengruppe und bauten sie als Basen für ihre »fliegenden Festungen« aus, die dann von November ab regelmäßig Bombenangriffe gegen Japan flogen.

Am 20. Oktober des gleichen Jahres gingen die Truppen unter General MacArthur in Leyte an Land, einer Insel im Osten der mittleren Philippinen. In ihren Gewässern fand die Entscheidungsschlacht des pazifischen Seekrieges statt. Angesichts der katastrophalen Folgen einer amerikanischen Eroberung der Philippinen – der ganze südostasiatische Raum drohte für Japan wertlos zu werden, da kein Schiff mehr mit den dringend benötigten Rohstoffen wie Erdöl, Gummi, Zinn usw. aus Indonesien und Malaia nach den heimatlichen Inseln durchkommen würde – entschloß sich Tokio zur Mobilisierung seiner letzten Marinereserven und warf alle noch verfügbaren Einheiten in den Kampf. Die aus weitentfernten Gebieten mit Volldampf heraneilenden Verbände bestanden aus 4 Flugzeugträgern mit 116 Flugzeugen, 7 Schlachtschiffen – darunter die über 70 000 Tonnen großen »Yamato« und »Musashi« – 19 Kreuzern und 33 Zerstörern. Die amerikanische Armada setzte sich aus 32 Flugzeugträgern, 12 Schlachtschiffen, 23 Kreuzern und 58 Zerstörern zusammen.

Als diese gewaltigen Flottenverbände durch das Inselgewirr der östlichen Philippinen aufeinander zuliefen, versammelte der japanische Admiral Onishi auf dem Flugplatz Mabalacat in der Nähe der philippinischen Hauptstadt Manila 24 Freiwillige um sich und erklärte ihnen in feierlicher Form, das Vaterland sei in großer Gefahr. Die Rettung Nippons könne nicht mehr von der Regierung und dem Generalstab kommen. Sie liege von nun an in den Händen junger begeisterter Soldaten. »Deshalb bitte ich Euch im Namen Eurer hundert Millionen Landsleute, das höchste Opfer zu bringen, und bete für Euren Erfolg. Ihr seid bereits Götter, bar aller irdischen Wünsche. Ich werde Eure Taten dem kaiserlichen Thron melden. Ich bitte Euch alle, Euer Bestes zu tun.« [6] Mit diesen Worten wurden die japanischen Kamikaze-Flieger geboren, die sich, ihr Leben opfernd, mit der Bombenlast ihrer Flugzeuge direkt ins Ziel stürzten. Im Stil der Japanern eigenen lyrischen Todesbereitschaft wurden die Namen der ersten Kamikaze-Staffeln einem berühmten alten Gedicht entnommen: »Der japanische Geist gleicht den Kirschblüten im strahlenden Glanz der Morgensonne.« [7]

Aber der Opfermut der Freiwilligen, die als Kamikaze, als Götterwind, Tenno, Volk und Land durch Verzweiflungstaten vor der drohenden Niederlage retten wollten, konnte bei Leyte und später auch bei Okinawa den Lauf der Dinge nicht mehr ändern. In den ostphilippinischen Gewässern sanken alle 4 eingesetzten japanischen Flugzeugträger auf den Grund des Meeres und mit ihnen 3 Schlachtschiffe, 10 Kreuzer und 11 Zerstörer; hunderte von Flugzeugen wurden abgeschossen. Die japanische Flotte hatte praktisch aufgehört zu existieren. Die psychologische Wirkung der Niederlage auf die japanische Öffentlichkeit entsprach derjenigen in Deutschland, als die Alliierten erfolgreich in Frankreich gelandet waren und auf Paris marschierten.

»Ich glaube, unter uns, die wir bei den Philippinen und bei Okinawa dabei waren, gibt es kaum jemanden«, so schreibt der amerikanische Vize-Admiral C. R. Brown über den Schrecken der Kamikaze-Staffeln, »der anschaulich und überzeugend unsere gemischten Gefühle beschreiben kann, wenn wir sahen, wie sich ein Mensch zum Sterben anschickte; ein Mensch, der entschlossen war, uns in seinem Sterben zu vernichten. Das Schauspiel, unserer westlichen Lebenseinstellung so ausgesprochen fremd, war von einer hypnotischen Faszination. Wir beobachteten jeden sich auf uns stürzenden Kamikaze-Flieger mit dem unparteiischen Schrecken eines Menschen, der sich mehr als Augenzeuge eines schrecklichen Schauspiels denn als gedachtes Opfer fühlt. Einen Augenblick lang vergaßen wir uns selbst, während wir hoffnungslos im dunkeln tappten, was den anderen Menschen dort oben in diesem Augenblick bewegen mochte. Bei uns war eine Mischung von Achtung und Mitleid vorherrschend – Achtung für jeden, der für seine Überzeugung das höchste Opfer bringt, und Mitleid für die Verzweiflung, die sich in dem Akt der Selbstaufopferung ausdrückte.« [8] Der neutrale Historiker Ruge schrieb nach einem zeitlichen Abstand von sieben Jahren: »Die Kamikaze entwickelten sich zu einer beträchtlichen Gefahr für die Amerikaner. Sie brachten ihnen schwere Verluste bei und kamen nahe daran, sie dazu zu zwingen, ihre Taktik zu ändern und ihre Operationen zu verlangsamen. Etwa 2 500 Japaner starben bei Opferangriffen. Kaum eine andere Nation wäre zu diesem Einsatz fähig gewesen, der in einer kurzen Krise den Ausschlag hätte geben können. Japan aber war schon zu schwer getroffen ... Europäische Auffassung ist anders; sicher ist, daß der Opfermut der Kamikaze nirgends übertroffen worden ist.« [9]

Am 23. Februar 1945 wurde die philippinische Hauptstadt Manila zurückerobert. Bevor die Japaner abzogen, trieben sie wehrlose Männer, Frauen und Kinder zusammen und richteten ein von den Filipinos bis heute nicht vergessenes Blutbad an. Mitte März endete nach vierwöchiger verlustreicher Schlacht der Kampf um die 20 qkm große Vulkaninsel Iwo Jima, 700 Seemeilen südlich von Tokio. Am 1. April begann das Ringen um die bereits zu Japan gehörende Insel Okinawa. Es steigerte sich zu einer der blutigsten Schlachten des ganzen Krieges. Die reinen amerikanischen Angriffstruppen zählten 183 000 Mann. Die Landungsflotte bestand aus 1200 Schiffen, darunter 10 Schlachtschiffen und 14 Flugzeugträgern. Die ganze Armada der amerikanischen Pazifikflotte war um Okinawa zusammengezogen worden, das hundert Kilometer lang und an seiner schmalsten Stelle zehn Kilometer breit ist. Die Kämpfe im Südteil der Insel, in dessen Korallenhöhlen sich 120 000 Japaner verschanzt hatten, dauerten zweieinhalb Monate. Die amerikanische Infanterie benötigte 40 Tage, um in der aus Korallengestein bestehenden Landschaft fünf Kilometer vorwärts zu kommen. Von den 120 000 Japanern gerieten nur 7000 in Gefangenschaft. Die Amerikaner verloren 12 000 Gefallene und 36 000 Verwundete.

Zur gleichen Zeit wurden auf der winzigen Marianen-Insel Tinian die Vorbereitungen für das Inferno von Hiroshima und Nagasaki getroffen. Am 1. August lagen die beiden auf die Namen »little boy« und »fat man« getauften Atombomben in klimatisierten Unterständen. In den ersten Morgenstunden des 6. August startete eine B-29 mit dem aufgepinselten Namen »Enola Gay« – so hieß die Mutter des sie befehligenden Kommandanten Colonel Tibbets – zum Flug in ein neues Zeitalter von Schrecken und Entsetzen. Bei sonnigem und klarem Wetter wurde über Hiroshima in einer Höhe von 31 600 feet »little boy« abgeworfen. Die fünf Tonnen schwere Atombombe explodierte um 8.15 Uhr Ortszeit. 100 000 Menschenleben wurden ausgelöscht.

Das Ende für ganz Japan kam dann schnell. Am 8. August erklärte die Sowjetunion den Krieg, und ihre Truppen marschierten in die von starken japanischen Armee-Einheiten besetzten, damals unter dem Namen Mandschurei bekannten nordöstlichen Provinzen Chinas ein. 24 Stunden später explodierte über Nagasaki die zweite Atombombe; sechs Tage danach kapitulierte Japan.

An jenem 15. August hörte das japanische Volk zum erstenmal die Stimme seines Kaisers im Rundfunk. Im Ruinenfeld der Hauptstadt Tokio und an den Shintoschreinen waren Lautsprecher aufgestellt. Während der kurzen Ansprache des Tenno standen die Menschen schweigend oder knieten nieder und weinten. Mit seiner hohen, knabenhaften Stimme erklärte der nach der Reichsgründungslegende 124. Nachkomme der Sonnengöttin Amaterasu: »Obgleich jedermann sein Bestes getan hat, hat sich die Kriegssituation nicht unbedingt zu Japans Vorteil entwickelt, während die allgemeinen Strömungen in der Welt seinen Interessen zuwiderliefen. Überdies hat der Feind begonnen, eine neue, äußerst grausame Bombe zu verwenden, deren Macht, Schaden anzurichten, in der Tat unberechenbar ist und die viele unschuldige Leben gefordert hat. Sollten wir den Kampf fortsetzen, würde das nicht nur zum völligen Zusammenbruch und der Vernichtung der japanischen Nation führen, sondern es würde auch die totale Auslöschung der menschlichen Zivilisation zur Folge haben. Aus diesem Grunde haben wir die Annahme der Bestimmungen der gemeinsamen Deklaration der Mächte angeordnet. Hütet Euch strengstens vor allen Gefühlsausbrüchen, die nutzlose Komplikationen zur Folge haben könnten, und vor allem vor Bruderzank und Streit, der Verwirrung schaffen, Euch auf Abwege führen und Euch den Verlust des Vertrauens der Welt kosten könnte. Möge die gesamte Nation weiterbestehen wie eine Familie, von Generation zu Generation stets fest im Glauben an die Unvergänglichkeit ihres göttlichen Landes und eingedenk der schweren Bürde ihrer Verantwortlichkeiten und des langen Weges, der vor ihr liegt. Vereinigt all Eure Kraft und weihet sie dem Aufbau der Zukunft.« [10]

Am 2. September morgens um 10.30 Uhr wurde an Bord des amerikanischen Schlachtschiffes »Missouri« in der Bucht von Tokio in feierlicher Form die Kapitulationsurkunde unterschrieben. »Es war ein wundervoller, schöner Tag. Als wir an Deck standen, trat, die Bucht überragend, der Fujiyama hervor und erinnerte uns, daß wir dem Sommer Lebewohl sagten.« [11]

Für Japan unterzeichneten der in Zylinder und Cutaway erschienene Außenminister Shigemitsu und Generalstabschef Umezu. Einer der japanischen Teilnehmer schrieb über seine Empfindungen in jener Stunde: »Unter den starren Blicken der Versammelten warteten wir ein paar Minuten wie reuige Sünder auf ihren gefürchteten Lehrer. Ich versuchte Haltung zu bewahren, aber es fiel mir schwer, und jede Minute schien eine Ewigkeit zu sein. Ich blickte um mich und sah auf der Wand des Schiffes mehrere aufgemalte kleine Sonnenbanner: ihre Zahl entsprach sicherlich den abgeschossenen japanischen Flugzeugen und versenkten Unterseebooten. Als ich die Siegeszeichen zu zählen versuchte, kamen mir Tränen in die Augen. Ich konnte ihren Anblick in dieser Stunde kaum ertragen. Denn dahinter verbargen sich die ungeschriebenen Geschichten von Helden, die als junge Menschen strahlend und tapfer den Tod verachtet hatten. Sie waren wie Kirschblüten gewesen, die plötzlich in ihrer Schönheit erblühen und schnell wieder verwelken. Was mochten sie in dieser Stunde denken, als sie auf die Szene unserer Kapitulation herabblickten?« [12]

In seiner Botschaft an das amerikanische Volk sagte General MacArthur: »Heute schweigen die Waffen. Eine große Tragödie ist zu Ende. Ein großer Sieg ist errungen worden. Aus den Himmeln regnet nicht mehr der Tod, und überall gehen die Menschen wieder aufrecht im Sonnenlicht. Die ganze Welt hat wieder Frieden. Die heilige Mission ist vollendet. Und indem ich Meldung vollziehe, spreche ich auch für die Tausenden von stummen Lippen, die in den

Dschungeln, an den Küsten und in den tiefen Wassern des Pazifik für immer schweigen.« [13]

Der Krieg in Ostasien wurde auf beiden Seiten mit grenzenloser Verbitterung geführt. Die Gnadenlosigkeit der militärischen Operationen war vor allem dadurch bedingt, daß sich die japanischen Soldaten nicht ergaben, sondern den Tod der Kriegsgefangenschaft vorzogen. Bei der Eroberung der Aleuten-Insel Attu im Mai 1943 gaben sich von den 2 400 Verteidigern nur 28 gefangen. Auf Tarawa in den Gilbert-Inseln gerieten von 5 000 Japanern nur 146 in Kriegsgefangenschaft. Von den 8 000 Verteidigern des Kwajalein-Atolls in der Gruppe der Marshall-Inseln überlebten nur 300. Beim Ende der Kämpfe auf Eniwetok hatten die Amerikaner von den 3 500 Verteidigern nur 60 gefangengenommen. Auf Guam fielen 16 500 Japaner, während sich nur 500 ergaben. Bei den Schlachten auf Leyte machten die Amerikaner 400 Gefangene, zählten aber 46 500 Tote. Von den 22 000 Verteidigern der Vulkan-Insel Iwo Jima ergaben sich nur 212.

Grausame Verzweiflungsakte spielten sich im Juni 1944 auf der Insel Saipan ab. Zusammengedrängt auf einem kleinen Landstrich unternahmen die japanischen Truppen und die Überlebenden der Zivilbevölkerung einen verzweifelten Schlußangriff. »Der Kommandierende General war krank und körperlich zu schwach, so daß er ihn nicht anführen konnte. Er aß mit seinem Stabe ein rituelles Festmahl einfachster Form und beging dann Harakiri ... Die Truppen, selbst die Verwundeten, zum Teil nur noch mit Handgranaten und an Bambusspeeren festgebundenen Bajonetten bewaffnet, griffen im Morgengrauen in dichten Kolonnen die Stellungen der amerikanischen Marineinfanterie an. Der Angriff erstarb, als über 3 000 Japaner gefallen waren. Ein kleiner Rest zog sich mit den japanischen Zivilisten, soweit sich diese noch nicht selbst getötet hatten, auf ein felsiges Kap zurück. Als Marineinfanterie auch hier vordrang, spielte sich vor ihren Augen eine Szene grausiger Selbstvernichtung ab. Hunderte von Zivilisten, darunter Frauen mit kleinen Kindern, warfen sich über die Klippen in die Tiefe oder ließen sich von den Soldaten töten, die ihnen dann nachsprangen oder mit Handgranaten Selbstmord begingen.« [14]

Von ähnlichen Aktionen selbstmörderischer Verzweiflung hört der Besucher, der heute nach Okinawa kommt. Die Fahrt nach den dortigen Schlachtfeldern geht von der Insel-Hauptstadt Naha aus in südlicher Richtung, vorbei an den Maschendrahtzäunen amerikanischer Militärbasen und den in der hügeligen Landschaft weithin sichtbaren kugelförmigen Türmen ihrer Radarstationen. Eine dunkelgrüne Grasdecke hat das harte und schneidend scharfe Korallengestein überwachsen, in das die japanischen Verteidiger ihre Stellungen gesprengt hatten. In der Tiefe bombensicherer Höhlen waren ihre Befehlsstände und Lazarette. Vor der gähnenden Dunkelheit so mancher Höhleneingänge stehen mit japanischen Schriftzeichen behauene Gedenksteine für diejenigen, die in der unterirdischen Finsternis um Ostern 1945 freiwillig in den Tod gingen. Unter ihnen waren mehrere hundert Schülerinnen von Mädchen-Oberschulen in Naha, die bis zuletzt die Verwundeten pflegten und sich dann mit Handgranaten in die Luft sprengten, als sie die Schritte und Sprachfetzen der ersten Amerikaner hörten. Generale und Offiziere stürzten sich von steilen Klippen ins Meer.

Ähnliches spielte sich auf Neuguinea ab. In Biak, gleich neben der Rollbahn des internationalen Flughafens für den ehemals holländischen Teil der Insel, stand ich vor Korallenhöhlen, in denen amerikanische Truppen den nicht endenden Widerstand der Japaner mit brennenden Benzinfässern erstickt hatten. Rückblickend urteilt der amerikanische Marine-Historiker Morison: »Wir führten keinen ritterlichen, zivilisierten Krieg ... Es waren alle Griffe erlaubt, Pardon wurde nicht gegeben. Die Japaner hatten es so gewollt; sie glaubten, sie könnten auf diese Weise eine ›verweichlichte Demokratie‹ in Schrecken setzen; wir zahlten es ihnen zurück, mit all dem zusätzlichen Grauen, das die moderne Wissenschaft hervorbringen kann.« [15]

Für das schreckliche Ende des Krieges lastet auf dem damaligen amerikanischen Präsidenten Truman die Verantwortung für den Einsatz der Atombombe. Bereits am 6. Juli 1945 erhielt die amerikanische Regierung von ihrem Botschafter in Stockholm die Nachricht, daß der dortige japanische Militär-Attaché gegenüber Prinz Carl Bernadotte geäußert habe, Japan wolle über den schwedischen König in Friedensverhandlungen eintreten. Ähnliche Friedensfühler streckte Tokio zur gleichen Zeit in der Schweiz aus. Außerdem waren die USA durch Entschlüsselung des japanischen Geheimcodes im Besitz bestimmter Mitteilungen, die die japanische Regierung zur Einleitung von Friedensverhandlungen an ihren Botschafter in dem damals noch neutralen Moskau gerichtet hatte.

Am 18. Juli wurde Präsident Truman über japanische Friedensfühler dann persönlich von Stalin informiert. Das Gespräch beider Staatsmänner fand während der Potsdamer Konferenz in der am See in Babelsberg gelegenen Villa des sowjetischen Diktators statt. Stalin zeigte dem amerikanischen Präsidenten die Kopie einer Botschaft des Tenno an die sowjetische Regierung und eine Begleitnote des japanischen Botschafters. Daraus ging hervor, daß Tokio den ehemaligen Ministerpräsidenten Prinz Konoe in einer Sondermission nach Moskau entsenden wolle. Truman meinte, man könne dem guten Willen der Japaner nicht trauen. Daraufhin wurde am selben Tage dem japanischen Botschafter in Moskau mitgeteilt, die kaiserlichen Ansichten seien unklar und enthielten keine konkreten Vorschläge, womit die Friedensfühler aus Tokio praktisch zurückgewiesen wurden. Als man diesen letzten diplomatischen Versuch, den Krieg durch Verhandlungen zu beenden, ohne ernsthafte Bemühungen scheitern ließ, wußte Präsident Truman bereits, daß die Sowjetunion etwa am 8. August in den Krieg gegen Japan eintreten und die Atombombe nach dem 3. August einsatzbereit sein werde. Darüber hinaus war der amerikanische Präsident an die Beschlüsse der Konferenz von Kairo gebunden. Dort hatten sich die Großmächte 1943 auf die »bedingungslose Kapitulation« Japans geeinigt und eine Beendigung des Krieges mit diplomatischen Mitteln so gut wie ausgeschlossen. So richteten denn am 26. Juli in Potsdam Präsident Truman, Premierminister Churchill und Generalissimus Tschiangkaischek folgende Erklärung an Japan:

1. »Wir, der Präsident der Vereinigten Staaten, der Präsident der Nationalregierung der chinesischen Republik und der Premierminister von Großbritannien, haben uns als Vertreter von Hunderten von Millionen unserer Landsleute beraten und sind übereingekommen, daß Japan eine Gelegenheit erhalten soll, den Krieg zu beenden.

2. Die gewaltigen Land-, See- und Luftstreitkräfte der Vereinigten Staaten, des Britischen Weltreichs und Chinas, mehrfach verstärkt durch ihre Armeen und Luftflotten, die vom Westen kamen, sind bereit, Japan die letzten entscheidenden Schläge zu versetzen. Diese Militärmacht wird getragen und beseelt von dem Entschluß aller alliierten Nationen, den Krieg gegen Japan fortzuführen, bis dieses den Widerstand einstellt.

3. Die Ergebnisse des fruchtlosen und unsinnigen Widerstandes

Deutschlands gegen die Macht der freien Völker der Welt, die gegen es angetreten sind, liefern dem japanischen Volk Beispiele von schrecklicher Klarheit. Die Kräfte, die sich jetzt auf Japan konzentrieren, sind unendlich viel größer als die, welche die Nazis schlugen, deren Widerstand ihnen nur die unvermeidliche Zerstörung des Gebietes, der Industrie und der Lebensgewohnheiten des gesamten deutschen Volkes einbrachte. Der totale Einsatz unserer militärischen Macht, die von einer so festen Entschlossenheit wie der unseren beseelt ist, wird die unabwendbare und restlose Vernichtung der japanischen bewaffneten Streitkräfte und ebenso unabwendbar die völlige Verwüstung des japanischen Mutterlandes bedeuten.

4. Für Japan ist die Zeit gekommen, sich zu entscheiden, ob es weiter von jenen militärischen Ratgebern beherrscht werden will, deren Starrköpfigkeit und sinnlose Berechnung das Japanische Reich an die Schwelle der Vernichtung geführt haben, oder ob es dem Pfad der Vernunft folgen will.

5. Es folgen unsere Bedingungen. Wir werden von ihnen nicht abgehen. Es gibt keinen anderen Ausweg. Wir lassen keinen Aufschub zu.

6. Die Autorität und der Einfluß derjenigen, die das japanische Volk getäuscht und es dahin gebracht haben, daß es sich auf den Versuch einer Beherrschung der Welt einließ, müssen für immer ausgeschaltet werden; denn wir versichern, daß eine neue Ordnung des Friedens, der Sicherheit und der Gerechtigkeit nur aufgerichtet werden kann, wenn der verantwortungslose Militarismus aus dieser Welt verbannt wird.

7. Bis diese neue Ordnung aufgerichtet und bis auf überzeugende Art die Vernichtung des japanischen Kriegspotentials erwiesen ist, müssen gewisse, durch die Alliierten bestimmte Stellen des japanischen Gebietes besetzt werden, um sicherzustellen, daß die Grundziele, für die wir eintreten, erreicht werden.

8. Die Bestimmungen der Erklärung von Kairo müssen durchgeführt und die japanische Souveränität auf die Insel Honshu, Hokkaido, Kyushu, Shikoku und die anderen von uns bestimmten kleinen Inseln beschränkt werden.

9. Die Soldaten der japanischen Streitkräfte werden völlig entwaffnet und dürfen dann in ihre Heimat zurückkehren, wo sie ein friedliches und produktives Leben führen können.

10. Wir haben nicht die Absicht, die Japaner als Volk zu versklaven noch sie als Nation zu vernichten, aber strenge, gerechte Strafe muß alle Kriegsverbrecher treffen, einschließlich derer, die für die an unseren Kriegsgefangenen begangenen Grausamkeiten verantwortlich sind. Die japanische Regierung muß alle Hindernisse aus dem Wege räumen, welche die Wiedergeburt und das Wachsen demokratischer Ideen im japanischen Volke verhindern könnten. Die Freiheit des Wortes, der Religion und der Meinung muß ebenso gewährleistet sein wie die Achtung der menschlichen Grundrechte.

11. Japan darf die Industrien behalten, die seine Wirtschaft tragen und die uns in den Stand setzen, gerechte Reparationen in Sachwerten von ihm zu verlangen, aber nicht Industrien, die ihm die Möglichkeit einer Wiederaufrüstung bieten könnten. Zu diesem Zweck muß Japan der Zugang zu den Rohstoffen – aber nicht die Kontrolle der Rohstoffe – gewährt werden. Es muß den Japanern gestattet werden, am internationalen Handel teilzunehmen.

12. Die alliierten Besatzungskräfte werden aus Japan zurückgezogen, sobald diese Ziele erreicht sind und eine verantwortliche Regierung mit friedlichen Absichten gebildet ist, die dem frei ausgesprochenen Willen des japanischen Volkes entspricht.

13. Wir verlangen von der japanischen Regierung, sofort die bedingungslose Kapitulation aller bewaffneten japanischen Streitkräfte anzuordnen und geeignete und angemessene Sicherheiten für die Durchführung zu stellen. Für Japan bleibt keine andere Lösung, es sei denn die völlige totale Vernichtung.« [16]

Diese »Potsdamer Erklärung« wurde von der japanischen Regierung zunächst ignoriert. Dadurch mußten ihre vorher ausgestreckten Friedensfühler relativ unglaubwürdig erscheinen. Die Japaner ließen ihre Feinde warten, so daß Präsident Truman später erklären konnte, durch das japanische Schweigen habe er den Abwurf der Atombomben für gerechtfertigt gehalten. Tatsächlich begannen die zur Kapitulation führenden entscheidenden Sitzungen in Tokio erst nach der Vernichtung von Hiroshima und Nagasaki und dem Kriegseintritt der Sowjetunion.

Am 9. August trat der Oberste Rat zusammen. Einige Minister, die grundsätzlich zur Annahme der Potsdamer Erklärung rieten, forderten aber als unerläßliche Bedingung die Unverletzlichkeit des Kaiserhauses und damit die Bewahrung der nationalen Staatsform.

Die Militärs im Obersten Rat stellten zusätzliche Bedingungen: die Hauptstadt Tokio dürfe auf keinen Fall besetzt und die »Kriegsverbrecher« dürften nur von japanischen Gerichten abgeurteilt werden. Andere Kreise der Generalität wollten von Verhandlungen überhaupt nichts wissen und rüsteten zur letzten Schlacht auf dem heiligen Boden des Vaterlandes, zum »Schlachtentod der hundert Millionen«. Wegen der Meinungsverschiedenheiten im Obersten Rat und der von den Militärs drohenden Gefahr eines Staatsstreichs wurde die Frage der Beendigung des Krieges schließlich dem Tenno zur Entscheidung vorgelegt.

Der Kronrat trat am gleichen Tage kurz vor Mitternacht zusammen. Kaiser Hirohito sprach sich dabei für die Annahme der Potsdamer Erklärung aus. Daraufhin wurde am 10. August morgens 7 Uhr den Alliierten über die Schweiz und Schweden die Bereitschaft zur Kapitulation mit folgender Note mitgeteilt: »Gehorsam dem gnädigen Befehl Seiner Majestät des Kaisers, der, allzeit bemüht, die Sache des Weltfriedens zu erhöhen, ernstlich eine rasche Beendigung der Feindseligkeiten wünscht, um die Menschheit vor weiteren ihr durch Fortsetzung des Krieges auferlegten Leiden zu bewahren, hat die japanische Regierung vor einigen Wochen die damals Japan gegenüber neutrale Sowjetunion um ihre guten Dienste bei der Wiederherstellung des Friedens gegenüber den Feindmächten gebeten. Nachdem unglücklicherweise diese im Interesse des Friedens unternommenen Bemühungen scheiterten, hat die japanische Regierung in Übereinstimmung mit dem erhabenen Wunsch Seiner Majestät, den allgemeinen Frieden wiederherzustellen, und aus dem Streben heraus, den unsagbaren Leiden, wie der Krieg sie mit sich bringt, so schnell wie möglich ein Ende zu bereiten, beschlossen was folgt: Die japanische Regierung ist bereit, die Bedingungen, die in der gemeinsamen, am 26. Juli 1945 in Potsdam von den Häuptern der Vereinigten Staaten, Großbritanniens und Chinas herausgegebenen, später auch von der Sowjetregierung unterschriebenen Erklärung aufgezählt sind, zu akzeptieren, in der Annahme, daß die besagte Erklärung keine Forderungen enthält, die die Prärogative Seiner Majestät als eines souveränen Herrschers präjudiziert. Die japanische Regierung hofft aufrichtig, daß diese Annahme gerechtfertigt ist, und wünscht sehr, daß eine ausdrückliche Erklärung dieses Inhalts rasch abgegeben werde. Am 10. August des 20. Jahres Showa.« [17]

Zwei Tage später ging die alliierte Antwort ein. Zu der wichtigen Frage der Unverletzlichkeit des Tenno entschied sie: »Vom Augenblick der Kapitulation an soll die Autorität des Kaisers und der japanischen Regierung dem Alliierten Oberbefehlshaber unterworfen sein. Die endgültige Form der Regierung wird durch den frei ausgedrückten Willen des japanischen Volkes festgelegt werden.« [18]

Wieder blieben Kabinett und Oberster Rat in der Tenno-Frage gespalten. Vor allem der Kriegs- und Innenminister verlangten die Fortführung der Feindseligkeiten. Japans Staatsform habe seit der Zeit der Götter bestanden und dürfe nicht durch Volkswillen bestimmt werden. Außerdem sprachen sie sich gegen eine Entwaffnung aus. Zu dieser Stunde kursierten in Tokio bereits Gerüchte über einen bevorstehenden Staatsstreich von Offizieren. Den kapitulationswilligen zivilen Ministern wurde der Tod angedroht.

Die endgültige Entscheidung fiel erst am 14. August in einer Sitzung des Thronrates im Luftschutzbunker des Kaiser-Palastes. Dort erklärte der Tenno: »Nicht leichthin, sondern nach reiflicher Erwägung der Verhältnisse innerhalb und außerhalb des Landes und insbesondere der Entwicklung, die der Krieg genommen hat, habe ich mich früher entschlossen, die Potsdamer Erklärung anzunehmen. An meiner Entschlossenheit hat sich nichts geändert. Ich habe die Auseinandersetzung über die kürzlich von den alliierten Mächten erteilte Antwort angehört; ich bin der Meinung, daß sie im allgemeinen unsere Voraussetzung bestätigt hat. Was Paragraph 5 der Erklärung angeht, so stimme ich mit dem Außenminister überein, daß er nicht darauf abzielt, die nationale Staatsform Japans umzustürzen; aber wenn der Krieg nicht in diesem Moment beendet wird, so wird, fürchte ich, die nationale Staatsform zerstört und die Nation vernichtet werden. Es ist daher mein Wunsch, daß wir das Untragbare ertragen und die alliierte Antwort annehmen, um den Staat als einen Staat zu bewahren und meinen Untertanen weitere Leiden zu ersparen. Ich wünsche, daß Sie alle in dieser Ansicht handeln mögen. Der Kriegs- und Marineminister haben mir gesagt, daß innerhalb von Armee und Marine Opposition besteht; ich wünsche, daß auch die Wehrmacht zum Verständnis meiner Wünsche gebracht wird.«

In dem von dem damaligen Außenminister Togo überlieferten Sitzungsbericht heißt es anschließend weiter: »Allen Anwesenden kamen bei diesen wohlüberlegten gnädigen Worten und bei der Wahrnehmung der tiefen Bewegung des Kaisers die Tränen. Es war eine unsagbar feierliche und bewegende Szene. Als wir uns den langen Korridor hinunter zurückzogen, in unseren Wagen zurückfuhren und dann bei der Fortsetzung der Kabinettssitzung weinte erneut jeder von uns im stillen.« [19]

Bis zur Tenno-Rede am Mittag des 15. August spitzten sich die Ereignisse noch einmal dramatisch zu. Offiziere der kaiserlichen Wache versuchten, sich in den Besitz der von Kaiser Hirohito im Palast besprochenen Schallplatte zu setzen, ihn selbst in Schutzhaft zu nehmen und Ratgeber von ihm zu beseitigen. Einige Häuser von Ministern und Hofbeamten gingen in Flammen auf. Aber der Putsch scheiterte, und die Verantwortlichen begingen vor dem Kaiserpalast nach rituellen Formen Gruppenselbstmord durch Harakiri. [20] Durch Selbstmord endeten in Tokio ferner Kriegsminister General Anami, der Gründer der Kamikaze-Staffeln, Admiral Onishi und die Generale Sugiyama, Tanaka und Honjo. Der Selbstmordversuch des Hauptverantwortlichen, des ehemaligen Ministerpräsidenten General Tojo, scheiterte.

Entgegen den Erwartungen der Amerikaner und vieler neutraler Beobachter nahmen sich in der Stunde der Niederlage nur wenige das Leben, und diese wenigen gehörten fast ausschließlich ultranationalistischen Organisationen an. Zwölf Rechtsradikale begingen Harakiri vor dem Kaiserpalast, vierzehn weitere auf dem Gelände des späteren olympischen Dorfes; zehn Männer und drei Frauen sprengten sich nach einem mißglückten Mordanschlag auf den Innenminister mit Handgranaten in die Luft. Der befürchtete Selbstmord von Millionen ereignete sich nicht. Auch in der Stunde der Niederlage behielt der Befehl des Tenno eine mythische Gewalt.

Japan bewahrte 1945 nationale Disziplin. Von dem Putschversuch in der Hauptstadt abgesehen, kam es weder auf den heimatlichen Inseln noch in den von japanischen Truppen besetzten überseeischen Gebieten zu Meutereien, Revolten oder bürgerkriegsähnlichen Unruhen. Darüber hinaus war die Führungsschicht in Tokio entschlossen, im Strudel der äußeren Katastrophe von den unsichtbaren Werten des Kokutai, der eigenen Staatsidee, zu retten, was zu retten war. Die Niederlage sollte nicht in eine Revolution ausarten.

Dieses Beharrungsvermögen in einer Zeit, da alles wie Treibholz in reißenden Wassern dem Untergang entgegenzutaumeln schien, wurde von mehreren Begleitumständen begünstigt. Erstens wurde Japan nicht in Besatzungszonen gevierteilt, sondern nur von einer einzigen Siegermacht besetzt. Zweitens behielt das Land eine zentrale nationale Regierung, die zwar Besatzungsbefehle ausführen mußte, ihre zu radikalen Auswirkungen aber durch heimliche Förderung eines passiven Widerstandes und aufgrund der für Amerikaner unübersichtlichen Verwaltungs- und Gesellschaftsstruktur abschwächen konnte. Drittens fand Japan in dem amerikanischen Oberbefehlshaber General MacArthur einen Heerführer, der das Wehe-den-Besiegten, soweit es in seiner Macht stand, zu mildern versuchte. Er besaß die bei Generalen so seltene Begabung zu staatsmännischem Denken und konnte seine politischen Eigenmächtigkeiten wegen seines legendären Ruhmes als eigentlicher Sieger des Krieges in Washington auch teilweise durchsetzen. MacArthur mußte seine Besatzungspolitik immer wieder gegen den Vorwurf der Milde verteidigen, der von allen denjenigen in den USA, der Sowjetunion, Großbritannien und anderen Siegerstaaten erhoben wurde, die nach vier Jahren Krieg endlich Rache forderten.

Das letztlich Entscheidende für den Wiederaufstieg Japans aber war die 1945 nicht unterbrochene Kontinuität des Tennotums. Das japanische Volk behielt Kaiser Hirohito und damit seinen monarchisches Denken in Europa transzendierenden Mittelpunkt. Für die Bewahrung der kaiserlichen Herrschaft hatten Regierung und Generalstab die Beendigung des Krieges um wenige Tage hinausgezögert, und für dieses Festhalten an der traditionellen Staatsidee hatten zuletzt noch im atomaren Inferno von Hiroshima und Nagasaki Hunderttausende ihr Leben lassen müssen. Am Nullpunkt seiner nationalen Existenz gab es in dem verelendeten und hungernden Volk niemanden, der die Republik ausrufen wollte. In jenen Augusttagen gelang der japanischen Nation auf den 2 600 Jahre alten Fundamenten ihres Tennotums der Übergang in eine bis dahin noch niemals dagewesene Zeit. Mochten die Städte verwüstet und die Menschen verzweifelt sein – das unsichtbare Erbe der Inselkultur konnte sich behaupten. Es stürzten zwar Götter, aber nicht der Tenno. Die Kontinuität der Geschichte blieb gewahrt. Japan rettete sein Kokutai, die ihm eigene, höchst originelle Staatsauffassung und Staatsgesinnung.

Was wie das Ende des nationalen Weges von Japan aussah, trug deshalb von Anfang an den Keim des Wiederaufstiegs in sich. Die Nachkriegszeit begann im Schutz traditioneller Mächte, deren Wirkungen aus den Kulissen heraus kein Besatzungsbefehl auslöschen konnte. Über dem Neubeginn standen die am 15. August von Ministerpräsident Prinz Higashikuni gesprochenen Worte: »Wenn das ganze Volk eins und willens ist, die gegenwärtigen Schwierigkeiten in vorbildlicher Ordnung und Einigkeit, getreu den kaiserlichen Wünschen, zu überwinden, wird die ganze Welt von der Größe der japanischen Staatsgesinnung jenseits von Sieg und Niederlage überrascht sein. Gerade in diesen schwierigen Zeiten eines ungünstigen Geschicks wird sich erst der echte Wert unserer Staatsgesinnung offenbaren.« [21]

KAISER HIROHITO

Von der ausländischen Parteien Gunst und Haß entstellt, schwankt das Tenno-Bild in der Geschichte. Wie fremd es Europäern ist, ahnt der Besucher bereits, wenn er in Tokio den Kaiserpalast sieht. Wassergräben und darauf ein paar Schwäne – dunkle Wälle aus rohem Gestein – pagodenähnliche Türme, weiß und mit Fenstern wie Schießscharten – Holztore wie an Europas letzten Burgen – unasphaltierte Wege, die hineinführen, als seien sie noch für Pferd und Wagen bestimmt – und jenseits von allem: ein Park. Wo der Tenno genau wohnt? Die Antwort muß lauten: irgendwo. Irgendwo hinter jenen Bäumen. Niemand aus dem Volk hat seine Residenz je gesehen, und keine Fahne, keine Standarte verkündet, ob der Tenno in Tokio anwesend ist oder nicht.

Ein eigenartiges Schloß. Überhaupt nicht zu vergleichen mit Versailles, Sanssouci oder dem Buckingham-Palace, und auch nicht zu vergleichen mit der Imposanz der Verbotenen Stadt der chinesischen Kaiser in Peking. Beeindruckend an dem Kaiserpalast in Tokio ist eigentlich nur die Dimension der Anlage. Im Grunde ist der Palast ein Wald, aber kein Schloß. Er erinnert an Frühzeit oder Mittelalter und wirkt mehr bäuerlich als städtisch.

Die ganze Anlage erscheint auf den ersten Blick, als gäbe es in ihr kein elektrisches Licht. Abends ist der Park auch tatsächlich in Dunkelheit gehüllt, während Marunouchi und die Ginza nicht weit gegenüber Orgien in Neonlicht feiern. Am deutlichsten wird es bei einem nächtlichen Flug über Tokio. Inmitten des bis an die Horizonte sich erstreckenden Lichterteppichs, durchzogen von Schneisen grellfarbiger Reklame-Boulevards, liegt wie ein im Dunkel ruhender See der Kaiserpalast. Dort gibt es auch keine dem Volk sichtbaren erleuchteten Fenster, zu denen die Menschen aufblicken und sagen würden: »Der Tenno arbeitet.« Das Volk begnügt sich mit dem Irgendwo; es sieht nicht und glaubt doch.

Die wenigen Wachen an den Palasttoren tragen die gleichen blaugrauen Uniformen wie die Tokioter Verkehrspolizisten. Sie kennen nicht einmal eine fotogene Wachablösung im Stechschritt und mit Kommandos. Sie haben auch keine Gewehre mit in der Sonne blitzenden Bajonetten geschultert. Die Wachen stehen scheinbar so gelangweilt herum wie ihre Kollegen draußen in der Stadt an den Polizeihäuschen mit den roten Lampen. Exotisch und traditionsbeladen im Illustriertensinn geht es am kaiserlichen Hof nicht zu. Touristen kommen nicht auf ihre Kamera-Kosten. Der Stil des Tenno fällt unter den Monarchien dieser Welt aus dem Rahmen. Man muß alles vergessen, was man aus der an Filmstoffen so bunten höfischen Geschichte Europas und den abenteuerlichen Erzählungen eines Marco Polo weiß.

Der Tenno residiert anders, bescheiden wie der erste Bürger seines Landes. Einmal im Jahr lädt er die politische, kulturelle und wirtschaftliche Elite seiner Untertanen, ausländische Botschafter und Honoratioren zu einem Empfang unter freiem Himmel im Park ein. Vor einer Bühne sind Reihen von Klappstühlen aufgestellt, und wenn die kaiserliche Familie erscheint, bittet der Zeremonienmeister die Geladenen, Platz zu nehmen. Filmbesessene Botschafter schieben dann die Zylinder in den Nacken und reißen die Kameras ans Auge. Es wird erzählt, ein amerikanischer Senator habe bei dieser Gelegenheit dem Tenno eine 100-Yen-Note gereicht und um sein Autogramm gebeten. Nach einer halbstündigen Darbietung traditioneller Hofmusik und klassischer Tänze begibt man sich an die kalten Büfetts unter rot-weiß bespannten Zelten. Kaiser und Kaiserin ziehen sich frühzeitig zurück.

So mancher Staatsbesucher mag über die Kargheit am japanischen Kaiserhof enttäuscht gewesen sein, besonders, wenn er noch betäubt vom Glanz des Pfauenthrons zu Teheran und von der balinesischen Grandezza des Republikaners Sukarno nach Tokio kam. Die Staatsbanketts finden im allerkleinsten Kreise statt. Rauschende Empfänge wie auf Schloß Brühl bei Bonn sind nicht üblich. Daß der Tenno einmal tanzen könnte – allein der Gedanke ist schon grotesk; ähnlich widersinnig wie die Vorstellung, der Papst könne tanzen. Japans Monarchie trägt auch heute noch theokratische Züge.

Kaiser Hirohito, dem Geschichtsmythos nach der 124. Nachkomme der Sonnengöttin Amaterasu, wurde am 29. April 1901 als ältester Sohn des 1926 in geistiger Umnachtung gestorbenen Kaisers Taisho geboren. Er ist körperlich klein, trägt eine starke Brille und wirkt in der Öffentlichkeit gehemmt und schüchtern. Seine Bewegungen sind eckig, als sei er dauernd in Verlegenheit. Seine einfache Menschlichkeit ist so dominierend, daß man als Europäer vergebens nach einer Bestätigung seiner einstigen Göttlichkeit sucht.

Kaiser Hirohito und Kaiserin Nagako haben zwei verheiratete Söhne, Kronprinz Akihito und Prinz Yoshi. Ihre durch Nachkriegsgesetz bürgerlich gewordenen drei noch lebenden Töchter sind mit namenlosen Männern verheiratet, einem Museumsdirektor, einem Bankangestellten und dem Besitzer einer fernab von Tokio auf dem Lande gelegenen Tierfarm. Die Enkel und Urenkel der längst abgetretenen Hohenzollern, Wittelsbacher und Welfen stehen in der Republik Deutschland mehr im Blitzlicht der Publicity als die Töchter kaiserlichen Geblüts in der Theokratie Japan.

Bis zum Dezember 1961 bewohnte das Kaiserpaar die über dem Luftschutzbunker des im Kriege ausgebrannten Palastes gelegene ehemalige Bibliothek. Erst 16 Jahre nach Kriegsende konnte es eine für zwei Millionen Mark erbaute neue Residenz beziehen, die im Stil der Villa eines deutschen Großindustriellen entspricht. Sie ist ganz westlich eingerichtet und dient nur Wohnzwecken. Es hieß damals, der Tenno habe dem Neubau erst dann zugestimmt, als er die Gewißheit bekommen habe, daß auch der letzte Bombengeschädigte von seinen Untertanen wieder ein Dach über dem Kopf habe. Mit dem Bau eines neuen Palastes, der auch Hallen für die verschiedenen Repräsentationspflichten enthält, wurde erst im Sommer 1964 begonnen. Er erinnert mit seinen traditionellen Stilelementen an die einfache Schönheit und schlichte Würde des alten Kaiserpalastes in Kyoto.

Nach einer Mitteilung im Bulletin der Regierung fühlt sich Kaiser Hirohito am glücklichsten in seinem Laboratorium, in dem er an mehreren Tagen der Woche wissenschaftliche Forschungen betreibt. Sein Hauptinteresse gilt Pflanzen und Kleinstlebewesen des Meeres. Wenn er in seinen Sommerhäusern am Strand bei Hayama oder in den Bergen bei Nasu weilt, fährt er für seine Forschungen täglich aufs Meer hinaus oder durchwandert die Wälder. Kaiser Hirohito hat mehrere wissenschaftliche Bücher veröffentlicht und gilt in biologischen und zoologischen Fachkreisen als Experte.

Die heutige Nachrichtenpolitik des Hofes erweckt den Eindruck, als interessiere sich der Tenno mehr für Pflanzen und Meerestierchen als für Menschen und Politik. Die von offizieller Hand geschriebenen Geburtstags- und Neujahrsartikel sind im Zeitalter eines auch in Japan lebendigen Journalismus von einer untertänigen Steifheit, als gälten sie mehr einer Institution denn einem Menschen aus Fleisch und Blut. »Der Kaiser und seine Familie«, so schrieb am 1. Januar 1966 die ›Japan Times‹, »grüßten das neue Jahr in Erwartung glücklicher Tage für die beiden jungen Prinzen, den vier Wochen alten Prinzen Aya und den fünfjährigen Prinzen Hiro, der im April schulpflichtig wird. (Gemeint sind die beiden Söhne des Kronprinzenpaares.) Kaiser und Kaiserin haben im ganzen acht Enkel und fühlen sich trotz ihres fortgeschrittenen Alters gesund und stark. Der Kaiser wird am 29. April 65 Jahre alt. Jeden Morgen geht er von seiner Residenz in 15 Minuten zu Fuß zum Hofamt. Er sieht der Vollendung des im Bau befindlichen Palastes erwartungsvoll entgegen. Der Kaiser hat sehr viel Arbeit. Er verkündet die Abkommen, die Japan mit anderen Ländern schließt. Jährlich empfängt er 300 Botschafter und andere ausländische Persönlichkeiten in Audienz. Er ist sehr an biologischen Fragen interessiert. Die Nachmittage jedes Montags und Donnerstags und den ganzen Samstag verbringt er in seinem biologischen Forschungsinstitut und klassifiziert die von ihm gesammelten Arten. Ein Buch über Shellfisch wird in diesem Jahr veröffentlicht werden. Mehrere Stunden jedes Abends widmet er seinen in Nasu gesammelten Pflanzen. Die Kaiserin hat ihre größte Freude an dem neugeborenen Prinzen Aya und ihren anderen Enkelkindern. Das Kaiserpaar will in diesem Jahr aus allen Schichten der Bevölkerung so viele Menschen wie möglich treffen. Prinz Hitachi und Prinzessin Hanako (der jüngste Sohn und dessen Frau) machten im letzten Jahr eine 50tägige Goodwill-Reise durch europäische Länder. Dadurch ist die Kaiserin jetzt die einzige, die noch niemals im Ausland war.«

In der Tenno-Frage lenkt die offizielle Pressepolitik die Aufmerksamkeit der Ausländer in eine Richtung, die der Bedeutung des Tennotums für das japanische Volk nicht voll zu entsprechen scheint. Man nährt den Verdacht von Untertreibung, Verharmlosung und künstlicher Demokratisierung. Niemals wird die Rolle des Tenno als Hohepriester des Shintoismus angesprochen, durch die er auch ohne propagandistische Zutaten heiliger ist, als man heute glauben machen möchte. Die Zeitungen, die weder das grundsätzliche Problem des Tennotums noch die Person Kaiser Hirohitos unter dem Gesichtspunkt der »unbewältigten Vergangenheit« berühren und jeder Diskussion dieser Themen aus dem Wege gehen, stellen es so dar, als beschränkten sich die Funktionen des Tenno auf die Eröffnung des Parlaments, die Entgegennahme von Beglaubigungsschreiben ausländischer Botschafter, die Besichtigung von Insekten-, Schmetterlings-, Fisch- und Blumenausstellungen, die Teilnahme an karitativen Filmpremieren, Sumo-Ringkämpfen und Jubiläumsfeiern des Roten Kreuzes.

Rührend waren die Pressenotizen und Filmstreifen, als das Hofamt dem 60jährigen Tenno als erstem Kaiser auf dem Thron der Sonnengöttin zum ersten Mal eine private Geburtstagsfeier gestattete. Zauberkünstler erfreuten die Gäste mit neckischen Tricks. Ergänzt wird dieses so auffallend untertriebene Tenno-Image durch die Herausstellung Kaiser Hirohitos als eines sorgenden Familienvaters. Die offiziellen Fernsehfilme zu Neujahr zeigen ihn Fische fütternd oder im Kreise seiner Kinder und Enkelkinder. Aber die Ausübung der ihm als geistlichem Oberhaupt der shintoistischen Kirche auferlegten religiösen Riten an den Schreinen im Palast hat noch niemand seiner Untertanen, weder als Augenzeuge, noch auf dem Fernsehschirm, gesehen. Wie um das Rätsel seiner Person und seines Thrones noch unlösbarer zu machen, erklärte Kaiser Hirohito im August 1963, er habe in seinem ganzen Leben noch nichts Produktives geleistet. [1]

Die demokratische Darbietung des Tenno in der Öffentlichkeit ist eine ins Extrem ausgeschlagene Reaktion auf seine kultische Vergöttlichung bis zum Ende des Krieges. Das japanische Volk kannte Kaiser Hirohito bis 1945 nur in ordensgeschmückter Uniform. Zu Paraden erschien er hoch zu Roß auf seinem Schimmel Shirayuki, »weißer Schnee«. Wenn der Tenno vorüberfuhr, mußten sich die Menschen wie vor dem Allerheiligsten tief verbeugen und über dem Parterre ihrer Häuser alle Stockwerke räumen, denn niemand durfte höher stehen als er. Im Imperial-Hotel in Tokio, das an den Geleisen der Fernstrecke nach Osaka liegt, wurden, wenn der kaiserliche Sonderzug angekündigt war, die Vorhänge der Fenster zugezogen.

Bei der Feier des Reichsgründungstages 1941 erklärte Innenminister Hiranuma: »Japans Staats- und Gesellschaftsordnung ist einzigartig in der Welt. Der Himmel sandte den Enkel der Sonnengöttin hernieder mit der Botschaft, daß seine Nachkommen für ewige Zeiten über Japan herrschen und regieren sollten. Es geschah am heutigen Tage vor 2601 Jahren, daß unser erster Kaiser Jimmu den Thron bestieg. Die Dynastien fremder Länder wurden von Menschen begründet, aber Japan hat einen geheiligten Thron, der ererbt ist von den kaiserlichen Ahnen. Die japanische kaiserliche Herrschaft leitet sich deshalb vom Himmel ab. Von Menschen geschaffene Dynastien mögen zusammenbrechen, aber der vom Himmel geschaffene Thron ist über die Macht von Menschen erhaben.« [2]

Die Themen Gott und Gottheitsland kehrten immer wieder. »Das große Japan ist ein göttliches Reich. Die himmlischen Ahnen haben seinen Grund gelegt, und die Sonnengöttin überliefert ewige Herrschaft. Das ist nur der Fall bei unserem Reich; desgleichen gibt es in den anderen Ländern nicht wieder; darum nennt man unser Reich das göttliche Reich.« [3] Der glühende Nationalist Toyama schrieb: »Das japanische Reich gehört dem Kaiser. Die Existenz des Staates und das Dasein des Volkes hängen nur vom Kaisertum ab. Wenn einer denkt, daß das Kaisertum von Volk und Staat abhängig sei, dann ist er kein Japaner mehr.« [4] In einer ins Deutsche übersetzten, damals sehr populären Tenno-Fibel hieß es: »Die Herrscher anderer Länder sind wie Hüte, die man nach Belieben mit neuen austauschen kann; dagegen ist unser Kaiser der Kopf, den man nicht abschneiden kann, ohne dem Körper das Leben zu nehmen. Bei jenen Ländern kommt zuerst das Volk, dann der Herrscher; bei uns dagegen erst der Kaiser, dann die Untertanen; dort erst das Land, dann der Herrscher; hier erst der Herrscher, dann erst das Land mit seinen Untertanen. Das ist der Grund, warum man hier das Land Kaiserreich, das Volk Kaiservolk nennt. Es bedeutet: das Land gehört dem Kaiser, und das Volk gehört dem Kaiser.« [5]

Aber anders als in den Diktaturen Europas hielt der Tenno keine Reden. Ferner wurde von ihm nicht eine einzige Druckzeile bekannt. Kaiser Hirohito war weder Volkstribun, Demagoge noch Propagandist. Er stand auch nicht auf Feldherrnhügeln, kroch in keine Schützengräben und mischte sich niemals unter seine Soldaten. Trotzdem aber wurde Kaiser Hirohito von der öffentlichen

Meinung bei Freund und Feind mit Hitler und Mussolini gleichgesetzt. Einflußreiche Kreise der Siegermächte verlangten deshalb 1945 die Aburteilung des Tenno als Kriegsverbrecher.

Ungewiß über sein von Washington, London und Moskau abhängiges Schicksal, fuhr Kaiser Hirohito am 27. September 1945 in seinem altmodischen weinroten Mercedes-Benz aus den dreißiger Jahren durch das Trümmerfeld von Tokio nach der amerikanischen Botschaft, um General MacArthur, dem Gegenkaiser aus der Neuen Welt, seinen Antrittsbesuch abzustatten. MacArthur war der Auffassung, der Tenno wolle in der bevorstehenden Unterredung seine Unschuld am Ausbruch des Krieges beteuern und die Verantwortung auf die Generale abwälzen.

Der siegreiche Republikaner und der besiegte Himmelsherrscher nahmen an einem offenen Kamin in der langen Empfangshalle Platz. Kaiser Hirohito rauchte die ihm angebotene amerikanische Zigarette »mit Dankbarkeit«. Er schien nervös, seine Hände zitterten, und er zeigte deutliche Spuren der Leiden und Entbehrungen der letzten Monate. »Ich versuchte es ihm so leicht wie möglich zu machen«, schreibt General MacArthur in seinen Erinnerungen, »denn ich wußte, wie tief und fürchterlich er die Demütigung empfand.« Als das Gespräch schließlich auf den Krieg kam, erklärte der Tenno: »›Ich komme zu Ihnen, General MacArthur, um mich dem Urteil derjenigen Mächte zu unterwerfen, die Sie repräsentieren, als der eine, der die ausschließliche Verantwortung für alle politischen und militärischen Entscheidungen und Aktionen trägt, die mein Volk im Laufe des Krieges getroffen hat.‹ Ich war ungeheuer beeindruckt. Diese mutige Übernahme einer Verantwortung, die Tod bedeuten konnte, einer Verantwortung, die durch die mir bekannten Tatsachen klar widerlegt war, traf mich bis ins Mark. Er war ein Kaiser von Geburt, aber in diesem Augenblick wußte ich, daß ich dem ›first gentleman‹ von Japan gegenübersaß ... Der Kaiser besuchte mich dann noch öfters. Unsere Gespräche streiften die meisten Probleme der Welt. Ich erklärte ihm immer sehr sorgfältig die tieferen Gründe unserer Besatzungspolitik, und ich fand, daß er von Demokratie mehr begriffen hatte als fast alle Japaner, mit denen ich sonst noch sprach. Er spielte eine wichtige Rolle bei der geistigen Erneuerung Japans, und seine loyale Zusammenarbeit und sein Einfluß hängen mit dem Erfolg der Besatzung eng zusammen.« [6]

Am darauffolgenden Tage erschien in den Zeitungen das für das japanische Volk wahrscheinlich schockierendste Foto dieses Jahrhunderts. Es zeigte Kaiser Hirohito in gestreifter Hose und Cutaway neben dem ihn um Haupteslänge überragenden amerikanischen Oberbefehlshaber. MacArthur trug eine ordenslose Khakiuniform mit offenem Hemd und hatte seine Hände lässig auf die Hüften gestützt. Das kaiserliche Hofamt versuchte die Veröffentlichung der Fotografie zu unterbinden, wurde daran aber vom amerikanischen Hauptquartier gehindert. Der kleine förmlich gekleidete Tenno neben dem großen die Szene beherrschenden, legeren MacArthur – kein Foto hätte dem japanischen Volk auf demütigendere Weise offenbaren können, wem damals im Land die Macht gehörte.

Gemessen an der Vergöttlichung der Kriegs- und Vorkriegszeit mußte Kaiser Hirohito noch andere Demütigungen ertragen. Sein auf 400 Millionen Mark geschätzter Vermögensbesitz wurde verstaatlicht, so daß die kaiserliche Familie heute als Eigentum praktisch nur noch ihren Schmuck, ihre Kunstwerke und andere persönliche Gegenstände besitzt. Die staatlichen und privaten Vorkriegseinnahmen in Höhe von jährlich 5,2 Millionen Mark sanken auf 650 000 Mark. Hungernde Demonstranten versuchten in die kaiserlichen Küchen einzudringen und Beweise für Verschwendungssucht und Völlerei zu finden. Chuo Koron, eine der angesehensten intellektuellen Monatszeitschriften, veröffentlichte eine Phantasiegeschichte über die Enthauptung der kaiserlichen Familie. Auf Schulbühnen ließen laienspielende Gymnasiasten den Tenno unter der Guillotine enden. 1963 wurden drei Verdächtige unter der Anschuldigung verhaftet, die Entführung einer Kaiser-Tochter geplant zu haben.

Die Kritik am Tennotum ist vor allem unter der gebildeten Jugend der Großstädte weit verbreitet. Es ist bei ihr eine Art Mode geworden, in Gesprächen mit Ausländern Kaiser Hirohito zu diffamieren. Er sei im Grunde ein Steuerdieb, der auf Kosten des einfachen Volkes ein angenehmes und faules Leben führe. Er esse gut und mache Reisen, während in seinem Namen Väter und Söhne gefallen seien. Seine Popularität sei auf Filmstar-Niveau herabgesunken, und es wäre das Beste gewesen, wenn er wie so viele seiner Generale zur Erhaltung des Thrones 1945 Harakiri verübt hätte.

Man sollte solche und ähnliche temperamentvollen Anklagen

nicht zu wörtlich und ernst nehmen. Japaner haben vor Ausländern zu allen Zeiten sich selbst, ihr Land und ihre Traditionen schlechtgemacht. Diese masochistischen Neigungen aber gehen meistens nicht tief; im Grunde möchten die angeblichen Progressiven als Antwort Schmeicheleien und Komplimente hören, denn ihre Selbsterniedrigung ist gelegentlich nur eine freundliche Geste in ihrem komplizierten Höflichkeitszeremoniell. Ich habe die das Tennotum verächtlich machenden Studenten immer gefragt, ob sie als Konsequenz ihres Denkens Japan zur Republik ausrufen wollten. Daraufhin blickten sie mich nur mit großen Augen erstaunt an, als wollten sie sagen: wir Gaijins, wir Ausländer, seien doch eigentlich komische Leute; wir müßten immer gleich Konsequenzen ziehen und so schrecklich logisch sein.

Trotz seines tiefen Sturzes ist Kaiser Hirohito als die Verkörperung der japanischen Staatsidee auch heute noch in eine Gefühlswelt eingebettet, die im Vergleich zur Verehrung konstitutioneller Monarchen in Europa entscheidende Unterschiede aufweist. Ich erlebte den Tenno zum ersten Mal am Neujahrstag 1959. In einer langen Schlange von Zehntausenden von Menschen durchschritt ich das altjapanische Tor des Palastes, das sich dem Volk nur an Neujahr und am Geburtstag des Kaisers öffnet; ließ mich von den Massen über die kandelabergeschmückte Brücke treiben, die der deutsche Kaiser 1888 dem japanischen Hof zum Geschenk machte und in ihrem hanseatischen Barock an die alte Lombardsbrücke in Hamburg erinnert, und erreichte dann eine große Rasenfläche, auf der die Menschen dicht gedrängt auf das Erscheinen Kaiser Hirohitos warteten.

An der Stirnseite des Platzes war ein kleiner weißgestrichener Pavillon errichtet. Nach kurzer Zeit erschien die kaiserliche Familie. Kaiserin Nagako trug einen Kimono und der Tenno zur gestreiften Hose einen Cutaway. Die Kragenecken seines Oberhemdes waren im Stil unserer Großväter umgebogen. Kaiser Hirohito blickte ruckartig nach links und rechts. Nervös drehte er sich um und wartete, bis die Kaiserin ihre richtige Stellung eingenommen hatte. Dann schnellte sein rechter Arm hoch, und er grüßte seine Untertanen.

Zuerst schien es mir so, als lache die Menge, als ginge ein komisches Kichern durch die Reihen. Machte man sich über den Tenno lustig, oder war es Verlegenheit? Schließlich übertönten einzelne

Banzai-Rufe diese höchst eigentümliche Freudenkundgebung; die Masse fing sich und brachte mit erhobenen Armen ein dreimaliges Banzai aus. Mütter hielten ihre Kinder hoch, Bauern und Bäuerinnen reckten die Hälse, und junge Mädchen und Studenten stürmten die Tribünen, auf denen die Kameramänner des Fernsehens und der Wochenschauen standen.

Nach drei Minuten zog sich die kaiserliche Familie wieder zurück. Die Tausende verließen den Rasenplatz, und neue Massen strömten nach. Der Neujahrsempfang, bei dem sich der Tenno alle 45 Minuten kurz zeigte, dauerte von 9 bis 17 Uhr. Als die Tore geschlossen wurden, hatte die Polizei 130 000 Menschen gezählt. Aber sie waren eigenartig unbewegt und scheinbar unbeeindruckt geblieben. Ich hatte lauten Jubel und stürmische Ovationen erwartet, aber die 130 000 an diesem Neujahrstag gaben sich gezügelt und diszipliniert, als wahrten sie einen großen Abstand zum Tenno.

Eine ähnliche Erfahrung bei der Berührung zwischen Tenno und Volk machte ich 1963, als mir vom Hofamt die Erlaubnis erteilt wurde, Kaiser Hirohito auf einer mehrtägigen Fahrt durch die nördliche Provinz Aomori zu begleiten. Auf dieser Inspektionsreise nahm er an Sportveranstaltungen der Schuljugend teil, besuchte einen Shinto-Schrein, beobachtete Bäuerinnen beim Reispflanzen, besichtigte eine Fabrik, stattete der Provinzregierung einen Besuch ab und pflanzte in Gegenwart von mehreren tausend Menschen aus allen Teilen des Landes einen Baum. Bei feierlichen Anlässen saß das Kaiserpaar, von allen Honoratioren getrennt, auf einer kleinen Bühne und war protokollarisch von Einsamkeit umgeben. Die von starken Brillengläsern verdeckten Augen des Tenno zuckten, als leide er an einer Nervenkrankheit, und man wußte oft nicht, ob Kaiser Hirohito eingenickt war oder seine Augen in Meditation geschlossen hatte.

Jeden Abend fand für die begleitenden Journalisten eine Pressekonferenz statt. Ein Beamter des Hofes gab bekannt, was Kaiser Hirohito tagsüber gefragt und gesagt habe. Es hieß, er habe sich an einer speziellen Blume interessiert gezeigt, sich nach dem Wetter, den Ernteaussichten und den Fangergebnissen der Fischer erkundigt, und er wolle über seine Reiseeindrücke ein Gedicht schreiben. Die Kaiserin habe während der Fahrt im Sonderzug drei Bilderskizzen gemalt. Auch der Speisezettel des Kaiserpaares wurde täglich veröffentlicht. Das Frühstück habe aus zehn und das Abendessen aus zwölf Gängen japanischen Stils bestanden; zum Lunch sei eine Art Picknick-Frühstück mitgenommen worden. Zu jeder Mahlzeit habe der Tenno Milch getrunken und Früchte gegessen. Es wurde ebenfalls bekanntgegeben, wann Kaiser und Kaiserin ein Bad genommen hatten.

Im krassen Widerspruch zu dieser Nachrichtenpolitik amerikanischen Stils standen die Reserviertheit, Unpersönlichkeit, ja Verlegenheit und Scheu des Tenno bei seinen Auftritten in der Öffentlichkeit. Aber auch die vielen tausend Menschen, die fähnchenschwenkend die Straßen säumten, wenn das Kaiserpaar in seiner mit goldenen Chrysanthemen verzierten Limousine durch Bauern- und Fischerdörfer fuhr, reagierten eigentümlich zurückhaltend und unbeteiligt. Sie winkten zwar erhobenen Hauptes und musterten die Wagenkolonne mit neugierigen Blicken, aber lauter Jubel ertönte nur aus den Reihen der Schulkinder. Bei den Massen der Erwachsenen war nur das Rauschen der Papierfähnchen und ein gelegentliches Banzai zu hören.

In den äußeren Formen der Tenno-Huldigung schien es einen Generationsunterschied zu geben. Bei älteren Menschen sah es so aus, als seien sie von einer feierlichen Sprachlosigkeit befangen und als habe der Eindruck der Stunde für sie etwas Unfaßbares. Im großen und ganzen spielte sich der mehrtägige Besuch des Tenno in der nördlichsten Provinz der Hauptinsel Honshu in einer gewissen Stille ab, europäisch gesagt in einer Art von Beklommenheit. Bei all ihren öffentlichen Auftritten hielten weder der Kaiser noch die Kaiserin Reden, sondern waren überall nur als stumme Zeugen anwesend. Sie zeigten sich zwar dem Volk, aber sprachen nicht zum Volk. So hatte ich als Europäer den Eindruck, als bestünde zwischen dem Tenno und seinen Untertanen noch immer eine unsichtbare Grenze und als werde dem Volk ein Denkmal gezeigt. Tenno und Volk besichtigten sich gegenseitig, wie man eine Ausstellung besichtigt. Beide schienen an die gewandelten Formen und neuen Rollen, die ihnen die Zeit vorschrieb, noch nicht gewöhnt zu sein. Gerade im Atmosphärischen wirkte noch etwas vom Göttlichen und Theokratischen nach; als könne das Volk immer noch nicht recht glauben, daß der Tenno heute wirklich menschlicher und nicht mehr so entruckt wie damals sei. Auch Kaiser Hirohito selbst konnte die Unsicherheit bei der engen Tuchfühlung mit den Massen nicht souverän überspielen, denn er war ja nicht freiwillig aus dem »neunfachen Wolkenring« auf die öffentlichen Plätze getreten, sondern zu der Demokratisierung von einer fremden Macht in der Stunde der nationalen Katastrophe gezwungen worden.

Was ist am 15. August 1945 geschehen? Die Geschichte der an diesem Tage von den Siegern diktierten Entideolisierung des Tennotums begann um das Jahr 1868. Damals am 14. März schrieb der im Knabenalter auf den Thron gelangte Kaiser Meiji: »Jung und schwach sind Wir auf den Thron gekommen. Tag und Nacht fragen Wir Uns, wie Wir die Stellung Unserer Nation unter den Völkern der Welt behaupten und den Willen Unserer Vorfahren erfüllen können. In früheren Zeiten war die Macht des Thrones verfallen, und Krieger hatten die Regierungsgewalt an sich gerissen. Die Menschen gaben vor, den Thron zu respektieren, aber tatsächlich gewährten sie nur zögernd Hilfe und Unterstützung. Daher konnte das Volk der Gnade seines Kaisers nicht teilhaftig werden und lebte ein leeres Leben. So gesehen mag es scheinen, als habe sich heute die Ehrerbietung gegenüber dem kaiserlichen Thron im Vergleich zu früher verdoppelt. Damals waren Volk und Thron so weit voneinander entfernt wie die Erde von den Sternen. Wie konnte unter solchen Bedingungen der Kaiser über das Volk herrschen?« [7]

Diese Worte des berühmten Kaisers Meiji waren das erste Bekenntnis zum ideologischen Tennoismus, zur Politisierung und Ideologisierung des Tennotums. Symbolisch für die im Widerspruch zu einer 2000jährigen Geschichte stehende Umformung der traditionellen apolitischen Tenno-Idee war die Verlegung der kaiserlichen Residenz aus dem religiösen Kyoto in das politische Tokio. Bis 1868 hatten die Kaiser als Päpste des Shintoismus fernab von den Mächtigen, die das Schicksal des Landes unter sich ausmachten, im japanischen Rom residiert. Erst mit der Übersiedlung des Meiji-Tenno in die Metropole Tokio meldeten sie oder, genauer gesagt, andere durch sie einen politischen Machtanspruch an. Fortan wurden die Kaiser aus nationalistischen Gründen in den Mittelpunkt einer künstlich hochgetriebenen Ideologie gestellt, die der ursprünglichen Tenno-Idee gänzlich fremd war. Nationalreligiöse Schwärmer und völkische Romantiker weihten die Nachfolger auf dem Thron der Sonnengöttin zu absoluten Herrschern, legten ihnen Armeeuniformen an und machten sie zu gnädigen

Gottheiten über Leben und Tod ihrer Untertanen. Der erst vor hundert Jahren mit der Modernisierung und dem Großmachtstreben einsetzende ideologische Tennoismus modellierte und stilisierte das ursprüngliche, ganz auf den religiösen Bereich beschränkte Tennotum derart, daß das Original fast gänzlich verdeckt wurde.

Die nationalistisch-militaristische Abirrung von der bis dahin gänzlich unpolitisch gewesenen Tenno-Idee, diese Häresie in der shintoistischen Kirche, führte dazu, daß die uninformierte Öffentlichkeit in den japanischen Kaisern Meiji, Taisho und Hirohito orientalische Cäsaren sah, die mit einer Handbewegung oder einem Kopfnicken über Krieg und Frieden entscheiden konnten. Eine plötzlich hochkommende Propaganda, für die es in der japanischen Geschichte keine Vorläufer gab, dichtete den Nachfahren auf dem Thron der Sonnengöttin Amaterasu eine Machtfülle an, daß Japan das Zeitalter des despotischen Absolutismus ausgerechnet in dem Augenblick nachzuholen schien, als in Europa die konstitutionelle Monarchie gesiegt hatte. Es war die Schuld der ideologischen Tennoisten, daß die Weltöffentlichkeit glaubte, Kaiser Hirohito habe 1931 die Eroberung der Mandschurei, 1937 den Krieg gegen China und 1941 den Überfall auf Pearl Harbor befohlen. Als sich dann 1945 die Sieger das Recht herausnahmen, die Köpfe der Kriegsverbrecher zu fordern, war es logisch, daß auch die Aburteilung und Hinrichtung des Tenno verlangt wurden.

In Wirklichkeit aber verbarg sich hinter dem Cäsarismus dieses göttlichen Kaisers ein Mensch, der den Frieden wollte, und hinter der Maske dieses scheinbar Allmächtigen ein im Grunde Gefangener der Militärs. Das Maskenhafte der Japaner hat in der Geschichte wahrscheinlich niemals eine tragischere Darstellung gefunden als in der Kaiser Hirohito während der Kriegszeit zudiktierten Rolle. Bis heute gibt es keine veröffentlichten Dokumente, die den Tenno als einen aktiven Militaristen und zum Krieg entschlossenen Imperialisten erscheinen lassen. Ganz im Gegenteil steht mit ziemlicher Sicherheit fest, daß Kaiser Hirohito mehrmals zaghafte Versuche unternommen hat, die Katastrophe, in die Japan hineinsteuerte, abzuwenden. Er mißbilligte 1931 das mandschurische Abenteuer der Kwantung-Armee und 1933 den Austritt Japans aus dem Genfer Völkerbund. Darüber hinaus erklärte er im Frühsommer 1932, als die imperialen Ambitionen und sozialrevolutionären Ideen der Militärs das Regieren der zivilen Kabinette in

Tokio immer schwieriger machten, ein mit dem Faschismus sympathisierender Ministerpräsident sei für ihn unannehmbar. Armeekreise waren sich des passiven Widerstandes des Tenno bewußt und ventilierten mehr als einmal den Gedanken, Kaiser Hirohito durch seinen ihnen günstiger gesinnten Bruder Prinz Chichibu auf dem Thron zu ersetzen. Sie waren gleichzeitig über die wissenschaftlichen und apolitischen Interessen des Tenno ungehalten. Andere dagegen begrüßten seine von der Politik ablenkenden Neigungen, weil sie sich dadurch in Ruhe gelassen fühlten. Ihnen war ein Meeresbiologe als Tenno lieber als ein politischer Kaiser.

In typisch japanischer Indirektheit äußerte der Tenno 1941 sein Unbehagen über den bevorstehenden Krieg mit Amerika. Über die Sitzung des Kronrats am 6. September jenes Jahres, in der die Weichen endgültig auf Kriegskurs gestellt wurden, schreibt der spätere Außenminister Shigemitsu in seinen Erinnerungen: »Der Kaiser war über den Beschluß von Gram erfüllt. Er schaute in der Versammlung ringsumher und trug vom Thron herab ein von Kaiser Meiji verfaßtes Gedicht vor:

›Die See erstreckt sich von unseren Küsten allüberallhin,
und mein Herz ruft laut zu den Völkern der Welt:
Warum peitschen die Winde die wogende See
und stören den Frieden zwischen uns?‹

Er gab allen Anwesenden den Rat, den Sinn dieses Gedichts zu Herzen zu nehmen und dementsprechend zu handeln. Damit forderte er die Versammlung der zu jenem Zeitpunkt führenden Japaner – Kabinett und Oberkommando – auf, ihre Herzen zu erforschen und nachzudenken.« [8]

Zu den Verteidigern des Tenno gehörten später die Botschafter der Vereinigten Staaten und Großbritanniens, Joseph C. Grew und Sir Robert Craigie, die 1941 in Tokio die Kriegserklärung entgegennehmen mußten. Als die Wogen des Hasses in ihren Völkern hochgingen, warnten sie immer wieder vor der Fehlbeurteilung, in Kaiser Hirohito den japanischen Hauptkriegsverbrecher zu sehen. Es war allerdings schwierig, das Fachwissen einiger weniger Experten in der Erregung jener Jahre zu popularisieren. Die tennoistischen Ideologen trieben ein propagandistisches Spiel, daß es zwischen Tokio, Rom und Berlin keine Unterschiede zu geben schien.

Überzeugend und durchgreifend aber hat der Tenno erst gehandelt, als es bereits zu spät war und Japan nur noch kapitulieren konnte. In den historischen Stunden im August 1945 warf Kaiser Hirohito seine ganze Autorität in die Waagschale und verhinderte dadurch die selbstmörderische Opferung seines Volkes. Auch als »Gott« gehörte damals zu seinen Worten und Taten persönlicher Mut, denn wegen der Einmaligkeit der Ereignisse waren blindwütige Kurzschlußreaktionen gerade von den fanatischsten Tennoisten nicht auszuschließen.

Am tragischen Schicksal des lebenden Tenno wird deutlich, daß auch in der Phase des ideologischen Tennoismus am Thron vorbeiregiert und an der 2000jährigen Praxis festgehalten wurde, japanische Geschichte ohne den Papst des Shintoismus zu machen. Kaiser Hirohito war, wie alle Nachkommen der Sonnengöttin, nur ein Werkzeug in den Händen anderer und mußte sich einer von ihm kaum zu beeinflussenden Wirklichkeit beugen. Seine in der Verfassung verankerten diktatorischen Vollmachten wurden nicht von ihm, sondern von den Militärs ausgenutzt und angewandt. Die tennoistische Diktatur war in Wirklichkeit ein autoritäres Regime von Generalen, die den Tenno vor vollendete Tatsachen stellten. Die von den Amerikanern 1945 befohlene Entideologisierung und verfassungsrechtliche Entmachtung des Throns brachten deshalb das verzerrte, den tatsächlichen Gegebenheiten nicht entsprechende Tenno-Bild im Grunde nur wieder in Übereinstimmung mit der historischen Tradition. Der politische Strahlenglanz, durch den Kaiser Hirohito in ein künstliches Licht getaucht worden war, erlosch. Heute gibt es keinen Schein mehr, der trügt. Wirklichkeit und Verfassung sind wieder identisch. Kaiser Hirohito ist wie alle seine Vorfahren juristisch machtlos.

Durch den Zusammenbruch des ab 1868 zum Staatskult ausgebauten ideologischen Tennoismus, der eine sektiererische Bewegung innerhalb der Shinto-Religion war, ist Japan wieder an die Wahrheit seiner traditionellen Tenno-Idee herangeführt worden. Deshalb wurde das japanische Volk von der Neujahrsbotschaft Kaiser Hirohitos am 1. Januar 1946, in der er seine »Göttlichkeit« verleugnete, auch nicht so tief getroffen, wie das von Ausländern gelegentlich angenommen wird. Der Tenno erklärte damals: »Die Bande, die Uns und Unser Volk verknüpfen, haben immer auf gegenseitigem Vertrauen und gegenseitiger Anhänglichkeit beruht.

Sie hängen nicht von Legenden und Mythen ab. Sie sind nicht zu folgern aus der falschen Auffassung, daß der Tenno göttlich ist und daß die Japaner anderen Rassen überlegen und etwa vom Schicksal bestimmt sind, die Welt zu beherrschen.« [9]

Diese Worte haben die Japaner weder erschüttert noch in Verzweiflung gestürzt und sie auch nicht veranlaßt, wie erhofft, Christen zu werden. Der an der Sophia-Universität in Tokio lehrende deutsche Jesuitenpater Roggendorf kommentiert: »Man hat sich darüber gewundert, daß das Unterfangen, einen anscheinend uralten Glauben mit einem Federstrich abzuschaffen, das japanische Gemüt nicht bis ins Innerste erschüttert hat. Es wurde darauf hingewiesen, daß seit 2 000 Jahren die Staatsautorität auf als übernatürlich und absolut verbürgten Sanktionen beruht habe, die in der ererbten Heiligkeit der Person des Kaisers manifest waren; Japan sei von jeher nicht nur als ein weltliches Staatswesen, sondern als eine heilige Kirche konzipiert gewesen, und die Entgöttlichung des Tenno oder die Entstaatlichung des Shintoismus werde unabsehbare Folgen zeitigen ... Und doch hat der Neujahrserlaß des Kaisers das Volk nicht wie ein Donnerschlag getroffen, und von einem Zusammenbruch der Staatsstruktur kann keine Rede sein. Was in der Tat mit der Säkularisierung der monarchischen Institution zu Ende ging, war nicht eine 2 000jährige Geschichte, sondern die 70jährige Episode der Interpretation dieser Geschichte.« [10]

Die Entideologisierung entsprach einer Rückbesinnung auf das Tennotum, wie es bis 1868 geschichtliche Wirklichkeit gewesen war, und trägt dadurch manche Züge einer Art »Kirchenreform«. Kaiser Hirohito legte die ihm von den ideologischen Tennoisten verliehenen Prunkgewänder, das nationalistische Szepter und den imperialistischen Krummstab ab und trat wieder als Namenloser in die Reihe seiner anonymen Vorfahren zurück. Diese Korrektur war mit einem Todesstoß gegen das Tennotum überhaupt nicht zu vergleichen und wurde deshalb vom Volk auch nicht als Zusammenbruch der japanischen Staatsidee empfunden. Das Ende einer Ausnahmeperiode seiner nationalen Geschichte, so dramatisch es erzwungen wurde, verlief letztlich doch harmloser und verwundete Japan nicht tödlich. Von den Tennoisten zerschnittene Fäden zur Geschichte wurden neu geknüpft und sicherten und festigten die Kontinuität.

Zum Verständnis der Eigentümlichkeit und Besonderheit des

Tennotums ist es vielleicht gerade heute, da es nicht mehr von einer Gloriole politischer Macht umstrahlt ist, an der Zeit, bei der Übersetzung des Wortes Tenno Abschied von dem deutschen Wort Kaiser zu nehmen. Und sei es auch nur, um Mißverständnissen vorzubeugen. Japaner umgeben den Tenno mit mehr Irrationalität als Europäer ihre Monarchen, denn der Enkel der Sonnengöttin Amaterasu ist der Hohepriester der shintoistischen Nationalkirche und dadurch heiliger als europäische Kaiser und Könige. Bedeutsame Unterschiede bestanden auch immer zu dem zweiten, inzwischen ausgelöschten fernöstlichen Kaisersystem, dem chinesischen.

In China galt der Kaiser als »Sohn des Himmels«, der im Himmelsauftrag handelte. Wenn er seiner Mission nicht nachkam, nahm sozusagen der Himmel das Recht in Anspruch, den Kaiser zu entthronen, und ein neuer Herrscher wurde im Namen des Himmels eingesetzt. Dieses »Recht auf Revolution« war in der chinesischen Staatsauffassung, wie die Zyklen der verschiedenen Dynastien zeigen, tief verankert, weil der Himmelssohn nicht absolut frei und souverän, sondern seine Regentschaft vom himmlischen Auftrag abhängig war. Ähnliche Aufträge und Instruktionen aber wurden dem japanischen Tenno vom Himmel niemals gegeben. Er war als »Himmelskaiser«, als Herrscher und nicht Sohn des Himmels über Gebote und Befehle erhaben. Aufgrund dieser Absolutheit und Unfehlbarkeit stand niemandem das Recht zu, den Tenno an irgend etwas zu messen oder ihm wegen eines angeblich nicht erfüllten Auftrags die Loyalität und Untertanentreue zu versagen. [11]

Der Entrückung in himmlische Höhen und der Unbeflecktheit von allem Politischen entsprach die Trennung von Regnum und Sacerdotium, von weltlicher und geistlicher Macht. Ein japanischer Tenno hatte grundsätzlich keine Divisionen und mußte die Herrschaft über die Welt anderen überlassen. Die im Sacerdotium als konstituierendem Element des Tennotums liegenden päpstlichen Funktionen brachten den Nachkommen auf dem Thron der Sonnengöttin in nahe Verwandtschaft zum Stellvertreter Gottes auf dem Thron Petri. Tatsächlich haben denn auch die Päpste in Rom und Tokio manches gemeinsam. Beide Unfehlbaren gehen unter anderen als ihren Tauf- und Familiennamen in die Geschichte ein und konnten aufgrund ihrer Heiligkeit jahrhundertelang keine Auslandsreisen unternehmen. Diese Praxis ist vor einigen Jahren in

Rom durchbrochen worden und wird möglicherweise in Zukunft auch in Tokio gelockert werden – wenigstens sind Vorschläge dieser Art in Japan diskutiert worden. Darüber hinaus erinnern viele Zeremonien am japanischen Hof, zwar nicht in Form und Inhalt, aber in ihrer allgemeinen religiösen Bedeutung, an die Riten im Vatikan.

So berichtet ein japanischer Augenzeuge über die Krönung Kaiser Taishos im November 1915:

»Eine ganze Nacht wird dem Mysterium der Einweihung in die Pflichten des Tennotums geweiht. Während die übrigen Funktionen in äußerlichem Pomp und Pracht bestehen, so gehört dieser Teil dem Kaiser ganz allein. Für diese Weihe werden zwei kleine Gebäude in primitivster Bauart errichtet, in dem Stadtviertel, welches am weitesten vom Lärm und Getöse der Menge entfernt ist. Sie sind aus ungehobeltem Holz gemacht und mit Borke bedeckt. Auf das Material, obgleich es mit menschlichen Händen hergestellt ist, soll so wenig wie möglich menschliche Technik verwandt werden. Die Idee soll sein, alles der Natur so sehr wie möglich anzupassen, soweit es sich mit dem Notwendigen vereinbaren läßt. Die Bretter sind ohne Nägel aneinandergefügt, um an jene Zeit zu gemahnen, in der Metall noch nicht in Gebrauch gekommen war. Die kleinen Gebäude sind durch einen langen Korridor miteinander verbunden, der mit reinstem Sand bestreut ist. Alles ist peinlich sauber. Die Kaiserin ist in einer Entfernung von wenigen Ruthen untergebracht. Der kaiserlichen Familie, den Staatsministern und anderen hohen Beamten ist ein Platz auf bedeckten Galerien in einiger Entfernung angewiesen. Alle diese schlichten, aber würdigen Gebäude sind nur zeitlich, lediglich für das große Ereignis hergerichtet. Die zwei oben erwähnten isolierten Räume sind in ganz dergleichen Weise eingerichtet, wenn man sie als eingerichtet bezeichnen will. Inmitten des Zimmers sind verschiedene Matten aufgehäuft, mit reinstem Stroh gepolstert, eine Lagerstatt bildend. Am Fußende derselben steht ein Paar der einfachsten Sandalen. Auf der einen Seite steht ein kleiner Tisch bereit, mit einem Kamm und Haarnadeln; auf der anderen Seite befindet sich ein Tisch, auf dem eine zusammengefaltete Decke aus Seide und Hanf liegt. Die Toilettengegenstände zeigen an, daß die erwartete Erscheinung die einer weiblichen Gottheit ist, nämlich niemand anders als die Sonnengöttin, welche die Legende zur Ahnfrau unseres regierenden Herrscherhauses gemacht hat. Wenn die festgesetzte Stunde naht, wird der neue Kaiser, der sich seit mehreren Tagen auf diese erhabene Stunde vorbereitet hat – gereinigt und geheiligt, wiederum durch wiederholte Waschungen, und bekleidet mit Gewändern von archaischem Schnitt –, durch die Korridore zum Heiligtum geleitet, das er dann ohne Begleitung betritt. Um ihn herum ist alles in tiefster Stille, höchstens durch den Schrei eines Nachtvogels oder das Zirpen eines Insekts unterbrochen. Nicht weit entfernt halten Tausende seiner treuen Untertanen Wacht, aber alle Stimmen schweigen. Die ganze Bevölkerung von Kyoto und tatsächlich des ganzen Landes ist vorher informiert über das, was sich in diesen Stunden ereignet.

Nachdem der Kaiser das Zimmer betreten hat, verbeugt er sich gegenüber dem erhöhten Sitz, um die unsichtbare Göttin zu grüßen; dann, nach einem Zeitraum von wenigen Minuten, beginnt der Akt des Opfers, der darin besteht, daß man vor sie verschiedene Arten von Lebensmitteln legt, die in irdenen Schüsseln aufgehäuft und bis an den Eingang gebracht sind, damit er sie darbringe. Er wartet der unsichtbar Gegenwärtigen auf und genießt dann von denselben Speisen und Getränken. Alle dabei verwandten Gegenstände, die Einrichtung, das Gebäude selbst, führen ihn in die früheste Urzeit, in das Götterzeitalter, wie es bei uns genannt wird, zurück. Jahrhunderte verschwinden vor seinem Blick, und er kann mit seinem inneren Ohr die ehemalige Ahnfrau zu ihrem Enkel sprechen hören, als sie ihn zu seiner Mission auf die japanischen Inseln sandte: »Gehe hin und bringe die Bewohner jener Insel unter deine wohlwollende Herrschaft.« Nachdem vier Stunden in ehrerbietiger Gemeinschaft verstrichen sind, betritt der Kaiser das zweite Sakrarium, wo er die heilige Handlung nach Mitternacht wiederholt; erst mit Beginn der Morgendämmerung zieht er sich zurück.« [12]

Die Päpstlichkeit des Tenno ist durch die in der Neujahrsbotschaft 1946 sanktionierte »Kirchenreform« unangetastet geblieben. Es umgeben Kaiser Hirohito auch heute noch Zonen der Heiligkeit, die Japan nicht als eine am europäischen Beispiel orientierte Monarchie, sondern weiterhin als Theokratie erscheinen lassen. An bestimmten Tagen des Jahres hält der Tenno von der Tradition vorgeschriebene Gottesdienste ab. Die Öffentlichkeit ist von ihnen ausgeschlossen; nur wenige hohe Shinto-Priester und gelegentlich auch Zeremonienmeister des Hofamtes nehmen daran teil. Sie finden in den drei in den kaiserlichen Palastgärten stehenden Schreinen statt. Im Hauptheiligtum, dem sechs Meter breiten, zwölf Meter tiefen und nur mit zwei Öllampen erleuchteten Kashikodokoro-Schrein aus Zypressenholz wird eine Nachbildung des Spiegels der Sonnengöttin aufbewahrt. Die beiden kleineren Schreine heißen Koeidon und Shinden und dienen der Verehrung der Seelen der kaiserlichen Ahnen. Ferner muß der Tenno im Frühjahr auf einem ebenfalls im Palast liegenden 225 qm großen Feld Reis pflanzen und ihn im Herbst ernten. Ein Teil wird bei der von ihm zelebrierten Erntedankfeier verwendet, ein anderer in den Schreinen von Ise der Sonnengöttin dargebracht. An jedem 1. Januar morgens um 5.30 Uhr hält der Tenno einen Gottesdienst zu Beginn des neuen Jahres ab.

Eng verknüpft mit den religiösen Neujahrsriten ist auch die jeweils in der ersten Januar-Hälfte in feierlicher Form sich vollziehende Abhaltung eines Gedichtwettbewerbs. Jeder kann sich daran beteiligen, vorausgesetzt, er beherrscht die strenge 31-Silben-Form des Waka-Stils. 1960 gingen beim Hofamt 21 000 Einsendungen ein; 36 davon waren in Blindenschrift geschrieben, 169 kamen von Japanern aus Übersee, und fünf Gedichte wurden von Ausländern eingeschickt. Jeder Teilnehmer muß sich an ein bestimmtes Thema halten. Es hieß 1958 »Licht«, 1960 »Jugend« und 1961 »Erde«. Etwa zwanzig vom Hofamt ausgewählte Gedichte werden in Gegenwart der kaiserlichen Familie, Mitgliedern der Regierung und Vertretern des öffentlichen Lebens verlesen. Anfang der sechziger Jahre wurde diese Feier zum ersten Mal vom Fernsehen direkt übertragen. Meine japanischen Bekannten konnten die Gedichte kaum verstehen, weil die Worte nicht gesprochen, sondern gesungen wurden. Es ist reine Stimmungslyrik; nicht Gedanken und Philosopheme werden in 31 Silben geformt, sondern Gefühle.

Zum Thema »Jugend« dichtete der Tenno 1960 in Erinnerung an die Olympischen Spiele in Rom – die deutsche Übersetzung ist nur ungefähr und darum dem Stil und der Stimmungsintensität des Originals nur grob entsprechend:

An einem Abend in Nasu
Wanderten meine Gedanken weit zu der Jugend
Im edlen Wettstreit in der Ewigen Stadt Rom.

Kaiserin Nagakos Gedicht lautete:

Wenn ich das neue Haus meines Kindes in Kaminoge besuche,
Finde ich es voll Jugend.

Kronprinzessin Michiko, glücklich über ihren damals 11 Monate alten Sohn Prinz Hiro, schrieb:

Mein Baby ist gesund,
Murmelnd empor zu dem Frühlingshimmel,
Zu dem ich meine Hände ausstrecke,
Gebadet in dem Duft des jungen Krautes, das ich pflückte.

Die Pflege der Dichtkunst ist Teil der ästhetischen Tradition am kaiserlichen Hof. Der Meiji-Tenno soll der Nachwelt 93 000 Gedichte hinterlassen haben, von denen bisher erst 2 300 veröffentlicht wurden. Dieser überkommenen literarischen Verpflichtung entsprechend hat Kaiser Hirohito historisch wichtigen Perioden selbstverfaßte Gedichte sozusagen als Leitmotiv vorangestellt. So ermahnte er wenige Monate nach der Kapitulation das japanische Volk:

Seid wie die Pinien, die ihre Farben nicht wechseln,
Obgleich sie die Last tragen des ständig fallenden Schnees.

Einige Jahre später, als Japan an den Wiederaufbau ging, schrieb er:

Der Tag erhebt sich hoffnungsvoll über der Stadt Mito,
Der Klang des Hammers ist deutlich zu hören.

Den Abschluß des Friedensvertrages von San Franzisco begrüßte Kaiser Hirohito mit folgendem Gedicht:

Die Winterwinde haben sich verzogen.
Der lange erwartete Frühling ist gekommen.
Die Kirschblüten sind in voller Pracht.
Jetzt ist es wieder Frühling für die Nation.

Im gleichen Rahmen wie die Gedichtvorträge werden alljährlich auch die Anfang Januar üblichen Professoren-Vorlesungen abgehalten. Bei beiden Zeremonien sitzt das Kaiserpaar in festlicher Garderobe an getrennten Tischen vor einem wertvollen Wandschirm. Jede Vorlesung dauert etwa 30 Minuten, und die Themen umfassen alle Wissensgebiete. 1962 las Professor Doi über Lyrik; Professor Tagaki über die »Prinzipien der Demokratie« und Professor Shiojiri, ein Mitglied der japanischen Akademie der Wissenschaften, über Bodenbeschaffenheit. 1964 hießen die Vorlesungsthemen »Japans Überseehandel in der modernen Zeit«, »Das Prinzip der Verantwortlichkeit im Strafrecht« und »Meteorologie heute«.

Mitte Dezember wird das religiöse Tanzspiel »Kashikodokoro Mikagura« aufgeführt. Auch daran nehmen die gesamte kaiserliche Familie, der Ministerpräsident und die Präsidenten der beiden Abgeordnetenhäuser teil. Der Tanz dient der Erinnerung an eine in der Mythensammlung des Kojiki erzählten Geschichte. Danach hatte sich die Sonnengöttin einmal in einer Höhle verborgen, und es wurde Nacht auf der Welt. Die Götter kamen herbei und berieten, wie man sie aus ihrem Versteck locken könne. Sie fertigten einen Spiegel an, Juwelen, Bänder aus der Rinde des Papiermaulbeerbaumes und aus Hanf und hängten alles in die Zweige eines Sakaki-Baumes. Danach begann die Göttin des Lachens zu tanzen und riß sich die Kleider vom Leibe. Die 800 Myriaden Götter brachen in ein gewaltiges Gelächter aus; die Sonnengöttin, neugierig geworden, kam aus der Höhle hervor, und es wurde wieder Tag auf der Welt. Mit dem alljährlich stattfindenden quasireligiösen Erinnerungsfest an diese für die japanische Reichsgründung so wichtige Legende sagt der Tenno der Sonnengöttin Dank, daß sie aus der Verborgenheit ins Licht getreten ist, und bittet sie gleichzeitig, ihre segnende Hand auch weiterhin über das japanische Volk zu halten.

Die engen Grenzen, in denen sich der Tenno bewegen darf, werden nicht vom Staat, sondern der Religion gezogen. Das ist auch der Grund, weshalb manche Praktiken des Hofes aufgeklärten Europäern als wenig menschlich erscheinen. So war es Kaiser Hirohito verboten, seinen kranken Bruder Prinz Chichibu zu besuchen; er durfte 1953 auch nicht an dessen Beerdigung teilnehmen. Als die älteste Kaisertochter, den Tod vor Augen, in einem Tokioter Krankenhaus lag und den Wunsch äußerte, ihre Mutter zu sehen, wurde

Kaiserin Nagako die Erlaubnis dazu vom Hofamt versagt. Erst als sich der Zustand der tödlich Erkrankten verschlimmerte und sie in das Hospital des kaiserlichen Palastes eingeliefert worden war, durften die kaiserlichen Majestäten sie besuchen. »Der Kaiser von Japan, der Herrscher des Himmels, hat keine Brüder und Schwestern, wie wir uns das vorstellen«, erklärte der Großzeremonienmeister noch nach dem Kriege. [13]

Ähnlich strengen Gesetzen ist auch die Kronprinzessin unterworfen. Im April 1963 erkrankte sie schwer, aber es war ihr nicht möglich, ihre bürgerliche Mutter zu sehen. Eine Zeitschrift behauptete sogar, der Kronprinzessin werde nicht einmal gestattet, mit ihrer Mutter zu telefonieren. Die Härte des Falls wurde in ausländischen Zeitungen kritisiert. Daraufhin lud das Hofamt zum ersten Mal die in Tokio akkreditierten Korrespondenten zu einer Pressekonferenz ein. Der behandelnde Arzt, so wurde bekanntgegeben, sei der Ansicht, die Kronprinzessin könne, allein gelassen, schneller und besser genesen. Sie und auch ihre Eltern hätten sich von dem Rat des Arztes überzeugen lassen. Von einem Verbot, Vater und Mutter zu sehen, könne überhaupt nicht die Rede sein.

Die Härten des religiösen Protokolls aber gelten auch bei Hochzeiten. Als am 30. September 1964 der jüngste Sohn des Kaiserpaares, Prinz Yoshi, die aus alter Adelsfamilie stammende Hanako Tsugaro im Kashikodokoro-Schrein des Palastes heiratete, durften weder Kaiser noch Kaiserin den Trauungsfeierlichkeiten beiwohnen. Sie mußten sie in ihrer Residenz am Fernsehschirm verfolgen. Denn die Etikette verlangt, daß der Tenno an den allerheiligsten Schreinen nur dann in Erscheinung treten darf, wenn er persönlich im Mittelpunkt steht. Auch an den religiösen Trauungszeremonien für Kronprinz Akihito und Kronprinzessin Michiko durften Kaiser und Kaiserin nicht teilnehmen. Ihre Elternliebe mußte sich beide Male ihren shintoistischen Pflichten beugen.

Es sind Bestrebungen im Gange, Kaiser Hirohito mehr persönliche Freiheiten zu gewähren; ihn, wie von der Verfassung vorgeschrieben, zu demokratisieren und das »ihn umgebende Irrationale zu beseitigen«. [14] 20 Jahre nach Kriegsende, kurz vor Weihnachten 1965, ließ das Hofamt verlauten, es sollten nun endlich die alten Bestimmungen und Bräuche gelockert werden, damit der Tenno auch tatsächlich seine verfassungsrechtliche Rolle als Symbol des Staates und der Einheit des Volkes erfüllen könne. Man denke daran, ihm Auslandsreisen zu ermöglichen und ihn auch dahingehend zu vermenschlichen, daß er am Glück und Leid seiner Familienangehörigen in freierer Form als bisher teilnehmen könne. Außerdem wolle man die Schranken abbauen, die ihn vom Volke trennten.

Versprechungen dieser Art sind nach dem Kriege mehrmals gemacht worden. Man glaubte vor allem bei der Liebesromanze des Kronprinzen mit einer bürgerlichen Millionärstochter, daß nun endlich der Damm gebrochen sei und das Zeitalter der Aufklärung auch für den kaiserlichen Hof begonnen habe. Die Verlobung von Kronprinz Akihito mit Michiko Shoda wurde 1958 in der Presse wie ein Märchen vom reichen Königssohn und der armen Müllerstochter gefeiert. Sie hatten sich auf dem Tennisplatz kennengelernt, einander Liebesbriefe geschrieben und miteinander telefoniert. Aber Michiko Shoda entzog sich dem Liebeswerben des Kronprinzen und trat eine Weltreise an. Schließlich entschied ein Familienrat der Shodas, daß das Angebot des Hofes nicht ausgeschlagen werden dürfe. Die katholisch erzogene Tochter mußte ihr Jawort geben. Die Hochzeit war ein Akt der Staatsräson.

Trotz aller Kritik an der höfischen Schwerfälligkeit muß zugegeben werden, daß sich in der Darstellung Kaiser Hirohitos in der Öffentlichkeit im Vergleich zur Vergangenheit vieles gewandelt hat. Seine heutige Volksnähe mutet fast revolutionär an. Aber immer noch bestehen zwischen Verfassung und Wirklichkeit Unterschiede. Es ist jedoch fast unmöglich herauszufinden, welche Kräfte den Tenno jenseits des Bambusvorhanges »innerhalb des neunfachen Wolkenringes« vor den demokratischen Konsequenzen der Nachkriegsverfassung abschirmen. Es scheinen die nicht zu definierenden Mächte einer 2 600 Jahre alten Tradition zu sein.

Das Tennotum ist in Japan immer noch eine Art Staatsgeheimnis. Diese Erfahrung machte ich, als ich eines Tages über das Kaiserpaar einen Fernsehfilm produzieren wollte. Es türmten sich in dem journalistisch so liberalen Land plötzlich Schwierigkeiten auf, deren Ursachen ich nicht auf die Spur kommen konnte. Von zahlreichen Seiten wurde ich wiederholt gebeten, das Thema vorsichtig zu behandeln. Meine japanischen Mitarbeiter gaben mir mehr oder weniger offen zu verstehen, daß sie den geplanten Film für ein gewagtes Unternehmen hielten und aus dem Geschäft wieder aussteigen möchten. Auf meine bohrenden Fragen nach dem Warum ihrer Befürchtungen erhielt ich keine klaren Antworten.

Aufschlußreich waren für mich in diesem Zusammenhang auch Erfahrungen in japanischen Filmarchiven. Während das gesamte Wochenschaumaterial von den Schauplätzen des Krieges qualitativ miserabel war, weil Film und Fernsehen davon schon unzählige Kopien gezogen hatten, waren die alten Tenno-Filme erstklassig und von gestochener Schärfe. Zur Erklärung sagte man mir, daß es nach 1945 noch keine Filmfirma und Fernsehanstalt gewagt habe, eine Dokumentation über Kaiser Hirohito herzustellen.

Versuche habe es allerdings gegeben, doch rechtsradikale Kreise hätten die betreffenden Redaktionen an der Ausführung ihrer Vorhaben gehindert. Als ich über meine Erfahrungen und Schwierigkeiten mit einem politisch einflußreichen Bekannten sprach, meinte dieser, ein Tenno-Film könne für mich tatsächlich gefährlich werden. Denn die Meinung der Japaner sei etwa die, daß ein Fremder, ein Gaijin, den die ganze Sache überhaupt nichts angehe, das allerwenigste Recht habe, sich in das japanische Familiengeheimnis einzumischen. »Wir Japaner gehen davon aus, daß Ausländer unseren Tenno niemals verstehen können. Der Tenno ist unser Staatsgeheimnis!«

In welcher Form Kaiser Hirohito in Zukunft auch dem Volk dargestellt wird – sei es als ein durch seine traditionellen Berater dem Volk ferngehaltenes Schattenbild – sei es als demokratischer Volkskaiser, vor dem die Schranken eingerissen werden, die ihn vom Volk trennen –, der Tenno bleibt das von allen Japanern am strengsten gehütete Familiengeheimnis. Von ihm geht eine Macht aus, die sich der Definition entzieht. Wer die Tennofrage kritisch in der Öffentlichkeit berührt, riskiert Gefahren für Leib und Leben. Wer diejenigen sind, von denen diese Gefahren ausgehen, bleibt im dunkeln. Die Mächte sind unbekannt, aber sie sind existent. Es sind diejenigen Mächte, die sich um ein Tabu bilden.

»ENTNAZIFIZIERUNG«

Die Sorge um den Fortbestand des Kaiserhauses, die die Kapitulation um wenige tragische Tage hinausgezögert hatte, überschattete bis zur Verabschiedung einer neuen Verfassung auch die ersten Jahre der Besatzungszeit. Hinter den Kulissen spielte sich in den zur Führung des Landes entschlossenen konservativen Kreisen ein zähes Ringen ab, aus der Vergangenheit verfassungsrechtlich mehr zu bewahren, als die Sieger zugestehen wollten. Als jedoch der Druck des alliierten Hauptquartiers auf Tokio immer stärker wurde, gaben Regierung und Parlament mit einer überraschenden Plötzlichkeit nach. Durch die nationale Not der Stunde gezwungen, importierte Japan westliche Begriffe mit einer scheinbaren Großzügigkeit und Liberalität, daß buchstabengläubige Amerikaner mit einem gewissen Recht annehmen konnten, Augenzeuge der Morgenröte einer neuen, antifeudalistischen Zeit, eines demokratischen Utopias zu sein.

Wohl wissend, daß eine total umgeschriebene Verfassung eines der Kriegsziele der Alliierten gewesen war, begann ein von Ministerpräsident Shidehara eingesetztes Komitee bereits zwei Monate nach der Kapitulation die Revision der gültigen Meiji-Verfassung in Angriff zu nehmen. An seiner Spitze stand der von den Amerikanern als »Hauptkriegsverbrecher« gesuchte Prinz Konoe, der von 1937 bis 1939 und ein zweites Mal von Sommer 1940 bis Oktober 1941 Regierungschef gewesen war. Prinz Konoe, der die politische Verantwortung für den Krieg gegen China, den Abschluß des Dreimächtepaktes zur Bildung der Achse Berlin-Rom-Tokio und die spätere Auflösung der politischen Parteien trug, wurde dazu auserkoren, die verfassungsrechtlichen Fundamente eines im westlichen Sinn demokratischen Japans zu legen. Tokio glaubte scheinbar, es könne personalpolitisch alles so weitergehen wie früher. Im Falle des Prinzen Konoe waren die Amerikaner allerdings anderer Auffassung. Er entging seiner bevorstehenden Verhaftung am 16. Dezember 1945 durch Selbstmord.

Die Arbeiten zur Verfassungsreform wurden daraufhin in die Hände eines Dr. Matsumoto gelegt, den General MacArthur einen »extremen Reaktionär« nannte. [1] Es konnte deshalb keine allzu große Überraschung sein, als sich bei der Prüfung des ersten japanischen Verfassungsentwurfs im Januar 1946 in amerikanischen Fachkreisen herausstellte, »daß er nichts anderes als eine in neue Worte gekleidete Ausgabe der alten Meiji-Verfassung war. Die Macht des Kaisers war nicht im geringsten angetastet. Er wurde einfach nur ›erhaben und unverletzlich‹ genannt, während es früher ›heilig und unverletzlich‹ geheißen hatte. Und anstatt eine Bill of Rights einzuführen, sollte die neue Verfassung sogar noch einige der wenigen Grundrechte, die bereits existierten, beseitigen ... Mit anderen Worten: nach dreimonatiger Arbeit war die Verfassung die gleiche wie früher geblieben, ja vielleicht sogar noch schlechter geworden.« [2]

Erregt über die Dickköpfigkeit der Japaner, in der Kaiser-Frage keine wesentlichen Konzessionen zu machen, riß SCAP – Supreme Commander of the Alliied Powers – die Ausarbeitung der Nachkriegsverfassung an sich und diktierte den Besiegten das Ergebnis. Das amerikanische Hauptquartier soll zur Formulierung der 103 Artikel nur eine einzige Woche gebraucht haben. Der im Schnellverfahren niedergeschriebene Entwurf für ein mehrere Generationen gültiges Grundgesetz eines ostasiatischen Volkes ging am 13. Februar 1946 bei der japanischen Regierung zur Stellungnahme ein.

Im Stil der in Revolutionen selbsterkämpften Mündigkeit und Souveränität westlicher Völker begann das Dokument mit den Worten: »Wir, das japanische Volk ...« Artikel 1 definierte den Tenno als »Symbol des Staates«. Die Japaner empfanden den Entwurf, wie der damalige, als Außenminister an den Beratungen aktiv beteiligt gewesene Shigeru Yoshida schreibt, als »revolutionär«. [3] Nach seiner Darstellung blieb Tokio jedoch nichts anderes übrig, als den Vorschlag zu billigen, denn die Besatzungsmacht soll gedroht haben, für den Fortbestand des kaiserlichen Thrones keine Garantien übernehmen zu können, falls das Verfassungsmodell nicht grundsätzlich akzeptiert werde. Es sei der japanischen Regierung ja wohl bekannt, daß einflußreiche Kreise in den Hauptstädten der Siegermächte noch immer die Aburteilung Kaiser Hirohitos als Kriegsverbrecher verlangten. Nur die von SCAP entworfenen Tenno-Artikel seien ein sicherer Schutz gegen drastische Maßnahmen der auch mit sowjetischen Vertretern besetzten Fernost-Kommission.

Daraufhin übermittelte Tokio am 4. März auf der Grundlage des amerikanischen Entwurfs in japanischer Sprache einen eigenen Verfassungsvorschlag. Wegen des ultimativen Drucks der Militärbehörden soll für die Übersetzung ins Englische keine Zeit mehr gewesen sein. Noch in der gleichen Nacht und am darauffolgenden Tage wurde die japanische Version im amerikanischen Hauptquartier geprüft und genehmigt. Bereits 24 Stunden später trat General MacArthur vor die Mikrofone und gab mit cäsaristischem Pathos bekannt, hiermit werde die von Tenno und Regierung beschlossene Nachkriegsverfassung dem japanischen Volk zur Billigung vorgelegt. Im August 1946 passierte sie das Unterhaus und einen Monat später das Oberhaus. Am 3. November 1946 von Kaiser Hirohito verkündet, trat sie im Mai des folgenden Jahres in Kraft.

In der Grundsatzfrage über die Zukunft der kaiserlichen Herrschaft änderte die japanische Regierung ihre Haltung von einem schockierten Nein zu einem bedingten Ja in der kurzen Zeitspanne von nur drei Wochen. Sie benötigte ganze 20 Tage, um den als revolutionär empfundenen Entwurf zu akzeptieren, daß der Tenno fortan nicht mehr »erhaben und unverletzlich«, sondern nur noch »Symbol des Staates und der Einheit des Volkes« sein sollte. Es fällt schwer zu glauben, daß nur drei Wochen genügten, um die Konservativen tatsächlich umzustimmen, die von Anfang an entschlossen gewesen waren, die Souveränität des Kaisers unangetastet zu lassen. Die Vermutung liegt nahe, daß die Traditionalisten, um den Fortbestand des Thrones zu sichern, die westlich-demokratischen Formulierungen in der Überzeugung annahmen, es werde ihrer Interpretation gelingen, aus den ihrem Volk fremden Begriffen die revolutionären Ansätze herauszufiltern. Die Verfassungsdebatte im Parlament machte denn auch deutlich, daß die Konservativen nicht willens waren, die ihnen aufgezwungenen staatsrechtlichen Begriffe eines andersartigen Kulturkreises so auszulegen, wie es die Sieger erhofften und dem Geist der Reformversuche entsprochen hätte.

Im Mittelpunkt der Verfassungsdebatte des Repräsentantenhauses am 25. Juni 1946 stand die Frage, ob die nach westlicher Interpretation zweifelsfrei erfolgte Übertragung der souveränen Macht vom Kaiser auf das Volk tatsächlich die Struktur der kaiserlichen Herrschaft verändert habe. Gegen den Widerstand der Sozialisten und Kommunisten gab der inzwischen zum Ministerpräsidenten aufgestiegene Shigeru Yoshida eine Erklärung ab, die westliche Fortschrittshoffnungen ziemlich zunichte machte. Er sagte: »Was das kaiserliche Haus angehe, so sei es für den Japaner auf die natürlichste Weise mit der Nation identisch, so daß ein Widerstreit zwischen Kaiser und Volk gar nicht aufkommen könne. In der neuen Verfassung sei auch nichts enthalten, was diesen Tatbestand ändern könne. Das Wort ›Symbol‹ in der Definition des Kaisers sei gewählt worden, weil ja tatsächlich für uns Japaner der Kaiser immer ein Symbol des Landes gewesen sei. Niemand könne bei leidenschaftsloser Betrachtung diese Tatsache ableugnen ... Allerdings, die souveräne Macht ist vom Kaiser in die Hände des Volkes übergegangen. Aber wenn wir uns die Geschichte unseres Landes betrachten, so stellen wir fest, daß unsere Kaiser sich nie absolute Macht angemaßt haben. Wie das jetzt auch immer formuliert ist, tatsächlich hat sich der Charakter unseres Verhältnisses zum Kaiser nie geändert.« [4]

Ähnlich äußerte sich auch der Minister ohne Portefeuille Kanamori. »Wenn wir uns auf die bisher gültige Theorie berufen, daß die Souveränität beim Thron lag, ist die Schlußfolgerung natürlich, daß die Souveränität nun dem Volk übertragen wurde. Nach einer anderen Ansicht aber hat die Souveränität immer bei der ganzen Nation gelegen, und der Tenno war nur eine Art Kontrollorgan. Allerdings ist das Prinzip, daß die Souveränität beim Volk liegt, vom Volk nicht voll verstanden worden, weil es in die theoretische Form gekleidet war, daß die Souveränität in den Händen des Staates ruhe. Tatsache ist, daß wir in dieser Frage nun in eine Epoche des Erwachens eingetreten sind. Die Stellung des Kaisers war in der Vergangenheit immer vom Verstehen des Volkes getragen, so daß wir, wenn wir die Angelegenheit leidenschaftslos betrachten, sagen können, daß die wesentlichen Qualitäten der Souveränität auch in der Vergangenheit schon beim Volke lagen.« [5]

Hinter diesen Interpretationskunststücken nach Jahrzehnten des ideologischen Tennoismus stand der politische Wille, die Kontinuität von Geschichte und Staat von den Ereignissen des Jahres 1945 nicht unterbrechen zu lassen. Das Problem ist bis heute nicht ausdiskutiert worden, und deshalb darf bei der generellen Unbegabtheit der Japaner zu einem Streit über abstrakte Prinzipien angenommen werden, daß die Neuansätze in der Definition der Stellung des Kaisers von den traditionellen Gefühlen überlagert und erstickt werden.

Ein zweiter Testfall für die Entschlossenheit der japanischen Führungsschicht, ihrer Auffassung nach zu weit gehende ideologische und gesellschaftliche Experimente der Besatzungsmacht zu mildern und ihre Konsequenzen zu mäßigen, waren die »Kriegsverbrecherprozesse« und die personellen Säuberungen in Regierung, Parlament, Beamtenschaft, Militär, Industrie, Kultur und Presse. Es war ein erklärtes Kriegsziel der Alliierten gewesen, alle diejenigen abzuurteilen oder aus ihren Ämtern zu entfernen, die ab etwa den dreißiger Jahren in irgendeiner Form an irgendeiner Stelle politische Verantwortung getragen hatten. Außer den zahlenmäßig nicht ins Gewicht fallenden Kommunisten gab es jedoch keine Japaner, die sich der Vorbereitung und Durchführung der »Kriegsverbrecherprozesse« oder der »Entnazifizierung« aus innerlicher Überzeugung zur Verfügung gestellt hätten. »Wir hatten gar nicht das Bedürfnis, diejenigen zu verfolgen und zu richten, die möglicherweise für unser Elend verantwortlich waren. Der Haß gegenüber den Militärs war groß. Trotzdem kam von keiner Seite der Vorschlag, etwa durch eine Art Volksgerichtshof gegen die Militärs vorzugehen.« [6]

Das aus 11 Vertretern von 11 interessierten Ländern bestehende Internationale Militärtribunal für den Fernen Osten konstituierte sich Anfang 1946 inmitten einer Volksstimmung aus Gleichgültigkeit, Unverständnis und Ablehnung. Es wurden angeklagt und verurteilt:

1. *General Hideki Tojo:* Er war in den dreißiger Jahren Stabschef der in Nordost-China stationierten Kwantung-Armee, die ziemlich eigenmächtig 1931 die Mandschurei eroberte und 1937 den Krieg gegen China begann. Im Juli 1940 wurde Tojo Kriegsminister und im Oktober 1941 Regierungschef. Er trug die Hauptverantwortung für den Überfall auf Pearl Harbor. Nach verlorenen Schlachten in den Philippinen, die den Verlust des Krieges als endgültig erscheinen ließen, trat er im Juli 1944 zurück. Sein Selbstmordversuch nach der Kapitulation scheiterte. Während des Pro-

zesses versuchte er seine Mitangeklagten zu entlasten. Urteil: Tod durch den Strang.

2. *General Kenji Doihara:* Als Kommandeur verschiedener Armeegruppen galt er als eine der Schlüsselfiguren in dem zum Krieg entschlossenen nationalistisch-chauvinistischen Offizierskorps der Kwantung-Armee. Es bildete bis Anfang der vierziger Jahre in der Mandschurei eine Art militärischer Gegenregierung gegen die zivilen Kabinette in Tokio. Urteil: Tod durch den Strang.

3. *Koki Hirota:* In den dreißiger Jahren bei der Planung der japanischen China-Politik Außenminister und Ministerpräsident. Urteil: Tod durch den Strang.

4. *General Seishiro Itagaki:* Stabschef der Kwantung-Armee, Kommandierender General der in Korea stationierten Truppen und eine Zeitlang Kriegsminister. Urteil: Tod durch den Strang.

5. *General Heitaro Kimura:* Stellvertretender Kriegsminister von 1941 bis 1943 und anschließend Oberbefehlshaber der japanischen Armee im eroberten Burma. In seinem Verantwortungsbereich ereigneten sich zahlreiche Grausamkeiten an alliierten Kriegsgefangenen. Urteil: Tod durch den Strang.

6. *General Iwane Matsui:* Als Oberbefehlshaber von Zentral-China 1937/38 hatte er die Verwüstung von Nanking zu verantworten. Die Eroberung der Stadt am 13. Dezember 1937 war eine Orgie von Mord, Totschlag, Brandschatzung, Vergewaltigung und Plünderei. Urteil: Tod durch den Strang.

7. *General Akira Muto:* Als Generalstabschef der Truppen in den eroberten Philippinen traf ihn die Verantwortung für blutige Grausamkeiten und Ausschreitungen an der dortigen Zivilbevölkerung. Urteil: Tod durch den Strang.

8. *General Yoshijiro Umezu:* In den dreißiger Jahren Oberbefehlshaber der japanischen Streitkräfte in Nord-China und später Generalstabschef. In dieser Eigenschaft unterschrieb er am 2. September 1945 die Kapitulation. Urteil: lebenslänglich.

9. *General Sadao Araki:* Als bekannter Rechtsextremist wurde er 1931 Kriegs- und 1938 Erziehungsminister. Urteil: lebenslänglich.

10. *Kingoro Hashimoto:* Er befehligte als Oberst die am Yangtse in China stationierten Artillerie-Einheiten, die am 12. Dezember 1937 die mit evakuierten Zivilisten überfüllten Kanonenboote »Panay« und »Ladybird« versenkten und die im Wasser trei-

benden Schiffbrüchigen unter Feuer nahmen. Urteil: lebenslänglich.

11. *General Shunroku Hata:* Oberbefehlshaber des Abschnitts Formosa, Kommandeur des in Zentral-China operierenden Expeditionskorps, Ratgeber des Kaisers und später Oberbefehlshaber der China-Armee. Die Chinesen beschuldigten ihn zahlreicher Kriegsverbrechen. Urteil: lebenslänglich.

12. *Baron Kiichiro Hiranuma:* Ministerpräsident in den ersten acht Monaten des Jahres 1939. Urteil: lebenslänglich.

13. *Naoki Hoshino:* Einer der höchsten Zivilbeamten in der rechtsextremistischen Führungsgruppe der Mandschurei und Minister im Kriegskabinett General Tojos. Urteil: lebenslänglich.

14. *Okinori Kaya:* Finanzminister der Kriegsregierung. Urteil: lebenslänglich.

15. *Marquis Koichi Kido:* Während des Krieges Hauptratgeber des Tenno. Urteil: lebenslänglich.

16. *General Kuniaki Koiso:* Generalstabschef der Kwantung-Armee, Generalgouverneur von Korea und kurz vor Kriegsende Ministerpräsident. Urteil: lebenslänglich.

17. *Yosuke Matsuoka:* Er spielte als Außenminister zwischen 1940 und 1941 eine führende Rolle beim Zustandekommen des Dreimächtepaktes Deutschland-Italien-Japan. Er wurde während des Prozesses geisteskrank und starb im Juni 1946.

18. *General Jiro Minami:* Oberbefehlshaber der Kwantung-Armee, Generalgouverneur von Korea, Kriegsminister und Berater des Kaisers. Urteil: lebenslänglich.

19. *Admiral Osami Nagano:* Marineminister. Er starb während des Prozesses.

20. *Shumei Okawa:* Einer der prominentesten Propagandisten der imperialen Mission des Götterlandes Japan. Er wurde während des Prozesses geisteskrank.

21. *Admiral Takesumi Oka:* Stellvertretender Marineminister. Urteil: lebenslänglich.

22. *Hiroshi Oshima:* Als japanischer Botschafter in Berlin einer der politischen Strategen zur Bildung der Achse Berlin-Rom-Tokio. Urteil: lebenslänglich.

23. *General Kenryo Sato:* Kriegsminister von 1942 bis 1944. Urteil: lebenslänglich.

24. *Admiral Shigetaro Shimada:* Marineminister in einem der Kriegskabinette. Urteil: lebenslänglich.

25. *Toshio Shiratori*: Als Vorkriegsbotschafter in Rom einer der Baumeister der Achse. Urteil: lebenslänglich.

26. *Teiichi Suzuki:* Minister ohne Portefeuille. Urteil: lebenslänglich.

27. *Shigenori Togo:* Außenminister zur Zeit von Pearl Harbor und ein zweites Mal kurz vor Kriegsende. Urteil: 20 Jahre Zuchthaus.

28. *Mamoru Shigemitsu:* 1943 Außenminister und im darauffolgenden Jahr Minister für Groß-Ostasien. 1945 unterschrieb er die Kapitulation. Urteil: 7 Jahre Zuchthaus.

Die zum Tode verurteilten »Hauptkriegsverbrecher« wurden am Geburtstag des Kronprinzen, in den ersten Minuten des 23. Dezember 1948, gehängt. Alle Lebenslänglichen erhielten spätestens Mitte der fünfziger Jahre ihre Freiheit zurück und wurden bei ihrer Entlassung von der Presse teilweise wie Helden gefeiert. Die Kriegsverbrecherprozesse liefen im Herbst 1949 aus. Im ganzen wurden in Japan und den ehemals besetzten Gebieten 700 Angeklagte hingerichtet und weitere 2500 zu langen Haftstrafen verurteilt.

Fast gleichzeitig mit der Konstituierung des Internationalen Militärtribunals für den Fernen Osten holte General MacArthur am 4. Januar 1946 zu einem weiteren »Schlag für den Sieg der Freiheit über Militarismus und Aggression« aus. In der Hoffnung enttäuscht, daß Japan »seinen Stall selbst säubern würde«, [7] befahl er die »Entnazifizierung« und ließ eine politische Säuberungskampagne anlaufen, bei der in den folgenden zwei Jahren etwa 210 000 Personen aus ihren Stellungen entlassen wurden. Die Maßnahmen gingen gelegentlich so weit, daß selbst Verwandten dritten Grades über einen Zeitraum von zehn Jahren verboten wurde, in die frei gewordenen Positionen nachzurücken. Diese Art von Sippenhaft wurde von der japanischen Regierung scharf kritisiert. MacArthur verteidigte sie mit dem Hinweis auf die Unübersichtlichkeit des japanischen Familiensystems und den Brauch, Verwandte als Strohmänner zu benutzen.

Im großen und ganzen aber »entnazifizierten« die Sieger in Japan milder als in Deutschland. Gemessen an der damaligen Bevölkerungszahl von 72 Millionen Japanern war die Zahl der von den Säuberungsmaßnamen betroffenen 210 000 Militaristen und Nationalisten niedrig. In Deutschland griffen die Alliierten bedeutend schärfer durch. Man schätzt, daß allein in den drei westlichen Besatzungszonen mit einer Bevölkerungszahl unter 50 Millionen mindestens 2 Millionen Nationalsozialisten aus ihren Ämtern entfernt wurden. Allein unter den 17 Millionen Einwohnern der amerikanischen Zone wurden 3,6 Millionen Fälle geprüft, während es in ganz Japan mit rund fünffacher Bevölkerungszahl nur 2,3 Millionen waren. Grob gesagt entsprach die Zahl der in Japan Entlassenen, die aber ihre Freiheit behielten, der Zahl derjenigen Deutschen, die allein in der amerikanischen, britischen und französischen Besatzungszone in Internierungslager eingewiesen wurden. Die mildere Behandlung des zuletzt besiegten Achsenpartners kam schon in den Fragebogen zum Ausdruck. Während die zweifelhaften Deutschen 150 Fragen beantworten mußten, wurden den verdächtigen Japanern nur 23 gestellt. [8]

Von den 210 000 »entnazifizierten« Japanern, denen jede politische Tätigkeit verboten wurde, waren 167 000, also mehr als 75 %, Generale, Admirale und Offiziere. Das erdrückende Übergewicht der Militärs ist dadurch zu erklären, daß Japan, im Gegensatz zum Dritten Reich, keine ideologische Partei-, sondern Militärdiktatur war. Seit den frühen dreißiger Jahren hatten bestimmte Kreise der Armee auf die vom Parlament gewählten Kabinette einen immer stärker werdenden Druck ausgeübt, bis ihnen im Jahr vor Pearl Harbor schließlich die Machtergreifung gelang. Ein Sammelbecken der militaristischen Fanatiker war die in der Mandschurei stationierte Kwantung-Armee, aus deren Generalität viele als »Hauptkriegsverbrecher« angeklagt und verurteilt wurden.

Im zivilen Bereich der politischen Elite wurden nur 35 000 Persönlichkeiten von der »Entnazifizierung« betroffen. In Zeitungen, Rundfunkstationen und Verlagen mußten 1000 ihre Schreibtische räumen. Nur 2000 Entlassene, 0,9 % aller Betroffenen, kamen aus der Beamtenschaft. Aufgrund dieser verschwindend kleinen Zahl von Beamten, die, Samurai-Idealen von Treue und Loyalität verpflichtet, stärker noch als in Preußen-Deutschland einen Orden, eine Kaste und Klasse für sich bilden, blieb das seit hundert Jahren für ein reibungsloses Funktionieren von Staat und Gesellschaft sorgende Elitekorps der Bürokratie personell unverwundet. Über die daraus für die Ziele der »Entnazifizierung« drohenden Gefahren war man sich im amerikanischen Hauptquartier scheinbar durchaus im klaren. In einem Memorandum hieß es damals: »Von allen

Marunouchi in Tokio, das Verwaltungszentrum der Großindustrie, mit einem Wassergraben des Kaiserpalastes.

Wie eine Schlange schiebt sich der schnellste Zug der Welt durch die größte Stadt der Welt.

2. September 1945: Japan kapituliert auf dem amerikanischen Schlachtschiff »Missouri« in der Bucht von Tokio.

wichtigen Bollwerken des feudalen und totalitären Japans ist nur die Bürokratie noch ungeschwächt. Sie wird aber mit Sicherheit die Besatzung überdauern und eine entscheidende Rolle für die Zukunft des Landes spielen. Bis heute gibt es innerhalb der Bürokratie noch keine Anzeichen für Reformen. Alle unsere Unterlagen deuten darauf hin, daß ohne ständigen Druck aus diesem Hauptquartier die Beamtenschaft weder willens noch kompetent ist, die Reformen durchzuführen ... Die gegenwärtige japanische Beamtenschaft ist unfähig, eine moderne demokratische Gesellschaft zu lenken ... Wenn nicht eine durchgreifende Demokratisierung und Modernisierung des Beamtenapparates erreicht wird, ist es schwierig, vorauszusehen, wie die Ziele der Besatzung voll verwirklicht werden können.« [9]

Trotz dieser warnenden Worte aber blieb die personelle Kontinuität innerhalb der Beamtenschaft gewahrt; ja, die ersten Nachkriegs-Ministerpräsidenten holten sich aus ihr sogar zahlreiche Funktionäre zur Besetzung wichtiger Positionen für die im Aufbau befindlichen Parteiapparate. Im November und Dezember 1945 tagte noch einmal das im Kriegsjahr 1942 gewählte Parlament. Es bestand aus 466 Abgeordneten, von denen 434 der »Politischen Gesellschaft zur Unterstützung des kaiserlichen Throns« angehört hatten. In dieser Bewegung waren Anfang der vierziger Jahre zur »Konzentration der nationalen Kraft« die bis dahin bestehenden politischen Parteien aufgegangen. Sie löste sich bei Kriegsende in verschiedene Gruppen auf, die sich demokratische Parteinamen zulegten.

Die aus 274 Abgeordneten bestehende größte Gruppe knüpfte an die Minseito-Partei der Vorkriegszeit an und nannte sich »Progressive Partei«. 50 Volksvertreter des Kriegsparlaments, die bis zur Auflösung der Seiyukai-Partei angehört hatten, schlossen sich zur »Liberalen Partei« zusammen. 17 weitere Parlamentarier, die vor dem Kriege in proletarischen Parteien aktiv gewesen waren, gründeten die »Sozialdemokratische Partei«.

Hinter der Selbstverständlichkeit, mit der sich die an der Katastrophe ihres Landes in irgendeiner Form mitverantwortlichen Parlamentarier neu etablierten, stand der Glaube an ihr quasi ererbtes Recht, komme, was da wolle, im Sattel zu bleiben. Durch Konzessionen an die politische Vokabulatur der Sieger glaubten sie sich den veränderten Verhältnissen genügend angepaßt zu haben und handelten in der Annahme, daß personell alles einigermaßen so weitergehen werde wie früher. Als ihnen auf Besatzungsbefehl dann eines Tages doch die Stunde schlug, traf sie die Säuberung wie ein »großer Schock«. [10]

Von den 274 Progressiven erhielten 247 politisches Betätigungsverbot. Aus der gleichen Partei mußten in den folgenden Jahren auf Drängen der Amerikaner weitere 206 Funktionäre ausscheiden. Die Liberale Partei verlor bei der ersten Säuberung von ihren 50 Volksvertretern 10 und später noch einmal 198 Führungskräfte. Prozentual beträchtlich war auch der Verlust, den die Sozialdemokraten erlitten. Von ihren 17 parlamentarischen Gründungsmitgliedern mußten sich 10, und aus der etablierten Partei später noch einmal 34 Spitzenfunktionäre aus dem politischen Leben zurückziehen. Die einfache Bewältigung der Vergangenheit durch Zulegung neuer Parteinamen war für die Besatzungsmacht kein überzeugender Beweis, daß aus den Kriegsparlamentariern über Nacht Friedenskämpfer und aus den Befürwortern der Militärherrschaft plötzlich Demokraten geworden waren.

Aufschlußreich an diesen Zahlen sind nicht so sehr die personellen Verluste der Konservativen, da an ihrer Entschlossenheit, den Einsturz des traditionellen Gesellschaftssystems zu verhindern, kaum Zweifel bestehen konnten. Interessanter sind die historischen Wurzeln der aus den proletarischen Vorkriegsparteien hervorgegangenen Sozialisten. Sie spielen sich bis heute als die leidenschaftlichsten und radikalsten Verteidiger der 1945 begonnenen demokratischen Gehversuche auf und bekämpfen ihre politischen Gegner, indem sie in schwärzesten Farben die Gespenster der Vergangenheit an die Wand malen. Ihr plötzlicher Reinheitsfanatismus aber kann nicht die Tatsache aus der Welt schaffen, daß die erste Generation der sozialistischen Führungsgruppe im Kriegsparlament gesessen und in der chauvinistischen Epoche der Militärs politische Mitverantwortung getragen hat. Damals war es vor allem die nationalistische Parole »Asien den Asiaten«, die der »proletarischen Linken« imponierte; heute ist der Panasiatismus mehr oder weniger bewußt wiederum der Motor ihres politischen Kampfes. An innenpolitischen Vorstellungen arm, begreifen sich die Sozialisten als Japans asiatisches Gewissen und sind recht folgsame Schüler ganz unmarxistischer Lehrmeister.

In Anbetracht des passiven Widerstandes der erdrückenden

Mehrheit des Volkes gegen die Säuberungsmaßnahmen der Amerikaner war es eigentlich nur eine Frage der Zeit, wann alles vorüber sein und Tokio mit der »Entnazifizierung« und ihren Folgen juristisch Schluß machen würde. Bedingt durch die vom Kalten Krieg und der Aggression der Kommunisten in Korea beeinflußte Kursänderung der amerikanischen Japan-Politik kam diese Stunde schon sehr bald. Bereits Anfang der fünfziger Jahre arbeitete John Foster Dulles gegen starke Widerstände unter den westlichen Verbündeten einen Friedensvertrag aus. In San Franzisko unterzeichnet, trat er am 28. April 1952 in Kraft. Aufgrund des damit verbundenen Endes der Besatzungszeit und der Wiedererlangung der Souveränität wurden von der japanischen Regierung alle im Zusammenhang mit der »Entnazifizierung« erlassenen Gesetze für null und nichtig erklärt. Japan übertrug, wozu es von Anfang an entschlossen gewesen war, seine Zukunft wieder endgültig Männern mit Vergangenheit.

Von den »Kriegsverbrechern der Klasse A« traten wieder ins Rampenlicht der Politik:

1. *Okinori Kaya:* Vom Internationalen Militärtribunal zu lebenslänglicher Haft verurteilt, öffneten sich für ihn bereits 1955 wieder die Gefängnistore. Im Kabinett des »Kriegsverbrechers« Kishi wurde er Finanzminister und bekleidete damit das gleiche Amt wie in der Kriegszeit. Heute gehört Kaya zu den einflußreichsten Männern des rechten Flügels der liberal-demokratischen Regierungspartei.

2. *Mamoru Shigemitsu:* Im Hauptkriegsverbrecher-Prozeß zu 7 Jahren Zuchthaus verurteilt, erhielt der ehemalige Außenminister und Minister für Groß-Ostasien zwei Jahre nach der Urteilsverkündung seine Freiheit zurück. 1952 stand er bereits wieder als Präsident an der Spitze der Progressiven Partei. 1954 wurde er erneut Außenminister und machte in dieser Eigenschaft offizielle Besuche in Washington und Moskau. Drei Jahre später starb Shigemitsu.

3. *Nobusuke Kishi:* 1896 im Preußen Japans geboren, in der Provinz Yamaguchi, leitete er in den dreißiger Jahren an verantwortlicher Stelle die industrielle Erschließung der Mandschurei. 1941 wurde Kishi unter General Tojo Handels- und Industrieminister. Nach dem Rücktritt des Kabinetts gründete er 1944, als sich der Verlust des Krieges bereits abzeichnete, eine »Kameradschaft für die Verehrung des Kaisers und zur Vernichtung der ausländi-

schen Feinde«. Als nach der Kapitulation seine Verhaftung als »Kriegsverbrecher« bevorstand, rief er einen Familienrat zusammen, ob er Selbstmord begehen oder sich den Siegern stellen solle. »Nicht weniger als 20 Männer, alle aus Samurai-Familien des Choshu-Clans, saßen zusammen und berieten. Auch in diesem Familienkreis prallten die Ansichten aufeinander: ein alter Verwandter vertrat die Ansicht, daß es dem Andenken an die Ahnen zuwider sei, wenn ein Samurai aus Fürst Moris Clan sich lebend dem Feinde ergebe. Aber ein anderer alter Freund Kishis überzeugte die Mehrheit der Anwesenden mit den Worten: ›Ich kann keinen Sinn darin sehen, daß Sie Selbstmord begehen. Es würde viel ehrenhafter sein, wenn Sie zu den Amerikanern sprächen und ihnen die Wahrheit sagten, wie Sie sie sehen, und ihnen erklärten, warum wir zum Krieg schreiten mußten.‹ Und zu den anderen gewandt fügte er hinzu: ›Es ist doch nicht so, als ob wir in einen Krieg geführt worden wären, den wir nicht wollten und an den wir nicht glaubten. Die ganze japanische Nation ist verantwortlich. Sollten wir deshalb alle Selbstmord begehen?‹ Nur falls das Gericht ihn zum Tode verurteile, dürfe er daran denken, der Hinrichtung durch Harakiri zuvorzukommen.« [11] Kishi war drei Jahre im Kriegsverbrecher-Gefängnis Sugamo in Tokio inhaftiert und wurde am Weihnachtstag 1948, ohne daß ihm der Prozeß gemacht worden war, wieder freigelassen. Über das Sprungbrett des Generalsekretärs der Liberal-Demokratischen Partei wurde er am 25. Februar 1957 Ministerpräsident und blieb es bis zu seinem Sturz im Frühsommer 1960. Der übernächste Ministerpräsident ab Oktober 1964 hieß Eisaku Sato und war Kishis Bruder.

4. *Masayuki Tani:* Ohne Prozeß aus der Kriegsverbrecherhaft entlassen, wurde der ehemalige Außenminister vom neuen Auswärtigen Amt als Berater hinzugezogen. Anfang 1956 ernannte ihn die Regierung zum Botschafter in Washington und gleichzeitig zum Vertreter Japans bei den Vereinten Nationen. Tani starb im Oktober 1962.

5. *Matsutaro Shoriki:* Als einer der größten Zeitungsverleger der Kriegszeit verbrachte er 21 Monate im Zuchthaus Sugamo in Kriegsverbrecherhaft. Ebenfalls ohne Prozeß wieder auf freien Fuß gesetzt, wurde Shoriki, unter den Militärs Mitglied des Oberhauses, Volksvertreter im neuen Unterhaus und in einem der Nachkriegskabinette Leiter der Atomenergie-Behörde. Heute

regiert der erzfeudalistische Greis ein Imperium aus Zeitungen, Fernsehstationen, Baseball-Mannschaften und Vergnügungsparks.

Von denjenigen, die bei der »Entnazifizierung« politisches Betätigungsverbot erhielten, aber nicht inhaftiert waren, kehrten in Amt und Würden zurück:

1. *Ichiro Hatoyama:* Im Frühjahr 1946 verhinderten die Amerikaner seine geplante Ernennung zum Ministerpräsidenten. Sie beschuldigten Hatoyama, als Kabinetts-Staatssekretär Ende der zwanziger Jahre mitverantwortlich für die Unterdrückung der Presse-, Meinungs- und Redefreiheit gewesen zu sein. Als Erziehungsminister habe er zwischen 1931 und 1934 an verantwortlicher Stelle die geistig-ideologische Mobilmachung gefördert; 1937 als Sonderbotschafter des damaligen Ministerpräsidenten Prinz Konoe auf Reisen in den USA und Westeuropa Japans Imperialismus gegen China zu rechtfertigen versucht und sich gleichzeitig für die Verwirklichung bestimmter politischer Vorstellungen Hitlers eingesetzt. Nach seiner Rehabilitierung gelang es Hatoyama durch Unterstützung anderer »Verfolgter des Besatzungsregimes«, im Januar 1955 doch noch Regierungschef zu werden.

2. *Tanzan Ishibashi:* Während des Krieges Verleger und Leitartikler, wurde er in einem der frühen Nachkriegskabinette Finanzminister. General MacArthur legte sein Veto ein, und Ishibashi mußte zurücktreten. Kurze Zeit später aber stieg er erneut ins Kabinett auf, dieses Mal als Handels- und Industrieminister. Ende 1956 wurde er Regierungschef.

3. *Aiichiro Fujiyama:* Als einer der reichsten Industriellen des Landes war er Anfang des Krieges Vorsitzender der beiden Industrie- und Handelskammern von Japan und Tokio. Deshalb von den Amerikanern »entnazifiziert«, stieg er nach dem Auslaufen der Säuberungswelle erneut in führende Wirtschaftspositionen auf und übernahm auch wieder die Leitung der beiden Kammern. Im Kabinett des »Kriegsverbrechers« Kishi wurde Fujiyama Außenminister.

4. *Shigeo Odachi:* Er war der höchste zivile Ratgeber der japanischen Armee in Nord-China, Bürgermeister des besetzten Singapur, Gouverneur von Tokio und im letzten Kriegsjahr Innenminister. In den fünfziger Jahren übernahm er das Erziehungsministerium.

5. *Ichiro Kono:* Als Journalist und Fachmann für Landwirtschafts- und Fischereifragen saß er von 1932 bis Kriegsende durch-

gehend im Parlament. Er erhielt von den Amerikanern politisches Betätigungsverbot, als er bereits wieder Generalsekretär der neu gegründeten Liberalen Partei geworden war. Nach dem Ende der »Entnazifizierung« gehörte er zahlreichen Kabinetten als Minister an und galt bis zu seinem Tode Mitte der sechziger Jahre als einer der mächtigsten Fraktionsbosse der Liberal-Demokraten.

6. *Jotaro Kawakami:* Vor und während des Krieges in proletarischen Arbeiter- und Bauernvereinigungen tätig, wurde er von den Amerikanern wegen seiner Mitverantwortung bei der Gründung der »Gesellschaft zur Unterstützung des kaiserlichen Throns« aus allen öffentlichen Ämtern entlassen. Nach seiner Rehabilitierung schloß er sich der Sozialistischen Partei an und wurde 1961, als sie sich außenpolitisch von den Kommunisten praktisch in nichts mehr unterschied, deren Vorsitzender. Parlamentsfreunde Kawakamis aus alten nationalistischen Tagen waren auch der ermordete sozialistische Parteiführer Asanuma und der Vorsitzende der Demokratisch-Sozialistischen Partei Nishio.

7. *Shuichi Inada:* 1931 zum Kabinettssekretär berufen, diente er unter 15 Ministerpräsidenten. Kurz nach seiner Berufung ins Kaiserliche Hofamt mußte er sich auf Besatzungsbefehl ins Privatleben zurückziehen. 1950 trat er erneut in die Dienste des Hofes und bekleidete als Grand-Chamberlain das wichtigste Amt.

Die kurze Liste der neuen Männer mit Vergangenheit ist das Ergebnis einer rein journalistischen Beobachtung der japanischen Politik. Eine akademische Spezialuntersuchung über dieses Thema würde mit Sicherheit eine ganze Reihe weiterer Namen zutage fördern. Es galt in Nippon als ein ungeschriebenes Gesetz, niemandem nach dem Kriege wegen seiner Vergangenheit einen Vorwurf zu machen. Nicht einmal die Kommunisten studierten die Lebensläufe gegnerischer Minister, Parlamentarier und Parteibosse, um Munition für die Wahlkämpfe zu sammeln. Von rechts bis linksaußen war es selbstverständlich, in dieser Frage gegen die Besatzungsmacht nationale Solidarität zu zeigen. Heute feiern konservative und progressive Volksvertreter silberne und goldene Parlaments-Jubiläen, und je länger sie seit den zwanziger Jahren im Parlament gesessen haben, um so höher steigt ihr Ansehen im Volk. Wenn die Männer mit Vergangenheit heute dennoch aussterben, so hat das allein altersmäßige Ursachen. Die Wachablösung vollzieht sich nach rein biologischen, aber nicht ideologischen Gründen.

Es wundert deshalb nicht, daß heute auch wieder derjenigen gedacht wird, die, von den Alliierten zum Tode verurteilt, ihr Leben am Galgen enden mußten. Ein erstes Denkmal für die sieben am 23. Dezember 1948 gehängten »Hauptkriegsverbrecher« wurde 1959 errichtet. Es liegt mit Blick auf das Meer auf dem dichtbewaldeten Steilhang des Berges Izu über dem Kurort Atami in der Nähe von Tokio. Wer den gut ausgebauten Serpentinenweg hinaufsteigt, trifft zunächst auf ein Standbild der Göttin Koa-Kannon, die Aufstieg, Größe und Macht Ostasiens segnen soll. Es wurde im Februar 1940 von dem »Schlächter von Nanking«, General Iwane Matsui, zum Gedenken an die unter seinem Oberbefehl in China gefallenen japanischen Soldaten gestiftet. Auf dem Hauptaltar eines kleinen buddhistischen Tempels wenige Schritte abseits liegen in einem Lackkasten Namenslisten der Armee Matsui mit 23 104 Namen von Offizieren und Soldaten. Auf einer Kupferplatte stehen die Worte: »Der China-Krieg hat viele Opfer gefordert. Das ist tragisch. Es geht um einen heiligen Krieg zur Errettung Ostasiens. Ich habe vom Tenno den Befehl erhalten, am Krieg teilzunehmen. Zu meinem großen Bedauern starben unter meinem Oberkommando viele Soldaten. Ich habe ihre sterblichen Überreste und die Erde der Schlachtfelder gesammelt und hier zur Erlangung der ewigen Gnade der Göttin Koa-Kannon eine heilige Stätte errichtet. Möge ihre Gnade über Ostasien walten. Im 2600. Jahre der Reichsgründung Japans. Februar 1940. Iwane Matsui.«

Als der General, vom Alliierten Militärtribunal zum Tode verurteilt, auf seine Hinrichtung wartete, bat er den die Gedenkstätte pflegenden Priester Itami, für seine Seele zu beten. Dieser brachte mit Hilfe des japanischen Personals des Krematoriums in Yokohama einen Teil der Asche der sieben Gehängten in seinem Tempel in Sicherheit. Nach einer Geldsammlung, zu der ein reicher Geschäftsmann aufgerufen hatte, konnte am 19. April 1959 ein Ehrenmal eingeweiht werden. Es besteht aus einem grob behauenen Naturstein, auf dem die Worte eingemeißelt sind: »Den sieben Märtyrern.« An der Feier nahm auch Japans berühmtester Staatsmann der Nachkriegszeit, Shigeru Yoshida, teil.

Ein zweites »Kriegsverbrecher«-Ehrenmal wurde anläßlich des 15. Jahrestages des Kriegsendes auf dem Berge Sanganesan in der Nähe der mitteljapanischen Industriestadt Nagoya errichtet. Der Staat stellte das Grundstück zur Verfügung. Der Berg Sanganesan, von wo der Blick weit über Meer, Bergketten und Küstenebenen geht, ist ein populäres Ausflugsziel. Die großzügig angelegte Gedenkstätte wird deshalb von relativ vielen Menschen besucht. Auf einer Steinsäule sind auch hier die Schriftzeichen zu lesen: »Den sieben Märtyrern.« Anregung und Ausführung des Ehrenmals gehen auf die Anwälte der Hingerichteten zurück. Einer der prominentesten Verteidiger hieß Ichiro Kiyose und war bei der Einweihung Präsident des Unterhauses. In seiner Rede erklärte er, es stünde jedem frei, die gehängten »Kriegsverbrecher« zu vergessen. Man dürfe aber gleichzeitig anderen nicht die Freiheit nehmen, sich des Schicksals der Toten zu erinnern und ihr Andenken wachzuhalten. Von Parlamentspräsident Kiyose sind auch die Worte überliefert, der Nationalfeiertag zur Erinnerung an das Inkrafttreten der liberalen Nachkriegsverfassung sei kein Tag des Stolzes, sondern der nationalen Demütigung.

Bei »Kriegsverbrecher«-Ehrenmalen regt sich im japanischen Volk nicht eine einzige Stimme des Protestes. Weder gehen die angeblich linken Studenten auf die Straße, noch schreiben die angeblich linken Journalisten kritische Leitartikel. Auch der Marxismus hat in Japan eben sehr eigentümliche Züge. Die Selbstverständlichkeit, mit der die Bevölkerung die Verehrung der »Kriegsverbrecher« durch namhafte Persönlichkeiten des politischen Lebens hinnimmt, beweist, daß Japan die Problematik der »unbewältigten Vergangenheit« nicht kennt. Der Durchschnitts-Japaner erträgt Geschichte wie Erdbeben, Taifune und Vulkanausbrüche – erduldet Geschichte wie ein Naturereignis. Da die Natur jedoch die Frage nach der Schuld nicht stellt, gibt es für den Japaner letztlich auch kein schuldig beim Menschen.

Diese passive Grundstimmung erklärt, warum es in der japanischen Geschichte keinen 20. Juli gibt. Aber vielleicht geht die Suche nach einem Aufstand des Gewissens auch von falschen Voraussetzungen aus. Denn in Japan und den von ihm besetzten Gebieten hat es keine Gaskammern, keine Verbrennungsöfen, kein Auschwitz und keinen Adolf Eichmann gegeben. Am Schreibtisch geplanter Völkermord durch Buchhalter des Todes war kein japanisches, sondern ein deutsches Verbrechen.

Bei aller Vorsicht, die historischen Parallelen nun einmal anhaftet, kann man die Einstellung der Japaner zum Zweiten Weltkrieg etwa mit derjenigen der Deutschen zum Ersten Weltkrieg vergleichen. Sie beurteilen 1945 ähnlich wie die Deutschen damals 1918. Genausowenig wie Berlin in jenen Tagen bereit war, seine »Kriegsverbrecher« auszuliefern, genausowenig war Tokio dazu nach dem Ende des letzten Krieges bereit. Einer der deutschen »Kriegsverbrecher«, Generalfeldmarschall von Hindenburg, wurde Reichspräsident; so mancher japanische »Kriegsverbrecher« Ministerpräsident, Außenminister oder Botschafter. Auch in der Kriegsschuldfrage ist wie nach Versailles bei den Deutschen die Auffassung vorherrschend, daß man in die Katastrophe irgendwie hineingeschliddert sei und spätere Historiker einmal die Verantwortung gleichermaßen verteilen werden. Und ähnlich wie das Deutschland Kaiser Wilhelms II. wurde auch das Kaiserreich Japan nicht von einem Gefreiten, sondern einer traditionellen Elite regiert, die über etablierte Offiziersakademien und Prestige-Universitäten einen normalen bürgerlichen Bildungs- und Werdegang genommen hatte.

Aus all diesen Gründen galt die Niederlage als Tragödie, Verhängnis und Schande, aber nicht als ein die geistigen Grundlagen von Staat und Gesellschaft in Frage stellendes Gottesurteil. Man war unterlegen, ohne sich schuldig zu fühlen; gesiegt hatten die besseren Waffen, aber nicht das Gute; besiegt wurde der Schwache, aber nicht das Böse. Die Japaner sahen ihr Verhängnis in materiell-militärischen, aber nicht in moralisch-sittlichen Kategorien. Sie empfanden Besatzung und Bestrafung deshalb als uraltes Recht des Siegers und beugten sich dem »vae victis!«, wie es Besiegte in der Geschichte immer getan haben.

Die ablehnende Gleichgültigkeit der erdrückenden Mehrheit des japanischen Volkes gegenüber »Entnazifizierung« und »Kriegsverbrecherprozessen« stellt die Frage, ob die Besatzungspolitik der Vereinigten Staaten erfolgreich war. Was wollten die USA? Durch Entwaffnung, Auflösung der Armee, Demontage der Kriegsindustrie und Abtrennung der Mandschurei, Süd-Sachalins, Koreas und Formosas sollte der japanische Imperialismus und Militarismus endgültig erledigt werden. Dieses Ziel wurde in den Menschen voraussehbaren Zeiträumen erreicht. Der Gedanke, daß Japan jemals wieder Lebensraum erobern möchte, ist heute immer noch total absurd. Gleichzeitig mit der Zerschlagung der technisch-organisatorischen Voraussetzungen sollten durch eine Erziehungsreform und die Trennung von Staat und Shinto-Kirche auch die weltanschaulichen Wurzeln für Imperialismus und Militarismus ausgerottet werden. Auch dieses Ziel ist in den menschlicher Politik nun einmal gesetzten zeitlichen Grenzen erreicht. Ein Vierteljahrhundert nach Kriegsende liegt selbst der allen Völkern als selbstverständlich zuerkannte Patriotismus in Japan äußerlich noch immer unter Weltniveau.

Die für Japan als Staat und Nation entscheidenden Fernziele der Besatzungspolitik aber lagen jenseits von Imperialismus und Militarismus. Die Hoffnung der Amerikaner war, in Japan die Fackel der Aufklärung entzünden zu können; 1945 sollte ein japanisches 1789 werden. In das für Ausländer dämmerige Halbdunkel eines noch immer aus dem Mittelalter beeinflußten Feudalismus sollte wie grelles Scheinwerferlicht die Idee von der Mündigkeit des Einzelmenschen einbrechen. Das Ich sollte als der Güter Höchstes auf den Thron gehoben und der westlich verstandene Individualismus als feudale Ketten sprengende und befreiende Weltanschauung die geistige Richtschnur für die Zukunft werden. Dieser Versuch einer quasireligiösen Reformation sollte vom japanischen Volk nach Wiedererlangung der Souveränität freiwillig fortgeführt werden.

Der Sturz des Feudalismus war ein missionarisches Experiment, das bis dahin kein weißes Volk an einer asiatischen Gesellschaft gewagt hatte. Was heißt in diesem Zusammenhang Feudalismus? Jeder, der längere Zeit in Japan gelebt hat, wird diesen unergründlichen Kern der japanischen Gesellschaft mit zahllosen Beispielen aus seiner alltäglichen Erfahrung umschreiben können. Was gemeint ist, läßt sich etwa mit den Worten charakterisieren: Der Japaner hat kein Ich und ist kein Individualist. Es gibt ihn nur als Mitglied; als Angehörigen seiner Familie, seiner Schulklasse und seines Betriebes. Dieses Kollektive, Anti-Individualistische liegt ihm seit Konfuzius im Blut, auch wenn er dessen Schriften nie gelesen hat; und es ist, ohne Bewußtwerdung, auch zugleich hierarchisch zugeschnitten. So kann der Eindruck entstehen, als nehme der Japaner sein Schicksal eigentlich nie selbst in die Hand, sondern lasse andere über sich entscheiden. Er gleicht einem Punkt in einem Koordinatenspiel unüberschaubarer Bindungen, Verflechtungen und Beziehungen und wirkt wie von unsichtbaren Fäden gelenkt. Eine so unter- oder hintergründig zusammengehaltene Gesellschaft von 100 Millionen Menschen muß Europäern und Amerikanern wie ein nicht zu entlaubender Dschungel erscheinen.

Typisch für die von einer Gruppe ausstrahlenden, für den Ausländer aber nur zu erahnenden zwischenmenschlichen Querverbindungen ist das soziologische Röntgenergebnis der Besatzungsmacht nach der Durchleuchtung der berüchtigten Großindustriellen-Familie Iwasaki, deren Macht bis tief in alle Kriegs- und Vorkriegskabinette reichte:

»Baron Hisaya Iwasaki ist das Oberhaupt der Iwasaki-Familie und damit des Mitsubishi-Konzerns. Sein zweiter Sohn Takaya ist verheiratet mit der Tochter Seihin Ikedas, einer der prominentesten Persönlichkeiten des Mitsui-Konzerns. Dieser Seihin Ikeda war Direktor der Mitsui-Bank, Gouverneur der Bank von Japan, Finanzminister, Mitglied des Oberhauses, Mitglied des Privy Council und Vorsitzender des Boards der Mitsui-Holding-Gesellschaft. Die Schwester von Baron Hisaya Iwasaki heiratete den gegenwärtigen Ministerpräsidenten Kijuro Shidehara. Eine Nichte des Barons heiratete Viscount Keizo Shibusawa. Er ist das Oberhaupt der Shibusawa-Familie und war Vorsitzender des Boards der Tokyo-Savings-Bank, Vize-Präsident der Dai-Ichi-Bank, Präsident der Finanz-Kontrollvereinigung, Gouverneur der Bank von Japan, Mitglied des Oberhauses, Minister für Handel und Industrie, Chef des Kriegswirtschaftsbüros, Mitglied des Kriegspreisüberwachungsrates. Er ist gegenwärtig Finanzminister. Die älteste Tochter des Barons heiratete Renzo Sawada. Er ist ein altgedienter Beamter des Auswärtigen Amtes mit langer Auslandserfahrung. Ein Neffe des Barons gehört ebenfalls zum Auswärtigen Amt und war verschiedenen Gesandtschaften und Botschaften zugeteilt. Seine Frau ist die Tochter von Teizaburo Sekiya, einem ehemaligen stellvertretenden Minister des kaiserlichen Hofes. Ein anderer Neffe des Barons gehört der Yokohama-Bank an. Seine Frau ist die Tochter von Tetsujiro Shidachi, dem ehemaligen Präsidenten der Industriebank von Japan mit Querverbindungen in die Sumitomo- und Mitsubishi-Konzerne. Eine Schwester des Barons heiratete Komei Kato, ehemals Botschafter in London, Ministerpräsident und Vorsitzender der Minseito-Partei. Ihre Tochter heiratete Viscount Nagakage Okabe, einen Diplomaten und Politiker, der sich zur Zeit im Sugamogefängnis in Kriegsverbrecherhaft befindet.« [12]

Aus diesem verfilzten Unterholz seines Familien-, Sippen- und Clansystems sollte der Japaner 1945 herausgerissen werden. Die Besatzungsmacht war entschlossen, die japanische Gesellschaft übersichtlich und durchschaubar zu machen. Es war ein quasireligiöses Experiment, denn es bedeutete den Sturz der jahrtausendealten konfuzianischen Ordnung, in der das Verhältnis von Vater und Sohn, Bruder und Schwester, Meister und Schüler, Freund und Freund streng hierarchisch geregelt ist. Das revolutionär Neue sollte das emanzipierte, mündige, beziehungslose, einsame Ich sein.

Ist diese »Befreiung« des Japaners Amerika gelungen? Es muß bezweifelt werden. Sie hat zwar unter der Jugend viel schöpferische Unruhe erzeugt und überflüssigen Ballast über Bord geworfen, aber für den Ausländer, der keine Vergleichsmöglichkeiten mit dem starren Gesellschaftssystem von gestern hat, scheint die Befreiung nur ein Anlauf gewesen und in Ansätzen steckengeblieben zu sein. Japan hat zwar einen Schritt vorwärts gemacht, aber nur den gleichen Schritt, den auch Europa getan hat; der Abstand ist der gleiche geblieben.

Das Scheitern des ideologischen Fernziels der Besatzungsmacht läßt sich kaum menschlicher darstellen als am Beispiel der Japanerinnen. Welche Mühe hat sich Amerika gegeben, diese mandeläugigen Schönen zu emanzipieren und sie mit Gleichberechtigung zu beschenken. General MacArthur engagierte sich in dieser Frage persönlich und gleich recht leidenschaftlich. Der ruhmreiche Feldherr, groß, breit, mit Sonnenbrille und Pfeife vitale Männlichkeit ausstrahlend, ließ keine Gelegenheit ungenutzt, die liebenswerten, kleinen Japanerinnen nach dem Vorbild der Suffragetten seiner Heimat umzuerziehen. Er empfing Parlamentarierinnen, feierte das angebliche Interesse der japanischen Frau an Politik und Wirtschaft mit überschwenglichen Worten und sandte an den Jahrestagen ihrer Gleichheit vor dem Gesetz regelmäßig pathetische Glückwünsche. In seinen Memoiren bekennt MacArthur: »Von allen Reformen der Besatzungszeit hat mir keine mehr das Herz erwärmt als der Wandel in der Stellung der Frau.« [13]

Die Naivität dieses Irrtums hat etwas Rührendes! Hätte MacArthur doch nur ein einziges Mal seine Soldaten gefragt! Mögen die Japanerinnen heute in Hörsälen sitzen, Transistor-girls sein, in Büros arbeiten und an die Wahlurnen gehen – die meisten von ihnen wirken auf Ausländer – zum Glück! – immer noch so, wie es Anfang des Jahrhunderts Basil Hall Chamberlain beschrieben hat: »Die japanischen Frauen sind überaus frauenhaft – gütig, sanft, treu, hübsch. Aber die Art und Weise, wie die Männer sie behandeln, ist bis jetzt derartig gewesen, daß ein generöses europäisches Herz dadurch verletzt werden könnte ... Das Los einer Japanerin kann in das zusammengefaßt werden, was die ›drei Gehorsame‹ genannt wird: gehorsam, solange sie unverheiratet ist, gegen den Vater; wenn sie verheiratet ist, gegen den Gatten und seine Eltern; gehorsam, wenn sie verwitwet ist, gegen den Sohn ... Es ist so, daß die Frauen ihr ganzes Leben lang mehr oder weniger wie kleine Kinder behandelt werden; daß ihnen weder die Selbständigkeit zugestanden wird, die unsere modernen Sitten erlauben, noch daß man ihnen die romantische Verehrung zollt, die die Morgengabe des mittelalterlichen Europas war, denn dem japanischen Feudalismus war Frauendienst fremd.« [14]

Der Emanzipation aus den Bindungen des Feudalismus hat sich Japan widersetzt. Es ließ manches mit sich geschehen – Technisches, Parlamentarisches, Organisatorisches –, aber letztlich doch nur in japanisierter Form. Ähnlich wie China, dessen Maoismus eine Sinisierung des europäischen Kommunismus ist, hat auch Japan seine westlichen Vorbilder asiatisiert. Es war immer bereit, westliche Technik zu importieren, aber niemals bereit, dafür seine östliche Seele zu opfern. Seit hundert Jahren dürfen, nein sollen die Mittel die gleichen wie im Westen sein, aber der Geist soll dennoch ein anderer bleiben.

Der Mann, der mit dieser altjapanischen Einstellung in dem unruhigen Nachkriegs-Jahrzehnt auf der Kommandobrücke der Politik stand, hieß Shigeru Yoshida. Körperlich klein, gehörte er zu jenen Staatsmännern, die, im 19. Jahrhundert geboren, die Geschicke ihrer Völker in den Wirren der zweiten Hälfte des 20. Jahrhunderts mit altväterlicher Strenge und nicht angekränkelt von des Gedankens Blässe in die Hand nahmen. Yoshida war 19. Jahrhundert wie Adenauer und de Gaulle. Einer seiner Biographen schrieb, er habe nicht Japans zweites Gesicht gekannt, »die Menschen, die unter Einsatz ihrer ganzen Existenz um innere Erneuerung rangen, weil sie sahen, daß die alten Werte hinfällig geworden waren. Yoshidas Glaubensgewißheiten wurden weder vor noch nach dem Kriege erschüttert. 1945 gehörte er zu der Gruppe, die sich leidenschaftlich für die Erhaltung des Tennotums einsetzte. Diese Gesinnung war für ihn selbstverständlich, weil die Treue zum Kaiserhaus einen wesentlichen Bestandteil der häuslichen Erziehung ausgemacht hatte. Deswegen wandte er sich entschlossen gegen den Pessimismus des ehemaligen Ministerpräsidenten Prinz Konoe, der es für unvermeidlich hielt, das Kaiserhaus zu opfern, wenn die Voraussetzungen für eine japanische Demokratie geschaffen werden sollten. Sein Bestreben war im Gegenteil darauf gerichtet, dem Kaiserhaus auch im Rahmen der neuen Verfassung einen angemessenen Platz zu erhalten, und er vertrat diesen Standpunkt unermüdlich gegenüber dem amerikanischen Oberbefehlshaber mit der Begründung, daß die Institution des Kaiserhauses eine unerläßliche Voraussetzung für die Stabilität der japanischen Innenpolitik sei. Seine Überzeugung, daß nach der Erfahrung der Geschichte eine Niederlage durch die Diplomatie in einen Sieg verwandelt werden könne, entsprang zutiefst seiner Einstellung, daß die Treue gegenüber dem Tenno die Kontinuität des japanischen Reiches sichere.« [15]

Shigeru Yoshida wurde am 22. September 1878 als fünfter Sohn des Wirtschaftlers und Parlamentariers Dr. Tsuna Takeuchi in Kochi auf Shikoku geboren und später von Kenzo Yoshida adoptiert. Er studierte auf der Kaiserlichen Universität in Tokio, ging in den diplomatischen Dienst und heiratete Yukie Makino, deren Vater zum engsten Beraterkreis des Tenno gehörte. Seine ersten Stationen im Auswärtigen Dienst hießen Tientsin, Mukden und London. 1916 ging er nach Washington, zwei Jahre später nach China und 1919 mit der japanischen Delegation nach Versailles. Nach weiteren Auslandsposten in China und Schweden wurde er stellvertretender Außenminister und danach Botschafter in Rom und London. 1936 sollte er Außenminister werden, aber nationalistische Armeekreise legten gegen den weltoffenen Diplomaten mit einem am Hof sehr angesehenen Schwiegervater ein Veto ein. Daraufhin zog sich Yoshida im Alter von 60 Jahren ins Privatleben zurück. Zu seinen engsten Freunden gehörten die Millionäre der Mitsui- und Sumitomo-Familien, Großindustrielle, Adelige und Verwandte der Kaiserfamilie.

Im ersten Nachkriegskabinett wurde Yoshida Außenminister und im April 1946 Ministerpräsident. Von Unterbrechungen abgesehen, bestimmte er bis 1954 die Richtlinien der japanischen Politik und führte sein Land aus der totalen Zerstörung über den Friedensvertrag von San Franzisko bis an die Schwelle des Wirtschaftswunders. Yoshida war von seinem Charisma überzeugt, autoritär bis zur Selbstherrlichkeit, ein Menschenverächter, aber auch ein Politiker mit Mut vor Königsthronen. Wegen seiner Friedensbemühungen wurde er von den Militärs in der Endphase des Krieges für 47 Tage verhaftet. Ähnlich unerschrocken trat er später auch vor den Siegern auf. Er galt als eigensinniger, sich ihren Befehlen ständig widersetzender dick- und querköpfiger Konservativer. »Wenn ich mir eine persönliche Bemerkung erlauben darf«, schreibt Yoshida in seinen Erinnerungen, »so habe ich Grund zu der Annahme, daß mich General Whitney ebensowenig leiden konnte wie verschiedene andere innerhalb der Sektion Regierung. Sie schienen mein Verhalten als Widerspenstigkeit zu empfinden, zumindest zeigten sie mir, daß sie mich für einen schwierigen Menschen hielten ... Sie gehörten zu der Gruppe, die ich als Idealisten bezeichnet habe. Immer noch gibt es Spuren ihrer Tätigkeit, die darauf hindeuten, daß sie das besetzte Japan als ein Experimentierfeld für ihre reformatorischen Ideen betrachteten.« [16]

Yoshida war sich über die politische Neigung General MacArthurs nach rechts im klaren und machte sich den im amerikanischen Hauptquartier bestehenden Gegensatz zwischen missionarischen Theoretikern und unideologischen Militärs, deren Hauptanliegen die Aufrechterhaltung von Ruhe und Ordnung war, zunutze. Für die Linken und Progressiven seines eigenen Volkes, die es mit den amerikanischen Sozialreformern besser als er konnten, hatte Yoshida nur Verachtung übrig. Er qualifiziert sie mit den Worten ab: »Ihr Verhalten war Landesverrat. Damit genug über diese Leute.« [17]

Im Oktober 1967 ist Shigeru Yoshida, 89jährig, in seinem Haus am Meer bei Oiso, zwei Autostunden von Tokio entfernt, gestorben. Auf dem Totenbett äußerte der greise Shintoist, der wie kaum ein anderer die Renaissance der shintoistischen Staatskirche gefördert hatte, den Wunsch, katholisch zu werden. Da kein Priester so schnell erreichbar war, wurde die Taufe auf den Namen Joseph nach Yoshidas Ableben vollzogen; ein sensationeller Fall in der Geschichte der katholischen Kirche.

Als erster nach dem Kriege erhielt Yoshida ein Staatsbegräbnis. Anders als bei den pompösen Trauerfeierlichkeiten für Dr. Adenauer ein halbes Jahr vorher, blieben prominente Staatsmänner aus Amerika und Europa der schlichten Feier in Tokio fern. Dadurch erlebte man als Beobachter wieder einmal etwas von der Tragik Japans: daß das Land so weit abseits liegt, seine Empfindlichkeiten kaum bekannt sind und seine Leistungen eigentlich von niemandem so recht honoriert werden.

Mit Shigeru Yoshida schied ein großer Japaner dahin; einer aus dem Lager jener schizophrenen Konservativen, die die Geschichte ihres Volkes seit hundert Jahren entscheiden. Er wollte Japan japanisch erhalten, aber mußte dabei progressiv sein; er beschleunigte den Fortschritt, aber gleichzeitig bremste er ihn. Bei den Neuerungen, die er einführte, hielt er das Volk auf Distanz; es wird noch Jahrzehnte dauern, bis sie sich nach unten durchgesprochen haben.

Yoshida handelte als Feudalist und vertraute der feudalistischen Gesellschaftsstruktur, daß sie hemmen würde, was ihm die Zeit zu tun befahl. Er sortierte und siebte, was auf Japan zukam; das Technische und Zivilisatorische ließ er passieren, aber das Weltanschaulich-Geistige, das dahinter stand, hielt er zurück. Für liberale Konservative oder konservative Liberale seines Schlages durfte sich immer nur Japans Oberfläche ändern, in der Tiefe aber sollte alles beim alten bleiben.

DAS OLYMPISCHE JAHR

Den 10. Oktober 1964 in Tokio, den Tag der Eröffnung der 18. Olympischen Sommerspiele, wird keiner vergessen, der dabei war. Zu mitternächtlicher Stunde machten wir in dem menschenleeren Stadion im Meiji-Park noch eine letzte Fernsehreportage: »Tokio, zwölf Stunden vor Beginn der Spiele.« In dem gähnenden Dunkel des riesigen Ovals leuchtete gespenstisch das kalte Licht von hundert kleinen Fernsehmonitoren auf den Pressebänken. Der zugige Wind klatschte die Flaggenleinen gegen die vielen Fahnenmasten; in der Stille der Nacht klang es wie heller Trommelwirbel. Von der das Stadion überragenden Empore mit der olympischen Flammenschale blickten wir noch einmal auf die schlafende Stadt.

In wenigen Stunden würde es soweit sein. Jahrelang hatte sich Japan auf die Olympischen Spiele vorbereitet. Zunächst waren sie für 1940 geplant gewesen, aber damals war der Krieg dazwischengekommen. Wie hatte das Volk gearbeitet und dem 10. Oktober entgegengefiebert; Heere von Arbeitern hatten über und unter der Erde Hochstraßen, Hotels, Stadien und Untergrundbahnen gebaut; in Tag- und Nachtschichten Brückenbögen und Träger geschweißt und montiert; in unterirdische Schächte Zement gegossen und am Himmel über Tokio einen Wald von Kränen bewegt.

Würde alles umsonst gewesen sein? Würden die kommenden Tage verregnen – das Wetter im Oktober ist unsicher – oder irgendwelche organisatorischen Pannen alle Mühen verderben? Standen an der Spitze der verschiedenen Organisationskomitees nach altjapanischem Brauch nicht 70jährige Greise? Wie sollten Großväter das Unmögliche möglich machen? War überhaupt das olympische Schwimmstadion noch rechtzeitig fertig geworden? Vorgestern brummten dort noch Planierraupen. Hatten die europäischen Sportler inzwischen die achtstündige Zeitdifferenz zwischen Japan und zu Hause überwunden und sich an das Klima gewöhnt? Wie war die Stimmung bei den Reitern, die ein Pferd erschießen mußten, weil es während des langen Fluges wild geworden war? Funktionierte der Fernsehsatellit über dem Pazifik, der die morgige Eröffnungsfeier nach Amerika direkt übertragen sollte? Würde Ministerpräsident Ikeda teilnehmen können? (Er lag mit Kehlkopfkrebs im Krankenhaus.) Waren aus Übersee genug Touristen gekommen? Ein Flug um die halbe Welt ist nicht billig.

Warum so skeptisch? Weil die Erwartungen des japanischen Volkes so hoch geschraubt worden waren – weil die Spiele mit Sport gar nichts mehr zu tun zu haben schienen – weil alles nach Wiedergutmachung des Gesichtsverlustes von 1945 aussah. Wurde Tokio nicht eigentlich nur für Japan selbst inszeniert, und war die Jugend der Welt dabei nicht nur Staffage und Chor? Hatte nicht die Regierung das Wort Olympiade als Mahnung zu nationaler Disziplin benutzt? Und war sie dabei nicht sogar erfolgreich gewesen?

Und dazu noch diese gewaltigen Prestige-Projekte! Der Umbau des Monstrums Tokio. Die wie Pilze aus dem Boden geschossenen Mammut-Hotels – Okura, Prince, Hilton, Otani. Sie würden nach den Olympischen Spielen leer stehen. Wer sollte sie schon bevölkern? Tokio hatte ja nie solche Kästen gehabt. Die Hochstraßen. Viel zu schmal und zu kurvig und der Zement nicht mal ausgetrocknet. 1,60 DM Gebühr auch für die kleinste Teilstrecke. Wer sollte das bezahlen? Die Einschienenbahn zum Flugplatz. Nicht eine einzige Station zum Zusteigen auf der Strecke. Nur für Touristen gebaut, aber sie würden wie bisher Autobusse und Taxen benutzen. Japan hatte sich wirtschaftlich und finanziell einfach übernommen. Eine nacholympische Katerstimmung war unvermeidlich. Das waren unsere Gedanken zwölf Stunden vor Beginn der Spiele.

Als der 10. Oktober heraufdämmerte, spannte sich über Tokio ein wolkenloser blauer Himmel. Die Sonne schien so warm wie zu Hause im Sommer. Mittags um ein Uhr sollte die Eröffnungsfeier beginnen. Obgleich die Fahrt von unserem Haus bis zum Stadion theoretisch nur zehn Minuten dauerte, machten wir uns schon anderthalb Stunden vorher auf den Weg. Man konnte nie wissen! In Tokios Traffic-jams waren wir schon oft hysterischen Wutanfällen nahe gewesen. Aber siehe da: zwölf Minuten und keine Sekunde mehr benötigen wir. Zum ersten Mal erlebten wir in Tokio fließenden Verkehr und bei den Ampeln grüne Wellen. Was war los? Welche Veränderung war geschehen?

Ein ununterbrochener Strom von Menschen drängte durch die Tore des olympischen Hauptstadions im Meiji-Park, der den Namen des größten Tenno der modernen Geschichte trägt. Um die Mittagsstunde waren die Ränge der riesigen Sportarena bis auf den letzten Platz gefüllt. Eine erwartungsvolle Spannung lag über der frohen Menge. Als Gastgeber der 18. Olympischen Sommerspiele fühlte Japan die Augen der Welt auf sich gerichtet.

Endlich marschierten sie ein: Fanfarenzüge, Kapellen, die Sportler. Algerier, Brasilianer, Chilenen, Deutsche, Engländer, Franzosen, Ghanesen und die kompaniestarken Kolonnen der Russen und Amerikaner. Ganz zuletzt die Sportler Nippons; rote Jacken, weiße Hosen. Alle begrüßt vom Jubel der 80 000.

Dann lief Yoshinori Sakei ein, der 19jährige olympische Fackelträger. Ein schön gebauter Athlet, ein würdiger Repräsentant der japanischen Jugend, wie eine Zeitung überschwenglich schrieb. In gemessenem Lauf erklomm er die steilen Stufen zur Flammenschale. Als das Feuer aufloderte, das von den antiken Tempeln Griechenlands durch die Länder Asiens und über Meere hinweg nach den Gestaden Japans gebracht und von der Sportjugend des Volkes über die Berge Shikokus, durch die Täler Kyushus, die Fischerdörfer Hokkaidos und die Industriereviere Honshus getragen worden war, klang der Jubel wie Erlösung und Befreiung. Kaiser Hirohito sprach die Eröffnungsworte, und Düsenjäger der Luftwaffe zeichneten in den azurblauen Himmel die fünf olympischen Ringe. Die 18. Olympischen Sommerspiele, die ersten in Asien, die ersten in einem farbigen Land, hatten begonnen.

In jenen Tagen waren die Japaner wie verwandelt. Entkrampft, entspannt, menschlich, erwärmt. Die abweisende Diszipliniertheit war von ihnen gewichen; sie hatten die Maske abgelegt. Plötzlich erlebte man sie als natürliche Menschen, die ihr Herzklopfen zeigten, ihre Freude, ihren Stolz. Die Olympischen Spiele fanden mitten im Volk statt, nicht irgendwo am Rande oder auf den Fernsehschirmen und auch nicht nur für Teilnehmer und Zuschauer. Das Sportfest war ein Volksfest.

Gleichzeitig war Japan in jenen Tagen auch ein offenes Land. Man brauchte es nicht zu entdecken; es bot sich dar, mit kaum erlebter Spontaneität. Gewöhnlich muß man Japan suchen, erfragen, enträtseln; es offenbart sich nicht, versteckt sich, zieht sich zurück. Aber damals lag es vor den Besuchern aus aller Welt offen. In den Lobbies der großen Hotels zeigten die berühmtesten Ikebana-Meister Kunstwerke des Blumenarrangements. Das Nationalmuseum in Ueno veranstaltete die erste Gesamtausstellung japanischer Kunst. Das Kabuki-Theater, die Puppenspieler des Bunraku und die Nô-Bühnen inszenierten Sonderprogramme. Kokusai, Nichigeki und Takarazuka, die großen Revuetheater, brachten Festspiele. Kaufhäuser, Japans Mäzenaten, luden zur Teezeremonie ein.

Das Inselvolk stellte sich vor, machte sich bekannt, führte sich ein. Es hatte dabei die heimliche Hoffnung, die Fremden aus Übersee würden anschließend mit einem besseren Wissen nach Hause fahren. Daß Japan nicht nur ein exotisches Land sei, mit Teehäusern und Geishas in Kimonos; daß es arbeiten und Leistungen vollbringen könne wie jede Nation in Europa; daß es nicht irgendwo im »fernen« Osten, sondern mitten in der Welt liege. Darum rollten die Olympischen Spiele mit einer Präzision sondergleichen ab; darum war die Eröffnungsfeier mehrmals vorher mit Soldaten und Schulkindern geprobt worden; darum stoppten Seiko-Uhren die Kurz- und Langstreckenläufer – war das Flugzeug in Japan gebaut worden, das das olympische Feuer von Okinawa nach Kyushu brachte – hatten japanische Architekten die Stadien entworfen. Tokio sollte das verkitschte Japan-Bild des Tourismus korrigieren.

Die Teilnahme und Hingabe des gesamten 100-Millionen-Volkes waren das Geheimnis des Erfolges der Olympischen Spiele. Mit welchem Ausländer man auch sprach, ob Sportler, Funktionär oder Tourist: man hörte nur Anerkennung und Begeisterung. Bei der abendlichen Schlußveranstaltung, als die Spannung gewichen war, brach die freudige Stimmung jener Tage dann so unkontrolliert aus, daß man von den Rängen das Treiben auf dem Rasen unten im Stadion etwas beklommen verfolgte. Die Ordner wurden der Menge nicht mehr Herr, und einzelne Sportler benahmen sich ungebührlich vor der kaiserlichen Loge. Die letzten Minuten in Tokio glichen einer großen Gaudi. Die Tausende drehten einfach durch, weil es so schön gewesen war.

Über jenen olympischen Wochen standen die Schlagzeilen von

zwei großen Tokioter Zeitungen: »Japan ist glücklich! Jahre von herkulischen Anstrengungen haben Früchte getragen! Eine freudige Stimmung bewegt das ganze Volk! Das Ereignis von Tokio bedeutet die Wiedergeburt Japans als einer großen Nation!« In jenen Tagen ging die Nachkriegszeit zu Ende und wurden die psychologischen Wunden des verlorenen Krieges geheilt. Das japanische Volk konnte von nun an der übrigen Welt wieder offen ins Auge sehen. Patriotismus, Nationalstolz und Selbstachtung wagten sich wieder auszusprechen und zu artikulieren. Die 18. Olympischen Sommerspiele bewiesen die Energien freisetzende Kraft der ererbten Tugenden und Werte, an denen gezweifelt worden war und die eine Minderheit bereits für bankrott erklärt hatte. Der 10. Oktober ist heute Nationalfeiertag.

Deutliche Hinweise auf einen politisch-kulturellen Kurswechsel in Richtung des Patriotischen und Nationalen hatte es schon vor den Olympischen Spielen gegeben. Am 15. August jenes Jahres nahm der Tenno zum ersten Mal nach dem Kriege wieder an einer Gefallenenehrung am Yasukuni-Schrein in Tokio teil. 19 Jahre lang hatte Kaiser Hirohito dieses shintoistische Nationalheiligtum, das vor und während des Krieges eine Kultstätte des Ultranationalismus gewesen war, gemieden. Die Amerikaner hatten ihm den Besuch 1945 verboten.

Das Sensationelle war nicht die Feier an sich, sondern die naive, unreflektierte Selbstverständlichkeit, mit der sie vom japanischen Volk zur Kenntnis genommen wurde. Gegen die programmatische Demonstration des Restaurativen regte sich in der Öffentlichkeit keine Stimme der Kritik. Es schwiegen die linken Sozialisten, marxistischen Gewerkschafter, kommunistischen Studenten und progressiven Journalisten. Das Fernsehen übertrug die Totengedenkfeier in einer Direktsendung, und die Zeitungen nahmen sie zum Anlaß, die zwei Jahrzehnte lang unterdrückten nationalen Emotionen dem Volk wieder ins Bewußtsein zurückzurufen. Die Kommentatoren bedauerten den Mangel an Nationalstolz und völkischem Selbstbewußtsein und riefen zur Wiedererweckung patriotischer Tugenden und einer neuen Moral auf. Man konnte die unwidersprochen gebliebenen Sätze lesen, daß sich unter der Tarnung menschlicher Grundrechte in Japan die nackte Selbstsucht breitgemacht habe. Während über die Welt eine Welle national-völkischen Erwachens hinweggehe, strebe das japanische Volk leider nur nach materieller Glückseligkeit; es müsse jedoch wieder lernen, daß der Nationalismus eine universelle Tugend sei. An diesem 15. August 1964 fiel das von demokratischen Reformern als Gegengewicht gegen den historisch schwerbelasteten Yasukuni-Schrein erbaute »Ehrenmal für den Unbekannten Soldaten« endgültig in Vergessenheit; es war nie populär gewesen.

Der Heldengedenktag an geschichtlich geweihter Stätte glich der plötzlich aus dem Meer auftauchenden Spitze eines Eisberges, dessen Wachstum und Dimensionen bis dahin relativ unsichtbar geblieben waren. In Bereichen, die gewöhnlich außerhalb des Blickfeldes und Interesses ausländischer Beobachter liegen, war die Renaissance des Japanischen zu jenem Zeitpunkt bereits beträchtlich fortgeschritten. Ihre Befürworter und Vorkämpfer waren dabei nicht als Demagogen aufgetreten, sondern hatten der ihrer Auffassung nach drohenden Entjapanisierung in aller Stille Einhalt geboten. Ihr Wirken für eine Revitalisierung der Traditionen war im religiösen Bereich des Shintoismus besonders erfolgreich.

Die Nationalreligion des Landes erlitt am 15. Dezember 1945 einen gefährlichen Schlag. Um das japanische Volk vom Zwang eines vom Staat dirigierten und mit ihm identischen Glaubens zu befreien und um ein Wiederaufflackern der Perversion des Shintoismus in eine militaristische und ultranationalistische Weltanschauung zu verhindern, befahl der Oberkommandierende der alliierten Mächte die Trennung von Staat und Religion. Alle zwischen Schreinen und staatlichen Behörden bestehenden Bindungen ideologischer, verwaltungstechnischer und finanzieller Art wurden für ungültig erklärt. Bücher und Kommentare über den Staats-Shintoismus, wie »Die fundamentalen Prinzipien der nationalen Wesenheit« (kokutai no hongi) und »Der Weg des Untertanen« (shinmin no michi), durften weder gedruckt noch vertrieben werden. Der Gebrauch bestimmter heiliger Worte des staatlichen Shinto-Kults, wie »Der groß-ostasiatische Krieg« (dai toa sonso) und »Die ganze Welt unter einem Dach« (hakko ichiu), wurde untersagt. Das reformatorische Anliegen der Direktive bestand darin, den religiös untermauerten Anspruch, daß der Tenno allen übrigen Staatsoberhäuptern und Japan allen anderen Ländern durch Herkunft und Abstammung überlegen seien, ein für allemal aus der Welt zu schaffen.

Eine die organisatorische Existenz des Shintoismus bedrohende

Folge war, daß die Schreine vom Staat keine »Kirchensteuer« mehr erhielten und verarmten. Von der finanziellen Notlage wurden die drei Nationalheiligtümer – der Meiji- und Yasukuni-Schrein in Tokio und der Schrein der Sonnengöttin Amaterasu in Ise – am schwersten betroffen. Gleichzeitig sanken, bedingt durch die allgemeine geistig-religiöse Orientierungslosigkeit und das politische, wirtschaftliche und soziale Chaos im Land, die Besucherzahlen und damit die freiwilligen Spenden auf einen nie erlebten Tiefpunkt. Während im Kriege jährlich etwa 8 Millionen Gläubige zur Sonnengöttin nach Ise gepilgert waren, kamen im Jahr 1947 nur 800 000. Im Gegensatz zu Deutschland, wo Armut, Elend und Verzweiflung die Kirchen füllten, blieben Japans »Dome« in jenen Jahren leer. Mit dem materiellen Wiederaufbau aber kehrten sich die Verhältnisse in beiden Ländern um. Während sich mit der Normalisierung der Zeiten Japans »Kirchen« langsam wieder füllten, wurden im fernen Deutschland die Dome leerer.

Um den finanziellen Ruin abzuwenden, konstituierte sich schon sehr bald eine private Vereinigung zur Pflege der shintoistischen Religionsstätten. Ihr gehörten Regierungschefs, Parlaments-, Handelskammer- und Bankpräsidenten, Parlamentarier, Großindustrielle und angesehene Vertreter aus anderen Bereichen des öffentlichen Lebens an. Alles, was Rang und Namen hatte, setzte sich finanziell und moralisch für die Wiederbelebung alter Tendenzen der einst mit Staat und ideologischem Tennoismus identisch gewesenen Religion ein. Präsidentin der nationalen Shinto-Vereinigung wurde die höchste Priesterin des Ise-Schreins, die ehemalige Prinzessin Kitashirakawa, die siebte Tochter Kaiser Meijis.

Als Kaiser Hirohito in Begleitung von Kaiserin Nagako nach Inkrafttreten des Friedensvertrages der Sonnengöttin in Ise über die wiedererlangte Souveränität Bericht erstattet hatte, stiegen die Besucherzahlen an den Schreinen wieder steil an. 1963 kamen nach Ise 5 Millionen und an den Neujahrstagen 1961 zum Meiji-Schrein in Tokio 1,3 Millionen Gläubige. Die Zahlen haben eine steigende Tendenz und liegen längst wieder bei ihrer durchschnittlichen Vorkriegshöhe. Durch freiwillige Spenden verfügt allein der Schrein der Sonnengöttin heute wieder über Einnahmen in Höhe von 5 Millionen Mark.

Hand in Hand mit der wirtschaftlichen Gesundung des Shintoismus ging seine ideelle Aufwertung. Ein im Ausland kaum beachteter, weil in Japan überhaupt nicht diskutierter Sieg der Traditionalisten war im April 1962 die Wiedereröffnung der dem Schrein in Ise bis Kriegsende angegliedert gewesenen Shinto-Universität. Die Gründungsversammlung fand in Anwesenheit von Altministerpräsident Yoshida und des amtierenden Regierungschefs Ikeda im Imperial-Hotel in Tokio statt. Rund 80 Jahre vorher als religiös-ideologisches Bollwerk gegen die Verwestlichung des Landes ins Leben gerufen und von den Amerikanern 1945 als intellektuelles Zentrum der tennoistischen Vergöttlichung geschlossen, bildet die Universität heute wieder den höheren shintoistischen Priesternachwuchs und im Shinto-Glauben gefestigte Pädagogen aus. Als Rektor wurde derjenige zurückgerufen, der von den Siegern bei Kriegsende als für die demokratische Erziehung untragbar entlassen worden war.

Bei der Wiedereröffnung der einem Priesterseminar entsprechenden Hochschule spielten antikommunistische Motive eine entscheidende Rolle. Zum Schutz der Demokratie, so wurde erklärt, müßten zur Führung der Gesellschaft ideologisch integre Persönlichkeiten herangebildet und der Kampf gegen den die Nation vergiftenden Kommunismus energischer als bisher betrieben werden. Das ideelle Rückgrat von Forschung und Lehre sei der seit Götterzeiten lebendige traditionelle japanische Geist. Man sei zwar für die Freiheit der Meinung, aber auf keinen Fall für das Gift destruktiver Einflüsse. Japan habe seit den Urzeiten der Götter immer seine eigene Form von Demokratie gehabt. Der neugewählte alte Rektor bekannte, Kaiser Hirohito sei für ihn auch weiterhin ein Gott. Der Tenno, der Blut und Thron der Sonnengöttin geerbt habe, sei Mensch und Gott zugleich. [1]

Sätze wie diese erregen in Japan niemanden. Professoren der wiedereröffneten Shinto-Universität bekennen im Gespräch freimütig, daß es ihr Ziel sei, erneut die Vergöttlichung des Tenno durchzusetzen und auf der Grundlage der alten Meiji-Verfassung wiederum die Einheit von Staat und Religion zu erreichen. Dadurch verstoße ihre Hochschule zugegebenermaßen gegen den Geist der Nachkriegsverfassung, aber es müsse eben ein paar mutige Männer geben, die sich dem Zeitgeist entgegenstellten. Dieser »mutigen« Männer gibt es in Japan längst nicht mehr wenige, denn auf der Spendenliste für die Universität stehen die berühmtesten Namen des Landes.

Über die streng japanischen Eigentümlichkeiten des Shintoismus, der die Kraft hat, andere Religionen wie Buddhismus und Christentum zu absorbieren, ist viel geschrieben worden. Aber auch ohne Lektüre der umfangreichen Fachliteratur ahnt der ausländische Tourist die im Vergleich zu Europa und zum übrigen Ostasien totale Andersartigkeit des urtümlich Religiösen in Japan bei einem Besuch des Schreins der Sonnengöttin Amaterasu in Ise. Das in hohen Wäldern verborgen liegende Heiligtum der Ahnfrau des Throns besteht aus zwei ziemlich weit voneinander entfernten, aber architektonisch vollkommen gleichen Haupt- und 120 Nebenschreinen. Sie werden alle 20 Jahre abgerissen und ohne die Verwendung von Nägeln auf Fundamenten unbehauener Flußsteine wie zu Urväterzeiten wiederaufgebaut. Sie sind teilweise mit Holzpalisaden umgeben, die stabilen Hirschgattern im Harz gleichen. Die mit Pampasgras bedeckten niedrigen Heiligtümer aus Zypressenholz erinnern in ihrer archaischen Bäuerlichkeit an Pfahlbauten aus der Inselwelt Südostasiens oder an eine Thingstätte der Germanen. Wenn man die beseligende Stimmungsdichte buddhistischer Tempel einmal katholisch nennen darf, dann ist Ise kältester, unpersönlichster, abweisendster, abstraktester Protestantismus. Wie Gott hier gegenwärtig sein kann, bleibt dem eigenartigen Naturgefühl der Japaner vorbehalten. Denn im Grunde ist Ise keine »Kirche«, sondern ein Hain.

In Ise stehen Japans Uhren still. Unberührt von der neuen Zeit wird hier zu Göttern gebetet, denen Geschichte, Naturwissenschaften, Kriege und Atombomben nichts anhaben konnten; zu Göttern, die seit dem Jahre 4 vor Christus schweigen, weder Bücher noch Bilder kennen und durch eine ebenfalls stumme Priesterschaft mit ihren Gläubigen einen sprachlosen Dialog führen. Jungfrauen, die so rein sind, daß sie während der Menstruation nicht auftreten dürfen, zeigen rituelle Tänze. Zwischen der Naturromantik dieses heiligen Ortes und der modernen Industriegesellschaft liegen Jahrtausende. Der Europäer empfindet es, der aus dem Revier um Nagoya durch die Fabriklandschaft der sich nach Süden erstreckenden Halbinsel fährt und dann in die Stille der Wälder von Ise tritt. Es ist eine Reise aus der Gegenwart in die Vergangenheit, aus der Geschichte in die Vorgeschichte.

Am Shinto-Erbe festhaltende Politiker der regierenden Liberal-Demokratischen Partei setzten sich im Parlament schon relativ früh für die Wiedereinführung des nach der Kapitulation verbotenen Reichsgründungstages Kigensetsu ein. Er wurde bis 1945 alljährlich am 11. Februar in Gegenwart des Tenno feierlich begangen. An jenem Tage des Jahres 660 vor Christus soll der erste Kaiser Jimmu in der Nähe der alten Tempelstadt Nara den Thron bestiegen haben. Trotz Besatzungsverbots starben die Reichsgründungsfeiern nie vollständig aus, sondern gewannen im Laufe der Jahre immer größere Bedeutung. 1963 nahm an den Feierlichkeiten am historischen Kashiwara-Schrein in der Präfektur Nara auch wieder ein persönlicher Vertreter Kaiser Hirohitos teil.

Die im Parlament eingebrachten Gesetzesvorlagen, Kigensetsu erneut zum Nationalfeiertag zu erklären, scheiterten zunächst am kompromißlosen und lärmenden Widerstand der marxistischen Opposition. Ihrer Meinung nach war der Reichsgründungstag ein Symbol der militaristischen und ultranationalistischen Vergangenheit. Außerdem beschworen die Progressiven die Gefahren eines wiedererstehenden shintoistischen Totalitarismus herauf. Ihrer wissenschaftlichen Kritik, daß die Thronbesteigung Kaiser Jimmus am 11. Februar 660 vor Christus eine Legende und historisch nicht zu beweisen sei, begegneten die Traditionalisten mit dem Argument, daß auch das Geburtsdatum von Jesus Christus wissenschaftlich nicht haltbar sei, die Christenheit aber trotzdem bis heute Weihnachten als ihr höchstes Fest feiere und die nichtchristliche Welt sogar ihre Zeitrechnung auf dieses Datum abgestellt habe.

Der erbitterte Widerstand der parlamentarischen Opposition kam unter der nacholympischen nationalen Welle im Sommer 1966 zum Erliegen. Die Sozialisten erklärten sich mit der Wiedereinführung eines Reichsgründungstages grundsätzlich einverstanden, sträubten sich aber gegen den traditionellen 11. Februar. Als Kompromiß wurde daraufhin von einem neutralen Ausschuß eine bindende Empfehlung unterbreitet. Wie vorauszusehen gewesen war, einigten sich die akademischen Autoritäten auf den im ganzen Volk bekannten Februar-Tag. Die Linke verlor wiederum eine bedeutende Schlacht. Aber auch diese Niederlage wurde von ihr längst nicht mehr als solche empfunden, denn sie marschierte kulturpolitisch seit längerer Zeit ebenfalls auf den ausgetretenen Wegen der Tradition.

Das olympische Jahr war ein Höhepunkt in der Renaissance der nationalen Kunst und Kultur. Die traditionellen Sportarten wie

Judo, Kendo, Karate und Bogenschießen erfreuten sich einer besonders Ausländern gegenüber herausgestellten großen Popularität. Zum ersten Mal wurde diesen stark zen-buddhistisch interpretierten Disziplinen der Leibesertüchtigung und des Wehrsports ein nationales Zentrum errichtet. Die nach altjapanischen Stilelementen erbaute Halle steht sicherlich nicht von ungefähr auf einem ehemals zum Kaiserpalast gehörenden Grundstück und ganz in der Nähe des den Seelen der Toten geweihten Yasukuni-Schreins. An ihrer Einweihung nahm der Tenno teil.

Gleichzeitig entstand in der Nähe des Kaiserpalastes mit einem Kostenaufwand von 45 Millionen Mark das erste nur traditionellen Kunstformen wie Kabuki, Nô und Bunraku vorbehaltene Nationaltheater. Die Zeitung Mainichi kommentierte damals, die nationalen Künste dürften nicht in der Asche der Kommerzialisierung versinken, sondern müßten zu ihrer Revitalisierung der jungen Generation gegen geringes Entgelt wieder verfügbar gemacht werden. [2]

Der Wiederbesinnung auf das eigene Erbe diente auch die Popularisierung historischer Geschichten und Legenden in Film und Fernsehen. Das japanische Nibelungenlied »Der Heldentod der 47 Ronin« und ähnliche Stoffe mit patriotischen Idealen von Ritterehre, Gesetzestreue, harter Disziplin und nationalem Stolz wurden Kassenschlager.

Im olympischen Jahr wurden auch die ersten Kriegstoten durch Verleihung von Auszeichnungen posthum geehrt. Ministerpräsident Ikeda erklärte, die bisherige Undankbarkeit gegenüber den Gefallenen sei unmoralisch und eine Beleidigung der Seelen der Toten. Ferner beschloß die Regierung, auch an lebende Japaner wieder Orden zu verleihen. Die ersten Nachkriegszeremonien für verdiente Persönlichkeiten aus Politik, Wirtschaft und Kultur, die grundsätzlich über 70 Jahre alt waren, fanden 1964 an den Geburtstagen von Kaiser Hirohito und des verstorbenen Kaisers Meiji statt.

Die Konsequenzen des langsamen, aber stetigen Vordringens der Restauration waren nirgends deutlicher als in der Erziehung. Sie hatte seit der Einführung eines modernen Schulsystems nach westlichem Vorbild total in den Händen des Staates gelegen. Eine mit ihm um die sittlich-moralischen Ziele der Pädagogik konkurrierende Institution, wie in Europa die christliche Kirche, hatte es nicht gegeben. Die Kategorien des Religiösen und Sittlichen waren durch den nichtexportfähigen und nur auf die Inselwelt Japans beschränkten Shintoismus stets eigentümlich eng und auf das Nationale beschränkt gewesen.

Die an einem ganz anderen Humanismus orientierten re-education-Versuche der Besatzungsmacht mußten das japanische Erziehungssystem deshalb zwangsläufig in seiner Verankerung erschüttern. Um westlich-demokratischen Tendenzen zum Durchbruch zu verhelfen, verboten die Amerikaner den Moralunterricht Shushin, der bis 1945 eine Art national-religiöse Bibelstunde gewesen war. Dadurch entstand ein Vakuum, das weder von buddhistischen Bonzen, noch shintoistischen Priestern ausgefüllt werden konnte, denn sie waren, im Gegensatz zu Pfarrern und Priestern in Deutschland, in der religiösen Unterweisung der Jugend unerfahren. So schwebte das Erziehungssystem nach dem Kriege zunächst in der Luft, beschränkte sich auf die Vermittlung reinen Wissens und klammerte religiös-weltanschauliche Grundsatzfragen über die Bestimmung des Menschen und seine Stellung Gott, der Welt und dem Staat gegenüber aus.

Die Orientierungslosigkeit, noch gefördert durch die katastrophalen wirtschaftlichen und sozialen Zustände in den ersten Nachkriegsjahren, hatte eine relativ weitgehende Lockerung der konfuzianischen Bindungen zur Folge. Auch Japan erlebte ein Halbstarken-Problem; die Familie drohte gesprengt und das gesellschaftliche Grundprinzip der Loyalität dem Tenno, Vater, Meister und den Ahnen gegenüber vergessen zu werden. Nach der Wiedererlangung der Souveränität erschien es deshalb den Traditionalisten nur konsequent zu sein, eine Lösung der sozialen Übel mit altjapanischen Antworten zu versuchen. So drängte denn erneut der Staat in die Erziehung ein und machte seine alten Rechte geltend.

Das Ziel war, die geistig-seelische Leere nach dem Schockerlebnis von 1945 wieder mit dem aufzufüllen, was japanisch an Japan ist. 1958 erzielten die Bestrebungen erste Erfolge. In jenem Jahr wurde in Volks- und Mittelschulen auf experimenteller Basis für wöchentlich eine Stunde wieder der von der Besatzungsmacht verbotene Moralunterricht eingeführt. Erziehungsminister Araki erklärte, die fundamentale Aufgabe der Pädagogik bestehe darin, gute Japaner heranzubilden. Es sei sehr zweifelhaft, ob das Schulsystem der Nachkriegszeit in Praxis und Form dem japanischen Zweck der

Erziehung entsprochen habe. »Zu unserem Bedauern erinnern manche unter uns mehr an Amerikaner, Sowjetrussen und kommunistische Chinesen als an Japaner.« [3] Gefragt, welches Menschenbild ihm bei der Erziehungsreform vorschwebe, antwortete er: »Ich denke an Menschen, die Volk und Land lieben und ein klares Bewußtsein haben, Japaner zu sein. Man kann nicht ein Bürger der Welt sein, ohne zuerst Japaner zu sein.« [4]

Das Thema Erziehungsreform stand in den vorolympischen Jahren an wichtiger Stelle in allen Regierungserklärungen des damaligen Ministerpräsidenten Ikeda. Er überschrieb seine pädagogischen Vorstellungen mit dem Stichwort Charakterbildung, Hitotsukuri. »Eine Gesellschaft, die nicht gut und böse unterscheiden kann, gleicht einem unfruchtbaren, öden Land. Es ist wichtig, daß wir wieder einen korrekten Sinn für diejenigen Werte entwickeln, die in den Traditionen unserer Rasse verwurzelt sind. Nur dadurch kann die schöpferische Vitalität unseres Volkes nutzbar gemacht werden.« [5] Hayato Ikeda ging so weit, seine pädagogischen Ideale mit den konfuzianisch-shintoistischen des Erziehungsreskripts von Kaiser Meiji, das nach dem Kriege aus allen Schulen verbannt worden war, identisch zu erklären.

Im Zuge der Entwicklung wurden im olympischen Jahr vom Erziehungsministerium an die Lehrer auch wieder die ersten Handbücher für den Moralunterricht herausgegeben. Sie umreißen grob die Richtlinien, nach denen bei der Unterweisung vorgegangen werden soll. Im Kapitel über die moralische Haltung des Staatsbürgers wird empfohlen, die Kinder sollten lernen, die Gesetze zu befolgen, öffentliche Belange zu beachten, Mitmenschen nicht zu belästigen, ihren Familienangehörigen respektvolle Liebe entgegenzubringen, die Lehrer zu ehren und Land und Volk mit dem Bewußtsein zu lieben, Japaner zu sein. Gleichzeitig werden die Schüler zu einem richtigen Verständnis anderer Völker ermahnt, ihnen gegenüber keine Vorurteile zu entwickeln und stets um den Weltfrieden und das Wohl der ganzen Menschheit besorgt zu sein.

Nationale Symbole nehmen im Moralunterricht eine bedeutende Stellung ein. Seit dem olympischen Jahr wird in den Schulen bei feierlichen Anlässen wieder das Sonnenbanner gehißt. Die linksextremistische Lehrergewerkschaft Nikkyoso, die bis dahin mit leidenschaftlichem Eifer alles bekämpft hatte, was an die Vergangenheit erinnerte, gab unter dem Eindruck der patriotischen Hochstimmung jener Monate ihren Widerstand gegen die Fahne mit dem roten Sonnenball auf. Ein anderes im Unterricht verwandtes Symbol, um in der Jugend eine nationale Grundstimmung zum Keimen zu bringen, ist die Kirschblüte. Sie versinnbildlicht in eigentümlicher Verschwommenheit von Naturgefühl und Patriotismus Leben, Größe und Tod des einzelnen und der Nation. Die Kinder singen auch wieder die Nationalhymne (Kimigayo): »Möge des Kaisers Geschlecht tausend und aber tausend Jahre erblühn, bis ein kleiner Stein zum Fels wird und Moos ihn bedeckt.«

Respekt vor Tenno, Hymne und Fahne ist ein Kernstück der im Herbst 1966 endgültig formulierten neuen pädagogischen Ideologie, die den beziehungsreichen Titel »Der ideale Japaner« trägt. Sie wurde von einem Gremium von 16 prominenten Persönlichkeiten entworfen, die für absehbare Zeit bindend empfahlen, die Erziehung wieder auf Nationalstolz und Nationalbewußtsein auszurichten. Der ideale Japaner solle sein Vaterland lieben, Patriot sein, die positiven Seiten des Japanertums herauskehren und nicht ständig nur die schlechten Seiten seines Volkes sehen.

Linkskreise kritisierten, daß in den neuen Erziehungsrichtlinien immer deutlicher die Tendenz zur Rechtfertigung des pazifischen Krieges als eines Verteidigungskrieges gegen den weißen Kolonialismus erkennbar werde. Zu diesen Anschuldigungen erklärte ein im Schulbuch-Beratungsausschuß tätiger Gutachter: »Seit der Tokugawa-Zeit haben die USA, Großbritannien und andere Länder durch ihre aggressive Asien-Politik Japan ständig bedroht. Der Anlaß des Zweiten Weltkrieges war letztlich der Druck der ABCD-Koalition (America, Britain, China, Dutch). Ich glaube, es ist korrekt zu sagen, daß es ein Verteidigungskrieg war, damit Japan überleben konnte. Es ist ein Fehler, die Schuld des Krieges ausschließlich Japan aufzubürden.« [6]

Solche Kommentare hätten noch Ende der fünfziger Jahre in der japanischen Presse einen Sturm der Entrüstung entfacht. Damals stand die Erziehungspolitik der Regierung im Schußfeld der Opposition aller Schattierungen und Lager. Überall im Land ereigneten sich Lehrerstreiks und Krawalle zwischen Pädagogen und Polizisten. Eiserne Vorhänge und unüberbrückbare Gegensätze trennten Parteien und Generationen. Dasjenige Japan, das sich in den großen Tokioter Zeitungen widerspiegelte, schien entweder die 1945 nicht stattgefundene Revolution nachholen oder einem geistigen

Anarchismus verfallen zu wollen. Nikkyoso, die ultralinke Lehrergewerkschaft, betrieb auch gegen reine Sachfragen eine permanente Geisterbeschwörung der militaristisch-chauvinistischen Dunkelmänner der Kriegszeit und schlug nach allen Seiten blindwütig um sich. Sie widersetzte sich dem von der Regierung geplanten Unterricht über das Verhalten im Straßenverkehr mit dem Argument, unter den gegenwärtigen Verhältnissen auf Japans Straßen sei ein solcher Unterricht sinnlos, da derjenige, der sich an die Verkehrsregeln halte, garantiert von einem Auto angefahren werde.

Am unverständlichsten war damals für den ausländischen Beobachter die scheinbar apathische Passivität der Regierung. Sie überließ der marxistischen Opposition widerspruchslos die Straße, die Schlagzeilen in den Zeitungen und das Image ihres Landes in der Welt. Trotzdem aber ist sie aus jenen unruhigen Zeiten als Sieger hervorgegangen. Denn mit dem Näherrücken der Olympischen Spiele kühlten sich die Leidenschaften ab und wurde die Erregung der Oppositionellen schwächer und schwächer. Japan verwandelte sich ähnlich wie eine zerstrittene Familie, die plötzlich Besuch erwartet und den Fremden gegenüber Geschlossenheit dokumentiert. Angesichts der selbstgestellten Aufgabe, Gastgeber für die Jugend der Welt zu sein, gerieten die pädagogischen Grundsatzdiskussionen in Vergessenheit. Ein unpolitisches Sportfest bewirkte einen politischen Klimawechsel. Damals gelang es den Traditionalisten, durch eine Neubesinnung auf die alten Werte den materiellen Wiederaufstieg ideell zu verankern.

Das einstmals so zerstrittene Volk ist in den Fragen seiner nationalen Wesenheit heute wieder konformistisch geworden. Man kann bereits von einer allgemein gebilligten Tendenz sprechen, nationale Selbstverständlichkeiten ideologisch aufzupolieren und ihnen durch Bewußtmachung wieder einen weltanschaulich-programmatischen Stellenwert zu geben. Der Prozeß spielt sich mit einer gewissen Hintergründigkeit ab, da die knappe pathetische Phrase Japanern grundsätzlich fremd ist und die Ausdrucksformen des Nationalen eigentümlich subtil und für Ausländer relativ schwer erkennbar sind.

Bereits Anfang der fünfziger Jahre konnte Erziehungsminister Okano, ohne Widerspruch zu erregen, vor dem Parlament erklären: »Ich glaube, daß die Japaner ein wahrhaft großes Volk sind, das in der Welt nur wenige ebenbürtige Völker neben sich hat...

Unser vier Jahre gegen die ganze Welt durchgestandener Krieg legt von unserem völkischen Wert beredtes Zeugnis ab.« [7] 1966 schrieb der angesehene Schriftsteller und Kulturkritiker Kiichi Ito: »Die Tatsache, daß wir den Krieg so tapfer durchgestanden haben, ist ein höchst bedeutungsvoller Ausdruck unserer nationalen Energie. Wir sollten sie als wünschenswertes Ethos kultivieren.« [8] In einer offiziösen Untersuchung über die Strömungen innerhalb der Publizistik hieß es: »Es wächst die Tendenz, jedes Gefühl der Inferiorität dem Westen gegenüber abzuschütteln, indem man sich klarmacht, daß zwischen Japan und dem Westen grundlegende Kulturunterschiede bestehen, die ganz verschiedene Entwicklungsweisen und Entwicklungstempi mit sich bringen und also nicht vergleichbar sind. Nationalismus ruht auf dem Stolz des Volkes, auf dem Bewußtsein seiner besonderen Qualitäten in Geschichte und Tradition. Was Japan heute ist – und es ist dabei, eine einzigartige Position unter den hochentwickelten Nationen einzunehmen –, ist es nicht nur dank den Nachkriegsanstrengungen, sondern dank dessen, was das japanische Volk in den letzten hundert Jahren geschaffen hat.« [9]

Die vorolympischen Jahre waren die Ära von Ministerpräsident Hayato Ikeda. Nach den wochenlangen schweren Unruhen gegen den japanisch-amerikanischen Sicherheitsvertrag im Sommer 1960 an die Macht gekommen, klammerte er zur politischen und psychologischen Beruhigung des Volkes alle mit militärischen Fragen zusammenhängenden Probleme aus. Sie wurden weder attackiert noch diskutiert, sondern fielen einfach unter den Tisch und gerieten in Vergessenheit. Wie ein Psychotherapeut lenkte Ikeda die Aufmerksamkeit auf die populäreren und dankbareren Probleme der Wirtschafts- und Handelspolitik ab. In seiner Amtszeit glichen die Japaner den Phöniziern der Antike und machten Geschäfte mit jedem; mit West und Ost, Nord und Süd, Amerikanern, Chinesen und Russen. Es gab für die japanischen Kaufleute weder einen Eisernen noch einen Bambus-Vorhang, sondern sie lieferten Röhren und Stahl an jeden, der bezahlen konnte. Sie schienen endgültig diejenige Rolle spielen zu wollen, die General MacArthur einst ihrem Land zugedacht hatte: die Schweiz des Fernen Ostens zu sein. Zweifelnden Fragen, ob die demonstrative Bescheidenheit und das außenpolitische Desinteresse Japans nicht im Widerspruch zu seiner bisherigen Geschichte stünden und ob nicht gerade Japaner gänzlich unbegabt seien, sich in Phönizier und Schweizer zu verwandeln, ging Ministerpräsident Ikeda aus dem Wege. Als er wegen eines Krebsleidens, an dem er kurz darauf starb, nach den Olympischen Spielen sein Amt als Regierungschef abgeben mußte, ließ er ein zur Ruhe gekommenes Volk zurück.

Die Beruhigung war jedoch alles andere als eine fatalistische Ergebenheit in das Schicksal, sondern eine psychologische Sammlung und Konzentration zur Überwindung der Schäden und Risse in der Verankerung des traditionellen Wert- und Gesellschaftssystems. Von Ausländern kaum bemerkt, füllte sich in jenen vorolympischen Jahren das 1945 entstandene geistig-seelische Vakuum wieder auf. Die damals aus Amerika importierten Ideen und Strömungen hatten von Anfang an nur eine äußerst geringe Chance gehabt, von den Japanern Besitz zu ergreifen. Sie hatten sich ihnen zwar zunächst mit extremer Begierde zugewandt, in ihrem Eifer dabei aber vergessen, daß man Östliches nicht einfach mit Westlichem überpinseln kann. Eine existentielle Auseinandersetzung mit der siegreichen Weltanschauung, hinter der die Macht ausländischer Bajonette stand, erfolgte nicht. Das Neue koexistierte mit dem Alten wahrscheinlich problemloser, als wir es uns vorstellen. Japan legte die von einer fremden Kultur geschnittenen Besatzungskleider an, verwahrte aber für bessere Tage die Kimonos der Tradition im Schrank.

Das ostasiatische Kaiserreich steht heute wieder auf festen Füßen. Das ist kein moralisches, sondern ein politisches Urteil. Gemessen an dem Zergrübeln der Deutschen über Auschwitz, Eichmann und die Teilung ihres Landes ist für die Japaner der letzte Krieg nur noch ein fatales Ereignis in den Geschichtsbüchern. Sie haben sich wieder so weit gefangen und sind ihrer selbst so sicher geworden, daß nicht nur die Zukunft ihres eigenen Landes, sondern diejenige ganz Ostasiens von ihrem nationalen Willen mitgestaltet wird. Dieser Durchbruch des Willens ist die international weitreichendste Konsequenz der Rückbesinnung auf das Erbe.

DIE SOKAGAKKAI

Das Überleben der Traditionen, die auch in den monströsen Riesenstädten ihre Wurzeln tief im Volk haben, vollzog sich verhältnismäßig spontan und ohne auffallende Reglementierung des Staates. Die Bewegung kam von unten und nahm in der Sokagakkai sogar Konturen einer breiten, ziemlich radikalen Volksströmung an.

Wer heute nach Japan kommt und an politischen Fragen interessiert ist, hört beständig und überall den Namen Sokagakkai. Ausländische Hausfrauen diskutieren ihn auf Cocktailparties in Tokio, Osaka und Kobe, weil sie Ärger mit den Dienstmädchen haben, die ihnen mit missionarischem Bekehrungseifer dauernd Propagandabroschüren ins Haus bringen. Ohne die Sokagakkai gibt es auch kein politisches Gespräch mehr unter Journalisten. Sie ist bei diesen so populär wie die NPD in der Bundesrepublik. Was die Sokagakkai ist und will, war bereits auf den Fernsehschirmen fast aller Länder zu sehen und in den Spalten aller großen internationalen Zeitungen, im Spiegel, in Time und Newsweek zu lesen. Die Beurteilungen schwanken zwischen faschistisch und kommunistisch, konservativ und revolutionär.

Das Thema Sokagakkai, weil etwas beunruhigend, ist auch unter Japanern beliebt. Die einen flüstern nur darüber, weil der Feind mithören und morgen mit einem Missionstrupp vor der Haustür stehen könnte; die anderen resignieren vor dem Lauf der Dinge oder halten die ganze Affäre für maßlos übertrieben.

Auch bei den Diskussionen in den etablierten politischen Parteien ist die Sokagakkai seit langem zu einem festen Begriff geworden. Mitte der fünfziger Jahre beschlossen die ersten Anhänger dieser Bewegung, Politiker zu werden. Bei Wahlen zu Dorf- und Stadtparlamenten zogen sie in die lokalen Volksvertretungen ein. Als nächste Etappe auf dem Wege zur Macht gründete die Sokagakkai als ihren politischen Ableger die Komeito, die »Partei für eine saubere Regierung«. Im Juli 1965 eroberte sie bei Oberhauswahlen 20 Sitze und wurde dort beim ersten Anlauf gleich die drittgrößte politische Partei. Heute ist sie mit 25 Parlamentariern auch in dem 486 Abgeordnete zählenden Unterhaus vertreten.

Auch die Gewerkschaften werden zunehmend nervös, denn die Sokagakkai will neuartige Arbeitnehmerorganisationen im Geiste Nichirens gründen, die die marxistisch verklemmten alten Gewerkschaften ablösen sollen. Rein theoretisch sind die Aussichten nicht schlecht, denn von den 30 Millionen Arbeitnehmern in Japan sind bisher nur 10 Millionen, also ein Drittel, gewerkschaftlich organisiert.

Eine gewisse Besorgnis um die Sokagakkai besteht auch in Kreisen aktiver Shintoisten, denn die religiösen Erbauungsfibeln dieser Bewegung gehen mit dem alten Götterglauben streng ins Gericht und scheinen an den Fundamenten der japanischen Staatsidee zu rütteln. Der Shintoismus gilt als der »Hauptverantwortliche unserer Niederlage und der größte Kriegsverbrecher«. [1] Wo war denn die Sonnengöttin, als Japan wirklich in Not war? Hat sie in der Stunde der nationalen Katastrophe nicht jämmerlich versagt? »Die Anbetung der Sonnengöttin ist so dämlich, wie einem Kind zu vertrauen!« [2] Der Shintoismus ist »das größte Hindernis für die Modernisierung Japans!« [3]

Die Sokagakkai, die »Sekte der Wertschöpfer«, ist am Nachkriegshimmel wie ein Komet aufgestiegen. 1951 zählte sie 6000 Haushalte, 14 Jahre später 5 Millionen. Heute folgen ihr im ganzen 20 Millionen Gläubige; in den siebziger Jahren sollen es 30 Millionen sein. Die »Nichiren Shoshu Sokagakkai«, die Gemeinschaft der wahren Lehre des mittelalterlichen Mönches und nationalistischen Eiferers Nichiren, wurde 1937 von einem Volksschullehrer gegründet. Wegen seiner Kritik am Shintoismus und Tennotum wurde er verhaftet und starb in den Gefängnissen der Geheimen Staatspolizei. Auch der zweite Führer kam mit den Gesetzen über »falsche Gedanken« in Konflikt und wurde ebenfalls eingekerkert, aber kurz vor Kriegsende wieder auf freien Fuß gesetzt. Seit dessen Tode übt der am 1. Januar 1928 geborene Daisaku Ikeda die Regentschaft aus. Er sieht wie ein zu Bauchansatz und Körperfülle neigender Jungunternehmer aus, scheint gutes Essen und Trinken zu lieben und nachts gut zu schlafen. Auf den ersten Blick würde man ihm Humor nicht absprechen.

Die Vergangenheit der Sokagakkai, die Verfolgung erlitt und heute neben der kommunistischen Partei die einzige Massenorganisation mit politisch vollkommen reiner Weste ist, beweist ihre Furchtlosigkeit und ihr Draufgängertum. Man sollte deshalb ihren Elan nicht unterschätzen, auch wenn ihr Glaubensbekenntnis europäischen Lesern naiv und bigott anmutet. »Das Ziel der Sokagakkai ist zuerst und vor allem, den einzelnen zu lehren, wie er seinen Charakter entwickeln und ein glückliches Leben genießen soll, und der ganzen Menschheit zu zeigen, wie der ewige Friede durch den höchsten Buddhismus, die Religion der Gnade und Friedfertigkeit, erreicht werden kann. Durch diese höchste Religion kann der Mensch der Armut entfliehen und, wenn er fleißig arbeitet, ein Leben in Wohlstand führen; derjenige, der zu Hause Ärger hat, sein Heim zufrieden und glücklich machen; der Kranke vollkommen genesen und wieder seiner Arbeit nachgehen. Durch die Kraft des Gohonzon wird eine Mutter an ihrem straffällig gewordenen Sohn Besserung erleben und ein Ehemann sein neurotisches Weib, mit dem er geplagt ist, normal und gesund machen.« [4]

Individuelle Glückseligkeitsideale mischen sich in der Sokagakkai mit universalen Utopien vom ewigen Frieden. Aber die für die ganze Menschheit gedachte Erlösungslehre dieser speziellen Abart des Buddhismus trägt äußerst japanische Züge. Da stößt man zunächst auf die Liebe und Pflicht zur Arbeit. »Die Anhänger der Sokagakkai arbeiten mehr als alle anderen Menschen .... Sollten wir ohne Grund unserer Arbeit fernbleiben, bei der Arbeit bummeln oder uns beim Studium nicht anstrengen, ist unser Glaube falsch.« [5] Worte wie diese sind Japanern aus dem Herzen gesprochen. Als die Preußen Ostasiens können sie sich ein Leben ohne Arbeit, und das heißt gleichzeitig ohne Pflicht, Ordnung und Reglement, nicht vorstellen.

Besonders die rigorose Disziplin ist ein auch den vorurteilslosen Besucher schockierendes Element der Sokagakkai. Man steige einmal auf dem Bahnhof des kleinen Städtchens Fuji aus, wohin Sonderzüge täglich aus dem ganzen Land Tausende von Gläubigen bringen, die dort in Autobusse verfrachtet zum Tempelbezirk Taisekiji weiterreisen. Gegliedert in Kompanien, denen Wimpel und Fähnchen voranwehen, verlassen sie die Züge, marschieren durch die Bahnhofshalle und klettern in die Busse. Sportlich trainierte Ordner in einheitlichem Dreß und mit kurzem Haarschnitt geben in freundlichem Ton knappe Kommandos. Vor dem unter hohen Zedern gelegenen roten Tempeltor Sanmon das gleiche Bild. Antreten, marschieren, beten. Und zu den abendlichen Erbauungsstunden im Dai-Kyakuden, der 6000 Menschen auf Tatami-Matten Platz bietenden großen Empfangshalle, erscheinen sie wiederum kolonnenweise auf Vordermann und Seitenrichtung. Dieses Mal jedoch nach Geschlechtern getrennt; von links die Frauen, von rechts die Männer. Erst wenn der letzte steht, darf sich der erste setzen. Mit reibungsloser Präzision funktioniert das alles. Zunächst erlebt man nur Disziplin und kaum Religion.

Dieser Eindruck ist überwältigend bei den jährlichen Kulturfestspielen. Ein September-Sonntag 1966 im 70 000 Menschen fassenden Baseball-Stadion von Nishinomiya zwischen Osaka und Kobe. Wolkenbrüche gehen nieder, denn an Kyushu im Süden zieht ein Taifun vorbei. Vorturner mit Megaphonen kommandieren Tausende von Schülern bei gemeinsamen Freiübungen. Auf den Rängen singen zehntausend junge Mädchen das Sokagakkai-Lied:

Die Zeit ist reif zur Revolution!
Die unsterbliche Wahrheit hochhaltend
marschiert die Jugend über alle Hindernisse vorwärts,
daß die Erde erzittert.

Die Leidenschaften in der Brust
werden erhöht durch die Lehre des Meisters.
Zum Wohle des Volkes, zum Wohle der Welt!
Unerschöpflich ist sie für ewig.

Wir halten zusammen
fest wie die Eisenwand, damit wir siegreich sind.
Marschiert tapfer, ihr junges Volk,
zu einer neuen Volksgemeinschaft des Buddhismus.

21 Salutschüsse krachen; 60 Motorräder knattern über den Rasen; am Mast geht die Fahne der Vereinten Nationen hoch; 4000 Brieftauben und 10 000 Luftballons steigen in die Luft. Auf der Schlammbahn des Stadions marschiert das Trommler- und Pfeiferkorps ein. Phantasieuniformen wie bei der Prinzengarde im Kölner Karneval. Stärke 1500 Mann. Schlag auf Schlag geht es

weiter. 900 muskulöse Jungjapaner beim Männersport: Massenpyramiden und akrobatische Brücken. Tänzerische Gymnastik von 1800 Jungmädchen, bis zu den Knöcheln im Schlamm, nach den Melodien »Begin the Beguin« und »My Fair Lady«. Anschließend Volkstänze von 2400 Müttern der Frauendivision. Gefolgt von 1600 Teenagern in weißen Spitzenkleidern zum Kaiserwalzer von Johann Strauß. Dazwischen immer wieder »lebende Bilder« von 25 000 Jugendlichen auf den Rängen: Schriftzeichen, Kraniche, Tempel, der heilige Berg Fuji. Nach Sonnenuntergang bei Flutlicht das grandiose Finale: 5000 Mitwirkende; Trommler, Trompeter, Tambourmajore, Turner und Tänzerinnen. Von allen Seiten durch die Tore strömend zum rhythmischen Klatschen der 70 000 Zuschauer. Kapellen schmettern, Chöre singen. Die unten auf dem Rasen marschieren, turnen, tanzen, winken.

Und das alles im Schlamm! Die Turner sind nicht wiederzuerkennen. Vor zwei Stunden erschienen sie noch ganz in Weiß; jetzt sehen sie wie Schlamm-Ringkämpfer aus. Und auch die jungen Mädchen in ihren selbstgeschneiderten weißen Spitzenkleidern! Als hätte man sie aus Sümpfen gezogen. Einige weinten, als sie sich nach Wiener Musik im Morast wälzen mußten und der Taifunregen auf ihre nackten Schultern prasselte. Keiner der 5000 trägt auch nur einen einzigen trockenen Fetzen am Leib. Aber so ist die Sokagakkai. Seid zäh wie Leder, hart wie Kruppstahl und flink wie die Windhunde!

Eigentümliche Kulturfestspiele, wenn man sich überlegt, daß sie von einer Sekte veranstaltet werden, die eine neue Religion verkünden will und den Kritikern ihres Militarismus antwortet, er sei nicht gefährlicher als derjenige der christlichen Heilsarmee. Wenn sich die Sokagakkai trifft, sei es im olympischen Stadion in Tokio oder draußen im Land in den Baseball-Stadien, werden es Feste mit einem paramilitärischen Drill und einer jugendbewegten Stimmung von Gesundheit, Muskelkraft, Energie und Ausdauer, als stünde die Abnahme des Sportabzeichens bevor. Die alljährlichen Kulturfestspiele sind eine Mischung von Parade und Turnfest, Spartakiade und Folklore, Sentimentalität und Vitalität.

Die Sokagakkai hat den gesunden Geist in einem gesunden Körper wieder in den Rang einer Weltanschauung erhoben. Ist sie deshalb gegenwärtig Japans größte Massenorganisation? Für »mens sana in corpore sano« sind Japaner anfällig. Sport ist bei ihnen selten Spiel, sondern droht immer gleich zum Wehrsport zu werden. Es mag damit zusammenhängen, daß Japaner körperlich klein sind und durch doppeltes und dreifaches Training ihre biologische Benachteiligung wettmachen wollen. Seinem Körper gegenüber kennt der Japaner keinen Humor, sondern nur Pflicht.

Japanisch ist an der Sokagakkai auch das Führer-Gefolgschafts-Prinzip. Der 20 Millionen Gläubige zählende Religionsverband ist wie eine Armee in Divisionen, Regimenter, Kompanien und Stoßtrupps gegliedert. Der Offizier hat immer recht, und das Fußvolk gehorcht. Diese straffe Organisation macht Parteien und Gewerkschaften Sorgen, denn ein Jünger Nichirens wählt, wenn der Führer es befiehlt, Sokagakkai. Die Ausstrahlung der absoluten Autorität des Präsidenten Ikeda geht bis zum Haarschnitt und Anzug. Die hauptamtlichen jugendlichen Funktionäre seiner Bewegung tragen wie er ihr kurzgeschnittenes Haar rechts gescheitelt und sind stets adrett und elegant gekleidet. Das fällt um so mehr auf, da der Durchschnittsjapaner in seinem äußeren Erscheinungsbild einem gewissen Schäbigkeitsprinzip zu frönen scheint. Bügelfalten, gekämmtes Haar und geputzte Schuhe sind für viele überflüssige Eitelkeiten. In den Büros und Amtsstuben der Sokagakkai ist das anders. Dort scheint es eine Art Dienstvorschrift für den Anzug zu geben.

Der Ahnherr der Sokagakkai ist der buddhistische Mönch Nichiren. Er lebte im 13. Jahrhundert, war ein glühender Nationalist und geißelte die Verderbtheit und Dekadenz seiner Zeit. Zehn Jahre vor dem Erscheinen einer mongolischen Invasionsflotte unter Kublai Khan – sie wurde durch einen Götterwind, Kamikaze, allerdings vernichtet – prophezeite Nichiren ein großes nationales Unglück und interpretierte es als einen übernatürlichen Racheakt für den falschen Glauben der Führer der Nation. Sein aufrührerischer Geist war dem damaligen Regime von Kamakura verhaßt; Nichiren wurde verhaftet und zum Tode verurteilt. Aber ein Wunder rettete ihn, denn Sekunden vor der Hinrichtung erschien am Himmel der Schein eines großen Kometen, und der Scharfrichter floh in Angst und Schrecken.

Im Gegensatz zu Nichirens düsteren Anklagen gegen die geistige Situation der damaligen Zeit stand seine leuchtende Vision von der Zukunft Japans. Er sah die Wiedergeburt der wahren Lehre Buddhas voraus, die sich über den Erdball ausbreiten und die ganze

Welt erobern werde. Nichiren predigte: »Ich bin der Pfeiler Japans, das Auge Japans, das große Fahrzeug Japans.« Seine Jünger deuteten ihren Meister mit den Worten: »Nichiren ist in Wahrheit der Großfeldmarschall des Weltheeres, das großjapanische Kaiserreich ist wahrlich das Hauptquartier, und das japanische Staatsvolk das vom Himmel gesandte Heervolk.« [6] Für diese militante Mission zur Erneuerung von Land und Volk wurde der Nichiren-Buddhismus nicht so sehr als reine Religion, sondern als eine Einheit von Lehre, Tat, Zucht und Opfer von Bedeutung. Ähnlich steht es heute mit der Sokagakkai, die ebenfalls nicht als Religion die Aufmerksamkeit auf sich zieht, sondern als eine um die politische Macht kämpfende Massenbewegung. In fast wörtlicher Übereinstimmung mit Nichiren erklärte Präsident Ikeda: »Die Sokagakkai ist die Sonne Japans und die Hoffnung der Welt.« [7]

Mit den Predigten einer religiösen Weltbeglückung verbindet die Sekte gleichzeitig visionäre Vorstellungen von einer politischen Erneuerung des Erdballs. Verwandt mit der sich auch in anderen nichtkommunistischen Ländern Ostasiens ausbreitenden politischen Aufbruchsstimmung des Buddhismus, verspricht die Sokagakkai den ewigen Frieden, falls sich die Menschheit zur »buddhistischen Demokratie« bekehren lasse. »Heute gibt es zwei vorherrschende Strömungen von Demokratie: eine, die die Freiheit mehr betont als die Gleichheit und die andere umgekehrt. Die erstere heißt westliche Demokratie und die letztere Volksdemokratie. Diese beiden Ideologien teilen die Welt in zwei Lager, die von den Vereinigten Staaten und der Sowjetunion angeführt werden ... Die Sokagakkai besteht darauf, daß die Fehler der beiden Systeme durch Nichiren Daishonins wahren Buddhismus überwunden werden können. Deshalb offenbart die buddhistische Demokratie die geheimen Wünsche der ganzen Menschheit.« [8]

Mit einer von ausländischen Einflüssen gänzlich unberührten, aus rein japanischen Wurzeln entspringenden Lehre glauben die militanten Sektierer eine Synthese von Kapitalismus und Kommunismus gefunden zu haben. Darin drückt sich nicht nur die Sehnsucht aus, politisch aus der Sackgasse der beiden Weltblöcke herauszukommen, sondern auch der Glaube an Japan, daß es berufen sei, eine Mission zur Errichtung der »dritten Kultur« zu erfüllen. Gerade für die Sokagakkai hat Japan seine Rolle in der Weltgeschichte noch lange nicht ausgespielt, und niemand ist optimistischer über die Zukunft des Landes als die militanten Streiter dieser Sekte. Ministerpräsident Sato, in einem kleinen Kreis angesprochen, ob ihn der kometenhafte Aufstieg der Jünger Nichirens nicht beunruhige, meinte, er könne die Nervosität ausländischer Journalisten nicht teilen; die Anhänger der Sokagakkai seien echte Japaner. Seine Antwort ließ durchblicken, daß die etablierten Mächte des Konservativismus in der national-religiösen Erweckungsbewegung einen nicht ungern gesehenen Verbündeten vermuten.

Das weltanschauliche Zentrum der Sokagakkai liegt am Fuße des heiligen Berges Fuji; getreu der Prophetie Nichirens, wie er sie am zwölften Tage des zehnten Monats des zweiten Jahres der Ära Koan, 1279, niedergeschrieben haben soll. Die moderne Kultstätte besteht aus mehrstöckigen riesigen Stahlbeton-Hallen. Das muschelförmige Dach des nach buddhistischen Stilelementen entworfenen Hauptgebäudes wiegt 11 000 Tonnen. Um die Weltoffenheit, aber auch den universalen Absolutheitsanspruch der hier gepredigten Religion zu dokumentieren, verwendete man beim Bau Zedern aus Kanada, Zypressen aus Formosa; Marmor aus Italien, Schweden und Frankreich; Leuchter aus der Tschechoslowakei, Sand aus dem Ganges und Steine aus Rhein, Donau, Seine und Themse. Der Gigantismus der Hallen wirkt in der Nachbarschaft der unter Bäumen versteckten alten Tempel unharmonisch und stillos.

Nach Taisekiji pilgern jährlich mehrere Millionen Gläubige. Der bekannte Zen-Forscher Heinrich Domoulin SJ schrieb über seinen Besuch: Der Tempelbezirk war »gleichsam eingetaucht in die Andachtsatmosphäre der verehrenden, inbrünstig vertrauenden Anrufung des ›großen Namens‹ des Sutras. Unablässig schwebt der heilige Name von den Lippen gläubiger Beter und schallt in tausendstimmigem, ekstatischem Chor durch die heiligen Stätten. Die so erzeugte suggestive Massenwirkung ist schlechterdings unbeschreiblich.« [9] Die magische, von Leid und Krankheit erlösende Formel, die täglich 10 000mal gebetet werden soll, besteht aus den Worten Nichirens, mit denen er am 17. Mai 1253 auf einem Hügel am Meer stehend die aufgehende Sonne grüßte: »Heil dem Lotos-Sutra vom wunderbaren Gesetz.«

In den mit Tatami-Matten ausgelegten riesigen Hallen finden allabendlich von Laienpredigern abgehaltene Erbauungsgottesdienste statt. Es werden Moralgeschichten aus dem Leben für das Leben erzählt. Als ich einmal an einer solchen, von 6 000 Menschen besuchten Gebetsstunde teilnahm, sprach der Prediger über seine Erlebnisse und Erfahrungen mit einem von der Sokagakkai nach Tokio eingeladenen sowjetrussischen Ballett. (Die Sekte unterhält eine große Konzertagentur und verpflichtet ziemlich regelmäßig ausländische Künstler.) Die Russen hätten, bis sie nach Japan kamen, so sagte er, noch niemals in ihrem Leben Kaugummi gegessen. Staunend über die Vielzahl der Neon-Reklamen seien sie durch das abendliche Tokio gegangen. Ihre Kleider und Anzüge seien schäbig gewesen und hätten aus einem Material bestanden, das Japaner vor zehn Jahren getragen hätten, als es ihnen noch schlecht gegangen wäre. An die Massen sich wendend, rief der Laienprediger dann in den Saal: »Wir können ruhig wieder stolz darauf sein, daß wir Japaner sind. Seid ihr nicht auch der Meinung?« Mit erhobenen Händen kam die vieltausendstimmige Antwort: »Ja! Ja! Ja!«

Die Interpretation und Verkündigung der Religion Nichirens wird ausschließlich Laien überlassen, so daß der Anblick von Klöstern und Mönchen im Tempelbezirk Taisekiji fast schon einer überraschenden Entdeckung gleichkommt. Der Hauptpriester und die Mönche, von denen viele Kinder sind, treten weder in den Erbauungsstunden noch bei den Kulturfestspielen in Erscheinung. Aufgrund ihrer aristokratischen Distanz zum gewöhnlichen Volk gewinnt man den Eindruck, als seien die Theologen mehr ein Zufall als eine Notwendigkeit dieser Religion. Präsident Ikeda sagte über die auffallende Trennung des sakralen und profanen Bereichs, sie sei notwendig, weil es den Priestern schwerfalle, sich der Gemeinde zu erklären. Deshalb müßten mit beiden Beinen im Leben stehende Laien diese Aufgabe übernehmen. Trotz der Trennung von Gebet und Mission aber seien Meinungsverschiedenheiten mit den Theologen über die Auslegung der Schriften Nichirens undenkbar.

Das Phänomen des fehlenden Dialogs zwischen Priester und Volk ist für das Religiöse in Japan ganz allgemein charakteristisch und keine Besonderheit der Sokagakkai. Auch der Shintoismus ist im Grunde keine von Theologen organisierte und interpretierte »Kirche«, sondern mehr eine diffuse Volksstimmung und Volksströmung. Die Theologen stehen in Japan, verglichen mit Europa, relativ außerhalb der Welt. Daraus erklärt sich auch das oft so plötzliche Absterben großer Religionsbewegungen, die dann nur noch in wenigen Mönchen weiterexistieren. Die Priester scheinen von Massenbekehrungen genausowenig berührt zu werden wie vom gesellschaftlichen Tod ihres Gottes.

Die Sokagakkai hat in das Japan der Nachkriegszeit Bewegung und Unruhe gebracht. Bei Außenstehenden ist ein Gefühl des Unbehagens verbreitet. Sie stoßen sich vor allem an der intoleranten Bekehrungsmethode des Shakubuku. Diese Missionstaktik legt es darauf an, unter Schmähung und Ausschließung aller anderen Religionen den Partner mit pseudowissenschaftlichen und halblogischen Argumenten zu bedrängen, ihn rhetorisch in die Irre zu leiten und durch Drohungen und Versprechungen zum Glaubensübertritt zu bewegen. »Alle Sokagakkai-Gläubigen müssen das Shakubuku eifrig üben, ein eigenes Handbuch unterrichtet über das Vorgehen. Man erforsche sorgfältig Charakter- und Lebensumstände des anzugreifenden Partners, gehe nie allein aus, sondern stets in Überzahl im Vergleich zu den Familienmitgliedern des Hauses, in das man zur Abendstunde einzufallen beabsichtigt. Nie weiche man im Gespräch einen Finger breit zurück, sondern greife stets an. Das Handbuch enthält kurze Abschnitte über die verschiedenen Religionen mit Anweisungen, wie eine jede anzugreifen und zu widerlegen ist. Die rücksichtslose Praxis des Shakubuku paßt wenig zum toleranten Charakter des Japaners, dennoch ist sie zum großen Teil für das beispiellos rasche Anwachsen der Sokagakkai verantwortlich.« [10]

Der bekehrte Neuling muß bei seinem Eintritt alle Bücher und Symbole anderer Religionen verbrennen und erhält als Ersatz das Mandala, die Bibel Nichirens, die auf dem Hausaltar ihren heiligen Platz findet und vor der morgens und abends vorgeschriebene Gebetsübungen verrichtet werden müssen.

Das politische Unbehagen an der Sokagakkai entspringt weitgehend ihrer Emotionalität und Irrationalität. Für die Sekte der Wertschöpfer verläuft der parlamentarisch-demokratische Prozeß zu langsam. Gleichzeitig hegen die Reinheitsfanatiker gegen die Parteien-Demokratie der Nachkriegszeit ein moralisches Mißtrauen und machen Propaganda mit sittlichen Vokabeln wie Anständigkeit, Ehrlichkeit, Sauberkeit und Aufrichtigkeit. Sie nennen das gegenwärtige System schlecht und verrottet, weil der Mann auf der Straße die Parlamentarier nur als korrupte Intriganten und prinzipienlose Jongleure des Parteien- und Fraktionsproporzes kenne.

Für Präsident Ikeda brechen mit der Sokagakkai zum ersten Mal in der Geschichte religiöse Überzeugungstäter in die japanische Politik ein. Den Auftrag dazu habe der Nichiren-Buddhismus gegeben, der ähnlich wie das Christentum keine weltabgewandte Religion sei, sondern gerade das politische Schicksal der Menschen aktiv mitgestalten wolle. Die Sokagakkai sieht sich als eine japanische Parallelbewegung zu den christlichen Nachkriegsparteien in Europa, muß sich aber häufig gegen den Vorwurf verteidigen, faschistisch zu sein. »Wir sind national und sozialistisch, aber ich bin kein Hitler«, erklärte Präsident Ikeda dem Korrespondenten einer deutschen Zeitung. »Wir streben nach dem reinen Herzen und nach Sauberkeit in der Politik. Wir verabscheuen Korruption; wir sind aufrichtige Humanisten.« [11]

Es entspricht der Dynamik einer in ihren reformatorischen Zielen so weit angelegten Massenbewegung, daß »ihre lebendige Politik ihre Impulse nicht von trockenen Programmen (erhält). Politik wird entweder von der Energie einer Aktionsgruppe in Bewegung gesetzt, die ihre Ziele leidenschaftlich proklamiert oder sie wird beherrscht von den durch diese Kräfte ausgelösten Gefühlsreaktionen. Soweit Politik lebendig sein soll, geht es nicht um Programme, sondern realiter vor allem um die Erhaltung jener Kräfte, die sie vorantreiben. Die Diskussion über das Vorhandensein oder Fehlen von Programmen gehört zu den beliebtesten Ausflüchten derjenigen, die sich der Politik entfremdet haben. Hier gilt es, sich daran zu erinnern, daß die Sokagakkai als Organisation nahezu 20 Millionen Menschen im Griff hat. Wenn Politik tatsächlich im Leben der breiten Volksmassen wurzelt, dann dürften die verantwortlichen Führer einer solchen Organisation es wohl nicht nötig haben, sich unnützerweise an ein Programm zu klammern.« [12]

Natürlich aber nimmt die Komeito-Partei zu innen- und außenpolitischen Fragen konkret Stellung. In ihrer Wirtschafts- und Sozialpolitik zeigt sie antikapitalistische, aber unmarxistische Tendenzen, die in einer gewissen Verwandtschaft zu den Forderungen der sozialrevolutionären Offiziere der dreißiger Jahre stehen. Außenpolitisch überwiegen die neutralistischen Neigungen, wobei die Opposition gegen eine zu enge Anlehnung an die Vereinigten Staaten maßvoll bleibt. Die Komeito entscheidet nach japanischen Gesichtspunkten und wird sich ihr Handeln deshalb weder von

Washington noch von Peking vorschreiben lassen. Japan soll aus jeglicher Bevormundung herauswachsen und einen unabhängigen Kurs steuern.

Im etablierten Parteiengefüge wird sich die Komeito als politischer Arm der Sokagakkai wahrscheinlich behaupten, wenn nicht sogar weitere Erfolge erzielen können. Ideologisch bringt sie im Vergleich zu den Konservativen, die großväterlich darauf vertrauen, daß Experimente unerwünscht seien, und auch zu den Sozialisten, die in eine sterile Diskussion über den Marxismus verbohrt sind, beträchtliche Vorteile ins Rennen. Darüber hinaus scheint sie ihren Gegnern auch organisatorisch überlegen zu sein, da sie noch nicht vom japanischen Erbübel der Cliquen- und Clan-Bildung infiziert ist und sich sehr entschieden und zielbewußt um die Jugend kümmert. Mit einem gewissen Geschick versucht die Sokagakkai zu beweisen, daß es mit ihr zum ersten Mal eine von unten nach oben durchbrechende politische Meinungsbildung gebe. Ihre Kritik, daß sich Politik bisher über den Köpfen des Volkes abgespielt habe, berührt eine auch von ausländischen Beobachtern immer wieder festgestellte Tatsache.

Die Wurzel der Sokagakkai aber liegt im Religiösen, und es wird deshalb für ihre politische Zukunft davon abhängen, ob sie sich als Nichiren-Buddhismus behaupten kann. In den Nachkriegs-Jahren, als es den Japanern schlechtging, sorgte sich die Sekte um das seelische und materielle Glücksbedürfnis des einzelnen und gleichzeitig um das nationale Schicksal des Volkes in seiner Gesamtheit. Individuum und Nation, Mensch und Staat, der einzelne und die Gemeinschaft bilden in der Sokagakkai eine untrennbare Einheit. Der Gläubige erhält bei der Erfüllung seiner persönlichen und familiären Hoffnungen gleichzeitig die Gewißheit, daß sie Volk und Land als Ganzem zugute kommen. Die Untrennbarkeit des Persönlichen und Nationalen und damit antiindividualistische und antiliberalistische Tendenzen haben den politischen Religionsverband wie einen Phönix aus der Asche zur größten und diszipliniertesten Massenorganisation aufsteigen lassen.

Manche sprechen von einer Gefahr, wie jene beiden Intellektuellen, die der Kulturkritiker Takase zu einer Führertagung der Männerabteilung der Sokagakkai mitgenommen hatte. »Die Versammlung war zum Bersten mit der Energie einer mehr als tausendköpfigen Menschenmenge gefüllt. Beide Redakteure – der eine ein Mitglied der Philosophischen Fakultät einer staatlichen Universität, der andere eine einflußreiche Größe unter den Linksintellektuellen – faßten ihren Eindruck von der Versammlung mit vor Erstaunen geweiteten Augen in die Worte zusammen: ›Das ist ja schrecklich!‹ Auf dem Heimweg sagte der eine mit zusammengekniffenem Mund: ›Diese Sokagakkai ist im Grunde ein Haufen Verrückter, eine Art Feme-Verband!‹ Und auf die Jugendlichen zeigend, die aus der Versammlungshalle strömten, fuhr er fort: ›Keinen Funken Verstand haben sie! Es wäre das Ende aller Kultur, wenn sie an die Macht kämen!‹« [13]

Ist die Sokagakkai eine linke oder rechte Bewegung? Wer im Tempelbezirk Taisekiji die Tausende beobachtet – alles einfache, nach harter körperlicher Arbeit aussehende Menschen, die weder wohlhabend noch besonders gebildet erscheinen –, für den ist es in Anbetracht der feudalistischen Geschichte Japans schwer zu glauben, daß die gehorsamen, einfältigen und von Geburt und Glück nicht begünstigten Massen für die ererbte Ordnung eine Gefahr von links darstellen sollen. Man gewinnt im Gegenteil den Eindruck, als sollten gerade die vom Wirtschaftswunder etwas vergessenen Bevölkerungsschichten Japan nicht entfremdet und gegen unjapanische Einflüsse immun gemacht werden. Mögliche Ansätze zu sozialer Unzufriedenheit und Unruhe werden religiös kanalisiert. Dadurch wird den aus dem Ausland importierten marxistisch-sozialistischen Ideen der Nährboden entzogen. Wenn es in der Sokagakkai tatsächlich Revolutionäre geben sollte, wie gelegentlich behauptet wird, dann sind es konservative Revolutionäre gegen Entjapanisierung und Verwestlichung. Von Fremdeinflüssen gänzlich unberührt, suchen sie nach rein japanischen Lösungen für die von der Zeit gestellten Probleme. Die Sokagakkai denkt nicht daran, mit der Geschichte zu brechen, sondern hat wie keine andere Organisation in den Jahren des Zweifelns dem einfachen Volk die alten Tugenden ins Gedächtnis zurückgerufen.

Man sollte deshalb die Anklagen gegen den Shintoismus und damit gegen das religiöse Fundament der nationalen Wesenheit Japans nicht zu sehr mit europäischer Logik betrachten. Denn erstens liegt Japanern ein Prinzipienstreit dieses Tiefgangs nicht, und zweitens glauben sie an die Macht ihres Blutes, das extremistische Experimente ausscheide. Shintoistische Priester und Professoren, mit denen ich über die Anschuldigungen der Sokagakkai gegen die Nationalreligion sprach, zeigten sich besorgt, aber waren im Grunde doch optimistisch. Ihrer Meinung nach beruht der Erfolg der Sekte vor allem auf ihren gesundbeterischen Versprechungen. In dieser Beziehung sei sie zeitgebunden, und bei einer Normalisierung der Verhältnisse könne es durchaus sein, daß ihre Anziehungskraft erlahme. Letztlich werde sich das Japanische im Blut der Gläubigen durchsetzen und es einen Kirchenkampf nicht geben. Charakteristisch für die Selbstverständlichkeit, mit der die Traditionalisten auf etwas gänzlich Irrationales vertrauen, war auch die Antwort des stellvertretenden Oberpriesters des Yasukuni-Schreins auf meine Frage, ob der shintoistischen Priesterschaft nicht die katholische Erziehung der Kronprinzessin, der zukünftigen Kaiserin, verdächtig sei. Er sagte, in den Adern der Kronprinzessin fließe so gesundes japanisches Blut, daß es mögliche Spuren des Katholizismus regenerieren werde.

Der Siegeszug der religiös-politischen Wertschöpfer muß vor dem Hintergrund der geistigen Situation der Zeit gesehen werden. Trotz der Überwindung des Analphabetentums und guter Schulen auch im letzten Bauern- und Fischerdorf bestand in Japan zwischen gebildet und ungebildet immer eine beträchtliche Kluft, die im Zuge der Verwestlichung und Verstädterung nach dem Kriege noch tiefer wurde. Die nach ausländischen Vorbildern schielenden Intellektuellen sind stolz darauf, anders als das Volk zu sein, und kultivieren Distanz und Exklusivität. Gebildete dieses Typs tragen, wenn sie Frankreich bewundern, Baskenmützen; kennen, wenn sie Karl Marx verehren, seine Bücher auswendig und machen, wenn sie an Sartre glauben, nur noch in Pessimismus. Vor Intellektuellen dieser Art ist größte Vorsicht geboten. Sie treten als Ausverkäufer der japanischen Kultur auf und bieten ihre eigenen Traditionen wie eine Ramschware feil. »Dieser Typ des japanischen Geisteswissenschaftlers bedeutet die größte Gefahr für die japanische Kultur – nicht die Barmädchen von Tokio. Unmoral hat es schon immer gegeben, in Japan wie in anderen Ländern. Aber die japanischen Gelehrten, die als die aufgeklärten Träger des modernen kulturellen Fortschritts gelten, auf die das einfache Volk sowie die Vertreter der westlichen Welt mit Vertrauen blicken – sie erst nehmen Japan seine Kultur, indem sie sie leugnen und aller Welt auszureden versuchen ... Es ist das ärgste Krankheitssymptom Japans, daß sehr viele Japaner zwar Goethe, Kant und sogar Existenzanalyse, aber nicht die Werte ihrer eigenen Kultur kennen.« [14]

Neben diesen Intellektuellen, die die Moderne gepachtet zu haben glauben, lebt die Masse des Volkes, hält am Japanischen fest und betet zu den alten Göttern. Sie ist es gewohnt, zu denjenigen aufzublicken, die die vielen tausend komplizierten Schriftzeichen malen und Gedichte und Bücher schreiben können. Dort oben wird nichts und unten im Volk alles geglaubt. Darum ist die Kontaktarmut zwischen gebildet und ungebildet auf religiösem Gebiet besonders spürbar. »Die Religion lebt durchaus im gewöhnlichen Volk, in den Bauern- und Fischerdörfern und unter den kleinen Kaufleuten und Handwerkern der Städte. Aber sie verfällt zu leicht in die degenerierten Formen, die in einer Gesellschaft entstehen, wenn sich die tonangebende Schicht von den Urgründen der Volksseele getrennt hat. Die populäre Religion wuchert oft in der Gestalt von magischen Beschwörungen und Amuletten, in einem Gemisch von Aberglauben, harmloser Volksbelustigung und kaum verhülltem Kommerzialismus. Zu den alten Religionen gesellen sich immer wieder neue, pilzartig aufstrebende Bekenntnisse, die häufig mit ernsten Erneuerungsprogrammen beginnen, ebensohäufig aber zu Gesundbeter-Sekten oder politischen und wirtschaftlichen Machtgruppen entarten. Auf diese Äußerungen eines existentiellen Dranges in der Volksseele reagiert der Gebildete mit Abscheu. Sie bestärken ihn in seinen Vorurteilen gegen das religiöse Phänomen überhaupt.« [15]

Aber weder die Vielzahl der Religionen, Sekten und Richtungen noch der Relativismus und Nihilismus haben in Japan zu ernsten, der europäischen Reformation ähnlichen Glaubenskämpfen oder gar zu Kreuzzügen geführt. Es gab natürlich Perioden religiöser Verfolgung und Unterdrückung, besonders nach den Christianisierungserfolgen der ersten Missionare aus Europa. Auch Shintoismus und Buddhismus haben um die Vorherrschaft gerungen, aber grundsätzlich ist der Japaner in Glaubensfragen bedeutend toleranter als der Europäer und erlaubt allen Religionen, friedlich nebeneinander zu koexistieren. Er läßt sich gewöhnlich shintoistisch trauen und buddhistisch beerdigen, und wenn er außerdem noch Christ ist, darf auch der Pastor noch kommen. In Tokio macht das Wort die Runde, die von Ausländern immer wieder gestellte Frage, welchen Glauben er habe, belustige den Japaner so, als habe man ihn nach der Kragenweite seines Oberhemdes gefragt. Deshalb ist die statistische Aufgliederung der Bevölkerung in Shintoisten und Buddhisten eine Mühe, die man sich ersparen kann.

Der heute noch hochgeehrte Gründer der berühmten Keio-Universität, Fukuzawa, hat um die Jahrhundertwende seinen Studenten zur Frage der Toleranz folgendes Vermächtnis hinterlassen: »Es versteht sich von selbst, daß die Aufrechterhaltung des Friedens und der Sicherheit in der Gesellschaft eine Religion verlangt. Für diesen Zweck eignet sich jedwede Religion. Ich ermangele einer religiösen Natur und habe nie an eine Religion geglaubt. Man könnte mich demnach beschuldigen, daß ich andern den Rat gebe, religiös zu sein, während ich es nicht bin. Und doch verbietet mir mein Gewissen nicht, mich in eine Religion zu kleiden, wenn ich sie nicht im Herzen habe. Es gibt verschiedene Arten von Religionen – Buddhismus, Christentum und was sonst nicht noch. Trotzdem besteht meiner Ansicht nach nicht mehr Unterschied zwischen ihnen als zwischen grünem und schwarzem Tee. Es ist kein großer Unterschied, ob du den einen oder den anderen trinkst. Die Hauptsache ist, jene, die nie Tee getrunken haben, davon kosten zu lassen, damit sie seinen Geschmack kennenlernen. Genauso ist es mit der Religion. Pietisten sind wie Teehändler. Sie bemühen sich, ihre eigene Religion zu verkaufen. Was aber die Methode in dieser Beziehung anbetrifft, so ist es nicht sehr diplomatisch, die Ware der anderen herabzusetzen, um die eigene anzupreisen. Vielmehr sollte jeder darauf sehen, daß seine Ware gut ausgewählt und sein Preis niedrig ist.« [16]

Vor diesem zeitlosen Hintergrund eines religiösen Relativismus und einer Spaltung des Volkes in gebildet und ungebildet können Sekten ganz allgemein günstig gedeihen, denn zwischen den Salons der Geistreichen und den Hütten, in denen sich Bauern und Fischer vor Erdbeben, Taifunen und Überschwemmungen fürchten, gibt es ein steiles Gefälle. Das einfache Volk verlangt nach religiösen Rückhalten und stellt sich, allein gelassen, pseudoreligiöse Wegweiser auf. Das gilt auch für die Sokagakkai, deren Gläubige zum größten Teil Bergleute aus den primitiven und von der Konkurrenz des Öls bedrohten Kohlengruben in Hokkaido und Kyushu sind, Arbeiter mittlerer und kleiner Betriebe, Angestellte des Einzelhandels, kleine Ladenbesitzer und Lehrer.

Das Entscheidende für den kometenhaften Aufstieg der Sokagakkai aber waren nicht die sozialen und kulturellen Besonderheiten Japans, sondern das Schockerlebnis des verlorenen Krieges. Wie konnte die Sekte eine solche Macht gewinnen, fragt Takeshi Muramatsu und fährt dann fort: »Auf diese häufig gestellte Frage wurden bisher zahlreiche Antworten gegeben. Der Reiz, der in der gewaltsam-heftigen Bekehrungsmethode und in der geregelten Ordnung liegt; der Umstand, daß die Sokagakkai dem einfachen Volk einen Absatzmarkt seiner Unzufriedenheiten sowie einen sicheren Ort geistiger Solidarität gibt etc. Diese einzelnen Gründe dürften wohl jeder für sich zutreffen. Betrachtet man sie aber von einem etwas weiteren Gesichtsfeld aus, so liegt das größte von der Sokagakkai bewerkstelligte Unternehmen in der Schaffung eines Staates im Staat ... In der Vergangenheit hatte das Meiji-Kaiserreich als geistiges Fundament die shintoistische Religion gebraucht, die andere nationalistische Religion, die Nichirensekte, konnte stets nur eine untergeordnete Rolle spielen. Mit ihrem kämpferischen Charakter gab sie zwar den Militärs und der Rechten Energien und Programme, mußte sich aber durch ihre Kompromißlosigkeit gegenüber dem Shintoismus Unterdrückung zuziehen. Die Niederlage veränderte diese Situation. Der auf dem Shintoismus begründete Staat fiel zusammen, und an seiner Stelle sprang die Nichirensekte ein und errichtete auf den Ruinen des verfallenen shintoistischen Staatsbildes einen eigenen Staat im Staat ... Kurzum: in Form der Sokagakkai steht die Gesamtsumme der Minusseiten der Nachkriegszeit vor uns ... Es scheint, als lache der Verband den fortschrittlichen Intellektuellen, die den Internationalismus preisen, und den Rationalisten, die das wirtschaftliche Wachstum rühmen, hohn ... Die Sokagakkai unterstützt eine völkische Religion und besitzt eine geoffenbarte Heilige Schrift, weswegen durchaus die Möglichkeit besteht, daß sich dieser Verband dem extremen Nationalismus zuwendet.« [17]

DIE ORGANISIERTE RECHTE

Ein Junitag 1960 in Tokio. Die schweren Unruhen gegen die Regierung Kishi und den Sicherheitsvertrag mit Amerika klangen aus. Sie hatten bereits sechs Monate vorher begonnen, als Tausende von Studenten auf dem Flughafen der japanischen Hauptstadt den Abflug von Ministerpräsident Kishi und Außenminister Fujiyama nach den USA zu verhindern versucht hatten. Trotz der leidenschaftlichen Erregung im fernen Tokio aber war der japanisch-amerikanische Sicherheitsvertrag in Washington unterschrieben worden.

Die Vereinigten Staaten behielten ihr Recht zur Stationierung von Truppen in Japan und durften weiterhin Militärstützpunkte für ihre Luftwaffe und Kriegsmarine unterhalten. Dauer des Vertrages: zunächst zehn Jahre. Die japanische Opposition fürchtete die Verwicklung ihres Landes in eine Auseinandersetzung zwischen Amerika und China und sprach von Kriegsgefahr. Washington war wie vor den Kopf gestoßen. Seine Public-Relation-Maschinerie in der Botschaft in Tokio arbeitete auf Hochtouren. Der neue Vertrag sei besser als der alte, hieß es. Die für Japan vorteilhaften Abänderungen wurden aufgezählt: Mitspracherecht der japanischen Regierung bei amerikanischen Truppenbewegungen von japanischem Boden aus, regelmäßige Konsultationen, keine Entscheidungen gegen die Wünsche Tokios. Aber die Informationsbemühungen waren vergebens. Der politische Aufruhr begann unter den Studenten. Linkssozialisten, Kommunisten, Sohyo-Gewerkschafter und die großen Zeitungen traten auf ihre Seite. Frauenorganisationen marschierten, buddhistische Priester, Angestellte, Sekretärinnen. Vom Tage der Vertragsunterzeichnung an sollte Tokio bis in den Sommer hinein nicht mehr zur Ruhe kommen. Die japanisch-amerikanischen Beziehungen steuerten einer diplomatischen Katastrophe zu.

Von 10 000 Demonstranten niedergeschrien, konnten Kishi und sein Außenminister nach ihrer Rückkehr aus Washington nur auf Umwegen ihre Residenzen erreichen. Am 26. April formierten sich die Demonstrationskolonnen zum ersten Sturm auf das Parlament. Ab Mitte Mai schien Tokio dann im Aufruhr. Zuerst zogen täglich Zehntausende, anschließend Hunderttausende durch die Straßen des Regierungsviertels und forderten den Rücktritt des Kabinetts und die Annullierung des Militärbündnisses. Wieder und wieder rannten sie gegen die stählernen Tore der Parlamentsumzäunung und des gegenüberliegenden Amtssitzes des Ministerpräsidenten an. Die Polizei, mit politischen Demonstranten geduldig wie wahrscheinlich in keinem anderen Land, setzte Wasserwerfer und Gummiknüppel ein. Obgleich es auf den ersten Blick wie ein langsames Anschwellen zu einem regelrechten Volksaufstand aussah, gab es trotz Tag und Nacht in Bereitschaft stehender Polizeihundertschaften nur einen einzigen Toten: eine Studentin. Sie wurde niedergetrampelt.

Ähnliches hatte Tokio nie erlebt. Aber eigentümlicherweise spielte sich alles auf dem kleinen Raum zwischen Hibiya-Park und Parlament ab. Jenseits der Straßen der Ministerien blieb es ruhig. Amerikaner und Europäer konnten ungehindert ihre Büros in Marunouchi erreichen und wurden auch abends in den Vergnügungsvierteln weder belästigt noch angepöbelt. Amerikanische und europäische Fernsehreporter fuhren sogar in den Demonstrationszügen mit und kommentierten von ihren Wagen herab unbehelligt das dramatische Geschehen. Amerikaner waren Augenzeugen eines scheinbar antiamerikanischen Aufstandes, und ihnen wurde dabei zugewinkt und zugelächelt.

Am 10. Juni traf zur Vorbereitung des Staatsbesuches von Präsident Eisenhower dessen Pressesekretär Hagerty in Haneda ein. Kaum hatte er das Flughafengebäude verlassen, blieb seine Limousine in einer schreienden Menge stecken. Demonstranten erkletterten den Wagen, trampelten auf der Kühlerhaube herum und schwenkten rote Fahnen. Kaltblütig fotografierte Hagerty aus dem Wageninnern die erregten Studenten. Wo war die Polizei? Sie stand zunächst abseits und bot nur zögernd Schutz. Es sah nach Lynchjustiz aus. Aber die Wagenfenster wurden nicht eingeschlagen. Die Linke schien genau zu wissen, wie weit sie gehen durfte. Endlich flogen Hubschrauber heran. Die Polizei konnte Hagerty eine Gasse bahnen. Fluchtartig rannte er an Bord. Nur durch die Luft konnte er die amerikanische Botschaft erreichen.

Sechs Tage später sagte Präsident Eisenhower seinen Staatsbesuch ab. Die Entscheidung wurde auf einer Ehrentribüne in der philippinischen Hauptstadt Manila getroffen, auf der der amerikanische Präsident den frenetischen Jubel der Filipinos zum Dank für die Befreiung vom japanischen Besatzungsjoch entgegennahm. Von dort flog er weiter nach Taipeh, der Hauptstadt von Formosa, ebenfalls von Hunderttausenden umjubelt. Die Japan nach dem Krieg entrissene Insel Okinawa war seine nächste Station. Es kam zu schweren Zusammenstößen zwischen der einheimischen Bevölkerung und amerikanischen Truppen. Die Ostasienreise ging weiter nach der südkoreanischen Hauptstadt Seoul. Unübersehbare Massen dankten dem amerikanischen Präsidenten für die Blutopfer der USA gegen die kommunistische Aggression aus dem Norden. An Tokio aber mußte Eisenhower vorbeifliegen. Niemand wollte in der japanischen Hauptstadt für seine Sicherheit garantieren.

Die Vereinigten Staaten waren schockiert, empört, entsetzt. Ein diplomatisches Pearl Harbor, konnte man hören; Japans Rache für die Niederlage von 1945. Unvorstellbar, unglaublich, unerhört. Ein Schlag ins Gesicht der USA. Und das ausgerechnet von Japan, das einen so milden Friedensvertrag unterschreiben durfte und Amerikas bravster Musterschüler zu sein schien.

In Tokio stieg die Flut der Demonstranten noch einmal auf 200 000 Menschen an – dann ebbte sie ab. Die Regierung Kishi stürzte, aber der Sicherheitsvertrag wurde schließlich doch ratifiziert. Die Unruhen im Frühsommer 1960 waren die größten und schwersten in der modernen Geschichte Japans. Zum ersten Mal nahm die Straße Einfluß auf die Politik. Für die das Land seit hundert Jahren regierenden Traditionalisten war es eine gänzlich neue Erfahrung. Es muß späteren Historikern überlassen bleiben, ob in jenen Monaten das volksdemokratische Kapitel in der japanischen Geschichte begann oder sich die in den Nachkriegsjahrzehnten organisierte Linke noch einmal in einem letzten Akt der Verzweiflung gegen das schleichende Vordringen der Restauration aufbäumte.

An jenem Juni-Nachmittag 1960 demonstrierten vor dem Parlament nur noch Nachzügler. Etwa 3 000. Eine Gruppe trug Transparente in deutscher Sprache: nieder mit Kishi – wir wollen Frieden – Amerikaner raus! Es waren Studenten der deutschen

Literatur. Als ich sie auf deutsch ansprach, war ihre Antwort ein verlegenes Lächeln. Sie staunten, erröteten und schüttelten den Kopf. Wakaranai, sagten sie, wissen wir nicht. Sie waren so nervös und gehemmt, daß sie nicht einmal stammelnd erklären konnten, warum sie demonstrierten und wieso mit deutschen Plakaten, die keiner lesen konnte.

Plötzlich fuhr ein klapperiger Lastwagen in die Kolonne der dreitausend. Besetzt mit sechs jugendlichen Stahlhelmern. Sie trugen Sonnenbanner und Megaphone. Ein Stoßtrupp der Rechten, der Nationalisten, der Bin-Akao-Anhänger. Selbstmörder? Sechs in einem Ozean von dreitausend? Polizei kam. Eine ganze Hundertschaft. Der vom Autofriedhof geholte Lastwagen wurde zum Stehen gebracht, umzingelt und eingekreist. Er konnte weder vor noch zurück. Die sechs Furchtlosen provozierten die Demonstranten mit faschistischen Parolen. Nur noch Sekunden, und sie würden von der erregten Menge niedergeschlagen werden. Aber nichts dergleichen geschah. Die revolutionären Jungakademiker der Linken stoben auseinander. Ängstliche Blicke flehten die Polizei an, die sechs Unberechenbaren mit Gummiknüppeln in Schach und auf Distanz zu halten. Die unvorhergesehene Konfrontation mit den Kamikazes der Rechten war ihnen sichtlich unangenehm und peinlich. So, als sei ihnen ihr ganzer Plan durcheinandergeworfen worden und zur Revolution die Lust vergangen. Die zum Sturm auf das Parlament und zur Vertreibung der Amerikaner entschlossen gewesenen dreitausend machten um das vorsintflutliche Gefährt einen großen Bogen, marschierten in Zehnerreihen singend und von ihren Führern angefeuert friedlich und höflich weiter. Zurück blieb ein von geduldigen Polizisten gestoppter Lastwagen. Darauf sechs Mann, die sich mit nationalistischen Phrasen heiser brüllten, während die Internationale aus den Kolonnen der Linken in irgendwelchen Seitenstraßen langsam verstummte. Eine ganze Armee trat vor einem einzigen Stoßtrupp die Flucht an. Denn die Polizisten hatten ja keine lebende Mauer gebaut, um die sechs vor den Massen, sondern um die ungeheure Mehrheit vor einer winzigen Minderheit zu schützen. Sechs gegen dreitausend! In Europa ein undenkbares Zahlenverhältnis. In Japan nicht unbedingt. Dort ist die Rechte aus ganz anderem Holz geschnitzt als die Linke.

14. August 1961. Tokio erwartet die Ankunft des stellvertretenden sowjetischen Ministerpräsidenten Mikojan. Der Flugplatz

Haneda ein Meer roter Fahnen. Dichte Menschenmengen vor dem Flughafengebäude und auf der Zuschauerrampe. Kommunisten, Linkssozialisten, Sohyo-Gewerkschafter, Zengakuren-Studenten. Nach Angaben der Polizei etwa 2 500. Irgendwo in der Masse eine winzige Insel graublauer Uniformen der Polizei. Eingekeilt vier Rechtsradikale: drei Männer, ein junges Mädchen. Sie tragen Stahlhelme mit aufgemaltem Sonnenbanner. Auf einem Transparent fette schwarze Schriftzeichen: »Mikojan wird sterben!« Jenseits der dünnen Polizeikette die erdrückende Masse der marxistischen Linken. Sie nimmt von den vier Rechten keine Notiz. Man läßt sie grölen, schreien und drohen. Die Polizei wird schon mit ihnen fertig werden. Mikojan landet, steigt aus, wird begrüßt und fährt in die Stadt. Die 2 500 rollen ihre Fahnen ein und gehen nach Hause.

Inmitten der sich auflösenden Menge die vier Rechtsradikalen. Kommunisten bahnen ihnen einen Weg. Die erdrückende Mehrheit denkt nicht daran, die drei Männer und die junge Fanatikerin zu provozieren oder zusammenzuschlagen. Man kann bei den Bin-Akao-Anhängern nie wissen! Sie sollen Listen mit Namen von Todeskandidaten führen. Darum das beste: Finger weg, keine Beschimpfungen und immer höflich sein. Das Schicksal von Inejiro Asanuma ist noch immer in wacher Erinnerung.

12. Oktober 1960, Hibiya-Halle Tokio. Großversammlung aller politischen Parteien zur Eröffnung des Wahlkampfes für ein neues Unterhaus. 3 000 Menschen. Die Redner: Inejiro Asanuma, der Vorsitzende der Links-Sozialisten; Suehiro Nishio, Parteichef der Demokratischen Sozialisten, und Hayato Ikeda, Ministerpräsident und Vorsitzender der Liberal-Demokraten. Vor der Versammlungshalle: vollbesetzte Lastwagen der Bereitschaftspolizei. In den Gängen und unter der Menge Kriminalbeamte. In einer der vorderen Stuhlreihen ein 17jähriger Oberschüler, Sohn eines Obersten, kurz vorher aus der Großjapanisch-Patriotischen Partei ausgetreten. Unter seiner Jacke verborgen ein feststehendes Messer ohne Korb. Er hat sich auf diesen Nachmittag im Garten seines elterlichen Hauses vorbereitet. Durch Zustechen auf einen an der Spitze mit Stroh umwickelten Holzpfahl. Er trug die eingekerbten Worte: »Das Land der Götter ist unzerstörbar. Im Jahre 2 620 der kaiserlichen Herrschaft.« [1] Der 17jährige heißt Otoya Yamaguchi. Sein Name wird morgen in allen großen Zeitungen der Welt stehen.

Inejiro Asanuma betritt das Rednerpult. Während des Krieges hatte er im Parlament gesessen. Reden gegen den Krieg und die Militärs waren von ihm nicht bekanntgeworden. Einmal in jenen Jahren soll er bei einer antiamerikanischen Demonstration in die amerikanische Botschaft eingedrungen sein. Wenige Monate vor diesem 12. Oktober 1960 war er in Peking gewesen. Mit den Maoisten hatte er ein Kommuniqué unterschrieben, daß der US-Imperialismus der gemeinsame Feind von Japan und China sei.

Die Kameraleute des Fernsehens proben Objektive und Schärfe, und in den Studios der staatlichen Rundfunk- und Fernsehstation NHK werden die ersten Sätze Asanumas bereits auf Ampex aufgezeichnet. Es ist etwa fünfundzwanzig Minuten nach fünfzehn Uhr. Da stürzt aus der Masse der dreitausend Otoya Yamaguchi auf die Bühne, sticht mehrmals auf Asanuma ein und verletzt den Vorsitzenden der Linkssozialistischen Partei tödlich. Kriminalbeamte überwältigen den Mörder und führen ihn widerstandslos ab. Die Versammlung wird geschlossen. Die Weltpresse spricht von dem ersten Fernseh-Mord.

Japan stand im Wahlkampf, und die innenpolitischen Unruhen des Frühsommers waren noch nicht vergessen. Man durfte als ausländischer Beobachter das Schlimmste befürchten. Neue Demonstrationen, neue Schlägereien, neue Krawalle. Tokio aber blieb ruhig, absolut ruhig. Hier und da nach Feierabend ein paar protestierende Studenten- und Arbeiterkolonnen – zahme Empörung in den Leitartikelspalten der großen Zeitungen: es gehe doch nicht ... man dürfe doch nicht ... was solle das Ausland denken ... Japan ging über den ermordeten Vorsitzenden seiner größten Oppositionspartei zur Tagesordnung über. Nach einer Trauerfeier in der Hibiya-Halle, wo er unter den tödlichen Stichen verblutet war, wurde Inejiro Asanuma vergessen.

Der Name des Attentäters machte ein zweites Mal Schlagzeilen. Wenige Tage später. »Yamaguchi tot!« Mit Zahnpasta hatte er an die Wand seiner Gefängniszelle geschrieben: »Mit sieben Leben werde ich meinem Vaterland dienen! Lange lebe der Tenno!« Anschließend hatte sich der Mörder erhängt. An der öffentlichen Trauerfeier nahmen mehrere tausend Menschen teil. Sie fand ebenfalls in der Hibiya-Halle statt, genau dort, wo Otoya Yamaguchi gemordet hatte. Politische Freunde ließen die Seele des »patriotischen« Mörders später im Yasukuni-Schrein einschreinen. Dort, im japanischen Walhall, ruht sie seitdem neben den Seelen der Gefallenen und derjenigen, die für Land und Volk Großes vollbracht haben.

Soweit ich es verfolgen konnte, nahm niemand an der Heroisierung des Mörders Anstoß. Ganz im Gegenteil. Unter vier Augen sprach man über den 17jährigen mit heimlicher Bewunderung. Otoya Yamaguchi mordete »klassisch« – als Einzeltäter, aus Überzeugung, vor aller Augen, mit traditioneller Waffe und schließlich mit seinem Leben. Ganz jenseits von Gut und Böse empfinden Japaner rein für die Ästhetik einer solchen Tat Hochachtung. Die Form verleiht ihr Adel. Die Kategorien des Sittlichen verblassen vor dem Ästhetischen.

Auch der rituelle Selbstmord spielt sich in Japan in einer Aura heiliger Feierlichkeit ab. Beim klassischen Harakiri, nach der Kapitulation von manchen vollzogen und im Film und Fernsehen heute wieder in legendärer Verklärung dargestellt, schlitzt sich der aufrecht sitzende Selbstmörder nach einem jahrhundertealten Zeremoniell den Unterleib auf. Wenn dem Ritus in edelster Form entsprochen wird, schlägt dem Verblutenden dessen bester Freund mit einem Schwert den Kopf ab.

Harakiri bleibt uns ein fremder Ausdruck allerhöchster Disziplin vor dem Tod. Das Förmliche und Maskenhafte der Japaner erreicht im zeremoniellen Selbstmord einen Kälte- und Einsamkeitsgrad, der Ausländer abschrecken muß. Deshalb ist es angesichts der vom Volk auch heute noch als heroisch empfundenen Ästhetik des Harakiri kein Wunder, daß, wie ein ausländischer Augenzeuge bereits um die Jahrhundertwende feststellte, »der Mut zu töten – sei es sich selbst oder einen anderen – in der Öffentlichkeit eine außerordentlich hohe Achtung genießt. Es scheint fast, als ob ein politischer Mord augenblicklich vergeben sei, wenn der Desperado ihn mit dem eigenen Blut besiegelt. Nishino Buntaro, der Shinto-Fanatiker, der den Unterrichtsminister Viscount Mori am Tage der Proklamation der Konstitution im Jahre 1889 erdolchte und sich selbst im Handgemenge aus dem Leben schaffte, wurde fast wie ein Gott verehrt; sein Grab war fortwährend mit Blumen bedeckt, Weihrauch wurde davor gebrannt, Verse wurden darübergehängt und Wallfahrten dahin gemacht. Jenem, der Count Okuma ermorden wollte, wurde eine kaum geringere Verherrlichung zuteil.« [2]

Todesverachtung und Todesästhetik machen es Japanern schwer, das Scheitern der zahlreichen Attentate auf Adolf Hitler zu verstehen. Die europäische Mentalität, daß auch ein Tyrannenmörder im letzten Grunde seiner Seele mit dem Leben davonzukommen hofft, ist ihnen fremd. Japaner morden mit ihrem Leben. Der eigene Tod ist Bestandteil der Tat, wenn sie »klassisch« sein soll. Darüber hinaus sind sie so archaisch und mystisch, daß sie sich auch im 20. Jahrhundert einen politischen Mord im Grunde nur mit dem Messer, aber nicht mit Zeitbombe und Zielfernrohr vorstellen können. Dabei muß das Leben des Überzeugungstäters enden, wenn er seinem Feind das Leben nimmt.

Wenige Tage nach der Ermordung Asanumas besuchte ich Bin Akao, den berüchtigten Faschisten im Hintergrund des Attentats. Jeder politisch Interessierte in Tokio kennt ihn inzwischen. Auch außerhalb der Wahlkämpfe steht er mit seinen Lautsprecherwagen vor dem Nichigeki-Theater und auf den Bahnhofsvorplätzen in Shimbashi und Shibuya. Stets tragen seine jugendlichen Jünger Stahlhelme und schwenken Sonnenbanner. Bin Akaos Einsätze haben etwas Marktschreierisches. Seinen heiseren Reden hört kaum jemand zu. Aber die Polizei muß immer Kranwagen in Bereitschaft halten, um seine Propagandabusse im Notfall abschleppen zu können. Zuletzt beim Besuch des sowjetischen Außenministers Gromyko, als der Faschisten-Stoßtrupp vor dem Auswärtigen Amt auftauchte und Flugblätter niederregnen ließ. Bin Akaos Farben sind Schwarz-Weiß-Rot und leuchten von Laternenpfählen und Alleebäumen.

Damals, 1960, hauste er wie ein Eremit in einer während des Krieges ausgebrannten Tempelruine in Tokios billigstem Vergnügungsviertel Asakusa, gleich gegenüber dem populären Kannon-Tempel. Obszöne Fotografien frivoler Strip-tease-Keller links, in Neonlicht schwimmende Kino- und Kabarett-Fassaden rechts, mündete die Straße in eine schmale Bazargasse. Unter trüben Petroleumlampen Jacken, Hosen, Schuhe, Kimonos. Am Ende der Budenreihe eine Tempelruine und darin aufgeschlagen zwei einstöckige Holzbaracken.

Einige Milchglasscheiben der fast aus den Fugen springenden Schiebetür waren zerbrochen. Bin Akao öffnete und bot uns auf der Tatami vor dem Altar seiner Gottheiten den Ehrenplatz an. Mit seiner graumelierten Haartonsur und in seinem handgewebten Sportjackett sah er wie ein Jugendbewegter der Freikörperkultur oder wie ein Japaner vom deutschen Wandervogel aus. Die Stirnseite der aus billigem Bretterholz gezimmerten Hütte schmückten grellfarbige Riesenporträts von Christus, Konfuzius, Kaiser Meiji und Buddha. Weitere Dekorationen: Kendoschwerter, Kendomasken und der Propeller eines abgewrackten Sportflugzeuges.

Bei einer Tasse grünem Tee setzte Japans bekanntester Rechtsradikalist seine abstruse Philosophie auseinander. Sie vereinige Elemente des westlichen Christentums mit offenbarten Weisheiten des Ostens und nationalen Tugenden Japans. Es falle ihm schwer, die Fülle seiner Gesichte in die hölzerne Sprache eines trockenen Programms zu vergewaltigen. Der Strom der Ideen, die ihn bewegten, sei so gewaltig, daß er sich auch als ein japanischer Mohammed begreife. Auf eine kurze Formel gebracht, heiße sein Glaubensbekenntnis: Antikommunismus. Deshalb sei er noch heute ein Verehrer von Hitler und Mussolini. Leider fehlten ihre Bilder im Raum, denn letztlich seien beide doch nur Gestalten der Zeitgeschichte und reichten weltanschaulich an Christus, Konfuzius und Buddha nicht ganz heran.

In diesem Zusammenhang übte Bin Akao Kritik an Dr. Adenauer und den Herren der deutschen Botschaft. Sie hätten bei dem Staatsbesuch des Bundeskanzlers im Frühjahr 1960 absolut kein Verständnis für die von ihm und seinen Getreuen auf dem Flughafen entrollten Hakenkreuzfahnen gezeigt. Dr. Adenauer sei nach Adolf Hitler der größte Deutsche und brauche sich deshalb der Fahne des Großdeutschen Reiches wahrhaftig nicht zu schämen. Aber möglicherweise seien die Deutschen, ähnlich wie die Japaner, vom Amerikanismus schon so infiziert und degeneriert, daß sie sich ihrer Geschichte schämten.

Anschließend, es war schon spät geworden, zeigte uns Bin Akao seine Kaserne, die Baracke Nummer zwei. Ein einziger Raum, bis zur Decke vollgestapelt mit Papieren, Plakaten, Pamphleten. An rostigen Nägeln Stahlhelme, in den Ecken eingerollte Fahnen. Mitten in dem Durcheinander schliefen fünf junge Burschen. Otoya Yamaguchi hatte einst in dieser Rumpelkammer ebenfalls geschlafen. Das Jugendkorps der Großjapanisch-Patriotischen Partei! Warum nur fünf Mann? Tokio zähle doch schließlich elf Millionen und ganz Japan sogar hundert Millionen Einwohner? In diesem Meer von Menschen würde der Stoßtrupp der fünf doch ertrinken? Bin Akaos Antwort: »Atombomben sind auch nur klein!«

Kurze Zeit später trat der berüchtigte Faschist im Fernsehen auf. Er war damals, nach der Ermordung Asanumas, einer der journalistisch populärsten Politiker. Über den Geist seines Ordens durfte er unwidersprochen vor den Kameras erklären: »Wenn ich euch Jungen befehle zu töten, dann müßt ihr töten. Weil ihr noch jung seid und manches nicht versteht, müßt ihr in mich absolutes Vertrauen haben. Wenn ihr in diesem Geiste handelt, werdet ihr die Retter von Volk und Land sein.« [3]

Ein Phantast, ein Spintisierer, ein Verrückter? Ein parasitärer Außenseiter, der immer nur in Hinterzimmern agierte und niemals zum Zuge kam. Ein ständig mit den Gesetzen in Konflikt geratener Rabauke, der im Grunde niemanden überzeugen konnte und wollte. Der sich sein Leben lang in dem Bewußtsein sonnte, von ihm gebe es nur ein Exemplar auf der Welt – ihn selbst. Der sich um so unabhängiger und freier fühlte, je öfters die Polizei bei ihm vorsprach. Bin Akao war immer gegen alles: gegen Kriegspremierminister General Tojo, gegen den Überfall auf Pearl Harbor, gegen die »artfremde« Achse Berlin–Rom–Tokio, gegen die Sowjetunion, gegen Peking, gegen den Amerikanismus, gegen die knieweichen Konservativen, gegen die marxistischen Linken, gegen die anderen Faschisten.

Die politischen Radikalinskis in Japan sind Anarchisten, Bin Akao rechtsaußen und die Draufgänger der Studentenorganisation Zengakuren linksaußen. Zu welchen politischen Programmen sie sich auch immer bekennen: sie verrennen sich in Sackgassen, und je größer die Aussichtslosigkeit, um so blinder ihr Schneid.

Flughafen Haneda, 8. Oktober 1967. Ministerpräsident Sato startet zur zweiten Etappe seiner Reise durch die nichtkommunistischen Länder Ostasiens. Endstation: Saigon, Südvietnam. Etappenstadt des häßlichen Krieges der weißen Amerikaner gegen asiatische Blutsbrüder. Die Anfahrtsstraßen zum Flugplatz sind abgeriegelt.

Leichtgepanzerte Polizei-Lkws sperren zwei schmale Brücken, die Tokio mit der auf einer Halbinsel gelegenen Rollbahn verbinden. Jenseits der Brücken: Zengakuren-Studenten der rivalisierenden Fähnleins Samparengo und Marugaku. Die Polizei spricht von 2 000. Aber tatsächlich kämpfen an jeder Brücke nur hundert. Mit einem Mut sondergleichen. Der Steinhagel geht nieder wie ein Taifunregen. Die Übermacht der Polizisten ist erdrückend. Sie tragen Stahlhelme, Plastikvisiere, Gummiknüppel, Schilder und pro Hundertschaft große Nylonnetze gegen die fliegenden Steine. Stoßtrupps der Studenten quetschen sich zwischen Brückengeländer und Lkws hindurch und stürmen. Mit Bambusstangen, Knüppeln und Stöcken. Die Polizei weicht zurück. Wasserwerfer fahren auf. Die Rohre finden auf der vier Meter breiten Brücke lohnende Ziele. Die Studenten erklettern die halbrunden Dächer der Lkws. Wasserwerfer schießen sie herunter. Die ersten Polizeifahrzeuge gehen in Flammen auf. Fünf Stunden tobt die regelrechte Schlacht. Von morgens neun bis nachmittags zwei Uhr. Ministerpräsident Sato ist längst abgeflogen. Zwischendurch kurze Waffenstillstandspausen. Für Passagiere, die ihre Flugzeuge erreichen wollen. Dann stellt die Polizei den Fanatikern ein Ultimatum. Einer der Studenten ist tot. Überfahren von seinen eigenen Freunden. Aus sieben brennenden Polizeiwagen steigen dichte Rauchwolken hoch. Die Studenten denken nicht daran, den Kampf abzubrechen. Kurze Kommandos. Die Polizei schießt eine Salve Tränengas, stürmt und schlägt zu. In zehn Minuten ist der Spuk vorüber.

Ähnliches spielte sich am 12. November 1967 ein zweites Mal ab, als Ministerpräsident Sato nach Washington flog. Kleine Cliquen von Fanatikern machten Schlagzeilen. Was sind das für Studenten? Ihrem Glauben nach Marxisten, aber Marxisten, die über die linkssozialistische Partei nur lachen, aus der kommunistischen Partei ausgestoßen wurden und selbst Chinas Rote Garden noch für Revisionisten-Haufen halten. Wenn sie sich nicht mit der Polizei schlagen, bekämpfen sie sich untereinander. Bei den Krawallen in Haneda stürmten sie nicht gemeinsam, sondern Fähnlein neben Fähnlein und jedes an seiner eigenen Brücke. Samparengo und Marugaku – welches ist die schneidigste, draufgängerischste, mutigste Gruppe? Sie befragen das Spieglein an der Wand nach altjapanischen Männlichkeitsidealen.

Die Anarchisten von links und rechts sind so eng miteinander verwandt, daß sie austauschbar sind. Denn entscheidend ist nicht das, an was sie angeblich glauben und wofür sie scheinbar kämpfen, sondern die gemeinsame Haltung, die in ihren Aktionen zum Ausdruck kommt. Die Heimatlosen Japans sind keine unangenehmen Störenfriede, die die Bevölkerung verärgern und mißmutig machen, sondern zu unberechenbaren Explosionen prädestinierte Einzeltäter, Kamikaze, die nichts und niemanden fürchten. Je kleiner ihre Gruppe und je erdrückender die Übermacht, desto todesverachtender ihr Geist.

Die heimatlose Rechte heißt Großjapanisch-Patriotische Partei, Vereinigung zum Schutz des Vaterlandes, Kameradschaft der öffentlichen Sicherheit, Korps antikommunistischer Freiwilliger, Gesellschaft des Pinienblattes, Jugendkorps der aufgehenden Sonne, Großjapanische Chrysanthemengesellschaft, Vereinigung der patriotischen Jugend, Bund des Landes der Sonnengöttin, Schule des größeren Ostens. Ihre ultranationalistischen Nester sind eine Verlockung für Irrläufer und gestrandete Existenzen. Weil sie ihr Dasein am Rande der Gesellschaft, unter Ausschluß der Öffentlichkeit und im Zwielicht der Halbwelt fristen, stehen manche dieser Gruppen in dichter Nähe zu kriminellen Ringvereinen und Gangsterbanden.

Atami, im Dezember 1963. In dieser Hotelstadt des süßen Lebens, anderthalb Schnellzugstunden von Tokio entfernt, trifft sich ein Orden berüchtigter Männer. Den Kurgästen in den winterlichen Yukatans auf den Strandpromenaden sind sie unbekannt, aber nicht der Polizei. Sie beobachtet ihre Schäflein, aber da sie nicht gegen die Gesetze verstoßen, bleibt alles ruhig. Auch die rivalisierenden Gangsterbanden in Atami wissen Bescheid, doch ihre Bosse haben zum Waffenstillstand aufgerufen. Mächtigere Chefs sind gekommen, und deshalb heißt es Disziplin bewahren.

In einem der großen Hotels stimmen die bekanntesten Gangsterbosse aus dem Großraum Tokio/Yokohama die Nationalhymne an. An ihrer Seite die Führer und Präsidenten rechtsradikaler Gruppen. Der Festredner tritt hinter die Mikrofone. Man sei hier versammelt, so sagt er, um eine historische Stunde zu feiern. Heute solle die Kantokai geboren werden und jedes Mitglied dem anderen brüderlich die Hand reichen. Die Rivalitäten der Vergangenheit müßten begraben werden. Blut dürfe, wie es leider bei Meinungsverschiedenheiten vorgekommen sei, nicht mehr fließen. Die Probleme der Zukunft sollten durch Diskussion und guten Willen gelöst werden. Die Macht der Mächte, die ihre ehrenwerten Vorsitzenden nach Atami delegiert hätten, müsse konzentrisch zusammengefaßt werden, denn Japan sei in Gefahr. Kommunisten und andere Marxisten wollten die Volksseele vergiften. Darum der Aufruf zur Gründung der Kantokai, dem dankenswerterweise so viele Prominente gefolgt seien. »Begraben wir unsere gewaltsam ausgetragenen Feindschaften! Laßt uns unsere physische Kraft nur dann noch einsetzen, wenn unserem Land die Gefahr einer Revolution von links droht!« [4]

Zu den Gründungsmitgliedern des politisch orientierten kriminellen Ringvereins gehörte auch Herr Fujita, Boss der Matsubakai, mit mehreren tausend Organisierten eine der bekanntesten Gangs der japanischen Unterwelt. In einem Manifest der gefürchteten Bande hieß es damals: »Wir haben unsere Verantwortung erkannt, daß wir Wächter und Förderer der japanischen Demokratie sein sollten. Wir sind entschlossen, der Invasion des tyrannischen Kommunismus Widerstand zu leisten.« [5]

Gangsterboss Fujita rühmte sich eines ganzen Katalogs guter Taten. Er habe die Demonstrationen gegen den stellvertretenden sowjetischen Ministerpräsidenten Mikojan und die Mobilisierung von 10 000 Mann zur Begrüßung des südkoreanischen Staatspräsidenten Park organisiert. Er habe ferner dem letzteren in einem der angesehensten Hotels von Tokio hundert Radioapparate geschenkt, damit sie an Bedürftige in Südkorea kostenlos verteilt werden sollten. Er habe außerdem eine Protestaktion gegen den Verlag der Sokagakkai gestartet, weil die Sekte in einer ihrer Zeitschriften die Abschaffung des Shintoismus verlangt habe. Darüber hinaus habe er Protestbriefe an den japanischen Wissenschaftsrat geschrieben, weil sich dieser in einer Denkschrift gegen den Besuch amerikanischer Atom-Unterseeboote ausgesprochen habe. Nach Darstellung in der Presse zeigten die Belästigten über die plötzliche Konfrontation mit der Unterwelt deutliche Anzeichen von Furcht und Angst.

Vor den kriminellen Praktiken der parasitären Rechtsradikalen schützen sich die Bedrohten in besonderen Krisenzeiten durch Leibwächter. Sie können sie mieten oder sie werden ihnen von der Regierung gestellt. In diesem Zusammenhang erinnere ich mich einer Faschingsparty im Hause des dpa-Kollegen im Februar 1961. Zu unserer aller Überraschung standen Polizeibeamte vor dem Haus; niemand wußte zunächst, warum. Plötzlich ging die Tür auf und herein traten in blankgeputzten weichen Schaftstiefeln zwei stramme Offiziere der ehemaligen kaiserlichen Armee. Sie trugen das alte Ehrenkleid mit dem Ernst von Japanern, deren Gesichter auch im Fasching nicht aufzuheitern sind. Einer von beiden war der auch in Deutschland durch die Übersetzungen seiner Romane und Erzählungen bekannte Schriftsteller Yukio Mishima.

Wer aber war der zweite? Er tanzte Kornblumenblau, trank Löwenbräu und aß Würstchen, aber ging dem Poeten eigentlich nie von der Seite. Schließlich lüftete Mishima das Geheimnis: »Mein Leibwächter!« Er ließ seinen Schützling selbst in einer Faschingsnacht im Haus eines Ausländers nicht aus den Augen. Yukio Mishima galt als links. In jenen Monaten nach der Ermordung Asanumas standen mehrere hundert Persönlichkeiten der Linken unter kriminalpolizeilichem Schutz.

Trotz des gelegentlichen Ernstes der möglichen Konsequenzen bleiben Japaner den Ultranationalisten gegenüber gelassen und tolerant. Anlaß zu besonderer Aufregung besteht ihrer Meinung nach nicht. Zeitungen können ohne politische Folgen für den Betroffenen schreiben, rechtsradikale Ringvereine hätten behauptet, Ministerpräsident Sato habe aus ihren Reihen eine Zeitlang seine Leibwächter gemietet. Kein parlamentarischer Untersuchungsausschuß nimmt solche Erklärungen unter die Lupe. Auch wenn das Innenministerium offizielle Berichte veröffentlicht, daß ein Teil der Geldspenden für ultranationalistische Gruppen aus dem Lager der liberal-demokratischen Regierungspartei komme, gibt es keine Affäre. 1960 gehörten zu den Finanziers rechtsradikaler Organisationen mit relativ bescheidenen Beträgen ein politischer Freundeskreis um den damaligen Ministerpräsidenten Ikeda und die staatliche Bank von Japan.

Aufgrund des allgemein akzeptierten Dschungels der gesellschaftlichen Beziehungen werden auch die Kanäle zwischen Politik und Unterwelt kaum als anstößig empfunden. Es kommt dabei zu komisch-grotesken Begebenheiten. »Norihito Nanba, 29 Jahre alt und anerkannter Boss einer namhaften Gangsterbande, empfing im Gefängnis von Kurume einen ungewöhnlichen Brief. Der Bürgermeister des kleinen Städtchens südwestlich von Tokio hielt es trotz der ungewöhnlichen Umstände für angemessen, dem jungen Mann seinen Dank für die Verdienste um die Stadt auszusprechen. Der Dank bezog sich auf Nanbas Mitwirkung in der Selbstverwaltungs-Gesellschaft der Bürger von Kurume. Er hatte als Besitzer eines Apartmenthauses die Mieter veranlaßt, eine Gruppe zu bilden, die alle Hausangelegenheiten selbständig regelte. Inzwischen war er des Mordes und zahlreicher anderer Gesetzesverletzungen angeklagt und saß in Untersuchungshaft. Ein Beamter des Bürgermeisterbüros, befragt, ob der Dankesbrief nicht fehl am Platze

In der Welt kaum bekannt, regierten sie Japan in den 60er Jahren. Im Vordergrund der verstorbene Ministerpräsident Ikeda; 1. Reihe, 2. von rechts: der jetzige Ministerpräsident Sato.

Kaiser Hirohito empfing 1960 Bundeskanzler Dr. Adenauer in Audienz. Links Kaiserin Nagako.

Bankett am kaiserlichen Hof für Bundespräsident Lübke im Herbst 1963.

war, erwiderte verständnislos: es sei üblich, zurückgetretenen Mitgliedern der Selbstverwaltungsorganisation ein Dankschreiben zu schicken. Man könne doch keine Ausnahme machen, bloß weil der Betreffende zufällig ein Gangster sei.« [6]

Eine Ausnahme wollten auch jene beiden Stadtverordneten aus Nishinomiya bei Kobe nicht gelten lassen, die dem verhafteten Boss eines ortsbekannten Ringvereins ein kleines Geschenk überbringen wollten. Die Polizei wies sie ab, weil der Inhaftierte schon zu viele Aufmerksamkeiten erhalten habe. Die Volksvertreter fanden diesen Bescheid unhöflich und brachten die Angelegenheit vor das Stadtparlament. Die Mehrheit der Honoratioren billigte das Vorgehen ihrer Kollegen und erklärte, man habe zwar keinerlei persönliche Beziehungen zu dem Verhafteten, wolle ihm aber das Mitgefühl zeigen.

Direkt nationale Wellen der Rührseligkeit schlug der Fall Rikidozan. Als Berufsringer machte er Millionen und baute Häuser, Sport- und Vergnügungspaläste. Jedes Kind kannte seinen Namen, wo er auftrat, warteten Scharen von Teenagern auf Autogramme. Als Rikidozan die Tochter eines hohen Polizeibeamten heiratete, fand die Hochzeit im Tokioter Prestige-Hotel Okura statt. Ehrengäste waren der Ministerpräsident und mächtige Funktionäre der Regierungspartei. Obwohl von Geburt Koreaner, stand Rikidozan mit den Konservativen auf gutem Fuß. Als einer der Millionäre der Sport- und Vergnügungsindustrie frischte er bei Wahlen ihre Parteikassen auf.

Im September 1963 war Rikidozan plötzlich tot. Auf der Toilette eines internationalen Nachtclubs im hauptstädtischen Akasaka war er niedergestochen worden und später seinen Verletzungen erlegen. Der Täter gehörte einer mit den Unterweltsfreunden um Rikidozan in Konkurrenz stehenden Gangsterbande an. Eine Fernsehstation widmete dem Ermordeten einen Nachruf von 45 Minuten. Auch die für Reinheit und gegen Korruption streitende Sekte der Wertschöpfer, die Sokagakkai, drückte ihr Beileid aus. »Wir sind traurig, wenn wir die Familie von Rikidozan tiefbetrübt über seinen Tod sehen. Der Verstorbene war der Weltmeister im Berufsringen, und das japanische Volk verehrte ihn. Aber selbst ein solch unbesiegbarer Mann starb, als ein nur fünf Zoll langes Messer in ihn gestoßen wurde.« [7] Die große Zeitung Asahi schrieb sentimental: »Die Kinder können nicht glauben, daß Rikidozan tatsächlich tot ist.« [8]

Die fließenden Übergänge zwischen Unterwelt, Halbwelt und Politik haben in Japan eine lange Geschichte. Seine feudalistisch strukturierte Gesellschaft ist, ähnlich wie die chinesische, für Geheimgesellschaften und Geheimbünde immer prädestiniert gewesen. Der Feudalismus mit seiner auf einen Boss ausgerichteten Sozialethik ist unkontrollierbaren Cliquen-Bildungen und Ordensgründungen grundsätzlich förderlich, weshalb das Kriminelle und Korrupte, falls es sich einigermaßen in Grenzen hält, nicht unbedingt als verrucht und verwerflich empfunden wird.

Es ist in Tokio kein Geheimnis, daß Bars und Kabaretts in der Ginza, in Akasaka, Shibuya, Shinjuku, Asakusa und Ikebukuro Schutzpatrone haben und ihnen regelmäßig Geld zahlen. Wer ihren Forderungen nicht nachkommt, muß damit rechnen, daß die Gangster sich selbst einladen, ein Restaurant oder einen Coffee-shop tagelang als »Gäste« friedlich besetzen und dem Eigentümer alle ehrlichen Kunden vergraulen. Wer in den Vergnügungsvierteln größere Filme drehen will, setzt sich zur Sicherheit von Personal und Gerät vorher mit dem zuständigen Unterweltskönig zusammen und regelt die Finanzen. Die Gangs lassen sich auch mieten. Bei einem Schulstreit zwischen dem Direktorium und dem Elternbeirat heuerten die sich befehdenden Parteien zwei rivalisierende Banden an, die das Schulgebäude besetzten und erst abzogen, als der Polizei der Geduldsfaden riß.

Wie überall gilt auch in der japanischen Unterwelt ein Ehrenkodex. In ihm spielt ganz speziell der kleine Finger eine große Rolle. Als bei einer Bandenfehde einer der Bosse irrtümlich angeschossen worden war, wurde er von seinem Rivalen im Krankenhaus besucht. Dieser überreichte dem Verletzten 20 000 Mark Schmerzensgeld und gab ihm zum Zeichen, daß er es mit der Aussöhnung ehrlich meine, auch noch seinen abgehackten kleinen Finger hinzu. Nach ähnlich rituellen Relikten aus längst vergangenen Tagen handelte auch jener 17jährige, der 1964 vor dem Amtssitz des Ministerpräsidenten verhaftet wurde. Nach Angaben der Polizei hatte er gegen den »pekingfreundlichen« Regierungschef ein Attentat geplant. In einem Briefumschlag trug der Jugendliche einen blutigen kleinen Finger bei sich, den er sich selbst abgehackt hatte. Durch diese traditionelle Geste der Selbstverstümmelung wollte er seine Entschlossenheit im Kampf gegen den Kommunismus glaubhafter machen.

Vor dem Hintergrund solch befremdender Tugenden und einer generell akzeptierten Führer-Gefolgschafts-Treue muß teilweise der parasitäre Rechtsradikalismus gesehen werden. Er war niemals eine mit der NSDAP in Deutschland oder dem Faschismus in Italien vergleichbare Massenbewegung. Die volksdemokratische Mobilisierung der Straße trat ihm als politisches Mittel im Kampf um die Macht überhaupt nicht ins Bewußtsein.

Der japanische Rechtsradikalismus, außerparlamentarisch wie er ist und sein will, steckt bis heute im Stadium der Verschwörung. Seine Welt ist der Untergrund und seine Methode die Konspiration. Er braucht jahrelang überhaupt nicht in Erscheinung zu treten und ist dennoch nicht tot. Die Gefahr liegt nicht in seiner zahlenmäßigen Stärke, sondern im typologischen Charakterbild seiner Einzelgänger. Sie sind von mythischer Geschichtsstimmung geladene Täter, und ihre Aktionen ereignen sich mit atemberaubender Plötzlichkeit. Sie haben in der Geschichte des als so höflich bekannten Volkes Blutspuren von Morden und Attentaten zurückgelassen.

Allein in der Ära Showa des regierenden Kaisers Hirohito, die den Namen »Leuchtender Friede« trägt, wurden in den dreißiger Jahren von Rechtsextremisten ermordet: Ministerpräsident Hamaguchi, Finanzminister Inoue, der Präsident des Mitsui-Konzerns Baron Dan, der Großindustrielle Yasuda, Ministerpräsident Inukai, General Nagata, Admiral Saito, Finanzminister Takahashi, General Watanabe und Oberst Matsuo. 1960 starb von Mörderhand Inejiro Asanuma. Bei einem mißlungenen Attentat wurde im darauffolgenden Jahr irrtümlich ein Dienstmädchen erstochen. Anschläge mit nichttödlichem Ausgang wurden nach dem Kriege auf folgende Politiker durchgeführt oder versucht: die Ministerpräsidenten Kishi und Ikeda; die Sozialisten Kawakami und Suzuki und die Kommunisten Kikunami, Tokuda und Nosaka. Im Sommer 1962 legten rechtsradikale Terroristen die Residenz von Wiederaufbauminister Kono in Schutt und Asche. Sie überreichten einen Protestbrief, gossen Benzin auf den Fußboden und gaben zwei Pistolenschüsse ab. Als das Haus in Flammen stand, fuhren sie davon.

Nach polizeilichen Schätzungen gibt es 350 rechtsradikale Gruppen mit einer Gesamtstärke von rund 30 000 Mitgliedern. Es sind ungefähre Zahlen, da wegen der Winzigkeit der einzelnen »Parteien« – sie sind zwischen 5 und 1 000 Mann stark – eine exakte

Übersicht nicht möglich ist. So plötzlich sie auftauchen, so plötzlich verschwinden sie auch wieder in der Versenkung.

Ideologische Einigkeit besteht zwischen ihnen nur im Antikommunismus, doch ob dieser sich gegen Peking genauso richtet wie gegen Moskau, bleibt wegen der panasiatischen Herztöne im japanischen Rechtsradikalismus zweifelhaft. Gewöhnlich ist der Antikommunismus im Volk eng geographisch gegen die Sowjetunion lokalisiert und wird weniger ideologisch als rassisch-national verstanden. Es verbergen sich in ihm uralte antirussische Haßgefühle gegen das zaristische und sowjetische Vordringen in den Fernen Osten. Auf Petersburg bzw. Moskau hat Tokio bei seinen asiatischen Festlandsplänen in Korea und China jahrzehntelang immer die meiste Rücksicht nehmen müssen. Durch die Nähe Sibiriens drohten dem japanischen Imperialismus stets sehr konkrete Gefahren. Auch der Sieg über das zaristische Rußland 1904/05, obgleich heute noch immer als die heroischste Tat der Väter gefeiert, hat Japan gegenüber der riesigen Kontinentalnation nicht blind gemacht. Es versuchte zwar nach der Oktoberrevolution, durch die Entsendung von Expeditionstruppen nach Sibirien bis hin nach Irkutsk am Baikalsee, sich in die inneren Angelegenheiten seines geschwächten Nachbarn einzumischen, blieb aber dann in den folgenden Jahrzehnten vorsichtig und zurückhaltend und ließ Hitler bei seinem Angriff gegen die Sowjetunion im Stich. Man kann von einer politischen Paradoxie sprechen, daß Japan seinem historischen Feind gegenüber am friedfertigsten war. Es lag allerdings auf der Lauer und fand sein permanentes Mißtrauen schließlich bestätigt, als Stalin den Nichtangriffspakt brach und am 8. August 1945 in den Krieg eintrat. Dieser Racheakt zur Tilgung der Rußland angetanen Schmach bei Tsushima wurde von Japan als besonders demütigend empfunden, weil es in jenen Augusttagen bereits geschlagen am Boden lag und sich nicht mehr wehren konnte.

Tokio sieht in Moskau, wenn es so etwas in der Politik gibt, eine Art Erzfeind. Daran ändert auch die gegenwärtige Periode des diplomatischen Lächelns nichts. Seit dem Bruch zwischen Sowjets und Chinesen wurde Japan von zahlreichen sowjetischen Ministern, Astronauten, Professoren, Künstlern und Funktionären besucht. Moskau lockte ferner mit günstig klingenden Angeboten zur wirtschaftlichen Erschließung Sibiriens. Trotz allen Interesses aber operiert Japan dabei vorsichtig, da es bei einer Hilfe zur industriellen

Entwicklung des sowjetisch-chinesischen Grenzraumes mit Peking in Konflikt geraten könnte. Moskau hat Tokio neu entdeckt und eine rege diplomatische Aktivität entwickelt. Die plötzlichen Sympathien der Sowjets für die Japaner aber sind eine Folge des Bruchs zwischen Peking und Moskau. Sie fallen in eine Phase antichinesischer Konjunktur. Daraus darf man schließen, daß die Schönwetterperiode in den Beziehungen zwischen der Sowjetunion und Japan ein taktischer Flirt, aber keine Liebe ist.

Wenn es Moskau ernst meine und nicht nur kurzfristig taktiere, so argumentiert man in Tokio, solle es als Beweis für den Beginn einer Epoche echten Vertrauens die 1945 besetzten Südkurilen-Inseln herausgeben. Die Sowjets aber denken nicht daran. Über ihre Haltung sind die Japaner eigentlich gar nicht enttäuscht, denn sie haben von Moskau nichts anderes erwartet. Und umgekehrt wird der Kreml nicht erstaunt sein, daß Tokio an der Südkurilen-Frage den sowjetisch-japanischen Friedensvertrag scheitern läßt. Beide Seiten geben sich über den Tiefgang ihrer Beziehungen keinen Illusionen hin. Aber trotz des nicht abzubauenden Mißtrauens bleibt Japan freundlich und läßt sich zu keinen antisowjetischen Stimmungen hinreißen. Die propagandistische Ausnutzung der irrationalen Faktoren im Verhältnis zu den Russen überläßt die Regierung dem kleinen Häuflein der Rechtsradikalen.

Im Vergleich zu den imperial-chauvinistischen Parolen der Vergangenheit, die ein von Tokio kontrolliertes und kommandiertes Groß-Ostasien propagierten, ist der Rechtsradikalismus heute introvertiert. Unter den Restbeständen seines diffusen ideologischen Mosaiks dominieren die nur noch innenpolitisch interpretierten Strömungen eines nationalen Sozialismus und mystischen Nipponismus. Beide zerfließen ineinander, so daß es keine klaren Abgrenzungen gibt.

Die nationalen Sozialisten stehen unter dem Einfluß des 1936 nach einem gescheiterten Staatsstreich hingerichteten Faschisten Ikki Kita. Er predigte neben panasiatischen Eroberungs- und Auswanderungsplänen die Ausschaltung des privaten Profitstrebens in der Großindustrie, eine Landreform zugunsten der armen Bauern und die Abschaffung aller höfischen Einrichtungen, die den Tenno vom Volk trennen. Seine Ideologie entsprach weitgehend einem bäuerlichen Sozialismus. Er ist durch die Einebnung des in den dreißiger Jahren bestehenden sozialen Gefälles zwischen Stadt und Land heute überholt. Deshalb fällt es den faschistischen Sozialrevolutionären schwer, an die aufgrund des Wirtschaftswunders eingetretene Entwicklung den ideologischen Anschluß zu finden.

Es ist eine Paradoxie der Geschichte, daß die staats- und wirtschaftspolitischen Vorstellungen des verhältnismäßig populär gewesenen Faschisten Kita nach dem Kriege eine Zeitlang teilweise verwirklicht wurden, und zwar ausgerechnet von der amerikanischen Besatzungsmacht. Sie zerschlug, wie er es gefordert hatte, die Riesenkonzerne der Zaibatsu, enteignete die Großgrundbesitzer und befahl die Demokratisierung des Tennotums.

Das eigentliche Grundmotiv des Rechtsradikalismus aber ist die völkische Romantik eines mystischen Nipponismus. Er entspringt einer Blut-und-Boden-Stimmung und ist ein Protest des Instinkts gegen die in den letzten hundert Jahren von Japan selbst gewollte Verfremdung. Die Völkischen beschuldigen den aus Europa und Amerika importierten Liberalismus, das einst so markige Japan verweichlicht und degeneriert zu haben. Sie wehren sich gegen die Wiederkehr von Epochen, »da der Japaner sich schämte, Japaner zu sein und Japan es als eine Schande ansah, Japan zu sein. Man war beinahe verrückt, wahnsinnig, ganz gleich, zu welcher Schicht man gehörte, um wenigstens äußerlich wie Europäer auszusehen, um Japan ein europäisches Äußeres zu verleihen. Und das waren keineswegs Taten des landesverräterischen Gesindels, sondern die der patriotisch Gesinnten, die fest überzeugt waren, daß Japan nur dadurch in der Welt bestehen könne.« [9]

In Perioden wirtschaftlichen Wohlstandes, die von einem Hedonismus moralfreiester Art begleitet sind, ziehen die mystischen Nipponisten gegen Mammonismus und Parvenüstimmung zu Felde und erinnern an die Kargheits- und Zuchtideale der Samurai. »Das Leben des Japaners fängt mit Pflicht an und hört mit Pflicht auf. Der Japaner ist geboren, um unbewußt seine Pflicht zu erfüllen. Er tut es mit Freude und ohne Zwang. Damit erfüllt er seine Pflicht gegenüber dem Kaiserhaus und gegenüber dem Staat. Beides macht das Leben des Japaners aus.« [10] Das gefühlsschwangere Philosophieren kreist um den schwammigen Begriff des nationalen Charakters, den es gegen alles Fremdländische zu bewahren gelte. »Der ursprüngliche Charakter Japans ist das wichtigste Element, das das japanische Volk einigt, und ist zugleich das Fundament, auf dem sich unser Volk entwickeln wird. Deshalb sollten wir jede mögliche Anstrengung machen, um den Nationalcharakter unseres Landes gegen die Verwüstungen durch eine destruktive Revolution zu sichern.« [11]

Obgleich Japaner ganz unbewußt stark völkisch durchstimmt sind, haben die bestehenden rechtsradikalen Gruppen nicht die geringste Chance, an die Macht zu kommen. Die mehreren hundert in absolutem Gehorsam auf ihre Führer eingeschworenen Blutsbrüderschaften existieren beziehungslos nebeneinander und marschieren auf getrennten Wegen. Auch ideologische Gemeinsamkeiten können sie nicht zusammenbringen, da die feudalistische Loyalität stärker als jedes theoretische Programm ist. In den Führern ist das Trennende institutionalisiert, so daß eine von ihnen organisierte Volksfront von rechts auch in Zukunft kaum denkbar erscheint.

Der Rechtsradikalismus erhielt 1945 mit der Auflösung der kaiserlichen Armee seinen Todesstoß. Sie war die Macht gewesen, um die sich die zivilen Extremistengruppen kristallisiert hatten, und damit der Mutterschoß des Ultranationalismus. Als die Kasernen geschlossen wurden, verlor er sein Zentrum und wurde pulverisiert und atomisiert. Seit jenen Tagen ist der Rechtsradikalismus nicht mehr gesellschaftsfähig.

Heute hat Japan wieder eine Armee, über deren Geist der inneren Führung sehr wenig in den Zeitungen steht. Aber diese Armee ist mit dem Makel der größten Katastrophe in der 2 600jährigen Geschichte des Landes behaftet; ihr ist dadurch für politische Ambitionen das Rückgrat gebrochen. Japans Offiziere können sich für die totale militärische Niederlage auf keine Dolchstoßlegende berufen; sie wurden nicht in der Heimat, sondern bis zur allerletzten Stunde im Felde besiegt. Deshalb erscheint es gegenwärtig so gut wie ausgeschlossen, daß der Rechtsradikalismus in absehbarer Zeit noch einmal in den Uniformen von Heer, Marine und Luftwaffe antreten könnte.

TOKIO – WASHINGTON

In Tokio nahte sich die mitternächtliche Stunde. In die schützende Dunkelheit der Straße trat ein höherer japanischer Beamter hinaus. Mit der Vorsicht eines amerikanischen Siedlers aus romantischen Winnetou-Tagen, da Sioux-Indianer die Gegend unsicher machten, hielt er nach linken Demonstranten Ausschau. Aber in dieser Nacht war die Luft rein. In der Aktentasche die chrysanthemenverzierte Kopie des revidierten japanisch-amerikanischen Sicherheitsvertrages, machte sich der Beamte auf den Weg zum Kaiserpalast. Über die späte Ankunft des diplomatischen Boten vorgewarnt, wurde er durch eines der großen Tore unauffällig eingelassen und in die kaiserlichen Vorzimmer geführt. Dort wartete er, bis Kaiser Hirohito das Vertragswerk mit einem Pinsel unterschrieben hatte. Später hieß es noch, der Tenno habe in jener hochpolitischen Stunde vor dem Fernsehapparat gesessen.

So begann das amerikanische Nachrichtenmagazin TIME am 4. Juli 1960 seinen Bericht über die Ratifizierung des durch die schweren Unruhen im Frühsommer bis zuletzt bedrohten japanisch-amerikanischen Sicherheitsvertrages. Der Austausch der Urkunden wurde geheimgehalten. Er fand nicht, wie üblich, im Gaimusho, dem Auswärtigen Amt, sondern in der Privatresidenz von Außenminister Fujiyama statt. Die Furcht vor Protestaktionen der Linken war so groß, daß das sonst so zeremonielle und protokollarische Japan nicht einmal die gewöhnlichen Formen diplomatischer Courtoisie wahrte. Wahrscheinlich ist noch niemals ein das Verhältnis zweier großer, souveräner Völker regelndes Vertragswerk unter so entehrenden Begleitumständen für einen der beiden Bündnispartner rechtskräftig geworden.

Noch neun Jahre früher war das Klima der Beziehungen zwischen Tokio und Washington ganz anders. Damals, im April 1951, säumten zwei Millionen Menschen die Straßen der japanischen

Hauptstadt, durch die General MacArthur, von Präsident Truman wegen seiner Kriegspolitik in Korea abgesetzt, zum Flughafen fuhr. Die Zeitungen ASAHI und MAINICHI schrieben, das japanische Volk habe einen gütigen und liebenden Vater verloren. Mit Tränen in den Augen hatte zu einem früheren Zeitpunkt der Tenno erklärt, General MacArthur sei ein Kamikaze, ein göttlicher Wind, der das Herz Amerikas für Japan weit geöffnet habe.

Noch einmal erinnerte sich das besiegte Japan der eigenwilligen Hartnäckigkeit des großmütigen Siegers, mit der er den zivilen Autoritäten im fernen Washington entgegengetreten war, wenn sie seine Besatzungspolitik als zu milde kritisiert hatten. »Gebt mir Brot oder gebt mir Kugeln«, hatte General MacArthur geschrieben, als er aufgefordert worden war, sich für die Verteilung von 3,5 Millionen Tonnen Nahrungsmitteln aus amerikanischen Armeebeständen an die hungernde Bevölkerung zu rechtfertigen; »Männer werden kämpfen, bevor sie verhungern!« [1] Nach seiner Entlassung wurde ihm der höchste japanische Orden verliehen. In der Überreichungsurkunde hieß es: »Sie halfen dem japanischen Volk, seine Selbstachtung zurückzugewinnen und seine Wirtschaft wiederaufzubauen. Unter Ihrer Führung wurde Japan eine Nation freier Menschen, und dadurch legten Sie den Grundstein für seine Mitgliedschaft in der Freien Welt. Die japanische Regierung und das japanische Volk gehen mit der Überzeugung in das zweite Jahrhundert ihrer Beziehungen zu den Vereinigten Staaten, daß ihre Zukunft auf der Seite der Nationen der Freien Welt und besonders in der Freundschaft und Zusammenarbeit mit den USA liegt.« [2]

Die Beständigkeit der Freundschaft mit Amerika scheint nirgends dokumentarischer als in den Ergebnissen der Unterhaus- und Oberhauswahlen belegt zu sein. Seit Kriegsende siegen die proamerikanischen Liberal-Demokraten mit absolut sicheren Mehrheiten. Alle Kabinette waren, von einer unbedeutenden Ausnahme abgesehen, konservative und außenpolitisch nach Washington orientierte Einparteien-Regierungen.

Man kann jedoch auch zu ganz anderen Ergebnissen kommen, wenn man die antiamerikanisch beeinflußten Demonstrationen addiert. Im Manövergebiet des Fuji, wenn amerikanische Artillerieeinheiten Schießübungen abhalten; vor den Toren der Marinestützpunkte in Yokusuka und Sasebo, wenn atomgetriebene amerikanische Kriegsschiffe einlaufen; diesseits der Maschendrahtzäune der Rollbahnen, wenn sie für modernste US-Düsenjäger verlängert werden sollen; vor der amerikanischen Botschaft; im Parlaments- und Regierungsviertel und in der traditionellen Protestarena im Hibiya-Park. Berücksichtigt man dabei noch die Zahl der Demonstranten, könnte Japan als ein Land in antiamerikanischem Aufruhr erscheinen. Besonders Ende der fünfziger, Anfang der sechziger Jahre flackerte die Amerikafeindlichkeit in Tokio beinahe wöchentlich auf.

Japan verwirrt den Beobachter, da er sowohl die Amerikafeindlichkeit als auch die Amerikafreundlichkeit beweisen kann. Die Wahrheit liegt mit ziemlicher Sicherheit in der Mitte. Feindschaft und Freundschaft sind zur Charakterisierung der Beziehungen zwischen beiden Völkern falsche Vokabeln, und zwar sowohl von diesseits als auch von jenseits des Pazifischen Ozeans her gesehen.

Das Verhältnis Japan–Amerika ist ein Dialog zwischen Tokio und Washington, aber nicht von Volk zu Volk; zwischen General Motors, DuPont, der Chase-Manhattan-Bank und Mitsui, Mitsubishi und der Fuji-Bank, aber nicht von Mensch zu Mensch. Mit jedem Schritt aus der Hauptstadt heraus und vom Establishment weg wird das Gespräch uninteressanter, bis es versickert. Die Ereignisse des Jahres 1945 haben zwei Länder schicksalhaft miteinander in Kontakt gebracht, die aufgrund ihrer rassischen, kulturellen und psychologischen Andersartigkeit wie auf verschiedenen Planeten zu Hause zu sein scheinen. Bei dem Versuch, die aufgezwungene Begegnung in eine Partnerschaft auszubauen, waren keine Reserven an geistesgeschichtlichen Beziehungen oder Bekanntschaften, geschweige denn Verwandtschaften vorhanden. Der Brückenschlag über den Pazifik wurde ohne historische und kulturelle Fundamente gewagt, so daß die in beiden Völkern noch immer bestehende psychologische Bereitschaft, die kühne Konstruktion für unnatürlich zu erklären, sie zum Einsturz bringen kann. Der Pazifik ist für amerikanische Allianzen eine ganz andere Grenze als der Atlantik.

Bedingt durch den Sieg Mao Tse-tungs in China und die kommunistische Aggression in Korea waren die USA schon frühzeitig bereit, Pearl Harbor zu vergessen. John Foster Dulles, dessen Großvater zur Beendigung des chinesisch-japanischen Krieges 1895 am Friedensschluß von Shimonoseki beteiligt war, reiste 20 000 km von Hauptstadt zu Hauptstadt, bis im Herbst 1951 in San Franzisko von 49 Staaten ein Friedensvertrag unterschrieben werden konnte. Das Mißtrauen gegen die »Japse«, wie das Schimpfwort hieß, war damals noch so groß, daß die Philippinen, Australien und Neuseeland erst unterzeichneten, nachdem sie vorher als Garantie ihrer nationalen Sicherheit militärische Beistandspakte mit den USA geschlossen hatten. Washington ließ sich in seiner Japan-Diplomatie auch dann nicht entmutigen, als die Kommunisten in Korea drohten, die Waffenstillstandsverhandlungen in Kaesong platzen zu lassen. Es nahm auch auf Moskau, Prag und Warschau keine Rücksicht, die den Friedensvertrag als den Beginn eines neuen japanischen Militarismus verurteilten und ihre Unterschrift verweigerten.

Amerika interpretierte den Friedensschluß als milde und deutlichen Beweis seines guten Willens zur Aussöhnung. Japan verlor die in der imperialen Epoche eroberten Territorien und Kolonien: die damals unter den Namen Mandschurei und Mandschukuo bekannten nordöstlichen Industrieprovinzen Chinas, Süd-Sachalin, Korea, Formosa, die Kurilen und Ryukyu-Inseln. Der Verlust war hart, denn er umfaßte 45% des japanischen Staatsgebiets. Da es sich jedoch um Provinzen und Länder handelte, die erst seit etwa der Jahrhundertwende annektiert worden waren, wurde ihre Abtrennung nicht als Diktat empfunden. Im großen und ganzen sah das japanische Volk im Friedensvertrag von San Franzisko keinen Racheakt für Pearl Harbor; Analogien zu Versailles wurden nicht gezogen.

Nachdem die Amerikaner im Sommer 1968 die tausend Kilometer südlich von Tokio gelegenen Bonin-Inseln an Japan zurückgaben, sind nur noch zwei territoriale »Annexionen« des Friedensvertrages umstritten: die südlichen Kurilen und die Ryukyus mit der Hauptinsel Okinawa. Die südlichsten Eilande der Nordjapan vorgelagerten Kurilen-Kette – Habomai, Shikotan, Eterofu und Kunashiri – wurden nach dem Kriege von den Sowjets besetzt. Tokio behauptet, die Inseln seien seit urdenklichen Zeiten japanisches Territorium, aber trotzdem will Moskau auch in den Phasen eines diplomatischen Lächelns in dieser Frage nicht mit sich reden lassen. Die vier Inseln sind kaum bewohnt, militärisch fast nutzlos und nur wegen ihrer reichen Fischfanggründe interessant. In ihren Gewässern werden immer wieder japanische Fischerboote von sowjetischen Kriegsschiffen aufgebracht. Die Zwischenfälle und die Internierung und Rückführung der Besatzungen führen regelmäßig zu politischen Spannungen zwischen beiden Ländern. In Tokio fragt man sich, warum der Kreml in dieser scheinbar so belanglosen Territorialfrage unnachgiebig und kompromißlos bleibt. Moskau würde bei einer Herausgabe der winzigen Inseln nicht nur die USA in eine peinliche Situation bringen, sondern auch in der japanischen Öffentlichkeit Prestige gewinnen. Eine Lösung des Problems hätte für die Sowjets Japan gegenüber nur politische Vorteile. Zur Erklärung der sowjetischen Haltung glaubt man in Tokio, Moskau befürchte, daß selbst bei einer winzigen Grenzkorrektur am entferntesten Ende seines Staatsgebiets die Diskussion um die nach dem Kriege gezogenen Grenzen in Osteuropa und möglicherweise sogar um die aufgrund »ungleicher« Verträge zustande gekommenen Grenzen mit China aufgerollt werden könnte.

Die Ryukyus mit der Hauptinsel Okinawa, auf halbem Wege zwischen Südjapan und Formosa gelegen, wurden nach dem Kriege von den Vereinigten Staaten annektiert. Okinawa ist heute der stärkste Militärstützpunkt und die größte Nachschubbasis der Amerikaner im westlichen Pazifik und ein Rückgrat sowohl ihrer konventionellen als auch atomaren Strategie. Die Insel ist mit Raketenstellungen und Flugplätzen überzogen, und die Düsenjäger, die ohrenbetäubend die Schallmauer durchbrechen, können in wenigen Minuten über dem chinesischen Shanghai sein.

Das von der einheimischen Bevölkerung gewählte einflußlose Parlament unterbreitet dem amerikanischen Hohen Kommissar regelmäßig einstimmig gefaßte Forderungen nach sofortiger Rückgliederung der Ryukyu-Inseln an Japan. Genauso einstimmig reagieren alle Parteien in Tokio. Bis heute aber setzt sich Washington aus Gründen seiner eigenen nationalen Sicherheit in Okinawa über das Selbstbestimmungsrecht hinweg. Es hat die Japaner lediglich mit dem Versprechen getröstet, sie würden die umstrittenen Inseln zurückbekommen, wenn es die politischen Verhältnisse im ostasiatischen Raum zuließen. Angesichts der Atommacht China kann niemand voraussagen, wann das sein wird. Als Eisaku Sato im Sommer 1965 Okinawa als erster Ministerpräsident besuchen durfte, traten ihm bei mehreren öffentlichen Auftritten Tränen der Bewegung und Erregung in die Augen.

Trotz der Emotionalität des Interessenkonflikts mit Amerika blieb der japanische Nationalismus in der Okinawa-Frage bisher diszipliniert. Für Tokio spielen dabei im Hintergrund Überlegungen seiner eigenen militärischen Sicherheit eine große Rolle. Denn die Insel ist praktisch der atomare Schutzschild, hinter dem Japan vor jeder Aggression vom asiatischen Festland, ob der Feind nun China oder Sowjetunion heißt, relativ sicher ist. Gleichzeitig haben die unterirdischen Bunker auf Okinawa das japanische Mutterland von Atomwaffen freigehalten und Tokio damit die militärpolitisch schwerste Belastungsprobe zwischen Regierung und Volk erspart. Im Schutz der auf den Ryukyus gelagerten amerikanischen Waffen konnte Japan seine eigenen Verteidigungsausgaben niedrig halten und sich ungetrübt der Blütenpracht seines Wirtschaftswunders erfreuen. Daher kann man selbst unter politisch gemäßigten Kreisen auf Okinawa die Meinung hören, Tokio habe die Insel auf dem Altar der militärischen und wirtschaftlichen Interessen des eigentlichen Mutterlandes geopfert.

Ministerpräsident Sato erklärte, das Okinawa-Problem lasse sich möglicherweise früher als gedacht lösen, falls Japan größere Anstrengungen bei seiner Wiederaufrüstung mache. Er stellte die Wiedergewinnung des verlorenen Territoriums in Aussicht, wenn das japanische Volk in Fragen der Wiederbewaffnung aus der Reserve heraustrete und zu seiner nationalen Verteidigung einen Beitrag leiste, der in einem angemessenen Verhältnis zu seiner Wirtschaftsmacht stehe. Tokio schien Ende 1967 ganz auf den Kurs Washingtons einschwenken zu wollen. Die proamerikanische Geradlinigkeit war möglich geworden, weil die Empörung über den Vietnam-Krieg durch die chinesischen Atombombenversuche teilweise abgefangen worden war. Aber angesichts des japanisch-amerikanischen Verhältnisses seit Kriegsende stellte sich die Frage, ob Ministerpräsident Sato in der damaligen Phase einer antichinesischen Konjunktur nicht zu früh zu viel wollte.

Die beiden ersten Nachkriegs-Jahrzehnte der Beziehungen zwischen Japan und den USA waren dadurch gekennzeichnet, daß Tokio und Washington in entscheidenden Grundsatzfragen aneinander vorbeiredeten. Noch 1966 schrieb der Vorsitzende des Außenpolitischen Arbeitskreises der sehr gemäßigten Demokratisch-Sozialistischen Partei: »Der Sicherheitsvertrag ist kein erloschener, sondern ein aktiver Vulkan, der von Zeit zu Zeit immer mal wieder in Tätigkeit tritt. Niemand aber weiß, wann die Katastrophe kommt.« [3] Die sehr angesehene amerikanische Vierteljahreszeitschrift FOREIGN AFFAIRS verglich die beiden Länder mit zwei im Dunkeln aneinander vorbeifahrenden Schiffen, bei denen der erste wirkliche Kontakt über Fragen der Verteidigung Kollision bedeuten könne. Okinawa und die amerikanischen Militärstützpunkte seien für Millionen Japaner kein Schutz, sondern eine Provokation. [4] Überzeugend klingenden Bekenntnissen der Freundschaft mit Amerika gingen japanische Minister stets aus dem Wege. Dem aus der Bundesrepublik kommenden deutschen Beobachter mußte die Kühle des Verhältnisses besonders auffallen. In Japan überwog die Ami-go-home-Stimmung, und Bonner Besorgnisse, die Vereinigten Staaten könnten ihre in Westeuropa stationierten Truppen reduzieren oder ganz abziehen, wurden in Tokio, auf Ostasien angewandt, nicht im geringsten geteilt. Weit vor de Gaulle machte Amerika erste Erfahrungen mit einem »Gaullismus« ohne das Pathos des Generals.

Typisch für die verschiedenen Wellenlängen, auf denen Tokio und Washington miteinander redeten, waren die im Dezember 1962 im Weißen Haus ausgetauschten Trinksprüche zwischen einer Delegation japanischer Minister und Präsident Kennedy. Er lobte den Fleiß der Japaner, ihre industriellen Wiederaufbauleistungen und meinte dann zu den zwischen beiden Ländern anstehenden Wirtschafts- und Handelsfragen, sie sollten gründlich diskutiert werden, aber seien kein Problem von besonderer Wichtigkeit. »Unser Hauptproblem ist die Eindämmung der Expansion des Kommunismus in Asien. Ich hoffe, daß wir uns in den kommenden Monaten Gedanken darüber machen, welche Rolle wir spielen können, die Vorherrschaft des Kommunismus in Asien zu verhindern und zur gemeinsamen Verteidigung der Freiheit in diesem so wichtigen Erdteil beizutragen.« [5] Außenminister Ohira antwortete kurz und knapp mit japanischen Exportsorgen und sprach weder das Wort Kommunismus noch das Wort China aus.

Aufgrund dieser beiden japanischen Tabus war das an der Oberfläche normale Verhältnis zwischen beiden Ländern unterschwellig mit einer nervösen Gereiztheit geladen. Washington wollte über Politik sprechen, aber Tokio nur vom Handel. Das japanische Abschweifen auf weltpolitisch gesehene Nebensächlichkeiten machte die Amerikaner ungeduldig. Sie drängten auf eine gemeinsame Strategie für die Zukunft Ostasiens, aber Japan wollte sich vor den von Washington gelenkten Schicksalswagen nicht spannen lassen. Seine einzige nationale Devise schien nur noch das Geldverdienen geworden zu sein. Aber trotz der überaus günstigen Wirtschaftsbeziehungen – 30% der Exporte gehen nach den USA – reagierte Japan auf Randereignisse, wie amerikanische Fischerei-Restriktionen vor den Küsten Alaskas, einen 8,5%igen Importzoll pro Pfund japanischer Baumwolltextilien oder die langen Verhandlungen über Landerechte der Japan-Air-Lines in New York zur Eröffnung eines Flugdienstes rund um die Welt, mit seismographischer Empfindlichkeit. Es wollten sich trotz der Städte-Patenschaften, des Austausches von Studenten, der gegenseitigen Besuche kompaniestarker Delegationen von Parlamentariern, Geschäftsleuten und Wissenschaftlern und des Pflanzens japanischer Kirschbäume in Washington nie so recht spontane Sympathien entwickeln. Das Atmosphärische der regelmäßigen, abgegriffenen Freundschaftsbekundungen blieb lauwarm.

Es waren jene beiden Jahrzehnte, in denen es den USA nicht gelang, Japan eine Bedrohung durch das maoistische China einzureden. An Peking schieden sich die Geister, und weil Mao Tse-tung bei allen Fragen von Wichtigkeit im Hintergrund stand, wahrte Tokio zu Washington höfliche Distanz. Der Kalte Krieg fand in Ostasien ohne Japan statt. Die Vereinigten Staaten wurden ihres militärischen Bündnisses niemals ganz froh, denn erstens blieb Japan in der Wiederaufrüstung hinter den Erwartungen zurück – es ist von allen hochindustrialisierten Ländern gegenwärtig das militärisch schwächste und unterentwickeltste –, und zweitens erzeugte der Beistandspakt in Japanern einen Besatzungskomplex. Sie empfanden die fremden Truppen im Land als einen dauernden Gesichtsverlust ihrer nationalen Würde. Die amerikanischen Militärbasen glichen Inseln in einem Meer der Gleichgültigkeit, dessen Wogen gelegentlich von stürmischen Winden des Antiamerikanismus gepeitscht wurden. Das psychologische Hemmnis des Besatzungskomplexes war und ist in den Beziehungen zwischen beiden Ländern noch immer eine politische Realität ersten Ranges.

Darüber hinaus ist die amerikanische Ostasienpolitik seit 1945 nicht dazu angetan, in einem Land wie Japan Vertrauen zu erwecken. Die Amerikaner konnten ihre militärische Abschreckungsfähigkeit weder in dem unentschieden zu Ende gegangenen Korea-Krieg noch in dem aussichtslos gewordenen Krieg in Vietnam glaubwürdig machen. Beschämend und einfallslos reagierten sie im Januar 1968 auf die Kaperung ihres Spionageschiffes »Pueblo«

durch nordkoreanische Kriegsschiffe. Als Asiaten neigen Japaner bei kriegerischen Konflikten zu einer traditionalistischen Auffassung, die man mit den Worten General MacArthurs überschreiben könnte: »Im Krieg gibt es keinen Ersatz für den Sieg.« Mag diese Einstellung im nuklearen Zeitalter auch leidenschaftlich umstritten sein: wenn Amerika aber in Ostasien imponieren will, muß es das Urteil der Millionenmassen jenes Erdteils in Rechnung stellen. Sie glauben zwar noch nicht der chinesischen Propaganda, daß die Vereinigten Staaten ein Papiertiger seien, aber aufgrund der vielen offenbaren Schwächen Washingtons hat ein Prozeß der Entmythologisierung Amerikas begonnen.

Auch die Friedensvorverhandlungen mit den Nordvietnamesen in Paris werden von Asiaten grundsätzlich anders beurteilt als von Europäern. Amerikas Freunde in Tokio, Seoul, Taipeh, Manila und in den südostasiatischen Hauptstädten sehen, daß Washington hinter dem Rücken des Regimes in Saigon verhandelt. Ob Südvietnam dabei verraten wird, bleibt der Zukunft überlassen; aber der Verdacht des Verrats, des Undanks und der Preisgabe liegt in der Luft. Bei der »Pueblo«-Krise war es ähnlich. Südkoreanische Vertreter blieben ausgeschlossen, als sich Amerikaner und Nordkoreaner in Panmunjon zusammensetzten. Die amerikanischen Hoffnungen, dadurch die Besatzung des Spionageschiffes freizubekommen, wirkten direkt naiv. Washington schien gar nicht zu bemerken, daß es mit wehenden Fahnen in die zweite nordkoreanische Falle lief: zwischen Amerikanern und Südkoreanern Mißtrauen zu säen. Bei den Zweifeln an der amerikanischen Treue erinnert man sich auch wieder des Schicksals des südvietnamesischen Staatspräsidenten Diem. Als er den USA nicht mehr genehm war, wurde er mit Hilfe des amerikanischen Geheimdienstes ermordet. Niemand weiß mit Sicherheit, ob seinen Nachfolgern in Saigon nicht ein ähnliches Schicksal drohen könnte.

Trotz allen militärischen Engagements und moralischen Pathos' seiner Präsidenten wissen die Vereinigten Staaten in Ostasien ziemlich genau, wann ihre Nibelungentreue mit ihren nationalen Interessen kollidiert. Japan möchte eigenen Erfahrungen dieser Art aus dem Wege gehen und entzieht sich deshalb von vornherein amerikanischen Liebeserklärungen und Umarmungsversuchen.

Japaner haben Amerikanern häufig gesagt, daß sie von Ostasien wenig verstünden. Sie meinen damit nicht nur die drei Kriege, die

Die 2 Gesichter Japans

No – die Maske als Symbol des japanischen Wesens.

Die Girls des Kokusai-Revue-Theaters.

»Emanzipiert«, aber so charmant wie früher.

die USA in dem kurzen Zeitraum von 25 Jahren im Fernen Osten geführt haben, sondern denken dabei vor allem an das amerikanischerseits fehlende Gespür für Entwicklungen innerhalb eines andersartigen Kulturkreises. Fast zwei Jahrhunderte nach Europa hat die Welle des Nationalismus unter kommunistischen, militärdiktatorischen und demokratischen Vorzeichen Ostasien erreicht. Es sieht nicht danach aus, als sollten den ostasiatischen Völkern die nationalistischen Blutopfer der Europäer erspart bleiben. Die bisherige Entwicklung läßt vermuten, daß die Zukunft des Fernen Ostens auch weiterhin unruhig sein wird und nicht mit den Klischees einer naiven Schwarzweißmalerei beurteilt werden kann, als seien die Kommunisten die Bösen und die Antikommunisten die Guten. Amerika hat sich in China und Vietnam in den Flugsand des Nationalismus zweier ostasiatischer Völker hineinziehen lassen und dabei die größten außenpolitischen Schocks und innenpolitischen Krisen seiner Geschichte erlebt. Sollte es aus diesen bitteren Erfahrungen nichts gelernt haben und auch weiterhin die Rolle eines ostasiatischen Polizisten spielen wollen, steuert Amerika einen abenteuerlichen Kurs. Es kann dabei seinen einzigen Bündnispartner von Bedeutung, nämlich Japan, verlieren. Denn bereits in der Vergangenheit war die Distanz in den Beziehungen zwischen beiden Ländern in der Sorge Japans begründet, es könnte an der Seite Amerikas in unübersehbare Entwicklungen hineingezogen werden.

Einer der wenigen Amerikaner, der für das Hintergründige der sich nicht erwärmenden Beziehungen ein Fingerspitzengefühl hatte, hieß Edwin O. Reischauer. In Tokio 1910 als Sohn eines presbyterianischen Missionars geboren, in zweiter Ehe mit der Enkelin eines japanischen Prinzen verheiratet, gehörte er als Direktor der Ostasien-Abteilung der Harvard-Universität zum intellektuellen Brain-Trust von Präsident Kennedy. Dieser ernannte ihn Ende 1960 zum Botschafter in Tokio, um den nach der diplomatischen Katastrophe der Ausladung Präsident Eisenhowers unterbrochenen Dialog zwischen beiden Ländern wieder in Gang zu bringen.

Professor Reischauer, der fließend Japanisch spricht und liest, gehört zu jenen beneidenswerten Begabungen in der akademischen Welt Amerikas, die, aus der Studierstube herausgeholt, hervorragende Politiker abgeben. Mit ihm begann die Periode, da die USA von ihrem Podest rassischer und kultureller Überheblichkeit herabstiegen, die Geduld zur obersten politischen Tugend erklärten und Japan als Kultur- und Industrienation Komplimente von Größe und Ruhm machten. Besonders die ein stolzes Volk verletzende Besserwisserei der Amerikaner wurde gründlich revidiert, die dadurch nicht entschuldbarer wird, daß sie mit naßforscher Naivität gepaart ist. Gerade farbigen Völkern gegenüber neigt das ungeduldige Washington gelegentlich zu einer kränkenden Arroganz. Botschafter Reischauer war bestrebt, das Lehrer-Schüler-Verhältnis in den Beziehungen zwischen beiden Ländern herunterzuspielen, eine Stimmung der Partnerschaft unter Gleichaltrigen und Gleichrangigen zu pflegen und den Besatzungskomplex abzubauen.

»Als ich sah«, so empfing er einmal vor der japanisch-amerikanischen Gesellschaft in Tokio den von einer Amerika-Reise zurückgekehrten Ministerpräsidenten Ikeda, »wie der Premierminister voll gleichberechtigt mit meinem Präsidenten konferierte und sich den Problemen der Welt als der Führer einer großen Nation stellte, die mit anderen die schwere Verantwortung zur Aufrechterhaltung des Weltfriedens teilt, fühlte ich, daß ich Augenzeuge des Endes von drei Jahrzehnten Unruhe, Krieg und Wiederaufbau war. Es schien mir, daß nach den physischen nun endlich auch die psychologischen Wunden jener Ära geheilt waren. Es ist mir eine Ehre und Genugtuung, Ihnen in Seiner Exzellenz dem Ministerpräsidenten von Japan, Hayato Ikeda, nicht nur den großen Führer einer großen Nation, sondern einen großen Staatsmann der Welt vorzustellen.« [6]

Professor Reischauer konnte als Außenseiter in der Diplomatie das im Grunde nur von Liebhabern zu meisternde Verhältnis zwischen Amerika und Japan entspannen und entkrampfen und dadurch erste Ansätze zu einer echten Partnerschaft keimen lassen. Er erklärte nicht nur Japanern Amerika, sondern auch seinen eigenen Landsleuten das ferne Japan. Als er sich im Sommer 1966, auch aus Protest gegen die Ostasien- und Vietnampolitik des Texaners Johnson, wieder ins akademische Leben von Harvard zurückzog, war eine schwierige diplomatische Mission in der Hauptstadt eines der für Amerika schwierigsten Alliierten erfolgreich beendet.

Der scheidende Botschafter empfahl in Interviews, Aufsätzen und Büchern der nichtkommunistischen Welt zur Behandlung Japans ein heute noch verhältnismäßig unpopuläres, gewagtes Konzept: die Duldung, ja Förderung eines japanischen Neonationalismus. Hinter dieser nicht risikolosen Strategie steht die Auffassung, daß Japan im gesamten ostasiatischen Raum für absehbare Zeit der einzige potentielle Gegner Chinas sei. Eine andere Macht sei weit und breit nicht zu entdecken; Hoffnungen auf Indien seien utopisch. Wenn aber Tokio als politisches Gegengewicht gegen Peking heranwachsen solle, gehe es nicht ohne die einzige Japanern verständliche Ideologie eines im Vergleich zur Vergangenheit gewandelten, unmilitaristischen Nationalismus.

Aber nicht nur außenpolitische, sondern auch innenpolitische Überlegungen sind dabei von Bedeutung. Das amerikafreundliche Establishment der Traditionalisten wird sich auf die Dauer wahrscheinlich nur behaupten können, wenn es sich vom Ruch der Amerika-Hörigkeit – und sei diese auch nur eingebildet – befreien kann. Die Vorstellung, Tokio treibe im Kielwasser Washingtons, ist angesichts des gestiegenen Nationalbewußtseins im japanischen Volk eine ernste Gefahr für das konservative Lager. Würde es abgewählt, wären die Folgen auf das Verhältnis zu den Vereinigten Staaten unübersehbar. Die Befürworter eines Neonationalismus drängen deshalb Washington zu Konzessionen vor allem in der Okinawa-Frage und der weiteren Stationierung amerikanischer Truppen im Land. Durch ein großzügigeres Eingehen auf die nationalen Wünsche der Regierung in Tokio werde das wiedererstarkte Japan aller Voraussicht nach weiterhin von denjenigen regiert werden, die man in Amerika kenne und die radikale Experimente und Kurswechsel ablehnten.

Wie aber auch immer die gegenseitige Politik aussehen mag: das Verhältnis zwischen Tokio und Washington bleibt auf absehbare Zeit permanent gefährdet. Durch die Stationierung amerikanischer Truppen in Japan und die naturgegebenen Begleitumstände wird es in den Beziehungen zwischen beiden Ländern immer wieder politische Tiefs geben. Ganz abgesehen von strategischen Maßnahmen der USA im ostasiatischen Raum, in die die Militärstützpunkte in Japan zwangsläufig in irgendeiner Form mitverwickelt werden, genügen Unglücksfälle, wie im Frühsommer 1968 der Absturz eines amerikanischen Militärflugzeuges auf ein Gebäude der Universität in Fukuoka, um angestauten antiamerikanischen Emotionen in politisch aktiven Bevölkerungsschichten Luft zu machen. Da ähnliche Vorkommnisse auch in Zukunft nicht auszuschließen sind, möchte man die Prophezeiung wagen, daß die Normalbeziehungen zwischen Japan und den Vereinigten Staaten im günstigsten

Fall einer Wellenbewegung gleichkommen. Denn die »Freundschaft« beruht auf Interessen, Vernunftgründen und Nützlichkeitserwägungen, aber ist nicht mit dem »Herzen« abgesichert. Das einigende Band zwischen beiden Ländern ist der Handel, aber nicht die Weltanschauung, die Rücksichtnahme, aber nicht die Sympathie. Deshalb wirken selbst die proamerikanischen Japaner in ihren Bekenntnissen zu den USA neben gleichgesinnten Europäern unterkühlt.

Dennoch läßt sich ein bedeutsamer Wandel im Grundsätzlichen feststellen. Während in der Vergangenheit als Konsequenz der Distanzierung von den Vereinigten Staaten die unbewaffnete Neutralität empfohlen wurde, mehren sich jetzt die Stimmen, die zum Schutz der japanischen Inseln der bewaffneten Neutralität das Wort reden. Plötzlich werden Souveränität und Sicherheit im Zusammenhang mit einer relativen militärischen Stärke gesehen. Auch im Volk beginnt man sich an den Gedanken zu gewöhnen, daß Waffenlosigkeit die politische Unabhängigkeit nicht begünstigt. An die nationale Sicherheit aufgrund des militärischen Beistandspaktes mit den USA ist eigentlich niemals so recht geglaubt worden, auch nicht von den Befürwortern des Vertrages. Die militärischen Rückschläge und Prestigeverluste der USA besonders in Vietnam haben die Zweifel weiter bestärkt. Manche seit 1945 erkennbaren Tendenzen der japanischen Politik deuten darauf hin, daß Tokio einen Weg wie Paris unter de Gaulle einschlagen könnte – mit heute noch nicht fest umrissenen Konsequenzen vor allem auf militärischem Gebiet. Japan hat in der eigenen Sicherheitsfrage kein Vertrauen zu Dritten. Zwischen Amerika und China gelegen und von der Gefahr bedroht, zwischen die Mühlsteine der beiden Giganten zu geraten, wird Tokio, wenn es die Zeit für gekommen erachtet, wahrscheinlich in einem streng nationalen Rahmen die waffentechnischen Folgerungen ziehen. Die unbewaffnete Neutralität paßt nicht zu Japan – zwei Jahrzehnte reichen nicht aus, um die Psychologie eines Volkes zu ändern; die bewaffnete Neutralität entspricht seinem nationalen Charakter viel mehr.

Washington hat in seiner intensiven Japan-Diplomatie enttäuschende, ja bittere Erfahrungen gemacht; anderen Ländern wäre es wahrscheinlich nicht anders ergangen. Die Schwierigkeiten für Nichtasiaten in der Gewinnung der Freundschaft der Japaner sind vielschichtig, aber liegen nicht zuletzt auch in weitverbreiteter

Unwissenheit und Interesselosigkeit begründet. Obgleich das fernöstliche Inselreich mehrmals in der Geschichte schockartig Aufmerksamkeit erregte und heute als Industriemacht hinter den USA und der Sowjetunion an die dritte Stelle aufrückt, nimmt es im allgemeinen Bewußtsein der Weltöffentlichkeit einen relativ niedrigen Platz ein. Man vergleiche einmal die bescheidene Zahl der politischen Japan-Bücher mit der Fülle der China-Literatur. Während in der Peking-Astrologie eine journalistische und akademische Hochkonjunktur besteht – jeder kann überall alles schreiben –, herrscht in der politischen Japan-Berichterstattung eine ausgesprochene Flaute. Auf dem deutschen Markt lassen sich nur romantische Bildbände und Reisebeschreibungen von Land und Volk verkaufen. An Japan überwiegen noch immer das exotische Interesse und der Reiz, der von der Dunstwelt des Ostens ausgeht. Die Phantasie siegt über das Wissen; Träumereien verdrängen Analysen. Dadurch bleibt Japan ein unbekanntes Land ganz weit weg im »fernen« Osten, während China den Europäern inzwischen viel nähergerückt ist.

Die unterschiedliche journalistisch-akademische Behandlung wirkt sich auch in der Politik aus. Die Bundesrepublik hat es Anfang der sechziger Jahre fühlbar an nötiger Aufmerksamkeit gegenüber Tokio fehlen lassen.

1963 vereinbarte jährliche Konsultationen der Außenminister wurden von deutscher Seite mehrmals hinausgeschoben. Auch die Konferenztermine anderer westlicher Regierungen wurden auffallend häufig geändert oder gekürzt. Gegenüber Tokio fallen Entschuldigungen leichter ein als gegenüber Peking. Besonders eigentümlich aber muß es Japaner berühren, wenn sie das preisgekrönte Buch Arthur M. Schlesingers »Die tausend Tage Kennedys« lesen. Es werden darin die Azoren, Mali und Tibet; Bogota, Belgrad und Bonn; Ho Tschi-minh, Mao Tse-tung und Tschiangkaischek, aber nicht ein einziges Mal Japan, Tokio und Ikeda genannt. Das Schlagwortverzeichnis ist ein weltweiter Querschnitt durch die Geschichte jener tausend Tage, aber die hundert Millionen Japaner wurden vergessen.

Ein solch schmerzliches Desinteresse ist die nicht gänzlich unbegründete Reaktion auf befremdende Besonderheiten der japanischen Mentalität. Der Ausländer vermißt an Japanern klare, zweifelsfreie Antworten; die wolkige Unverbindlichkeit ihrer Aussagen macht ihn ungeduldig; er kommt trotz zeremonieller Höflichkeiten und des Austausches exotischer Geschenke seinem Ziel nicht recht näher; er kann mit ihnen nicht warm werden und vergleicht sein Verhältnis mit einer strapaziösen Verlobung, die niemals vor dem Standesamt endet. Wie der Japaner ist und wie er verstanden werden muß, ist ein ewig wiederkehrendes Thema in allen Gesprächen ausländischer Residenten. Die angeblichen Neuentdeckungen, die Neuankömmlinge am japanischen Charakter machen, sind seit hundert Jahren in allen seriösen Büchern nachzulesen. Die ärgerlichen und amüsanten Seiten waren schon damals die gleichen wie heute. Auch diejenigen, die es mit Japan gut meinen, sprechen von einem eigenartigen Volk und politisch von einem komischen Alliierten.

Wie keine andere Nation von Weltgeltung ist Japan geographisch und psychologisch ein Außenseiter in der Geschichte. Im Windschatten der Jahrhunderte beschränkten sich seine spärlichen Kenntnisse von der Welt auf ein Buchwissen. In Abwandlung eines Wortes von Goethe war Japan ein Talent, das sich in der Stille entwickelte, aber kein Charakter in dem Strom der Zeit.

Die nationale Klausur in der schützenden Weite des Pazifischen Ozeans hat das Volk introvertiert gemacht. Der ausländische Beobachter gewinnt den Eindruck, als könne es auch beim besten Willen nicht anders, als sich einzuigeln – sei es aus Abwehr, Minderwertigkeitskomplexen oder Stolz. Es gleicht einer Schnecke, die bei der geringsten Berührung ihre Fühler einzieht und sich in ihr Haus verkriecht. Diese Hemmungen werden oft fälschlicherweise mit Verschlagenheit, Falschheit und Unaufrichtigkeit gleichgesetzt, gerade weil andererseits die japanische Höflichkeit und Gastfreundschaft so überschwenglich sein können. Sie verstärken nur noch das Gefühl, daß es einem als Ausländer nicht gelingen will, zum Kern des Japaners und seines Wesens vorzudringen.

»Der Japaner hat nur eine Heimat in der Welt, das ist Nippon, das Land, wo seine Ahnen gelebt haben und begraben sind«, schreibt der deutsche Japanologe Professor Schinzinger: »Wohl kann ihn die Fremde reizen und eine Zeitlang festhalten, aber endlich zieht es ihn doch wieder heim in das Land seiner Väter. Und wenn der einzelne die Erfüllung seiner Persönlichkeit in Tat und Leistung findet, so gibt es ihm sicherlich die tiefste Genugtuung, daß ihm Tat und Leistung als einem Japaner, als einem Repräsentanten seines Landes geglückt sind ... Kaum ein anderes Volk ist so empfindlich gegen Herabsetzung und so darauf aus, Gutes über sich aus dem Munde der Fremden zu hören. Jede internationale Anerkennung japanischer Leistungen in Wissenschaft, Kunst und Sport wird von jedem Japaner mit größter Freude empfangen. Dieses ist einerseits das natürlichste von der Welt, daß einer seine Heimat herzlich liebt, auch wenn er selbst schlecht von ihr spricht. Andererseits empfindet der einzelne Japaner sich besonders intensiv als Typus und Repräsentanten seines Landes. Die Persönlichkeit wächst in dem Maße, in dem sie sich als Repräsentation der Gemeinschaft empfindet und das Ich in den Dienst des Wir stellt ... Die Gemeinschaft im Geburtslande umfängt den einzelnen wie Licht und Luft und ist ihm so selbstverständlich wie diese. Wird aus dieser angeborenen Selbstverständlichkeit eine Theorie und Ideologie, so ist schon alles verkehrt und verfälscht. Das Natürliche und Selbstverständliche zeigt sich meist erst in seinem Fehlen, und der Japaner, der sich von der tragenden und umschließenden Substanz abgeschnitten fühlt, ist wie ein treibendes Holz auf unendlichem Ozean.« [7]

Der emotionale Nipponismus mit seiner dichten Mischung aus Naturliebe, Geschichtsmythos und Patriotismus führt zu einer völkischen Versponnenheit und rassischen und kulturellen Nabelbeschau. Hinter diesen psychologischen Bambuswänden stauen sich für Japan als Nation beträchtliche Energien und Kräfte an, aber sie verbauen dem Land gleichzeitig den Blick in die Welt. Es fällt ihm schwer, die Probleme der anderen anders als nur durch die japanische Brille zu sehen und sich in fremde Völker hineinzudenken. Von der Stimmungsintensität des nationalen »kimochi« her gesehen gleicht Japan immer noch einem geschlossenen Land mit einer geschlossenen Gesellschaft.

Heute macht es sehr entschiedene Anstrengungen, aus der inneren Emigration herauszukommen, international aufgeschlossener und in der Welt anpassungsfähiger zu werden. Der unvergeßlichste Beweis seines guten Willens waren die Olympischen Spiele. Darüber hinaus ist Tokio wahrscheinlich zum Tagungsort der meisten internationalen Kongresse nie gehörter internationaler Organisationen geworden. Im Vergleich zu seinem jährlichen Veranstaltungskalender sind Hamburg, Frankfurt und München tiefste Provinz. Aber trotz allen Bemühens, weltoffen, ein Weltkind zu werden, stößt sich der Japaner immer wieder an den engen Grenzen seines nationalen Charakters.

Einer meiner Bekannten war Sozialist. In Gesprächen gab er sich kolossal progressiv und verhöhnte Sonnenbanner und Nationalhymne als Überbleibsel aus reaktionären Zeiten, die niemals wiederkehren dürften. Das neue Japan brauche keine nationalen Symbole mehr. Die Fahne sei nichts als ein Fetzen Tuch und Kimigayo eine lächerlich gewordene Anbetung des Tenno. Eines Tages wurde er vom Bundespresseamt zu einer Deutschlandreise eingeladen. Bei einer Hafenrundfahrt in Hamburg sah er ein japanisches Schiff mit dem Sonnenbanner am Heck an der Pier liegen. Tränen der Rührung traten ihm plötzlich in die Augen. Als er sich wieder gefangen hatte, schämte er sich des japanischen Schiffes, weil es von allen im Hafenbecken vertäuten Schiffen das kleinste war. »Es blamierte mich als Japaner, denn wir als größte Schiffsbaunation sind es unserem Namen schuldig, daß von allen Schiffen in allen Häfen der Welt unsere die besten sind.«

Der in der Heimat Progressive wurde im Ausland national-sentimental. In der dünnen Luft der Fremde setzte sein rotes marxistisches Herz plötzlich aus. Sonnenbanner und Nationalhymne wurden für ihn wieder sichere Anker im Strom des Unbekannten. Der emotionale Nipponismus packte ihn wie eine Fluchtreaktion, denn aus der Nestwärme seiner Volksgemeinschaft entlassen, überkommt den Durchschnittsjapaner ein Gefühl der Verlorenheit. Die Anstrengungen, die es ihn kostet, seine Schritte in die weite Welt zu lenken, kann man am Flughafen von Tokio ahnen, wenn Japaner von ihren Angehörigen und Kollegen Abschied nehmen. Auf einen einzigen Direktor, Ingenieur oder Schriftsteller, der ins Ausland reist, kommen fünfzig oder sogar hundert Verwandte und Freunde, um Sayonara zu sagen. Als Ausländer kann man bei den trotz ihrer Förmlichkeit rührenden Abschiedsszenen ein Gefühl des Mitleids mit dem verlorenen Sohn Nippons nicht unterdrücken, der aus irgendwelchen Gründen in unbekannte Fernen fliegen muß, die so ganz anders als sein Mutterland sind; wo es keine Mini-Bars und keinen rohen Fisch, sondern nur die schrecklich langen Kerls gibt.

Aus psychologischen Sicherheitsgründen fliegen Japaner deshalb meistens in Gruppen, so daß sie in allen Ländern und Städten gewöhnlich nur in Regimentsstärke auftauchen. Für einen Einzelreisenden wären die seelischen Strapazen einer Europa- oder Amerika-Reise zu groß. »Wer allein ins Ausland reist, hat vielleicht schon zehn oder sogar zwanzig Jahre lang Englisch gelernt, fühlt sich aber dennoch gehemmt, wenn er sprechen muß. Er bekommt häufig Lust auf eine japanische Miso-Suppe oder eine richtige Reismahlzeit. Auf seinen Wegen geht ihm kein einziger Japaner voran, auf dessen Handlangerdienste er rechnen könnte, und folglich verliert er seine Orientierung. Er ist ängstlich auf die Tischsitten bedacht oder darauf, wieviel Trinkgeld er geben muß. Bei Besichtigungen und Stadtrundfahrten ist er zerstreut; er ist ständig in Sorge, ein Hotelzimmer zu finden oder sein Flugzeug noch rechtzeitig zu erreichen. Geht er spazieren, lebt er in steter Angst, ob er sich auch nicht verlaufen hat. Noch einen ganzen Monat nach seiner Rückkehr in die Heimat legt er sich wie ein Kranker schlafen, und beim Aufstehen fragt er sich immer wieder zweifelnd, ob er denn auch wirklich in Japan ist ... Die sorgenerfüllte Beklommenheit wurde ich niemals los, und jene ängstlichen Gedanken ergriffen mich wieder und wieder, so daß ich in keinem Land und in keiner Stadt je in aller Gemütsruhe verweilen konnte. Ruhelos schlenderte ich umher und versuchte mein ureigenes Ich zu beschwichtigen und zu besänftigen. Ich hatte kaum noch Kraft übrig, darauf zu achten, für die Außenwelt gefaßt und gelassen zu erscheinen. So sehr mußte ich hierzu meine gesamten Energien zusammenraffen, daß ich, völlig ermattet und nach Luft ringend, nur mühsam den Weg zurück nach Japan fand ... Mir sind Fälle von hervorragend qualifizierten japanischen Professoren für englische Literatur bekannt geworden, die nach New York kamen und sich aus Angst, selber reden oder anderen zuhören zu müssen, in ihr Zimmer einschlossen und lediglich auf das Verrinnen der Zeit warteten.« [8]

Um ihren Landsleuten den Aufenthalt in der fremden, weiten Welt jenseits der Gestade ihrer vertrauten Inseln leichter zu machen, gab die Regierung den 53 Damen und Herren, die 1951 zur Friedenskonferenz nach San Franzisko flogen, einen kleinen Benehmens-Knigge mit auf die Reise. Darin wurde ihnen empfohlen, beim Betreten der Häuser nicht die Schuhe auszuziehen; in Gesellschaft nicht zwischen den Zehen zu puhlen; beim Trinken Mäßigung zu üben; in überhitzten Eisenbahnabteilen sich nicht bis auf die Unterhose zu entkleiden; beim Schnäuzen der Nase ein Taschentuch zu benutzen und beim Essen nicht zu rülpsen.

Wenn Weltoffenheit tatsächlich so anstrengend ist und so viel Energie kostet, wird es einigermaßen verständlich, warum Japaner im eigenen Land ungestört unter sich bleiben möchten. Aus ihrer heimlichen Sehnsucht nach insularer Abgeschlossenheit auch im Zeitalter von Raketen und Düsenflugzeugen entspringt die diskriminierende Praxis, in zahlreichen Bars und Kabaretts der vielen Vergnügungsviertel in Tokio Ausländer für unerwünscht zu erklären. Türwächter weisen sie mit den Worten ab: »Off limits für Ausländer! Nur für Japaner!« Die Rassendiskriminierung wird mit Sprachschwierigkeiten, ausländischer Unkenntnis über die gewöhnlich astronomisch hohen Rechnungen und dem Benehmen betrunkener amerikanischer Soldaten in den ersten Nachkriegsjahren begründet. Doch alle diese Erklärungen sind nur Umschreibungen für eine subtile Art von Fremdenfeindlichkeit, über deren Sein oder Nichtsein unter den ausländischen Residenten um die Jahrhundertwende bereits genausoviel diskutiert wurde wie heute.

Fremdenfeindlichkeit ist mit Sicherheit ein zu dramatisches Wort, wenn sich dabei Assoziationen zu den Negerunruhen in den USA oder der Rassentrennung in Südafrika einstellen sollten. Die fremdenfeindliche Strömung ist unendlich viel milder, und ihre Ursache scheint nicht Haß, sondern Verlegenheit zu sein. In einem Tokioter Warenhaus kann man erleben, daß die Verkäuferinnen kichernd und tuschelnd Arbeit vortäuschen, um einen Gaijin, einen Ausländer, nicht bedienen zu brauchen. Spricht man sie japanisch an, kann es passieren, daß sie auf englisch »no have« antworten. Aus lauter Verdutztheit gehen sie in eine freundliche Abwehrstellung, ganz spontan, ohne sich etwas dabei zu denken.

Als ich eines Tages bei der staatlichen Rundfunk- und Fernsehgesellschaft NHK für das Fernsehen um einen Filmbericht von Schlägereien im Parlament bat, wurde mir meine Bitte mit der Begründung abgeschlagen, Filmberichte von Krawallen der gewählten Volksvertreter schadeten dem Ansehen Japans im Ausland. Genau die gleiche Begründung erhielt ich Monate später, als über Westjapan ein schwerer Taifun hinweggerast war und zahlreiche Todesopfer gefordert hatte. Auf meine Frage, warum eine im Deutschen Fernsehen gezeigte Taifunkatastrophe dem Ansehen Japans im Ausland schade, erhielt ich zur Antwort, die in Steinhäusern wohnenden Deutschen würden sehen, daß Japaner in Holzhäusern lebten, und daraus den Schluß ziehen, Nippon sei ein armes Land.

Gerade bei den in anderen Ländern gewöhnlich sehr liberalen und kosmopolitischen Journalisten ist die nationale Verklemmung besonders stark ausgeprägt. Als ein Fotograf der Zeitung *Mainichi* wegen seines Fotos von der Ermordung des Sozialistenführers Asanuma den amerikanischen Pulitzer-Preis erhielt, wurde er anschließend von seinen Kollegen gemieden und mehr oder weniger freiwillig aus der Redaktion verdrängt. Ein echter Japaner nimmt eben keinen ausländischen Preis für eine Leistung an, die selbst nach Auffassung der auf ihre Progressivität so stolzen Journalisten das Prestige ihres Vaterlandes herabsetzt.

Ein unschönes Kapitel in der Diskriminierung von Ausländern sind die Behinderungen für die beim Auswärtigen Amt akkreditierten und im ausländischen Presseclub zusammengeschlossenen Zeitungs-, Rundfunk- und Fernsehkorrespondenten aus 18 Ländern. Trotz wiederholter Proteste dürfen sie bis heute nicht an den regelmäßigen Pressekonferenzen japanischer Minister und Staatssekretäre teilnehmen. Der Zugang zu den Informationsquellen wird ihnen von den Journalisten-Clubs der bei den verschiedenen Ministerien eingeschriebenen japanischen Kollegen gesperrt. Der Sprecher der Auslandskorrespondenten macht in seiner alljährlichen Rede vor dem japanischen Zeitungsverlegerverband regelmäßig auf diese einem freien Land unwürdigen Methoden aufmerksam, aber bisher nur mit geringem Erfolg.

Man sucht hinter solchen Vorkommnissen das Böse, den Haß, die Verachtung; aber entdeckt dann doch nur eine Verkrampfung, Verdrängung und Unsicherheit. Diese das alltägliche Leben wie kurze, winzige Stromstöße durchziehende Fremdenscheu zwingt den Weißen zu einer Vorsichtigkeit und Rücksichtnahme, die er anderen farbigen Völkern gegenüber gewöhnlich nicht zeigt. Um sich als Resident im Land glücklich zu fühlen, muß er es sich gefallen lassen, daß ihm aus der Krone seines Europäertums einige Zacken herausgebrochen werden, ohne daß er genau wüßte, wie. In Japan kann sich der Europäer deshalb nicht als »Kolonialist« fühlen. Man vergleiche daraufhin einmal typologisch die Japan-Deutschen mit den China-Deutschen. Die Old-China-hands aus Peking, Tientsin und Shanghai erinnern an Taipans, an Herren; ihre Landsleute in Tokio, Kobe und Osaka wirken viel braver, bescheidener und stiller. In ihnen spiegeln sich die krassen Unterschiede ihrer Gastvölker wider. In China konnte der Deutsche seinen Diener mit

»boy« rufen; der Japan-Deutsche aber durfte immer nur »boy-san« (»Herr boy«) sagen.

Die sehr subtile Fremdenfeindlichkeit gegenüber den Weißen, die nie explodiert ist und ungefähr in der Mitte zwischen Mißtrauen und Neugierde liegt, ist ein Reflex des emotionalen Nipponismus. Er ist die völkisch durchstimmte Reaktion von Japanern auf all das Fremdländische, das seit der Modernisierung hereingebrochen ist. Er läßt sich soziologisch einigermaßen lokalisieren, und zwar auf die, im weitesten Sinne verstanden, einfacheren Bevölkerungsschichten; auf jene Millionenmassen, die ihre Inseln niemals verlassen konnten und keine Gelegenheit hatten, Japan mit anderen Völkern zu vergleichen. Der emotionale Nipponismus ist eine Folge von Beschränktheit, Nicht-Wissen und Nicht-Kennen. Darum gilt gerade für Japaner das Wort: »Reisen bildet.«

Interessant ist in diesem Zusammenhang der Vorkriegs-Gegensatz zwischen den Nipponisten im Heer und den Liberalen in der Marine. Die Seeoffiziere kannten die Welt und warnten die im Heer aufgestiegenen Bauernsöhne bis zuletzt vor nationalistischen Abenteuern. Auch in der japanischen Besatzungspolitik war die Kontroverse spürbar. Korea, im brutalen Griff der Generalität und Divisionen des Heeres, kann die 50jährige Kolonialherrschaft kaum vergessen. Ganz anders Formosa. Dort kommandierte die Marine, und scheinbar so liberal, daß der Besucher in den Restaurants der Hauptstadt Taipeh noch heute japanische Lieder hören kann. Formosa ist ein geglücktes, Korea ein dunkles Kapitel in der Geschichte des japanischen Imperialismus.

Nach dem Kriege sind die Sozialisten ins Fahrwasser des Nipponismus geraten und haben dadurch große Erfolge erzielen können. Obgleich ihrem Glaubensbekenntnis nach orthodoxe Marxisten, leisteten sie der Wiedergeburt des Kapitalismus keinen nennenswerten Widerstand. Die Dynamik ihrer Bewegung kam aus einem militanten Antiamerikanismus, der die außenpolitischen Gegebenheiten radikal simplifizierte. Ihr Nationalismus überwog bei weitem ihren Sozialismus, so daß sie den Eindruck erweckten, als seien nur sie Japans nipponistisches Gewissen. Sie redeten marxistisch, aber träumten patriotisch; sie erschienen prochinesisch, aber waren wahrscheinlich nur antiamerikanisch.

Eine nationale, die Vormundschaft der USA bekämpfende Partei wie die sozialistische war nach dem Kriege eine natürliche Gegebenheit. Auch eine außenpolitische Rückversicherung, sei es in Peking oder Moskau, drängte sich dabei absolut auf. Aber eigentümlicherweise sind weder Chinesen noch Russen mit den japanischen Sozialisten recht froh geworden, denn sie haben noch stärker als die Konservativen die alte Eigenschaft geerbt, komische Alliierte mit einem unterentwickelten Solidaritätsgefühl zu sein. Sie zerhauen mit naiven Phrasen alle gordischen Knoten der Weltpolitik und sind in ihrem Pläneschmieden weder von Peking noch von Moskau zu bremsen. Versponnen in ihre eigenen Sorgen und Nöte und selbstzufrieden mit ihrem nipponistischen Horizont, gehören sie in der Marxistischen Internationale wahrscheinlich zu den eigenbrötlerischsten und unbequemsten.

Eines der größten Hindernisse für die Weltoffenheit des Japaners ist der Shintoismus, denn er bestärkt ihn noch in seiner Introvertiertheit und gibt seiner insularen Mentalität die religiöse Weihe. Im Vergleich zu den Grenzen und Meere überwindenden Hochreligionen ist der Shintoismus eine von nationalen Schlagbäumen eingeengte Religion par excellence. Beschränkt auf den einen winzigen Punkt des Globus, der Japan heißt, liefert diese Gottheitslehre keine die nationale Kultur und Tradition transzendierenden Werte und will weder weltumspannend noch exportfähig sein. Sie hält das Göttliche im Rahmen des Nationalen und ist mit ihrem Gebot zu körperlicher und geistiger Reinheit ein kaum zu erschütterndes Bollwerk gegen Fremdeinflüsse und Veränderungen am Volkscharakter. Durch den Shintoismus, der nur nationale Götter kennt und Liberalismus und Internationalismus mit dem Odium des Vaterlandsverrats umgibt, wird die politische Forderung, daß Japan japanisch bleiben müsse, metaphysisch abgesichert. Er hat dem Volk die Polarität von Gott und Nation, des Transzendentalen und Nationalen erspart und es trotz aller hektischen Betriebsamkeit an der Oberfläche im Innern eigentümlich gelähmt und seinen Wesenskern verbarrikadiert.

Um an ihn heranzukommen und die Verwestlichung religiös zu verankern, wagte General MacArthur 1945 das Experiment einer von Besatzungstruppen unterstützten Christianisierung. Er schreibt in seinen Erinnerungen: »Ich bat um Missionare und um noch mehr Missionare ... Bei jeder Gelegenheit machte ich auf Besuch weilende christliche Geistliche auf die Notwendigkeit ihrer Arbeit in Japan aufmerksam. ›Je mehr Missionare wir nach hier bringen und je mehr Besatzungstruppen wir nach Hause schicken, desto besser.‹ Auf mein Ersuchen verteilte die Pocket-Testament-League zehn Millionen ins Japanische übersetzte Bibeln.« [9] Die Wahl des ersten christlichen Ministerpräsidenten Tetsu Katayama, der der presbyterianischen Kirche angehörte, feierte MacArthur mit visionärem Überschwang. »Von einem weiten internationalen Standpunkt aus gesehen ist es bedeutsam, daß nun drei große orientalische Länder von Männern regiert werden, die sich zum christlichen Glauben bekennen: Tschiangkaischek in China, Manuel Roxas in den Philippinen und Tetsu Katayama in Japan. Diese Tatsache belegt den ständigen Fortschritt dieser heiligen Lehre und zeigt mit Klarheit und Überzeugung, daß die Völker von Ost und West eine gemeinsame Übereinstimmung in der Spiritualität des menschlichen Geistes finden können.« [10]

Den Anstrengungen der Missionsgesellschaften beider Konfessionen, die es in Japan niemals leichter als im Schutz der amerikanischen Besatzungsmacht hatten, aber blieb der Erfolg versagt. Trotz des angeblich geistig-seelischen Vakuums als Folge des verlorenen Krieges gibt es unter den hundert Millionen Japanern nur 500 000 Christen. Selbst in der nationalen Untergangsstimmung mit ihrer wirtschaftlichen Verelendung übte das Christentum keine nennenswerte Anziehungskraft aus. Auch 1945 zeigte das japanische Volk gegenüber den nun schon hundert Jahre andauernden Christianisierungsversuchen eine nicht zu überwindende Immunität. War es angesichts des Schicksals von Nagasaki so verwunderlich?

Nagasaki, auf der südlichen Großinsel Kyushu gelegen und landschaftlich eine der schönsten Städte des Landes, war zwischen Mittelalter und Neuzeit für Japan das einzige Tor zur Welt. Hier landeten in der Mitte des 16. Jahrhunderts als erste Europäer portugiesische und holländische Kaufleute und in ihrem Gefolge Missionare. In der Hafenstadt und den umliegenden Bergtälern bildeten sich schon früh kleine christliche Gemeinden. Nach Jahrzehnten der Duldung brachen blutige Verfolgungen aus, und allein um Nagasaki wurden 37 000 Christen brutal getötet. Am 9. August 1945 verglühte dieser Brückenkopf des Christentums in Japan unter den Strahlen der von christlichen Soldaten abgeworfen Atombombe »fat man«. Heute erinnern an diesen Tag noch immer die Ruinen einer Kirche. In ihren Trümmern ist die Hoffnung, daß Japan jemals christianisiert werden könnte, für immer begraben.

Werden Ost und West deshalb für alle Zeiten getrennt bleiben? Daß die Frage ausgerechnet am Beispiel von Japan gestellt wird, das auf den ersten Blick wie ein Schmelztiegel von Ost und West aussieht, beweist, wie kompliziert und vielschichtig das Problem ist. Aber gerade Japan hat einen so ausgeprägten Volkscharakter, daß es für alle, die seine Freundschaft und Solidarität suchten, eigentlich immer ein höchst eigenartiger Freund blieb. Von der Ungewißheit, wie sein Lächeln zu interpretieren sei, ist niemand befreit worden. Tokio hält seine Bündnispartner auf Distanz und scheut sich vor einer Umarmung. Diese Erfahrung haben nach dem Kriege vor allem die Vereinigten Staaten gemacht. Aufgrund von Religion, Kultur, Geschichte und Mentalität des fernöstlichen Inselreiches wären auch andere Freunde kaum glücklicher geworden. Denn das mächtige Japan hat sich immer nur stark gefühlt – allein.

II. TEIL

GESELLSCHAFT OHNE GRAMMATIK

Tokio – wo auf der Welt gibt es seinesgleichen? An Häßlichkeit, Chaos und Menschenmassen? An quetschender Enge, bebauten Quadratmillimetern und nicht endender Aussichtslosigkeit? Wo hungert man mehr nach Sonne, Natur und Frischluft? In diesem Monstrum leben so viele Menschen wie in Schleswig-Holstein, Hamburg und Niedersachsen – Norddeutschland in eine einzige Stadt gepfercht: Das ist Tokio mit seinen 11 Millionen Einwohnern. Wie viele es genau sind – auf dem Rathaus weiß man es; aber weiß man dort auch, wo dieses Tokio anfängt und aufhört? Wer ihm entfliehen will, sieht keinen Anfang und kein Ende, denn wenn er glaubt, er habe diesen Alptraum von Stadt hinter sich gelassen, verfolgen ihn andere Städte und neue Fabriken und noch schlechtere Straßen. Bis dorthin, wo die Natur einsam ist und wohin sich die Tokioter im Sommer und an Wochenenden sehnen, dauert es mit dem Auto vier bis sechs Stunden. Vier bis sechs Stunden vorbei an Zwölftonnern, an deren Steuer Kamikaze sitzen; gegen den Strom anderer Zwölftonner, die ebenfalls mit dem »göttlichen Wind« um die Wette rasen.

Tokio wird nicht erlebt – Tokio wird erlitten. Und doch: welch eine Präzision, Planung und Logik stecken in dieser größten Stadt der Welt! Jeden Morgen kommen pünktlich die Zeitungen, die Milch, das Gemüse, die Blumen, der Fisch und der Reis; und jeden Morgen erreichen Millionen auf die Minute ihre Büros, Geschäfte und Werkstätten. Wer von diesen Millionen über Shinjuku kommt, riskiert auf der täglichen Bahnfahrt zum Arbeitsplatz zerrissene Mäntel und kaputte Hosen. Auf den Bahnsteigen in Shinjuku quetschen bezahlte Studenten Lawinen von Menschen in längst überfüllte Züge. Mögen einige dabei ohnmächtig werden – umfallen können sie nicht. Die s-Bahnen fahren alle dreißig Sekunden – der nächste Zug läuft bereits ein, wenn sich der abgefertigte gerade in Bewegung setzt. Die Masse Mensch verlangt der Technik eine beklemmende Perfektion ab.

Mag sich der Himmel über Tokio verdunkeln und die Sonne verzweifeln, daß sie der Stadt nicht mehr scheinen kann – das Herz von Tokio schlägt weiter, sein Blut braucht keinen Sauerstoff, seine Vitamine sind Ehrgeiz und Wille. Ich kenne keinen, der dieses Tokio liebt, aber weiß auch niemanden, der es nicht bewundert, wie es trotz allem mit sich fertig wird und funktioniert und arbeitet und lebt. In Marunouchi am Hauptbahnhof mit seinen Hochalleen aus Glas, Marmor und Stahlbeton für die Verwaltungen der Industriekonzerne; in Tsukiji, wo für die 11 Millionen der Fisch ausgeladen und versteigert wird; auf der Ginza, in deren Warenhäusern sich täglich die Massen drängen wie im Kaufhof, bei Karstadt und Woolworth am Goldenen Sonntag vor Weihnachten; in Asakusa, wo Glücksspielautomaten klingeln, Strip-teaser schon morgens um elf die Kellerbühnen bevölkern und im Tempel der Göttin der Barmherzigkeit Räucherstäbchen brennen; in Ikebukuro, Shinjuku, Shibuya, Shimbashi, Akasaka und wie sie alle heißen, diese Dörfer, die addiert dieses Tokio ausmachen. Die Stadt hat nicht nur ein Herz, sondern viele Herzen. Man muß sie am Tage erleben und bei Nacht; gerade bei Nacht, wenn die Einkaufs- und Vergnügungsviertel mit Lichtreklamen Orgien feiern, in engen Bargassen die Lampions brennen und die Phantasie der Fremden heißläuft. Tokio wird erst schön, wenn die Sonne untergegangen ist; dann wird es auch östlich und ostasiatisch.

Was ist das Besondere an dieser Stadt? Nicht ihre Größe – sie ist Zufall wie in New York; auch nicht ihre Dichte – Osaka ist in dieser Beziehung vielleicht noch schlimmer; und ebenfalls nicht ihre Häßlichkeit – es kann nicht jede Hauptstadt wie Rom, Paris und das alte Berlin sein. Das Besondere an Tokio ist die Geduld seiner Menschen; ihre Apathie, Passivität und Resignation, mit der sie diese Stadt ertragen. Warum sich aufregen über Ascheneimer und Abfallkübel, die überquellen und mit denen Hunde spielen? Warum die Ratten töten, von denen es 30 Millionen geben soll? Warum die Flüsse sauberhalten, die wie stinkende Kloaken das Häusermeer durchziehen und in der Hitze des Sommers eindicken? Warum ein Hupkonzert veranstalten, wenn man in Autoschlangen eingekeilt eine Ewigkeit lang weder vor- noch rückwärtskommt? – Augen schließen, schlafen oder meditieren ist gesünder. Auch

Baustellen müssen sein – viele und überall, denn die Stadt will schließlich eine moderne Metropole werden. Auch der Staub ist normal, den der Wind an stürmischen Tagen zu niedrigen Dünen zusammenbläst. Was kann Tokio dafür, daß es nicht regnet? Und wenn es regnet und man mit Schuhen heimkommt, als sei man durch Schlamm gewatet – was stört es die ungeduldigen Fremden? Wissen sie nicht, daß es seit Jahrhunderten Brauch ist, die Schuhe auszuziehen, wenn man ein Haus betritt?

Das Schlimme an Tokio ist, daß dort alles als normal gilt: der Lärm, der Dunst, der Dreck, die Massen, die Enge, die Dichte, der graue Himmel, die erstickenden Bäume, die überfüllten Bahnen, die schlechten Straßen, die mangelhafte Kanalisation, die Weihnachtsreklame im Oktober, die Demonstrationen im Frühjahr, die Parlamentsschlägereien im Juni, die periodische Umbildung der Regierung. Was auch passiert und welche Nerven das Ganze kostet: kein Gouverneur von Tokio braucht Angst zu haben, nicht wiedergewählt zu werden. Denn diese Stadt ist ein Schicksal – und gegen das Schicksal helfen weder Stimmzettel noch Aufbegehren und Protestieren. Seid wie der Bambus und niemals wie eine Eiche, und ihr werdet euch an euer Los gewöhnen!

Eines Tages wurde vor unser Schlafzimmerfenster die pakistanische Botschaft gerollt, auf Rundhölzern und mit hau ruck, und unsere Wohnung verdunkelte sich ... eines anderen Tages rief ein guter Freund an, er könne seine Hütte nicht verlassen, denn in der Nacht hätten Bauarbeiter einen zwei Meter tiefen und zwei Meter breiten Graben ausgehoben, aber vergessen, ein Brett als Brücke darüberzulegen ... im Oktober wurde Brust an Brust neben dem Sperrholz-Bungalow eines anderen Bekannten ein elfstöckiger Betonkasten hochgezogen ... und es war an einem Februarmorgen, daß ein Barbesitzer in Gotanda von seinem Etablissement nur noch einen Stapel Bretter und Latten wiederfand, weil unbekannte Täter seine Mini-Bar einfach auseinandergenommen und abmontiert hatten. Wen stört das schon? Man kennt in Tokio keine Nachbarn; den Mitmenschen, auf den man Rücksicht nehmen muß, gibt es nicht. Bechstein-Flügel stehen hinter Wänden aus Reispapier, und die ganze Nachbarschaft lauscht freudig bewegt, wenn die Tochter des Hauses den Flohwalzer übt. Reklamelautsprecher plärren in Geschäftsstraßen von Sonnenaufgang bis Sonnenuntergang und preisen lärmend Waschmittel und Anti-Baby-Pillen an. Jeder hört mit in Tokio – auch beim Telefonieren. Trennwände zwischen den öffentlichen feuerroten Münztelefonen sind unbekannt.

Wenn es in Tokio den Nachbarn, den Mitmenschen gäbe, würde die Stadt auch nicht so aussehen ... könnte nicht jeder so bauen, wie er möchte ... wäre das Monstrum nicht ein so disproportionales Sammelsurium von bescheidenen Holzhütten und supermodernen Prachtbauten ... würde ein Stadtbauamt den Grundeigentümern auf die Finger klopfen und einigermaßen für eine städtebauliche Ordnung sorgen. Alle Baustile aus allen Himmelsrichtungen des Globus vertragen sich in Tokio: das Schloß von Versailles mit Ziegelsteinkästen vom Berliner Alexanderplatz und Banken der Wallstreet; das Landhaus vom Tegernsee mit futuristischen Würfeln und florentinischen Dunkelkammern; das strohgedeckte Bauernhaus aus Shikoku mit gläsernen Bungalows aus Kalifornien und Bunkern aus der Luftschutzzeit. Verbunden sind die exotischen Geschmacksinseln durch ein niedriges Meer von Holzhäusern, schmalbrüstigen Steinkästen, überdimensionalen Reklameflächen, eiffelturmähnlichen Fernsehsendern, morschen Telefonmasten und einem Gewirr elektrischer Leitungen. Die Toleranz mit dem Eigentümer des Nebengrundstücks ist grenzenlos. Wer ein paar Quadratmeter Grund und Boden besitzt, ist ein absoluter König.

Wie soll man die Tokioter charakterisieren? Soll man ihren beinahe schon anarchistischen Hang zur Eigenbrötlerei kauzig nennen? Tatsächlich ist der einzelne Japaner viel origineller, als die Gesichts- und Klassenlosigkeit der Masse vermuten lassen. Einen meiner japanischen Freunde habe ich in fünf Jahren nur ungekämmt erlebt und meistens auch noch mit offenen Knöpfen am Hosenstall; von Beruf nannte er sich Direktor. Die 74jährige Großmutter eines meiner Mitarbeiter lernte auf ihre alten Tage noch Englisch. Ein 83jähriger Bierbrauer kam zu Freunden einmal wöchentlich zum Deutschunterricht. Ich kannte andere Japaner, die in ihrer Ein-Zimmer-Wohnung in Büchern ertranken oder die Wandregale mit 63 verschiedenen Kaffeesorten geschmückt hatten. Ein prominenter Publizist war Chefredakteur einer Zeitung, Chefkommentator einer Fernsehstation und gleichzeitig Einkäufer für Atomreaktoren. 1960 wurde er als politischer Emissär zu Präsident Eisenhower nach Washington geschickt. Er spielte mit dem amerikanischen Präsidenten Golf und erhielt zur Erinnerung eine signierte Fotografie. In Tokio wohnte er mit seiner Frau in einem

Anderthalb-Zimmer-Apartment, in dem die Sitzecke von Bett und Kochnische nur durch Vorhänge abgetrennt war.

Der Japaner ist nicht nur genügsam, sondern auch in einer ganz anderen Art, als wir es sind, mit sich eins und selbstzufrieden. Deshalb ist die Palette des Menschlichen so unerwartet bunt und genießen Käuze und Originale gesellschaftlich ein so erstaunliches Ansehen. Einer dieser in sich versponnenen, bienenfleißigen Querköpfe promovierte im Alter von 51 Jahren mit einer Dissertation über die Toilettensysteme der Welt zum Dr. phil. Nach jahrzehntelangen Forschungen hatte er die aufsehenerregende Entdeckung gemacht, daß es Toiletten mit und ohne Wasserspülung gebe.

Ein anderer Kauz war jener Mediziner, der zur Erforschung der menschlichen Schnarcheigenschaften mit einem Tonbandgerät um die Welt reiste und bei nächtlichen Spaziergängen die aus geöffneten Fenstern dringenden Schnarchgeräusche einfing. Die Presse berichtete nach seiner Rückkehr, daß es diesem Japaner endlich gelungen sei, die unkontrollierbaren Urlaute in solche männlichen und weiblichen Ursprungs zu klassifizieren. Ein drittes akademisches Original war jener im September 1960 von Bundespräsident Lübke in Bonn in Audienz empfangene Professor Watanabe aus Osaka, der sein Leben einer von niemandem gelesenen »Einführung ins Plattdeutsche« gewidmet hatte.

Bei der Neigung der Japaner, von immer weniger immer mehr wissen zu wollen, leisten sie der Weltkultur ungeahnte Archivardienste. Es ist durchaus denkbar, daß wir Deutschen eines Tages für Ursprung, Entwicklung und Melodie der Lieder »Am Brunnen vor dem Tore« und »Sah ein Knab' ein Röslein stehn« nach Japan fahren müssen, denn nirgends werden sie heute noch so oft gesungen wie von den Barmädchen in Tokio, Kyoto und Nagasaki. Aufgrund dieser Veranlagung zur Kauzigkeit, deren Ergebnisse in Zeitungen und Fernsehen gelegentlich mit tödlichem Bierernst dem im Bewunderung erstarrenden Volk dargeboten werden, ist es kein Zufall, daß zwei der schönsten und unterhaltsamsten Japan-Bücher europäischer Schriftsteller »Die ehrenwerte Landpartie« und »Miyamoto und die ehrenwerten Fremden« parodistisch sind.

Wie man es auch sieht und wo man es auch anpackt – dieses Tokio leistet eine Art völkerpsychologischen Offenbarungseid. In dieser Stadt verträgt sich das Niedrigste mit dem Höchsten und das Kleinste mit dem Größten. So disproportional wie ihre Silhouette ist auch der Charakter ihrer Bewohner. Auf der einen Seite sind sie diszipliniert bis zur Unpersönlichkeit und haben die Unterdrükkung von Emotionen und Spontaneität zu einem kategorischen Imperativ gemacht – auf der anderen Seite wühlen sie in Gefühlen und reagieren blindwütig. Wer in einen leichten Verkehrsunfall verwickelt wird, dem kann es passieren, daß der andere sein Wagenfenster herunterkurbelt, lächelnd sumimasen – entschuldigen Sie, bitte – sagt und weiterfährt. Es kann aber auch vorkommen, daß ihn der andere schweigend und stumm zusammenboxt, sich wieder ans Steuer setzt und Gas gibt. Nur die europäische Mittellage des Temperaments gibt es so gut wie nie, daß nämlich beide warten, bis die Polizei kommt.

So scheinbar zerrissen die Menschen sind, so mittelpunktslos ist Tokio als Stadt. Es kennt weder einen Potsdamer Platz noch einen Petersplatz. Solche aus dem europäischen Städtebild nicht wegzudenkenden Zentren, die die Bürger vor der Vereinzelung bewahren und sie an die Gemeinschaft erinnern, diese Symbole der Volonté generale gibt es in keiner einzigen japanischen Stadt. Auch shintoistische Schreine und buddhistische Tempel sind architektonisch nicht als Mittelpunkte angelegt. Im Vergleich zu Straßburg oder Freiburg, wo sich die Bürgerhäuser ringförmig um die Kathedralen legen, als hätten die Gotteshäuser Jahresringe angesetzt, scheinen die Schreine und Tempel in Japan religiöse Beiläufigkeiten ohne gemeinschaftsbildende Funktion zu sein. Sie liegen abseits der Straßen, und man kann ihnen nicht rein zufällig begegnen wie in Köln dem Dom oder in Ulm dem Münster. Wer Japans Schreine und Tempel nicht sucht, sieht sie auch nicht. Der weltliche und religiöse Bezirk sind streng voneinander getrennt; die Städte leben ohne die Gotteshäuser, und die »Kathedralen« existieren ohne die Städte; sie wissen scheinbar nichts voneinander.

Ähnlich gehen im Häusermeer die Rathäuser unter. Auch sie stehen nicht in der Mitte, sondern irgendwo. Es sind nackte Zweckbauten, oft sogar die häßlichsten ohne jeden sentimentalen Sinn. In Europa haben jahrhundertelang die größten Baumeister gewetteifert, um Bürgersinn und Bürgertugenden einen die Zeiten überdauernden Ausdruck zu geben. Japan dagegen ist ohne Rathäuser denkbar. Die politische Mittelpunktslosigkeit seiner Städte deutet darauf hin, daß der Staatsbürger im Japaner, im Geist des europäischen Aufklärungszeitalters verstanden, noch relativ unterentwickelt ist.

Die im Gemeinschaftsleben vernachlässigte Horizontale – der Europäer erlebt sie als Schock, wenn er in der Namenlosigkeit von Tokios vielen hunderttausend Straßen, Gassen und Gäßchen das Haus eines Bekannten sucht. Noch heute werden Einladungskarten mit kleinen Stadtplänen bedruckt, die von der nächsten U-Bahn-Station oder einem anderen markanten Punkt aus den Weg weisen sollen. Für den Taxifahrer aber bleibt die Zielansprache im Dunst und Nebel des Ungefähren. Er findet den Stadtteil, die über den Daumen gepeilte Richtung sofort, aber die letzten zwei Minuten bis zur gewünschten Gasse können eine Stunde und mehr dauern. Mit einer den Fremden zur Weißglut bringenden Geduld kurvt er herum, und es gehört leider zum Berufsethos der Taxifahrer, daß sie zu stolz sind, Passanten oder Polizisten zu fragen.

Mit den Lieferwagen der Kaufhäuser ist es nicht anders. Wenn die Ware für morgens versprochen ist, kann man frühestens abends mit ihr rechnen. Denn Stunden gehen drauf, weil Fahrer und Beifahrer ihr Ziel umkreisen, ohne es zu finden, aber in der ahnungsvollen Gewißheit, genau hier irgendwo müsse es sein. Die letzte Rettung ist ein langes Telefonat mit dem japanischen Hausmädchen, mit dessen Hilfe der Lieferwagen dann endlich vorfährt. Um die Verwirrung total zu machen, haben nicht selten fünfzig und mehr Häuser in der namenlosen Gasse auch noch dieselbe Nummer. Der einzige, der sich in diesem Irrgarten auskennt, ist dank seinem sechsten Sinn der Briefträger, aber er hütet sein Wissen wie ein großes Geheimnis. Daß kaum ein Brief in Japan verlorengeht – es ist ein täglich neu erlebtes Wunder.

Wie aber kann Japan unter diesen Bedingungen funktionieren, ja mehr noch, bei dieser Unlogik zur drittgrößten Industrienation der Erde werden? Diese Frage steht im Raum und wird jedem, der Land und Volk erlebt hat, von Freunden und Interessierten gestellt. Die Antwort wird niemals ganz befriedigen, und es kommt ja auch nicht von ungefähr, daß in Japan ansässige Europäer aufgrund ihrer täglichen Erfahrung mit der japanischen Mentalität dem Land viel weniger zutrauen als Beobachter, die das Inselreich von außen betrachten. Der Widerspruch zwischen Mentalität und Leistung, Unlogik und Funktionieren will sich nicht auflösen. Es bleibt an Japan ein Rest, der sich einer im europäischen Denken verhafteten Erklärung entzieht; das Land gleicht einem Kreuzworträtsel, in dem immer ein paar Felder leer bleiben. Es kommt auf ganz anderen Wegen als wir zu genau den gleichen Ergebnissen. Die Unordnung und das Chaos in den japanischen Mammutstädten können deshalb kein Zufall und keine Panne sein und weder durch Erregung noch durch gutgemeinte Ratschläge abgeschafft werden. Sie sind nur die Widerspiegelung und Bestätigung eines viel allgemeineren, das gesamte gesellschaftliche und geistige Leben beeinflussenden Phänomens, das soziologisch mit »Gesellschaft ohne Grammatik« umschrieben werden soll.

Mit diesem Begriff soll die Infrastruktur einer Gesellschaft charakterisiert werden, in der die horizontalen Querverbindungen unterentwickelt sind, es an Kommunikation zum Nachbarn mangelt und der einzelne oder eine Gruppe sich als Ganzes, als selbständige Sonne mit eigenem Planetensystem empfindet. Eine solche Gesellschaft ohne Grammatik mit ihren im Vergleich zu Europa nur sehr luftigen Bindungen, Rücksichtnahmen und Absprachen gleicht einem Meer, aus dem sich zahlreiche Inseln erheben, die aber alle von ähnlicher Größe sind, so daß die Hauptinsel, von der aus das Gewirr gelenkt, verwaltet und regiert wird, unentdeckt bleibt.

In diesem Zusammenhang wird man an den Begriff der Monade in der Philosophie von Leibniz erinnert. Angewandt auf die Soziologie, unter Ausklammerung aller metaphysischen Inhalte, sind die Grundeigenschaften der Monade, daß sie anderen gegenüber ein vollkommen selbständiges Wesen ist, keine Fenster hat und Einflüsse weder von außen erfahren noch nach außen ausüben kann. In diesem rein soziologischen Sinn kommen in Japan Familie, Betrieb, Armee, Studenten, Parteien, Gewerkschaften und Gangsterbanden der Monaden-Theorie sehr nahe. Jede dieser Gruppen bildet eine in sich ruhende, selbständige, fensterlose und nach eigenen Gesetzen funktionierende Welt für sich.

Die japanische Gesellschaft löst sich bei näherem Hinsehen in eine Vielzahl von Gruppen, Cliquen und Clans auf, die auf getrennten Wegen einem in der Unendlichkeit liegenden Schnittpunkt zuzulaufen scheinen. Auf Grund dieser sich fast beziehungslos im Raum tummelnden fensterlosen Monaden hat man als Ausländer oft das deprimierende Gefühl, daß einem Japan ständig entgleite und man es niemals mit Sicherheit in den Griff bekomme.

Die monadenhafte Geschlossenheit der verschiedenen Gruppen und Institutionen wirkt sich auf allen Gebieten als Schwäche zu horizontaler Koordination aus. Es wird in Tokio die Anekdote von

General MacArthur erzählt, der eines Tages das japanische Kabinett zu sich bestellte und die Minister um einen Voranschlag für den Staatshaushalt bat. Die vom Ministerpräsidenten, Finanz- und Wirtschaftsminister vorgetragenen Zahlen wichen alle ganz wesentlich voneinander ab. Daraufhin meinte MacArthur, ein solches Zahlen-Durcheinander sei doch unmöglich, worauf Ministerpräsident Yoshida geantwortet haben soll: »Sehen Sie, Herr General, deshalb hat Japan ja auch den Krieg verloren.«

An ein folgenschweres Beispiel für die in Kabinetten bestehende Fensterlosigkeit der einzelnen Ministerien erinnert der für den Kriegseintritt Japans mitverantwortliche Außenminister Togo: »Um einen Begriff vom Ausmaß der Militärtyrannei zu vermitteln, genügt die Tatsache, daß am Vorabend des pazifischen Krieges so grundlegende Daten wie die Gesamttonnage der japanischen Kriegsschiffe – um von der Wasserverdrängung der gigantischen Schlachtschiffe »Yamato« und »Musashi« und vom Plan des Angriffs auf Pearl Harbor gar nicht zu reden – sorgsam den Zivilisten im Kabinett vorenthalten wurden. General Tojo erzählte mir sogar im Sugamo-Gefängnis, er habe erst vor dem Internationalen Militärtribunal erfahren, daß das japanische Geschwader, das den Angriff auf Pearl Harbor ausführte, am 10. November in der Hitokappu-Bucht zusammengezogen worden war und dort am Morgen des 26. November die Anker für Hawaii lichtete. Das Oberkommando enthüllte seine Geheimnisse nicht einmal gegenüber dem vollrangigen General, der Ministerpräsident und Kriegsminister war; man kann sich leicht ausmalen, wie die anderen Minister behandelt wurden.« [1] Die Moral von der Geschichte ist nicht das angebliche Ausmaß der Militärtyrannei, sondern die Tatsache, daß die Planetensysteme von Generalen, Admiralen und Zivilisten keine Berührungspunkte hatten. Die Verantwortlichen mischten sich nach altjapanischer Gepflogenheit nicht in ihrer Kollegen Dinge ein – selbst nicht in einer weltgeschichtlichen Stunde.

Was liegt angesichts dieser Tendenzen und der Unsicherheit, welche Mittelpunkte man als repräsentativ für das Ganze ansehen soll, näher, als nach westlichem Vorbild dem zu vertrauen, was die öffentliche Meinung genannt wird. Tokios Zeitungen füttern den Leser mit demoskopischen Umfragen und Prozentrechnungen, wie viele Japaner im Zuge der Zeit heute Brot, Butter und Fleisch essen; wie viele Mädchen lieber westliche Kostüme als Kimonos tragen und wie viele Studenten wievielmal bei Aufnahmeexamen zur Universität durchgefallen sind. Bei diesen auf vier Stellen hinter dem Komma ausgerechneten Zahlenspielen taucht mit ziemlicher Regelmäßigkeit auch die Washington so beruhigende demoskopische Meinungsanalyse auf, daß von allen Ausländern die Amerikaner die beliebtesten seien. Diese Wahrheit aber ist politisch auf Sand gebaut und wird deshalb in der heute mit Japanologen besetzten amerikanischen Botschaft in Tokio schmunzelnd zu den Akten gelegt.

Die Demoskopie, auch im Westen umstritten, liefert in Japan nicht einmal Annäherungswerte. Als das Volk im Januar 1967 an die Wahlurnen für ein neues Unterhaus ging, waren die Tokioter Zeitungen voll von pessimistischen Prognosen für die Regierungspartei von Ministerpräsident Sato. Seine Popularitätskurve zeigte wegen zahlreicher Korruptionsskandale in den Reihen seiner Partei das tiefste Tief aller Regierungschefs nach dem Kriege. Als jedoch die Stimmen ausgezählt waren, hatten Sato und die Seinen wieder so haushoch gewonnen, daß selbst sie überrascht waren. Es ist im Grunde vollkommen belanglos, welchen Popularitätsgrad die Zeitungen für bestimmte Politiker berechnen und welche Prognosen sie über neugebildete Regierungen abdrucken. Japans Journalisten sind Berufspessimisten, die eigentlich niemandem eine Chance geben und jedes Kabinett als das schwächste der letzten zwanzig Jahre hinstellen. Sie lassen sich von den Quittungen, die ihnen das Volk bei jeder Wahl erteilt, in ihrer permanenten Schwarzseherei nicht stören.

Des Volkes Stimme ist in Japan wahrscheinlich das Gegenteil von dem, was in den Zeitungen steht. Während der schweren innenpolitischen Unruhen 1960 vermittelte die Presse den Eindruck, die Tage konservativer Regierungen seien gezählt, und sie würden bei nächstbester Gelegenheit abgewählt werden. Als wenige Wochen später 50 Millionen Japaner ihre Stimmzettel abgaben, siegten die so maßlos attackierten Liberal-Demokraten wiederum mit absoluter Mehrheit, als sei nichts geschehen und alles vergessen. Man weiß eigentlich nicht, was passieren muß, damit die Regierungspartei einmal Sorgen hat.

Ausländische Botschaften haben die Hand am Puls des Volkes durch die japanischen Stammgäste ihrer Cocktailparties und durch deutsch-, amerikanisch-, russisch-, costaricanisch-, somalisch- und tansanianisch-japanische Gesellschaften. Der für Protokollfragen zuständige Attaché braucht nur zur Adressenkartei zu greifen, wenn Parlamentarier, Gewerkschafter, Bankiers, Kaufleute, Industrielle, Wissenschaftler, Schauspieler und Musiker seines Heimatlandes japanische Gesprächspartner treffen wollen. Aber die Liebe der ausgewählten Stammkundschaft für Beethoven sagt kaum etwas über die Einstellung des Volkes zur Bundesregierung in Bonn aus; das Interesse an sowjetischen Astronauten wenig über die Haltung zum Kommunismus.

Die für alle Fach- und Wissensgebiete abonnierten Stammkunden sind notwendig und zweckmäßig, aber repräsentieren nicht die öffentliche Meinung. Ja, es ist bei der Neigung der Japaner, Ausländern gegenüber Komplimente und ihr eigenes Land und Volk schlechtzumachen, sogar wahrscheinlich, daß sie das Bild der Wirklichkeit teilweise verdunkeln können. Noch vor seiner Ernennung zum amerikanischen Botschafter führte Professor Reischauer das diplomatische Desaster um die Vorgänge bei der Ausladung von Präsident Eisenhower unter anderem darauf zurück, daß die Zusammensetzung der japanischen Lobbyisten an der Botschaft in Tokio äußerst einseitig gewesen sei. Er schrieb in »Foreign Affairs«: »Die schockierende Fehlbeurteilung der Situation im Mai und Juni 1960 auf seiten der amerikanischen Regierung und unserer Botschaft in Tokio zeigt deutlich, wie wenig Kontakt wir zur japanischen Opposition haben. Es ist zwar natürlich, daß unsere Botschaft mehr Kontakt zu englischsprechenden japanischen Kaufleuten und politischen Konservativen unterhält, aber wir sollten so viel über Japan wissen, daß wir uns ständig vor Augen führen, daß zwischen dem Denken von Kaufleuten und Konservativen und dem Denken der japanischen Intellektuellen und Oppositionellen eine tiefe Kluft besteht.« [2]

Diese Kritik an der amerikanischen Diplomatie mag damals manchen mit Schadenfreude erfüllt und sein Bild vom »ugly American« bestätigt haben, aber eine ähnliche Fehleinschätzung der Lage kann Deutschen, Franzosen und Russen genauso passieren. Denn in Japan gibt es in unserem Sinne keine Volksvertreter. Die Gesellschaft zerfällt in eine Vielzahl selbständiger, fensterloser und nur eigenen Gesetzen gehorchender Gruppen; sie ist atomisiert und pulverisiert, so daß man als Ausländer gelegentlich meinen kann, Japan werde im Grunde nur vom Pazifischen Ozean zusammengehalten.

Die Gesellschaft ohne Grammatik ist keine zeitbedingte, in den politisch und geistig unruhigen Nachkriegsjahren begründete Erscheinung, sondern wurzelt in Tiefenschichten, die soziologischen Reformversuchen weitgehend unzugänglich bleiben. Sie entspringt dem, was man Volksgeist, Volksseele oder Nationalcharakter nennen könnte, ist mit diesen kaum korrigierbaren Vorgegebenheiten gewachsen und bleibt dadurch für Japaner im Bereich des Unbewußten. Eine Parallele zur Gesellschaft ohne Grammatik finden wir in der japanischen Sprache, deren Fremdartigkeit außer den komplizierten Schriftzeichen besonders darin besteht, daß sie eine »Sprache ohne Grammatik« ist. Das soll natürlich nicht heißen, daß sie überhaupt keine Grammatik kennt, nur ist diese für europäische Begriffe unterentwickelt und von anderer Art. Die Worte stehen in den Sätzen nur in einem lockeren Zusammenhang miteinander und können nach ästhetischen Gesichtspunkten wie die Perlen einer Kette aneinandergereiht werden. Die relative Freiheit der Wortstellung in der Umgangssprache, die der Europäer eigentlich nur seinen Lyrikern einräumt, hat das Denken in einem antigrammatikalischen, antilogischen und auch antidiskursiven Sinne beeinflußt.

Die ungrammatikalische Grundtendenz der japanischen Sprache sei an einem Beispiel illustriert. Der deutsche Satz »Ich finde das Haus häßlich, das Fritz vor zwei Monaten von seinem Vater geerbt hat« – diese klare und inhaltlich zweifelsfrei verständliche Aussage würde im Japanischen etwa folgendermaßen lauten: »Fritz dem Vater vor zwei Monaten früher geerbt haben Haus ich häßlich glaube.« Einem gebildeten Japaner aber wäre selbst diese Übersetzung noch zu direkt. Er würde, den Nuancen seiner Sprache mächtig, den Satz etwa wie folgt wiedergeben: »Herr Fritz den vor zwei Monaten in den Himmel zurückgekehrten erlauchten Herrn Vater von sich zu erben herabgelassen habend empfangenes ehrenwertes Haus soll man schön glauben.« Hier wird nicht nur mit einem Maximum an Worten ein Minimum an Aussage getroffen, sondern hier erscheinen die Worte untereinander auch willkürlich austauschbar. Jedes Zeichen hat seine eigene Mächtigkeit und unterwirft sich nicht so ohne weiteres irgendwelchen logischen Zusammenhängen. Je kultivierter die Höflichkeitsformen angewendet werden, desto wolkiger und alogischer wird die Aussage.

Gemessen an der beinahe mathematischen Exaktheit des Lateinischen, das die Sprachen Europas beeinflußt hat, erscheint das Japanische wie ein künstlerisches Spiel, dessen Feinheiten man nicht so sehr durch Fleiß erlernen, sondern mehr durch Muße kultivieren kann. Robert Schinzinger urteilt über die alogische Freiheit des Japanischen: »Der Japaner denkt in den chinesischen Schriftzeichen und läßt sich durch sie von der Anschauung eines Begriffszeichens zu der eines anderen führen. Das Wort ist nicht so sehr wie bei uns durch den Zusammenhang des Textes präzise bestimmt, sondern es behält seine ganze tausendjährige Traditionsfülle als *isoliertes Zeichen.* Das Wort steht für sich selbst, während es bei uns durch den funktionalen Zusammenhang bestimmt ist und sich diesem unterordnet. Endlich kommt die Verschiedenheit des Denkstils hinzu. Das japanische Denken ist wesentlich Ganzheitsdenken; es geht von einer – naturgemäß noch unklaren – Anschauung des Ganzen aus, um dieses immer deutlicher zu sehen und in ihm den Teilchen ihre Stelle zuzuweisen. Es fehlt das scharfe analytische Vorgehen, das von einem Teil zum andern systematisch fortschreitet, um dann das Ganze synthetisch und architektonisch aufzubauen.« [3]

Die Systemfeindlichkeit erklärt auch den Unterschied zwischen dem Erlernen japanischer Schriftzeichen und der Buchstaben des lateinischen Alphabets. Während der Europäer durch logisches Zusammenfügen von Buchstaben ein Wort bildet und dadurch in der Lage ist, auch unbekannte Worte schreiben zu können, deren Bedeutung sich für ihn mit jedem Buchstaben mehr entschlüsselt, lernen Japaner »die Schriftzeichen nie nach einer ›Methode‹, sondern sie ahmen sie einfach nach und lernen sie auswendig; auf diese Weise geht ihnen der Sinn allmählich auf, ganz ohne methodische Erläuterungen über die Abstammung und Verwendungsart der ›Wurzeln‹ und der anderen Bestandteile der Zeichen. Es sei auch daran erinnert, daß weder Chinesen noch Japaner wußten, daß sie eine Grammatik besaßen, geschweige denn, um was es sich dabei handelt, bevor wir ihnen das beibrachten.« [4]

Ein japanisches Schriftzeichen kennt man oder man kennt es nicht; man kann es nicht buchstabieren. Es muß auswendig gelernt und wie fremde Vokabeln ständig rekapituliert werden. Mit Logik kommt man bei Unwissenheit nicht weiter – man muß in einem Wörterbuch nachschlagen. Es ist deshalb gar nicht verwunderlich, daß Ausländer, die nach mehrjährigem Studium relativ gut Japanisch sprechen und lesen können, selbst beim Lesen einer Zeitung selten ohne Wörterbuch auskommen. Denn wer den politischen Teil versteht, braucht noch lange nicht den Sportteil lesen zu können, und wer sich für die Wirtschaft interessiert, steht möglicherweise ziemlich hilflos vor dem Vermischten. Aufgrund der enormen Schwierigkeiten der Schriftsprache, die die intellektuelle Energie derartig beansprucht, daß sie anderen Bereichen zwangsweise entzogen wird, hat es immer Versuche und Ansätze zu radikalen Schriftreformen bis hin zur Latinisierung gegeben. Im 18. Jahrhundert enthielt ein Wörterbuch noch 44 500 Zeichen; für den modernen Zeitungsgebrauch sind sie auf 1500 reduziert worden, aber ein gebildeter Japaner muß heute immer noch mindestens 5 000 Schriftzeichen lernen. Wie kompliziert sie sind, beweisen die beiden Zeichen für das Wort Langeweile: Sie bestehen aus 40 Strichen. Ausländer haben deshalb die chinesische Schrift Japans Unglück genannt.

Eine weitere Eigentümlichkeit der japanischen Sprache ist ihre Subjektlosigkeit. Ein Wort wie tabemasu kann heißen: ich esse; du ißt; er, sie, es ißt; wir essen; ihr eßt, sie essen. Nur der Satzzusammenhang läßt Rückschlüsse auf das Subjekt zu. Ähnlich konturenlos und wolkig ist auch die Bestimmung des Geschlechts. Watanabe-san kann sowohl Herr wie auch Frau oder Fräulein Watanabe bedeuten. Ausländer, die vor und während des Krieges in Japan lebten, berichten, daß in jener Zeit das Subjekt »ich« in Reden kaum benutzt worden sei. »Ich« als watakushi-wa wurde erst nach 1945 populär, als die Amerikaner »ich« bereits jahrhundertelang groß schrieben und es in der abendländischen Kultur von Anfang an im Mittelpunkt von Religion, Philosophie und Kunst gestanden hatte.

Sätze ohne Subjekt sind europäischer Auffassung nach Aussagen ohne Mitte, Umschreibungen und Ahnungen ohne Knochenbau und dazu noch mit Zeichen, die ohne strenge logische Bindung in sich ruhend im Raum stehen, ihre eigene Existenz führen und ihre eigene Mächtigkeit haben. Es bleibt eines der großen Geheimnisse der Japaner, daß sie mit ihrer ungrammatikalischen Sprache auf technisch-industriellem Gebiet, wo mathematische Exaktheit wichtiger ist als lyrische Poesie, ähnlich große Leistungen vollbringen wie Europäer, die der Diktatur der Grammatik unterworfen sind und deshalb für die Welt der Technik ganz andere logische Voraussetzungen mitbringen.

Bei dem Versuch, die Sprache ohne Grammatik verständlich zu

machen, wurde bereits die Andersartigkeit des japanischen Denkens gestreift. Die ehemalige Korrespondentin der »Frankfurter Zeitung«, Lily Abegg, stellt in ihrem Buch »Ostasien denkt anders« das chinesisch-japanische Denken dem europäischen gegenüber und kommt zu dem Schluß, daß der Denkprozeß des Abendländers ein »gerichtetes Denken« sei. Im Idealfall bewege es sich geradlinig direkt auf den Gegenstand, das Denkziel zu und sei graphisch einem Pfeil vergleichbar. »Die Schwächen dieses Denkens liegen darin, daß die gerade Linie, welche durch die dem intellektuellen Denken immanenten Gesetze der Logik vorgeschrieben wird, entweder am Ziele vorbeischießen oder durch Hindernisse aufgehalten werden kann ... Dieses Denken läuft also Gefahr, sich entweder am Gegenstand vorbeischießend im Unendlichen, das heißt in unfruchtbaren Spekulationen zu verlieren oder auf Hindernisse zu stoßen, denen es mit seinen Mitteln nicht gewachsen ist.« [5]

Im Gegensatz zum gerichteten Denken Europas steht das Umzingelungs- und Umklammerungsdenken der Ostasiaten, graphisch darstellbar mit vielen kleinen gekrümmten Pfeilen, die von allen Seiten den Denkmittelpunkt umkreisen. »Die Ostasiaten machen zuerst lauter kleine Vorstöße in unbestimmter Richtung, wobei sich die Pfeile erst dann einer bestimmten Mitte – dem Denkziel oder dem Denkresultat – zuwenden, wenn sie diese Mitte wittern. Zuerst ist also nur eine Wolke recht unordentlich durcheinanderfliegender Pfeile vorhanden, bis diese sich allmählich einem zentralen Punkt zuwenden. Diese Vorstöße bestehen aus einem psychischen Gemisch, sie sind teils intellektueller, teils gefühlsmäßiger, teils empfindungsmäßiger und teils willensmäßiger Art ... Diese Denkart hat den Vorteil, daß man recht bald *ungefähr*, jedoch den Nachteil, daß man selten *genau* weiß, um was es sich handelt.« [6] In diesem Zusammenhang wird die Frage gestellt, ob es nicht angepaßt wäre, das japanische Denken ein »Sinnen« zu nennen.

Meditatives Ahnen oder Schauen sind im Zen-Buddhismus zu einer kultisch-religiösen Disziplin ausgebildet worden. Ein Besuch bei Sonnenaufgang in einem der vielen Zen-Tempel des Landes gehört zu den rätselhaftesten, aber auch offenbarendsten Erlebnissen einer Japanreise. Eingehüllt in die Stille der frühen Morgenstunde sitzen in Tempeln, die meistens unter hohen Bäumen versteckt liegen und touristisch nicht unbedingt attraktiv sind, Lehrer,

Handwerker und Kaufleute, Sekretärinnen, Verkäuferinnen und Studentinnen. Ihr Körper ist aufgerichtet, die Wirbelsäule senkrecht, die Handrücken liegen auf den Oberschenkeln, die Beine sind gekreuzt, die Augen geschlossen oder in eine ziellose Ferne gerichtet. So sitzen sie stundenlang, auch 60jährige Frauen, deren Gesicht und Hände von harter körperlicher Arbeit geprägt sind. Wer Mönch werden will, muß fünf Tage und fünf Nächte so sitzen. Das ist seine Aufnahmeprüfung, ein Examen ohne Worte, ohne Beweise von Wissen. Der Mensch soll ganz leer werden. Nichts denken, nichts sagen, nichts hören; nichts träumen, nichts fühlen, nichts wünschen. Wer dennoch träumt, ans Geschäft denkt oder an die Familie, wird durch Schläge mit einer Bambusstange in die Leere zurückgeholt.

Der Zen-Mönch und der »Denker« Rodins symbolisieren den ostasiatischen und abendländischen Pol des Denkens, zwischen denen es kaum eine Verwandtschaft zu geben scheint. Zen ist disziplinierte Gelassenheit, Demonstration der Nichtigkeit von Worten, willenloses Warten, Schauen, Ahnen, Empfinden; das Denken des Europäers ist angespannte Konzentration, Bestätigung des Glaubens »am Anfang war das Wort«, ein auf das Ziel zusteuernder Wille, Pflicht, Aufgabe, Berufung. Der Denker Rodins will erzwingen und durch Logik herausfordern – der Zen-Mönch scheint zu träumen und in seiner Sprachlosigkeit dem Undefinierbaren näher zu sein.

Die kreiselnden Denkbewegungen des Japaners haben von Europäern als sprunghaft empfundene Verhaltensweisen zur Folge. Man erfährt sie im alltäglichen Leben, so daß man gelegentlich, sei es in einem positiven oder negativen Sinn, wie vor den Kopf gestoßen ist. Vor den Olympischen Spielen glichen die von 700 000 Autos befahrenen Straßen in Tokio Rollbahnen allerletzter Ordnung. Aber im 150 km entfernten, kaum bewohnten Naturschutzpark der Hakone-Seen gab es wunderbar leere, erstklassige Autobahnen. Diese Unlogik, Straßen dort zu bauen, wo keine Autos fuhren, ging den Japanern nicht auf. Typisch für die rein geographisch fehlenden Verbindungsstraßen zu den vielen hochzivilisierten Inseln im Wattenmeer der Rückständigkeit war jahrelang auch die Unzugänglichkeit des Raketenversuchsgeländes in Südjapan. Die Abschußrampen von der nächstgrößeren Stadt Kagoshima zu erreichen, kam einer regelrechten Expedition durch wegelose Wildnis gleich. Man hatte genau umgekehrt wie in Europa geplant und zunächst ein »Kap Kennedy« und dann erst die Zufahrtsstraßen gebaut. So ist es im ganzen Land, und deshalb reist man in Japan nach einer Strategie des Inselhüpfens.

Die Insularität auch im Denken, d. h. die Vernachlässigung von grammatikalischen Anschlüssen, die die Teile erst zu einem verständlichen Ganzen formen, kann selbst bei englischsprechenden Japanern zu komplizierten Mißverständnissen führen. Eines Sommertages erhielt ich bei 35 Grad Hitze und 98 % Luftfeuchtigkeit einen Anruf vom Zollamt in Yokohama über die geplante Einfuhr meines deutschen Wagens. Zu den inzwischen kiloweise eingereichten Formularen benötigte man noch ein weiteres Schriftstück. Ich fragte den Beamten, ob ich die Papiere an das Zollamt direkt oder an meinen Speditionsagenten schicken solle. Seine Antwort: »Ja.« Ich glaubte, daß er mich nicht verstanden habe, holte tief Luft und fragte ihn langsam Wort für Wort ein zweites Mal. Und wieder sagte die Stimme am anderen Ende der Leitung »ja«. Der Schweiß brach mir aus allen Poren, ich wollte losbrüllen und den Hörer aufknallen, da kam zum Glück der Inspektor an den Apparat, und ich wiederholte inzwischen bestimmt zum zehnten Mal: »Soll ich die Dokumente direkt an das Zollamt oder an meinen Speditionsagenten schicken?« Aber auch seine Antwort lautete »ja«. Ich resignierte und kapitulierte und ergab mich in mein Schicksal. Ich schickte das Original des Schriftstückes an das Zollamt, die Kopie an meinen Agenten. Was war passiert? Ich hatte das Verbindungswörtchen »oder« gebraucht, das den Japaner verwirrte. Ich hätte ihn anders fragen müssen. Zunächst breit und ausführlich nach den Vorteilen, die es mit sich bringe, wenn ich das Dokument an das ehrenwerte Zollamt schicke, dem ich es freundlicherweise zu verdanken hätte, daß mein Auto bereits drei Monate unter freiem Himmel im Hafen von Yokohama stünde, obgleich Berge von Papieren mit notariell beglaubigten Unterschriften meines Hamburger Intendanten und Direktors mich als den Eigentümer des Wagens auswiesen und darüber hinaus noch als eine ehrenwerte Persönlichkeit, die nicht daran denke, den Wagen innerhalb von zwei Jahren in Japan zu verkaufen oder sich sonstwie in den Stolperdrähten der japanischen Zollbestimmungen strafbar zu machen. Anschließend hätte ich genauso langatmig und endlos die mögliche Beschleunigung des Vorgangs mit Hilfe meines

Speditionsagenten erfragen müssen. Beim Vergleich beider Antworten hätte ich dann später in meinem stillen Kämmerlein vielleicht ahnungsvoll erfühlt, an wen ich den Brief adressieren sollte.

Der gleichen Geistesverfassung entspringen die psychologischen Plötzlichkeiten, mit denen man konfrontiert wird. Wer über einen längeren Zeitraum regelmäßig die japanische Politik beobachtet, kann morgens vor Entwicklungen stehen, die noch am Vorabend für undenkbar galten. Die scheinbar unmotivierte Sprunghaftigkeit erweckt den Eindruck, als werde mehr gewürfelt, als in einem europäischen Sinne gedacht und geplant. Deshalb sind logisch berechnete Voraussagen, wie Japaner sich entscheiden werden, auch in der Politik sehr schwer zu treffen.

Ein welthistorisches Beispiel für die Sprunghaftigkeit war 1945 die Reaktion des Volkes auf die plötzliche Beendigung des Krieges. Im Lande lebende Ausländer waren davon überzeugt, daß sich Männer, Frauen und Kinder mit allen ihnen zur Verfügung stehenden Waffen, Bambusspeeren und Messern auf die amerikanischen Soldaten stürzen würden, falls diese versuchen sollten, die heilige Erde des Götterlandes zu betreten. Bei einer erfolgreichen Invasion glaubte man an den Selbstmord von vielen Millionen. Mit ähnlichen Voraussagen operierte auch die amerikanische Kriegspropaganda. Nach den Erfahrungen der Schlachten im Pazifik galt in den alliierten Stäben die geplante Eroberung von Honshu, Kyushu, Shikoku und Hokkaido als das blutigste Unternehmen des ganzen Zweiten Weltkrieges. Denn in jenen Wochen belief sich die Stärke der japanischen Streitkräfte immer noch auf 7 Millionen Soldaten, zusammengefaßt in 154 Divisionen, 136 Brigaden und 20 Marine-Einheiten. Allein auf den Inseln des Mutterlandes stand damals eine 2,5 Millionen Mann starke Armee, von der 22 Divisionen mit 300 000 Soldaten im Raum Tokio stationiert waren. Aber es kam ganz anders. Mit einer weder von Freund noch Feind erwarteten Friedfertigkeit streckte Japan die Waffen.

Selbst nach der Kapitulation war die Furcht vor Japan immer noch so groß, daß General MacArthur vor einem zu frühen Betreten des Landes gewarnt wurde. Gegen den Widerstand seiner Stabsoffiziere aber landete er bereits am Mittag des 30. August auf dem Flugplatz ehemaliger Kamikaze-Staffeln in Atsugi bei Tokio. Die Gefühle jener Stunde, als erst zahlenmäßig unbedeutende amerikanische Vorausabteilungen das Gebiet gesichert hatten, beschreibt

der in der Begleitung MacArthurs mitgeflogene General Whitney: »Wir kreisten in Baumhöhe über dem Flugfeld, und aus dem Fenster blickend erkannte ich zahlreiche Flakstellungen. Es war schwierig, in diesem Augenblick nicht an all die japanischen Taten der Vergangenheit zu denken. Der Krieg hatte ohne formale Kriegserklärung begonnen; die japanischen Soldaten hatten fast überall bis zum Tode ausgehalten; die gängigen Kriegsregeln waren nicht eingehalten und tödliche Fallen häufig errichtet worden. Jetzt war die Stunde für ein großes Finale gekommen. Die Flugabwehrgeschütze würden uns so aus der Nähe kaum verfehlen. Hatte der Tod MacArthur auf tausend Schlachtfeldern nur deshalb aufgespart, um ihn hier am Ende doch noch zu morden? ... Bei unserer Fahrt auf der 15 Meilen langen Straße nach Yokohama standen an beiden Seiten angetreten japanische Soldaten. In einer Geste des Respekts kehrten sie MacArthur den Rücken zu. Sie schützten den amerikanischen Oberkommandierenden in der gleichen Art und Weise, wie sie ihren Kaiser geschützt hatten. Es waren zwei Divisionen, 30 000 Mann, voll bewaffnet. Ich muß bekennen, daß ich diese furchteinflößenden Soldaten mit wachsamen Augen beobachtete. Ich konnte meine Besorgnis nicht unterdrücken, ob die Japaner dieses alles tatsächlich deshalb taten, um uns Ehrerbietung zu erweisen; ob sie wirklich glaubten, daß eine solch starke Bewachung notwendig war; oder ob dahinter nicht ein ganz anderes, tiefsitzendes, mysteriöses und unbekanntes Motiv steckte.« [7] Sir Winston Churchill sagte später über die frühe Landung MacArthurs, sie sei angesichts von mehreren Millionen bewaffneter japanischer Soldaten die größte Einzeltat des ganzen Krieges gewesen. [8]
Das von Ausländern für unmöglich Gehaltene wurde Wirklichkeit. Ein Volk von todesmutigen Fanatikern mit Samurai- und Kamikaze-Traditionen kniete praktisch nieder und empfing die Sieger in tiefer Verbeugung, stumm und gehorsam. Die Besetzung Japans verlief ohne Blutvergießen, Guerillas, Werwölfe und Hinterhalte. Die Japaner schienen durch die Bedienung eines Schalters in Charakter, Haltung und Temperament plötzlich umgepolt worden zu sein. Auf diese Unterwürfigkeit nicht vorbereitet, glaubten viele Amerikaner, von diesem rätselhaften Volk in einem unbekannten Land in eine Falle gelockt zu werden. »Die Bereitschaft zur Zusammenarbeit war tatsächlich so erstaunlich, daß zahlreiche Amerikaner sie als das Ergebnis eines ungeheuer diabolischen Plans

interpretierten, uns in Sicherheit zu wiegen, um uns dann überlisten zu können.« [9]

Einer der wesentlichen Gründe für diesen unerwarteten Stimmungsumschwung liegt – von der mythischen Macht des Tenno einmal abgesehen, der seine Untertanen aufgefordert hatte, das Untragbare zu tragen – wahrscheinlich in der punktuellen Situationsethik der Japaner. Sie gleicht einem Katalog, in dem man nur die entsprechende Seite aufzuschlagen braucht, um für jede Situation die passende Verhaltensweise zu finden. Bei unvorhersehbar gewesenen Ereignissen aber blättert man vergebens. Dann sind Japaner plötzlich orientierungslos und finden sich in einer Leere wieder, die Raum für unerwartete und unberechenbare Reaktionen hat. Im Gegensatz dazu ist die abendländische Ethik generalisierend und in einem viel abstrakteren Sinne auf die Wechselfälle des Lebens eingerichtet, so daß in fast jeder Situation die Verhaltensweise des Europäers einigermaßen kalkulierbar bleibt. Deshalb bot die Reaktion der Deutschen 1945 den Siegern kaum irgendwelche Überraschungen. In Japan aber wurde die Haltung des Volkes von vielen Amerikanern wie ein Schock empfunden.

Zu der Sprunghaftigkeit und Plötzlichkeit kommen als weitere psychologische Eigentümlichkeiten ein Parzellendenken und punktuelles Sehen. Der Japaner neigt dazu, unter Vernachlässigung des Ganzen von immer weniger immer mehr wissen zu wollen. Das hat dazu geführt, daß Japan ohne nennenswerte Grundlagenforschung trotzdem zur Spitzengruppe der Industrienationen der Welt gehört. Seine technische Entwicklung war immer auf prinzipielle Anstöße von außen angewiesen. Ohne die Leica hätten Canon und Nikon die deutsche Fotoindustrie wahrscheinlich kaum überrunden können, und ohne die in Amerika entwickelten Transistoren könnten heute Sony und National den internationalen Markt nicht mit kleinsten Fernseh- und Rundfunkgeräten überschwemmen. Das Ausgangsprodukt in allen japanischen Industriezweigen von Weltgeltung ist zunächst importiert worden. Die Schwäche im Schöpferischen wurde jedoch durch Lernbegierde und Bienenfleiß in großem Umfange wettgemacht. Der Japaner zerlegte das nachzubauende Gerät zunächst in seine Teile und studierte mit mikroskopischem Blick Drähtchen und Schräubchen. Er entdeckte Verbesserungsmöglichkeiten hier und dort und baute dann aus den verfeinerten Einzelteilen später wieder das Ganze zusammen. Diesen

Einsteins und Heisenbergs der Drähte, Schrauben und Lötstellen, die das Winzigste vervollkommneten, verdankt das Land den Erfolg seiner Industrie. Sie haben wenig Eigenes entwickelt, aber Unendliches bereichert, ergänzt, überzüchtet. Deshalb sind nur die Zweige der Industrie japanisch – ihr Stamm aber ist ausländisch.

Die große Begabung für das kleine Detail äußert sich auch in der fremdartigen Naturliebe des Japaners. Er kann sie an Miniaturen befriedigen. Japanische Gärten sind oft nicht größer als ein Rauchtisch. Etwas Kies, ein paar Steine, dazu Bambus, ein Zierstrauch, eine niedrige Steinlaterne, ein kleiner Wasserfall – das genügt. Die Domestizierung der Natur, ihre Anpassung an sein kleines Haus hat der Japaner im Ikebana, dem Blumenarrangement, zu einer regelrechten Kunst kultiviert. Vor den Miniaturen durchströmen ihn ähnliche Gefühle wie den Europäer auf Bergesgipfeln oder beim Sonnenuntergang am Meer.

Charakteristisch für das punktuelle Ausschnitts-Sehen ist auch die weiterhin übliche traditionelle Datierung von Briefen und Schriftstücken. Wer ein Dokument mit dem Datum 30. 11. 36 liest, weiß zunächst nur ungefähr, daß es am 30. November einer bestimmten Dynastie verfaßt wurde. Ob aber das 36. Jahr der Ära Kaiser Meijis oder das 36. Jahr der Ära Showa, der Regierungszeit Kaiser Hirohitos, gemeint ist, kann nur aus dem Inhalt gefolgert werden. Theoretisch könnte es sowohl am 30. November 1903 als auch am 30. November 1961 geschrieben worden sein. Durch das Zerhacken der Geschichte in dynastische Perioden ist 124mal ein 30. 11. 36 denkbar, weil es der Legende nach bis heute 124 Kaiser gibt und mit jedem Tenno Geschichte von vorn angefangen hat. Die für die europäische Geschichtsbetrachtung so wichtige Kontinuität, hinter der Philosophen und Moralisten die Lebenslinie eines menschheitlichen Fortschritts entdecken wollen, wird beständig unterbrochen. Geschichte erscheint dem Japaner deshalb nicht als Ganzheit, sondern als Stückwerk; nicht als Kontinuität, sondern als Addition ihrer Teile. Darum begreift er Geschichte auch mehr stimmungshaft als wissenschaftlich. Sie ist für ihn stärker als für den Europäer mit Mythen, Sagen und Legenden durchwirkt.

Was ist in dem Mosaik der Besonderheiten das Verbindende? Das Unverbundene, das Ungrammatikalische, das Regelwidrige. Ein Volk mit einer solch fremdartigen Mentalität muß andere Städte bauen, als wir es tun. Vor diesem allgemeinen Hintergrund verliert Tokio seine Abnormität; seine Unlogik zeigt plötzlich eine gewisse Folgerichtigkeit. Auch die Gesellschaft ohne Grammatik mit der fensterlosen Selbständigkeit der Gruppen, Generationen und Geschlechter erhält einen logischen Stellenwert. Ihre sichtbar werdenden zentrifugalen, von Mittelpunkten wegstrebenden Tendenzen werden weniger durch Gesetze als durch zwischenmenschliche Kompromisse überbrückt, mehr durch Arrangieren als Regieren. In den folgenden Kapiteln sollen nun die politischen Konsequenzen einer horizontal unterentwickelten Gesellschaft deutlich gemacht werden. Dabei sei nachdrücklich darauf hingewiesen, daß trotz der Geringschätzung funktionaler Beziehungen im soziologischen Bereich das japanische Volk geschlossen und national wie kaum ein anderes ist. Die Weitmaschigkeit der legalistischen Kontakte wird mit Gefühlsdichte und Stimmungsintensität kompensiert. Es ist ein Esprit de corps, der Japans Gesellschaft ohne Grammatik zusammenhält.

1. Die Armee

Als am 15. August 1945 die Waffen schwiegen, waren 1,2 Millionen japanische Soldaten gefallen und 700 000 Zivilisten in den Bombennächten umgekommen. Japans Städte außer Kyoto lagen in Trümmern. In dieses verwüstete, von Hunger und Inflation gezeichnete Land kehrten in den folgenden Monaten 6 Millionen Japaner aus Übersee zurück. Sie kamen aus den endgültig verlorenen Gebieten der Mandschurei, Koreas, Süd-Sachalins und Formosas und von den ehemaligen Kriegsschauplätzen. Viele der niedergeschlagenen Heimkehrer trugen in weiße Laken eingehüllte Urnen toter Freunde.

Vor diesem Hintergrund von Tod, Zerstörung, Aussichtslosigkeit und Verzweiflung trafen sich am 24. Januar 1946 General MacArthur und Ministerpräsident Shidehara und sprachen über die in Angriff genommene Verfassungsreform. Der japanische Regierungschef schlug vor, einen Antikriegsartikel aufzunehmen, der jede Form von Wiederaufrüstung, ganz gleich welcher Art, verbieten und unmöglich machen sollte. Dadurch würde erstens den ehemaligen Militärs das Instrument aus der Hand geschlagen, mit dem sie eines Tages wieder die Macht ergreifen könnten, und zweitens der Welt bewiesen, daß Japan für alle Zeit eine friedliebende Nation geworden sei. Bei diesem Vorschlag, berichtet General MacArthur, »stockte mir der Atem. Bereits seit Jahren war es mein Glaube, daß der Krieg als Mittel zur Beilegung internationaler Konflikte abgeschafft werden sollte. Wahrscheinlich hat kein Lebender so viel von Krieg und Zerstörung gesehen wie ich. Als Teilnehmer oder Beobachter von sechs Kriegen, Veteran von zwanzig Feldzügen, Überlebender von vielen hundert Schlachten habe ich mit oder gegen Soldaten praktisch aller Länder der Welt gekämpft. Mit der Atombombe erreichte meine Abscheu ihren Höhepunkt. Als ich in diesem Sinne antwortete, war es an Shidehara, erstaunt zu sein. Seine Überraschung war so groß, daß er überwältigt schien, als er das Zimmer verließ. Tränen rannen über sein Gesicht, als er sich zu mir umdrehte und sagte: ›Die Welt wird lachen und uns als unpraktische Visionäre verspotten, aber in hundert Jahren werden wir Propheten genannt werden!‹« [1]

Das Ergebnis dieses Gesprächs war der erste Antikriegsartikel in der Verfassungsgeschichte der Menschheit. »In dem aufrichtigen Bestreben nach internationalem Frieden auf der Grundlage von Gerechtigkeit und Ordnung verzichtet das japanische Volk für immer auf den Krieg als ein souveränes Recht der Nation und auf die Drohung oder den Gebrauch von Gewalt als Mittel zur Beilegung internationaler Konflikte. Um das Ziel dieses Artikels zu erreichen, werden niemals wieder Land-, See- und Luftstreitkräfte und auch anderes Kriegspotential unterhalten. Das Recht auf Kriegführung wird dem Staat nicht mehr zuerkannt.« [2]

Artikel 9 spielte bei der Verfassungsdebatte im Parlament am 25. Juni 1946 eine große Rolle. Der nach dem Rücktritt des Kabinetts Shidehara zum neuen Regierungschef gewählte Shigeru Yoshida erklärte damals, daß in Artikel 9 jede Art von Kriegsrüstung und damit im eigentlichen Sinne auch die Selbstverteidigung abgelehnt werde. »Dies sei durchaus begrüßenswert, da unter dem Vorwand der Selbstverteidigung in den letzten Jahren die meisten Kriege geführt worden seien. Und Japan sei nun einmal in den Ruf einer militaristischen Nation gekommen, die nur auf eine Revanchemöglichkeit warte. Die Ablehnung des Krieges auch zur Selbstverteidigung sei deshalb ein notwendiger Schritt auf dem Wege zur Beseitigung dieses falschen Eindrucks, den andere Nationen von unseren Absichten und Zielen hätten ... Dann aber fragte Herr

Sanzo Nozaka von der Kommunistischen Partei Japans, ob Japan nicht doch seine Ablehnung des Krieges auf Angriffskriege beschränken solle, da man Verteidigungskriege mit dem besten Willen nicht als böse bezeichnen könne. Auf diesen Vorschlag erwiderte ich, daß die Anerkennung des Verteidigungskrieges nur dazu führen würde, irgendwelche Konflikte zu provozieren. Es sei nun einmal eine Tatsache, daß praktisch jeder Krieg der jüngeren Vergangenheit unter diesem Vorwand geführt worden sei.« [3]

Als General MacArthur »mit einem Gefühl tiefer Genugtuung« den Verfassungsentwurf dem japanischen Volk vorlegte, ließ er bekanntgeben: »Die vornehmste aller Verordnungen ist diejenige, die den Krieg als souveränes Recht der Nation abschafft, auf die Drohung oder Anwendung von Gewalt als Mittel zur Beilegung von Meinungsverschiedenheiten mit irgendeiner anderen Nation verzichtet und in Zukunft die Aufstellung *jeder* Armee, Marine und Luftwaffe oder anderen Kriegspotentials verbietet. Durch dieses Versprechen und diese Verpflichtung tritt Japan angeborene Rechte seiner eigenen Souveränität ab und liefert seine Sicherheit und Existenz in Zukunft der Redlichkeit und Gerechtigkeit der friedliebenden Völker der Welt aus. Dadurch geht eine Nation, die die Nutzlosigkeit des Krieges als eines Schiedsrichters internationaler Fragen eingesehen hat, kraft des Glaubens in die Gerechtigkeit, Toleranz und das Verständnis der Menschheit einen neuen Weg.« [4] Die Utopie vom ewigen Frieden wurde in Japan Verfassungswirklichkeit, aber die Euphorie dieses seligen Augenblicks erlosch schon bald in dem immer heißer werdenden Kalten Krieg.

Auf dem nahen Festland zeichnete sich der Zusammenbruch des von den USA unterstützten Tschiangkaischek-Regimes und der Sieg des damals noch für moskauhörig geltenden Mao Tse-tung ab. Auch in Japan selbst schien die kommunistisch beeinflußte Linke ständig an Boden und Einfluß zu gewinnen. Hunger, Inflation und Arbeitslosigkeit hatten Spannungen, Streiks und Unruhen zur Folge. Bereits Ende 1946 ließ das State Department in Washington verlauten, die Spannungen in der Welt ließen die geplanten Veränderungen der japanischen Gesellschaftsstruktur als zweitrangig erscheinen. Es sei nützlicher, Japan als einen Stützpunkt der amerikanischen Macht in Ostasien zu betrachten und dementsprechend Politik zu machen.

General MacArthur rückte bereits am 1. Februar 1947 zum

erstenmal von den alten Besatzungszielen ab, als er einen für diesen Tag geplanten Generalstreik der Gewerkschaften des Öffentlichen Dienstes verbot. Anderthalb Jahre später wurde jeder Streik im öffentlichen Dienst für gesetzwidrig erklärt. 1948 begannen die Amerikaner die Kontrolle und Überwachung der Rechten zu drosseln und die dafür zuständigen japanischen Behörden auf die Kommunisten anzusetzen. Diese gewannen bei den Unterhauswahlen im Januar des folgenden Jahres 35 Sitze. Gleichzeitig nahm das Chaos im Land immer dramatischere Ausmaße an. Wegen Personalentlassungen wurden im Sommer 1949 der Präsident der Staatsbahn ermordet und Züge durch Sabotageakte zum Entgleisen gebracht. Die von der Besatzungsmacht eingeleitete Eindämmung linksextremistischer Elemente erreichte 1950 ihren Höhepunkt. Im Juni mußten 24 Mitglieder des Zentralkomitees der Kommunistischen Partei und 17 Redakteure der Parteizeitung Akahata in den Untergrund gehen. In der Nacht vom 24. auf den 25. Juni überschritten dann die Nordkoreaner den 38. Breitengrad und fielen in den Süden Koreas ein. Der Kalte Krieg wurde zum heißen Krieg und das Steuer der amerikanischen Japan-Politik um 180 Grad herumgeworfen. Das besiegte Land wurde zu einem potentiellen amerikanischen Alliierten erklärt.

Am 10. August 1950 stellte Tokio auf Drängen von Washington eine nationale Polizeireserve in Stärke von zunächst 75 000 und später von 110 000 Mann auf. Gleichzeitig wurden auch wieder leichte Marineverbände zugelassen und zur Koordinierung der Streitkräfte ein »Amt für nationale Sicherheit« gebildet. In Kollision mit der Verfassungswirklichkeit vom ewigen Frieden entschuldigte man die als nationale Polizeireserve getarnte Kerntruppe einer neuen Armee mit dem Argument, sie könne, da ihr Panzer, Artillerie, Flakgeschütze, chemische Kriegswaffen, Militärpolizei und Militärgerichtsbarkeit fehlten, nicht als eine Armee im üblichen Sinn angesehen werden.

Zwei Jahre später aber wurden auch die waffentechnischen Voraussetzungen geschaffen. Zusätzlich zu Heer und Marine stellte Tokio auch wieder eine Luftwaffe auf und gab allen drei Waffengattungen die Tarnbezeichnung »Selbstverteidigungsstreitkräfte«. Sie hatten 1963 eine Stärke von 171 500 Mann im Heer, 34 000 Mann in der Marine, 39 000 Mann in der Luftwaffe und waren mit Panzern, Raketen, Überschalljägern, Raketenzerstörern und

Unterseebooten ausgerüstet. Ihre Nike-Hercules-Raketen könnten atomare Sprengköpfe tragen und ihre F-104-J-Düsenflugzeuge nach geringen Umbauten Atombomben befördern. Zeitlich parallel zu den chinesischen Atombombenversuchen wurde die Modernisierung und Schlagkraft der Streitkräfte weiter vorangetrieben. Obgleich die militärische Stärke Japans gegenwärtig in gar keinem Verhältnis zu seiner wirtschaftlichen Potenz und seiner Bevölkerungszahl steht, hat der Antikriegsartikel nicht verhindern können, daß Tokio heute über eine 250 000-Mann-Armee verfügt, die für zukünftige militärische Pläne eine ähnliche Rolle wie das 100 000-Mann-Heer der Weimarer Republik spielen könnte.

Artikel 9 ist bisher den jeweiligen Erfordernissen der Zeit entsprechend interpretiert worden. An seiner Biegsamkeit, um mögliche Hindernisse auf dem Wege der Wiederaufrüstung zu überwinden, wird sich auch in Zukunft kaum etwas ändern. Zur rechten Stunde werden sich die rechten Argumente schon einstellen. Gegenwärtig lautet seine Interpretation durch die Regierung, die Selbstverteidigung sei ein angeborenes Recht jedes unabhängigen Landes und von den Vätern der Nachkriegsverfassung auf keinen Fall über Bord geworfen worden. Angriffskriege seien Japan allerdings verboten, und das entspreche auch heute noch dem Willen von Volk, Parlament und Regierung.

Die Auslegung widerspricht nicht nur dem Buchstaben, sondern auch dem Geist des Artikels. Die jedem japanischen Staatsbürger zugängliche Entstehungsgeschichte der Verfassung erlaubt keinen Zweifel daran, daß Japan für alle Zeit ein unbewaffnetes Land sein sollte. Ministerpräsident Shidehara, der den Antikriegsartikel als erster vorgeschlagen haben soll, empfand sich als unpraktischer Visionär und Prophet; Ministerpräsident Yoshida, der ihn regierungsoffiziell vor dem Parlament interpretierte, verwarf gegenüber den Kritikern ausdrücklich das Argument der Selbstverteidigung. Angesichts dieses klaren Tatbestandes bleibt es verwunderlich, daß die angeblich pazifistische und antimilitaristische Opposition die Verfassungsfeindlichkeit der Streitkräfte nicht in immer neuen Klagen vor dem Verfassungsgericht zu beweisen versucht. In den Programmen der meisten Oppositionsparteien wird zwar die Auflösung der Armee gefordert, aber das verfassungsrechtliche Stillhalten der Progressiven läßt mit ziemlicher Sicherheit vermuten, daß sie bei einer theoretisch denkbaren Ablösung der Konservativen

Mittel und Wege finden werden, ihre Wahlversprechen nicht einlösen zu müssen.

Aufgrund dieses den europäischen Rechtsgläubigen verblüffenden Klimas konnten Vertreter der Regierung, ohne Widerspruch zu erregen, auch von der Vereinbarkeit des Antikriegsartikels mit einer atomaren Bewaffnung sprechen. Bereits im Februar 1962 erklärte der im Rang eines Verteidigungsministers stehende Generaldirektor des Verteidigungsamtes, Fujieda, vor dem Haushaltsausschuß des Unterhauses, eine die Grenze des Minimalen nicht übersteigende Zahl nuklearer Waffen verletze nicht die Verfassung. [5] Im gleichen Jahr sagte Altministerpräsident Yoshida vor der Amerikanischen-Japanischen Gesellschaft, Japan müsse nicht nur sich selbst, sondern ganz Ostasien gegen den Kommunismus verteidigen. »Wir sollten uns über nukleare Waffen weder aufregen, noch sie kritisieren. Wir müssen entschlossen sein, nukleare Waffen besitzen zu wollen, falls es notwendig sein sollte.« [6] Im Dezember 1965 erklärte ein Regierungssprecher im Oberhaus, es sei unbestritten, daß Japan aufgrund seiner Verfassung nukleare Waffen nicht besitzen dürfe. Wenn die Wissenschaft jedoch so weit voranschreite und die Herstellung solcher atomarer Waffen möglich mache, die in Übereinstimmung mit dem Zweck und innerhalb der Grenzen der Selbstverteidigung lägen, wäre es logischerweise für Japan nicht verfassungswidrig, solche Waffen zu besitzen. [7]

Bei den Diskussionen über den Atomsperrvertrag hätte die Opposition noch einmal Gelegenheit gehabt, sich als Hüter des Vermächtnisses von Hiroshima in Erinnerung zu rufen. Denn die Widerstände der Regierung gegen das von den Nuklearmächten mit solch moralischem Pathos gefeierte Vertragswerk gingen tief. Tokio versuchte eine periodische Überprüfung des Vertrags durchzusetzen, um sich als Nachbar des atomar gerüsteten Chinas nicht auf unbestimmte Zeit festzulegen. Überraschenderweise fand die Regierung für ihre Argumentation bei der marxistischen Linken volles Verständnis. Aufgrund der letzten zwanzig Jahre hätte man erwarten können, daß die Progressiven alle propagandistischen Register gegen das »faschistische« Establishment der Großkapitalisten ziehen und deren Widerstand gegen den Atomsperrvertrag als Beweis ihrer »verruchten revanchistischen« Gesinnung verdammen würden, aber nichts dergleichen geschah. Plötzlich vergaßen Linkssozialisten und Kommunisten ihre emotionalen Beschwörungsformeln gegen den

»Atomtod«. Sie zeigten in einer nationalen Prinzipienfrage nationale Solidarität. Denn ihre alten Glaubensideale an eine unbewaffnete Neutralität ihres Landes waren brüchig geworden. Auch sie begannen sich an die Vorstellung zu gewöhnen, daß die Neutralität, um politisch wirksam werden zu können, wahrscheinlich eine bewaffnete sein müsse.

Das Nebeneinander eines heiligen Verzichts auf Wiederbewaffnung und eines verfassungsrechtlich angeblich erlaubten Arsenals von Atombomben beweist, daß in einer »Gesellschaft ohne Grammatik« mit ihren unterentwickelten horizontalen Bindungen auch an das Recht die Selbständigkeit einer Gruppe bis zur Verfassungsfeindlichkeit gehen kann. Abgesehen von den politischen Motiven, mit denen alle Lager die friedliche Koexistenz des Antikriegsartikels und einer modern gerüsteten Armee dulden, bleibt dem Durchschnittsjapaner die Radikalität der europäischen Fragestellung eines Entweder-Oder – entweder Artikel 9 oder Änderung der Verfassung – unverständlich. Er bevorzugt ein Sowohl-als-auch, weil es bequemer, weiser und der menschlichen Natur angepaßter ist. Die Ergebenheit in die Umstände, gegen die man nach alter konfuzianischer Tradition nicht rebellieren sollte, räumt er auch Parlamentariern und Verfassungsrechtlern ein. So beugt sich das Volk denn der normativen Kraft des Faktischen, weil Tatsachen realer als Paragraphen sind, und die Realität gültiger ist als die Legalität.

Das Militär ist in Japan nicht zum erstenmal ein Staat im Staate. In den dreißiger Jahren regierte die berüchtigte Kwantung-Armee die chinesischen Nordostprovinzen und betrieb unabhängig von den zivilen Kabinetten in Tokio eine eigene Außen- und Innenpolitik. Sie war aus dem japanisch-russischen Friedensvertrag hervorgegangen, den beide Länder am 5. September 1905 in Portsmouth, New Hampshire, USA, unterzeichnet hatten. Petersburg mußte damals seine Pachtgebiete und Rechte auf der chinesischen Halbinsel Liao-tung und die Südmandschurische Eisenbahn an Japan abtreten, das zum Schutz seiner Besitzungen und Rechte in den umstrittenen Gebieten Truppen stationieren durfte. Als die Kwantung-Armee nach einem Zwischenfall mit chinesischen Soldaten 1931 die Mandschurei eroberte, hatte sie eine Stärke von 10 400 Mann. Ihre militärischen Operationen gegen Chinas nordöstliche Provinzen fanden ohne vorherige Konsultation oder

Zustimmung der Regierung in Tokio statt, die sich einfach vor vollendete Tatsachen gestellt sah. »Unbekümmert um internationale Konsequenzen verfolgte (die Kwantung-Armee) ihre eigene Politik; sie überließ es den Diplomaten, die Angelegenheiten mit den fremden Mächten zu regeln und unaufhörlich zu erklären, daß Japan keinerlei territoriale Absichten habe.« [8] Das Armeekorps demonstrierte seine Unabhängigkeit von der heimatlichen Zentralregierung ein letztes Mal 1937, als an der Marco-Polo-Brücke bei Peking der achtjährige Krieg gegen China begann.

Ähnlich weit wie die außenpolitischen gingen auch die innenpolitischen Freiheiten, die sich die Generale und Offiziere herausnehmen durften. Während im Mutterland in den dreißiger Jahren die kapitalistischen Riesenkonzerne der Zaibatsu-Familien den Ton angaben, experimentierte die in der Mandschurei stationierte Kwantung-Armee an einer Art nationalem Sozialismus. Sie wollte das ihrer Kommandogewalt unterstehende, an Kohle, Eisen, Erdöl und Sojabohnen reiche Gebiet zu einem sozialen Pionierstaat für Bauern, Klein- und Mittelunternehmer machen. Orientiert an faschistischen Vorstellungen sagte das Offizierskorps dem Profitstreben der heimatlichen Großkapitalisten den Kampf an und widersetzte sich erfolgreich allen Versuchen der Zaibatsu, in der Mandschurei Fuß zu fassen. Es kontrollierte durch eines der damals größten wirtschaftlichen Imperien der Welt, das den etwas irreführenden Namen »Südmandschurische Eisenbahngesellschaft« trug, nach staatlich dirigistischen Gesichtspunkten Eisenbahnen, Häfen, Stahlwerke, Bergwerke, Raffinerien und Hotels.

Über die wirschafts- und sozialpolitischen Eigenmächtigkeiten der Kwantung-Armee äußerte Friedrich Sieburg 1939 nach einer längeren Fernostreise höchste Verwunderung. »Die Geschlossenheit, mit der Japan seinen Lebenswillen bekundet, die Energie und Fähigkeit, mit der es diesem Willen Schritt für Schritt Raum schafft, seine Kaiserverehrung und seine militärischen Tugenden, alles das ruft bei der Umwelt die Vorstellung wach, das Land und seine Politik seien mit einer ähnlichen Klarheit, Einheitlichkeit und genau bezeichneten Autorität geführt wie etwa Deutschland oder Italien. Das ist aber keineswegs der Fall. In Japan wirken so viele zum Teil nur schwer erkennbare Einflüsse auf die Staatsmacht ein, daß man gewissen öffentlichen Einrichtungen, vor allem der Armee, nicht nur einen politischen Einfluß, sondern eine ganz eigene Politik zuschreiben darf ... Die Kwantung-Armee betrachtet Manschukuo nicht so sehr als einen willkommenen Absatzmarkt für die japanische Wirtschaft, ihr kommt es mehr darauf an, aus dem Land, das sie erobert hat, ein Modell für die neue Ordnung in Asien zu machen, die den waffentragenden Idealisten Japans als endgültige Lösung vorschwebt. Es ist gewiß ein für unser Denken seltsamer Zustand, daß ein bestimmter Teil der Wehrmacht wie die Kwantung-Armee eine so selbständige Politik macht, ja die nationale Führung beansprucht ... Dabei wird auf die wirtschaftlichen Interessen des Mutterlandes oft erstaunlich wenig Rücksicht genommen. Das Beispiel der Zementindustrie ist dafür besonders aufschlußreich. Die Besatzungsarmee in Mandschukuo hat nicht nur eine ihren eigenen Bedarf deckende Zementerzeugung ins Leben gerufen, anstatt die notwendigen Mengen aus Japan zu beziehen; sie hat auch begonnen, ihre billigere Ware nach China auszuführen und dort den eigentlichen japanischen Zement zu verdrängen.« [9]

Die Generalstäbler auf dem Festland und die Minister in Tokio bildeten praktisch zwei außen- und innenpolitisch miteinander konkurrierende »Regierungen«. Ausgerechnet in einer Zeit, da das Ausland das ostasiatische Kaiserreich mit dem diktatorischen Zentralismus des nationalsozialistischen Deutschlands und faschistischen Italiens identifizierte, gab es zwei Japan. Die Sonne, die dem einen schien, war der Großkapitalismus; die Sonne, die dem anderen schien, hieß nationaler Sozialismus. Die friedliche Koexistenz beider entgegengesetzten Systeme dauerte Jahrzehnte und blieb bis 1945 unentschieden in der Schwebe. Auch damals verlangten weder Volk noch Parlament nach einem klaren Entweder-Oder. Gewöhnt an die ständige Wanderschaft zwischen zwei Welten und zwischen Jahrhunderten, nahm man zusätzlich noch den Balanceakt zwischen zwei Wirtschaftssystemen in Kauf. Eine solche Geistesverfassung reibt sich deshalb heute auch nicht an dem Nebeneinander von Artikel 9 und Wiederaufrüstung.

Im Gegensatz zu früher jedoch hat sich die politische Bedeutung und gesellschaftliche Stellung der Armee total verändert. Man kann heute lange in Japan leben, ohne auch nur im geringsten zu bemerken, daß es wieder Soldaten gibt. Während militärpolitische Fragen in den Zeitungen der Bundesrepublik immer von erstrangiger Bedeutung waren, fielen sie in der japanischen Presse vollkommen unter den Tisch. Sie diskutierte weder die Probleme einer Vorwärtsverteidigung oder eines Fallex-Manövers noch diejenigen der Inneren Führung. Es gab keine Starfighter-Affäre, keine Beschaffungsskandale, kein Nagold und keinen Streit um Kasernen- und Schiffsnamen. Idealvorstellungen vom »Staatsbürger in Uniform« tauchten ebenfalls nicht auf.

Als die ersten Freiwilligen in die Kasernen einrückten, fingen die Ausbilder da wieder an, wo sie 1945 aufgehört hatten. Das wichtigste Tabu, über das nicht gesprochen wurde, war die Einstellung zum Tenno. Nach Aussagen eines hohen Offiziers »wußte jeder, der in den schweren Zeiten zu uns kam, wie wir zum Tenno stehen. Deshalb waren Erklärungen und Diskussionen über die Tenno-Frage von vornherein überflüssig.« Hinter solchen Worten steht die Auffassung, daß die liberalen, demokratischen Artikel der Nachkriegsverfassung, an der traditionsreichen Vergangenheit des Tennotums gemessen, wahrscheinlich nur ein von der Besatzungsmacht und den Umständen diktiertes Provisorium sind.

Ein zweites Tabu war die waffentechnische Abhängigkeit von Amerika, die zunächst als entehrend und eines Japaners unwürdig empfunden wurde. Obgleich die alten Offiziere die Wiederaufrüstung grundsätzlich bejahten, fanden sie sich erst nach Überwindung mancher inneren Widerstände dazu bereit, den Aufbau der neuen Armee in Zusammenarbeit mit den Vereinigten Staaten zu betreiben. Die englischsprachigen Zeitungen versuchten allerdings einen ganz anderen Eindruck zu vermitteln. Aber trotz ihrer zahlreichen Fotos von gemeinsamen Cocktailparties japanischer und amerikanischer Offiziere ist das Klima zwischen den Truppen beider Länder kühl geblieben. Von einer japanisch-amerikanischen Waffenbrüderschaft kann keine Rede sein.

Die Interesselosigkeit daran, was in den Kasernen passiert, fördert bei der nur aus Freiwilligen bestehenden Truppe einen Korpsgeist. Dadurch kommt die Armee in verdächtige Nähe zu einem männerbündischen Orden. Sie reagierte mit stoischer Gelassenheit auf die in den ersten Jahren populären Beschuldigungen, die Soldaten seien Steuerdiebe, Landsknechtstypen und Söldner, die für eine erfolgreiche Karriere im Zivilleben zu dumm seien. Diszipliniert erträgt sie auch das bisherige Zögern der Regierung, den Soldatenstand moralisch und gesellschaftlich anzuheben und dem Verteidigungsamt wieder den Rang eines klassischen Ministeriums zu geben. Erst zehn Jahre nach der Neugründung der Streitkräfte, im

November 1960, wurden die führenden Generale vom Tenno zum erstenmal wieder in Audienz empfangen. Aber bis heute schreitet Kaiser Hirohito immer noch nicht die Front der auf dem Flugplatz angetretenen Ehrenkompanie ab, wenn ausländische Staatsoberhäupter zu einem offiziellen Besuch kommen. Über der Haltung der Öffentlichkeit zur neuen Armee standen noch Mitte der sechziger Jahre die früheren Worte Altministerpräsident Yoshidas: »Für mich war die Idee einer Wiederaufrüstung immer etwas, was sich am Rande des Schwachsinns bewegte.« [10]

Die Diskriminierung aber wird von Offizieren und Soldaten wahrscheinlich nicht in dem Maße empfunden, wie es in Europa der Fall wäre. Denn erstens drängt eine Gesellschaft ohne Grammatik jede Gruppe relativ leicht in ein Außenseitertum ab, weil eine Existenz im Schatten, ohne Anerkennung durch die Öffentlichkeit, zum Wesen einer solchen Gesellschaft gehört; zweitens ist der Japaner in gewisser Beziehung ein Leidenstyp, der sich mit dem Satz trösten kann: »Große Seelen dulden still«; und drittens war das gesellschaftliche Ansehen selbst in der Glanzzeit der Militärs nicht mit dem im wilhelminischen Preußen zu vergleichen. Hier eine japanische Stimme um die Jahrhundertwende: »Es erfordert bei uns höheren moralischen Mut und größere Entsagung, Offizier zu werden, als in Europa. Dort hat der Offizier auch im Frieden große Vorteile, er spielt in der Gesellschaft eine hervorragende Rolle; schon seiner Uniform wegen wird er geehrt, und seine sozialen Vorrechte sind namentlich in Deutschland bedeutend. Wenn er mit seinem Tagewerk fertig ist, so hat er dort sein Kasino, seine Liebesmahle und dergleichen; er geht ins Theater oder Konzert oder in Gesellschaft oder auf Bälle, wo er immer ausgezeichnet wird. Viele halten sich Rennpferde oder treiben sonstigen kostspieligen Sport. Wenn er selber kein Geld hat, so sucht er eine reiche Frau zu heiraten, und das gelingt ihm meist, eben weil er Offizier ist. Nun nehmen Sie unseren japanischen Offizier. Seine Uniform ist unscheinbar, sein Gehalt sehr gering. Er hat gar keine sozialen Vorrechte, er tritt im Frieden freiwillig ganz in den Hintergrund. Er und seine Frau und seine Familie führen ein stilles, zurückgezogenes Leben, sie müssen sparen. Die Idee, daß die Frau eines Obersten oder Generals als solche eine Rolle spielen oder sich als etwas Besonderes betrachten wollte, erscheint uns unmöglich. Unser Offizier hat im Frieden Arbeit und nichts als Arbeit. Einen großen Teil dessen, was in Deutschland dem Feldwebel überlassen wird, tut er selbst; er steht mit seinen Soldaten in näherer persönlicher Beziehung als der Offizier in Europa. Alles in allem bringt der japanische Offizier größere Opfer an Bequemlichkeit und Eigenliebe als der europäische.« [11]

Die Verhältnisse der Nachkriegszeit haben es der Armee schwergemacht, ein integrierter Teil der staatlichen Gemeinschaft zu werden. Dadurch sind die strukturellen Gefahren einer Gesellschaft ohne Grammatik, in der sich praktisch jede Gruppe verselbständigen, durch den ihr eigenen Automatismus aus der Gemeinschaft loslösen und zu einem Staat im Staate werden kann, noch erhöht worden. Die Möglichkeit, daß Offiziere und Soldaten in eine rechte Ecke abgedrängt werden, dort ein reaktionäres Staats- und Gesellschaftsideal konservieren und sich in einer Trotzstimmung verschanzen, ist latent gegeben.

Hand in Hand mit der Untertreibung des Militärischen ging jahrelang die Überbewertung eines angeblich tief im Volk verankerten Pazifismus. An den Jahrestagen der Atombomben-Abwürfe auf Hiroshima und Nagasaki standen Presse, Funk und Fernsehen lange Zeit ganz im Zeichen der von linken Gruppen organisierten Anti-Atomtod-Bewegungen. Der uninformierte Beobachter konnte den Eindruck bekommen, als sei der Pazifismus zum erstenmal in seiner Geschichte zu einer echten, spontanen Volksbewegung geworden. Aber im Laufe der Jahre zerstritten und zerrieben sich die verschiedenen Gruppen und Richtungen immer mehr, bis die auch aus nationalem Selbstmitleid hervorgegangene pazifistische Volksströmung als organisierte Bewegung Mitte der sechziger Jahre schließlich versickerte. Heute sind die jährlichen Feiern in Hiroshima und Nagasaki nur noch reine Totengedenkstunden.

Aufgrund der stark emotional geladenen Erinnerungen an das atomare Inferno der letzten Kriegstage blieben jahrelang ganz andere Tendenzen außerhalb des Blickpunktes der Öffentlichkeit; Tendenzen, die für die Zukunft Japans aber wahrscheinlich von größerer Bedeutung als der Pazifismus sind. Unberührt von allen Anti-Atomtod-Bewegungen verhalf das Volk heroisierenden Kriegsfilmen zu großen Kassenschlagern und ehemaligen Generalen bei Oberhaus- und Unterhauswahlen zu überwältigenden Siegen. 1953 war General Ugaki, einst Kriegsminister und Generalgouverneur von Korea, mit 514 000 Stimmen der erfolgreichste Kandidat auf der nationalen Liste. Er bewarb sich als Unabhängiger, hatte also keinen eingefahrenen Parteiapparat zur Verfügung, der seinen hohen Wahlsieg leichter verständlich gemacht hätte. Im gleichen Jahr zog ebenfalls als Unabhängiger Oberst Tsuji ins Unterhaus ein. Er war ein Aktivist nationalistischer Soldatenverbände, die zu einem großen Teil aus Angehörigen der Kwantung-Armee bestanden. In den folgenden Jahren wurden die ehemaligen Admirale Nomura, Hoshina und Mazaki ins Parlament gewählt. 1956 siegte General Matsumura, der vor dem Kriege der chauvinistisch-militaristischen Kirschblütengesellschaft angehört hatte. Sechs Jahre später wurde mit der viertgrößten Stimmenzahl auf der nationalen Liste der 57jährige General Genda ins Oberhaus gewählt. Er hatte den Angriff der Marineflieger auf Pearl Harbor kommandiert und war nach dem Kriege Befehlshaber der neuen Luftwaffe gewesen.

In den Jahren, da das Ausland den japanischen Pazifismus für eine politische Realität von größter Wichtigkeit hielt, verbrachten Zehntausende von Schülern ihre Ferien in Kasernen und militärischen Sommerlagern. 1961 waren es 70 000 Jugendliche, im darauffolgenden Jahr aus Platzmangel und anderen Schwierigkeiten nur noch 40 000. Die von der Opposition kritisierten Ferienlager dienten dazu, militärisches Leben kennenzulernen und die Idee der nationalen Verteidigung zu propagieren.

Der Pazifismus und die angeblich aus ihm geborene Ablehnung alles Soldatischen entsprangen nicht nur idealistischen Hoffnungen, sondern auch nationalen Enttäuschungen. Man wollte zunächst von einer Armee nichts mehr wissen, die den Krieg verloren hatte und letztlich an allem schuld war. Denn im Gegensatz zu Deutschland, wo die Generalität nach dem Kriege die Schuld an den »verlorenen Siegen« auf Hitler und die Nationalsozialisten abzuschieben versuchte, übernahmen Japans Armeeführer für alles, was geschehen war, die alleinige Verantwortung. Es widersprach ihrer theokratischen Staatsgesinnung, die nationale Katastrophe auf den Tenno abzuwälzen, obgleich in seinem Namen der Krieg geführt worden war. So half das Offizierskorps in seiner schmachvollsten Stunde mit, den Fortbestand des Tennotums und damit die völkischen Wurzeln des Wiederaufstiegs zu sichern. Aber die Armee konnte nicht hoffen, dafür Dank zu ernten. Der Pazifismus war deshalb die Quittung des Volkes für ihr Versagen.

Der weder religiös noch weltanschaulich abgestützte Pazifismus hat es als Verzweiflungsreaktion schwer, sich gegen den Strom der aus der Geschichte kommenden traditionellen Tugenden des Kämpferischen durchzusetzen. Er blieb selbst mit dem Antikriegsartikel kraftlos, als die Wiederaufrüstung aktuell wurde. Aber trotzdem wird die Regierung aus Opportunitätsgründen die Verfassung in absehbarer Zeit kaum zu revidieren versuchen. Denn erstens liefe sie Gefahr, in die Vergessenheit absinkende Erinnerungen und Emotionen erneut zu wecken und dadurch die unnötige Dramatisierung einer Entwicklung zu riskieren, die sie auf indirekten Wegen ohne Pathos und Sonntagsreden vorteilhafter und ungefährlicher erreichen kann. Zweitens ist die von Japanern kaum, aber von Ausländern zwangsläufig respektierte Moralität des Artikels 9 für Tokio eine einmalige Gelegenheit, sich einer internationalen Solidarität auf militärischem Gebiet zu entziehen. Es kann seine instinktive Abneigung gegen militärische Bündnisse, d. h. gegen ein Engagement an der Seite der USA hinter verfassungsrechtlichen Argumenten verbergen. Die japanische Regierung ist über die Möglichkeiten, die ihr der Antikriegsartikel bietet, um ausländischen Druck nach einer waffentechnischen Modernisierung und personellen Verstärkung seiner Armee abzuwehren, äußerst glücklich. Sie hat außenpolitisch eine relativ große Unabhängigkeit und kann ihre Verteidigungspolitik nach rein nationalen Gesichtspunkten entscheiden.

Rein prinzipiell jedoch ist die Verfassungswirklichkeit vom ewigen Frieden längst durchlöchert und unterhöhlt. Der Antikriegsartikel ist nie ein absolutes Hindernis, sondern höchstens eine Bremse gewesen, wenn Tokio die Zeit für gekommen hielt, Probleme seiner nationalen Sicherheit zu überdenken. Warum sollte es in Zukunft und bei der Frage nach Nutzen und Nachteil einer atomaren Bewaffnung anders sein? Der amerikanische Botschafter Reischauer nannte deshalb Artikel 9 »einen offenen Betrug«. [12] Aber Japan lebt mit diesem Betrug und empfindet ihn nicht.

2. Schizophrenie der Industrie

Wer aus Europa kommend auf dem Flugplatz Haneda landet und zur anschließenden Fahrt nach Tokio hinein die alte, vorolympische Straße benutzt, ist von dem äußeren Erscheinungsbild des Wirtschaftswunderlandes Japan zunächst enttäuscht. Die Fahrt geht durch ein Spalier einstöckiger grauer Holzhäuser und offener Werkstätten. In jedem »Waschküchenbetrieb« arbeiten drei oder vier junge Burschen mit ihrem Meister. Sie rollen zum Schlafen ihre Futons, ihre Steppdecken, vor der Drehbank aus. Zwischen den gelagerten Eisen- und Stahlteilen spielen Kinder oder trägt die Hausfrau ihr auf den Rücken geschnalltes Baby spazieren. Sie wäscht gleich neben den Kanistern mit Schmieröl die weißen Oberhemden. An dem wackeligen Tisch, an dem der Meister nach Feierabend die Bücher führt, machen Kinder ihre Schularbeiten. Die Werkstatt ist von der guten Stube nur durch eine mit Reispapier bespannte Schiebewand getrennt. Es sieht alles nach einem wilden Durcheinander aus, unaufgeräumt, schmutzig und ungesund.

Der erste Eindruck verwischt sich auch nicht bei den Fahrten durch die eigentlichen Industriereviere. Die weltbekannten Großfirmen Mitsui, Mitsubishi, Yawata, Hitachi, Nippon Kokan, Ishikawajima Harima, Matsushita, Honda, Canon, Nikon, Seiko und Sony scheinen nur Leuchttürme in einem Meer wirtschaftlicher Primitivität und sozialer Rückständigkeit zu sein. Die japanische Industrie ist schizophren, gespalten in Groß- und Kleinbetriebe. Im Schatten weniger Giganten ducken sich eine halbe Million Zwerge. Bei den Großen hat die Zukunft begonnen, bei den Kleinen herrscht noch Mittelalter. Dadurch ist die drittgrößte Industrienation der Erde einerseits Geber- und andererseits Entwicklungsland. Die 100 Millionen Japaner erleben die Spaltung der Welt in entwickelt und unterentwickelt tagtäglich auf ihren eigenen Inseln.

In der Industrienation ohne Mitte gab es um 1960 etwa 1 400 Großunternehmen mit einem Kapital von mehr als 100 Millionen Yen und einer Belegschaft von 300 Mann und mehr. Ihr prozentualer Anteil an der Gesamtzahl der sogenannten 400 000 Companies betrug 0,4%. Diese Riesen aber kontrollierten 66% des gesamten Kapitals, 57% aller Vermögen und 57% der industriellen Gewinne. Gleichzeitig beschäftigten sie jedoch nur 20% der Industriearbeiterschaft; 16 Millionen Arbeiter verdienten ihr Geld in der Klein- und Mittelindustrie, im Schattenbereich des Wirtschaftswunders, wo die Löhne zwischen ein und zwei Drittel niedriger sind als in den renommierten Großunternehmen. Dadurch liegt Japan, obgleich unter den Industrienationen der Welt auf Platz drei, im Pro-Kopf-Einkommen erst an 20. Stelle.

Das soziale Gefälle hinter diesen nüchternen Zahlen erlebt der Besucher am deutlichsten an Sonn- und Feiertagen. Während in den Hinterhofwerkstätten fleißig gearbeitet wird, ohne Unfallschutz und Klimaanlage, sind die Banken und Verwaltungszentralen der Konzerne geschlossen. Der Stadtteil Marunouchi am Tokioter Hauptbahnhof ist dann menschenleer und tot, aber in den Außenbezirken von Omori, Setagaya und Ueno herrscht fast gewöhnlicher Alltag. Der Gemischtwarenhändler, Gemüsemann und »o-sushia-san« kennen kein Wochenende, obgleich nebenan in der Schokoladenfabrik Fuij Füllmaschinen und Fließbänder stillstehen. Die freundlichen Friseusen bei dem kleinen Damen-Coiffeur arbeiten in manchen Neujahrsnächten bis morgens drei Uhr; ihre Kolleginnen in den großen Warenhäusern aber gehen immer pünktlich abends um sechs nach Hause. Millionen kennen in Japan keinen Feierabend, keine bezahlten Überstunden, keinen Nachtzuschlag, keine 48-Stunden-Woche und keine zwei Wochen Urlaub.

Inseln von Wohlstand und Wohlfahrt sind nur die exportintensiven Mammutbetriebe, die in europäischen und amerikanischen Zeitschriften werben und mit kimonogekleideten Schönheiten das Fernweh nach Ostasien wecken. Sie bieten ihren Angestellten billige Werkswohnungen, preiswerte Kantinenmahlzeiten, eigene Supermärkte, Sportplätze, Ferienheime, Skihütten, Betriebskrankenhäuser, kulturelle Festhallen; sie erstatten Fahrgelder, sorgen für eine kostenlose ärztliche Behandlung und engagieren das New Yorker Philharmonische Orchester und die Wiener Sängerknaben.

Nach Angaben der Regierung entsprechen die in der Großindustrie gezahlten Löhne denjenigen in Norditalien. Ein Facharbeiter konnte Anfang der sechziger Jahre bis 400 DM monatlich verdienen. Zusätzlich erhielt er bei günstiger Konjunktur zwei bis acht Monatsgehälter jährlich als Sonderzulagen. Trat er mit durchschnittlich 55 Jahren in den Ruhestand, wurde ihm eine einmalige Abfindung ausbezahlt, die DM 40 000 betragen konnte. Firmenpräsidenten verdienten selten mehr als DM 1 000, erhielten aber als steuerfreie Aufwandsentschädigung zusätzlich DM 11 000 im Monat. Da Aufwandsentschädigungen relativ großzügig gewährt werden, konnten die privilegierten Herren der Industrie zur Unterhaltung ihrer Kunden und Geschäftsfreunde im olympischen Jahr in Geisha-Häusern, Kabaretts und Bars 5,5 Milliarden Mark ausgeben.

Außerhalb der Wohlstandsenklaven lebten 1959 mehrere Millionen Beschäftigte, für die das damals verabschiedete Gesetz über Mindestlöhne in Anwendung kam. Darin wurde für alle Arbeitnehmer eine untere Lohngrenze von monatlich DM 66 festgesetzt. Zwei Jahre später aber kamen erst 500 000 Arbeiter, vornehmlich aus der Textil-, Lebensmittel- und Holzverarbeitungsindustrie, in den Genuß des Gesetzes; 1962 waren es erst 1,2 Millionen.

In diesen Bevölkerungskreisen ist das japanische Proletariat zu suchen, aber im Gegensatz zu Europa ist es für eine revolutionäre Unruhe relativ ungeeignet. Die immer noch sehr engen feudalistischen Korsetts der Gesellschaft verschüchtern die »armen Leute«, so daß sie viel zu bescheiden, gehemmt, ja verängstigt sind, um ihre Ansprüche mit Eifer und Leidenschaft zu vertreten. »Proletarische« Demonstrationskolonnen gehören in Tokio zu den bravsten und zahmsten; sie halten sich strengstens an die Anordnungen der freundlichen Polizeibeamten, brüllen keine Schlagworte, drohen nicht mit Fäusten und übertreten eigentlich niemals die Gesetze. Die »armen Leute« sind selbst für die Presse so uninteressant, daß sie nicht einmal Notiz nimmt, wenn 10 000 stumm durch die Straßen ziehen.

Im ganzen gesehen aber hat es in Japan ein so ausgeprägtes Industrieproletariat wie in westlichen Ländern niemals gegeben. Durch die traditionellen Bande der Familie und die aus dem Handwerk hervorgegangenen Patriarchalverhältnisse in der sozial benachteiligten Klein- und Mittelindustrie konnten die schlimmsten Notstände von vornherein vermieden werden. In konjunkturschwachen Zeiten ging der Arbeiter aufs Land zurück, von wo er gekommen war.

Die Neidlosigkeit, mit der die Arbeiter der Kleinstindustrie auf ihre Kollegen in den Großunternehmen blicken, liegt aber auch in der japanischen Mentalität begründet. Der einzelne Japaner ist sich bis heute noch nicht bewußt, wer er ist, was er darstellt und wie er sich verkaufen kann. Die ziemlich wahllosen Importe von Philosophien und Weltanschauungen westlicher Denker und Schriftsteller sind an ihm, gemessen an ihrer Popularität in intellektuellen Kreisen, überraschend spurlos vorübergegangen; das Ich bleibt ihm weiterhin das wohl fremdeste Ding auf der Welt. Aufgrund eines unterentwickelten Selbstbewußtseins kommt dem japanischen Arbeiter kaum der Gedanke, daß alle Räder stillstehen könnten, wenn sein starker Arm es wollte. Dadurch ist er, mit westlichen Augen gesehen, bei Lohn- und Gehaltsfragen von vornherein in einer psychologisch ungünstigen Ausgangsposition. Er möchte im Grunde ein kleines Rädchen im großen Getriebe werden. Wenn er bei der Erfüllung dieses Wunsches auch noch Geld bekommt, ist er um so glücklicher und dankbarer.

Ähnlich betriebs-patriarchalisch durchstimmt ist auch die Einstellung des Durchschnittsjapaners zu dem ihm tarifrechtlich zustehenden Jahresurlaub von zwei bis drei Wochen. Keiner meiner japanischen Bekannten nahm seinen Urlaub zusammenhängend oder in voller Höhe. Es war allgemein geübter Brauch, ein paar Urlaubstage verfallen zu lassen. Man begnügte sich mit längeren Wochenenden oder mehrtägigen Betriebsausflügen. Es zieme sich für einen strebsamen Arbeiter und Angestellten nicht, so wurde mir erklärt, im europäischen Sinn Urlaub zu nehmen, mit der Familie mehrere Wochen zu verreisen und auszuspannen. Es sei kein gutes Zeichen von Betriebstreue und hemme das Vorwärtskommen, auf ein abstraktes Recht des Arbeitsvertrages zu pochen. Theoretisch sei die Urlaubsfrage zwar nach westlichem Modell geregelt, aber praktisch gälten noch immer die ungeschriebenen Gesetze der Betriebsgemeinschaft.

Über die eigentümliche Psychologie des japanischen Arbeiters schrieb der Volkswirtschaftler und Soziologe Okochi: »Arbeiter der Stammbelegschaft werden – den herkömmlichen Vorstellungen nach – wie an Kindes Statt angenommene Mitglieder einer Hausgemeinschaft, ähnlich wie in einem Lehensverhältnis zum Arbeitgeber stehend, betrachtet. In dieser Auffassung wurzelt die Gesinnung, daß das Eingehen eines Arbeitsverhältnisses eine Verpflichtung auf Lebenszeit darstellt, was von einem Ausländer wahrscheinlich nur als überlebte Form des Patriarchalismus verstanden werden kann. Damit nicht genug: ein solches Arbeitsverhältnis auf Lebensdauer erweckt den Eindruck, daß für die japanischen Arbeitgeber-Arbeitnehmer-Beziehungen noch das Vorbild der feudalen Gefolgschaft Geltung besitzt. Natürlich ist dieses Arbeitsverhältnis auf Lebenszeit kein unmittelbarer Abklatsch feudaler Ideen, sondern die für die gegenwärtigen Wirtschaftsbedingungen typische Form der Arbeitskontrolle. Allerdings können den Spielregeln eines solchen Arbeitsverhältnisses auf Lebenszeit sehr leicht feudale Vorstellungen von Gefolgschaftstreue unterlegt werden.

Dann sieht es so aus, als ob der Lohn eine materielle Bürgschaft für ein Arbeitsverhältnis auf Dauer ist – eine Art Lehen, das von oben gewährt und von unten in Empfang genommen wird – quasi als Belohnung für treue Dienste. Damit kann sich dann auch die ebenfalls der Feudalordnung entliehene Vorstellung verbinden, daß eine solche Vergütung lediglich ausreichen müßte, um dem Gefolgschaftsmann die Befriedigung der elementaren Lebensbedürfnisse zu ermöglichen – und nicht mehr.« [1]

Die Auffassung vom Lohn als Lehen und nicht als Recht läßt den Arbeiter die durch die Schizophrenie der Industrie bedingten Ungerechtigkeiten weniger dramatisch empfinden. Die Empörung, daß er allein dadurch ganz wesentlich benachteiligt ist, daß er in einem Kleinbetrieb arbeitet, stellt sich nicht ein. Bei einer solchen Mentalität wirkt die Forderung »gleiches Recht für alle« ziemlich blutlos und abstrakt. Sollte die Kluft zwischen beiden Wirtschaftsblöcken in Zukunft überbrückt werden können, dann wahrscheinlich nicht, weil die 16 Millionen Arbeiter in der Klein- und Mittelindustrie erwacht sind, sondern weil das Management der Großbetriebe die Wettbewerbsnachteile dieses Systems beseitigen möchte. Es wird also kaum eine Bewegung von unten, sondern von oben sein.

»Oben« begann vor hundert Jahren der gesamte Industrialisierungsprozeß. Als sich Japan in der Mitte des vorigen Jahrhunderts der drohenden Macht der Kanonen der »schwarzen Schiffe« des amerikanischen Commodore Perry beugte und seine Inseln nach 250jähriger Klausur für die Außenwelt öffnete, gab es im Land keine Fabriken. Weil durch die bis dahin strenge Reglementierung des Shogunats unternehmerisch eingestellte, kapitalkräftige Privatpersonen fehlten, mußte der Staat bei der als notwendig erachteten Modernisierung die Initiative ergreifen. Er fand in dem durch die Aufhebung der Privilegien arbeitslos gewordenen Mittelstand der Samurai die Elite, der er die große Aufgabe in die Hand geben konnte. In einem Geist erzogen, der kapitalistisches Gewinnstreben verachtete, ließen die aus dem Kriegerstand hervorgegangenen Bürokraten für fast alle Industriezweige staatlich dirigierte Modellfabriken errichten.

So entstanden die ersten Seiden- und Baumwollspinnereien, Zement- und Eisenwerke, Werften und Waffenfabriken. Besonders charakteristisch für die Staatsinitiative war der Schiffbau. In den

Jahrhunderten des politischen, wirtschaftlichen und kulturellen Isolationismus, zwischen 1600 und 1850, war der Bau von hochseetüchtigen Schiffen verboten. Nur 50-Tonnen-Segler, gerade ausreichend für den Fischfang in Küstengewässern, durften gezimmert werden. Die Lage änderte sich schlagartig, als die Regierung im letzten Drittel des vorigen Jahrhunderts begann, Japan nach dem Vorbild Großbritanniens zu einer Seemacht aufzurüsten. Dadurch erhielt der Schiffbau bereits am Start des Modernisierungsprozesses einen beträchtlichen Vorsprung vor der gesamten übrigen Schwerindustrie, den die Werften bis in die Gegenwart hinein behaupten konnten. Gleichzeitig mußten sie damals beim Bau von Schlachtschiffen und Kreuzern auch in unterentwickelte Fertigungsbereiche vordringen, um die vom Marineministerium gesetzten Termine einhalten zu können. So waren die Produktionsaufgaben der Werften von Anfang an ziemlich weit gefächert. Die Folge davon ist, daß noch heute das Produktionsschwergewicht von einigen der Werftunternehmen nicht im Schiffbau, sondern auf anderen schwerindustriellen Sektoren liegt. Mitte der sechziger Jahre waren sie u. a. an der Konstruktion und am Bau von Raketen beteiligt.

In den staatlich dirigierten Gründerjahren schickte Tokio eine Elite mit der Devise nach Übersee: »Gehet hin in alle Welt und kopieret alle Völker.« Gleichzeitig aber holte die Regierung auch europäische und amerikanische Entwicklungshelfer ins Land. Nachdem bereits 1639 ein in Ulm geborener und im Dienst der holländisch-ostindischen Gesellschaft stehender Hans Wolfgang Braun die erste, noch heute in einem Tokioter Museum zu besichtigende Kanone gegossen hatte, lehrten die beiden Deutschen Lubowsky und Heidkämper die in Strohsandalen marschierenden Japaner 1870 die Herstellung von Militärstiefeln. Meister aus Chemnitz zeigten die maschinelle Produktion von Uniformen. Andere Deutsche demonstrierten die Kunst, mit dem in China erfundenen Pulver Torpedos zu bauen. Der königlich-preußische Musikdirektor Franz Eckert, als Marinekapellmeister von Wilhelmshaven 1879 an die im Aufbau begriffene japanische Marine ausgeliehen, half beim Komponieren der japanischen Nationalhymne. Aus Clausthal und Freiberg in Sachsen kamen Bergbau- und Hütteningenieure; aus anderen deutschen Städten Geologen, Chemiker, Pharmakologen, Tierärzte, Diplomlandwirte und vor allem auch Germanisten, die als deutsche Sprachlehrer begannen, Japanologen wurden und später an deutschen Universitäten ostasiatischen Seminaren vorstanden. Der größte Ruhm der deutschen Entwicklungshilfe gebührt jedoch den Medizinern. Bis zum Ende des Zweiten Weltkrieges war die »deutsche Schule« unter den japanischen Ärzten absolut dominierend. Noch 1962 schrieb mein Tokioter Zahnarzt die Fachausdrücke seiner Rechnungen – Plomben, Brücke, Goldkrone – in deutscher Sprache.

Die Staatsinitiative bei der Industrialisierung aber ging schon sehr bald in die Hände selbständiger Unternehmerpersönlichkeiten über. Die Modellfabriken wurden gelegentlich zu Schleuderpreisen privatisiert und gelangten in den Besitz der berühmt-berüchtigten Zaibatsu-Familien. Dieses waren alte Kaufmannsgeschlechter, die jahrhundertelang auf der untersten Stufe der Gesellschaftspyramide gestanden und ihre politische Ohnmacht durch Reichtum kompensiert hatten. Sie traten bei der Industrialisierung zunächst als Geldgeber und später bei der Privatisierung als Käufer auf. Die Mitsui, Iwasaki, Yasuda und Sumitomo gründeten gewaltige Industrie-Imperien, die Stahl, Zement, Zucker, Erdöl, Schiffbau, Kunstdünger, Maschinen, Papier, Banken und Verkaufsorganisationen umfaßten. Mitsui soll mit 3 Millionen Beschäftigten vor dem Kriege der größte Familienkonzern der Welt gewesen sein. In keinem anderen kapitalistischen Land wurde ein so großer Prozentsatz der nationalen Industrie von so wenigen Menschen kontrolliert.

Während des Entwicklungsexperiments wurde die Industrialisierung dem traditionellen Handwerk künstlich aufgepflanzt. Dadurch entstanden zwei auf getrennten Wegen sich entwickelnde Unternehmensgruppen. Die Unwissenheit der Bevölkerung über die volkswirtschaftlichen und weltanschaulichen Zusammenhänge der Modernisierung begünstigte noch den trennenden Bambusvorhang. Die Masse nahm das plötzliche Geschehen und die Aktivität ihrer Elite wie ein unbegreifliches Wunder hin. Die damals begonnene Schizophrenie dauert bis heute an. »Das gleichzeitige Nebeneinander hochmoderner Großbetriebe und im Traditionellen verharrender ›unterentwickelter‹ Klein-, Kleinst- und Mittelbetriebe ist charakteristisch für die japanische Industrie«, schreibt der Betriebswissenschaftler Professor Gutenberg. »Es ist, als ob diese beiden großen Blöcke verschiedenen Zeiten angehörten. Aber beide Blöcke sind repräsentativ für die japanische Wirtschaft. Im

Vergleich zu der japanischen Industrie ist die Industrie westlicher Industriestaaten homogen, und zwar insofern, als unterschiedliche Betriebsgröße keine unterschiedliche technische oder kommerzielle Qualität der Betriebe zur Folge hat. In der japanischen Wirtschaft aber besteht ein solcher qualitativer Unterschied. Es geht hier um eine strukturelle Diskrepanz ... Ist diese Disproportionalität der Industriestruktur das Kennzeichen aller Länder, die Industrien importieren und auf diesem Sektor eine Entwicklung nehmen, mit der die Entwicklung der eigenen und ursprünglichen Bereiche ihres wirtschaftlichen Lebens nicht Schritt hält?« [2]

Die Modernisierung und der internationale Wettbewerb werden Japan zwingen, die Abnormitäten der strukturellen Diskrepanz seiner Industrie zu beseitigen. Schon in den letzten Jahren ist durch gezielte Maßnahmen der Regierung das Meer arbeitstechnischer und sozialer Rückständigkeit immer mehr ausgetrocknet worden. In dem Konzentrationsprozeß sind die Inseln rationalisierter und automatisierter Fertigungsmethoden und damit des Wohlstands wesentlich vergrößert worden. Dadurch und im Zusammenhang mit dem knapper werdenden Angebot an Arbeitskräften werden sich für Japan die bisherigen Lohnvorteile aus seiner schizophrenen Industrie auf dem Weltmarkt weiter verringern. Aber Tokio fürchtet die Entwicklung nicht, denn es hat auch bisher nicht in die Vergangenheit, sondern auf die Zukunft investiert. Trotz eines starken Stroms von Traditionen ist man nicht sentimental, wenn es um den Abbau und die Eingliederung der industriellen »Schrebergärten« geht.

Der 1960 entworfene Einkommens-Verdopplungsplan der Regierung will durch die systematische Erweiterung der Betriebsgrößen und den Ausbau der Schwer- und chemischen Industrie die Lücken im Lohn und in der Produktivität zwischen den beiden Industrieblöcken verengen. Der Anteil der Maschinenbauindustrie an der Gesamtproduktion der weiterverarbeitenden Industrie soll von 34% im Jahre 1959 auf 47% im Jahre 1970 steigen, während der Anteil der traditionellen Textilindustrie im gleichen Zeitraum von 13% auf 8% fallen soll. Gleichzeitig sollen bis 1970 2,4 Millionen Arbeitnehmer aus der Landwirtschaft herausgezogen und in der Industrie untergebracht werden. Der Zehnjahresplan überschritt bereits 1967 die für 1970 und später gesteckten Fernziele. In jenem Jahr erreichte das Bruttosozialprodukt DM 476 Milliarden;

1960 lag es bei DM 144 Milliarden. Das Pro-Kopf-Einkommen stieg im gleichen Zeitraum von DM 1 200 auf DM 3 272. Die geplante Verdoppelung wurde also vorfristig zu einer Verdreifachung.

Die hinter diesen Zahlen sichtbar werdende Umstrukturierung der Industrie schlägt sich auch im Export nieder, der von DM 16 Milliarden im Jahre 1961 auf DM 40 Milliarden im Jahre 1966 anstieg. Die klassischen Exportgüter der Vergangenheit, wie Seide, Textilien, Nähmaschinen, Fahrräder und Porzellan, aber gingen dabei im Gesamtvolumen der Ausfuhr zurück, während der Anteil der Schwerindustrie – Maschinen, Autos, Petrochemie – von Jahr zu Jahr größer wurde. Das steilste Wachstum in allen Industriezweigen zeigte 1967 die Petrochemie, gefolgt vom Automobilbau, der Stahlindustrie und den Maschinenherstellern. Die früher so wichtige Textilbranche stagnierte.

Ein interessantes Beispiel für das rasante Aufholen der Autoindustrie an das technische Niveau klassischer Automobil-Länder wie die USA und die Bundesrepublik ist folgende Tatsache. Noch 1958 konnten Diplomaten in Tokio mit ihren importierten ausländischen Wagen beim Wiederverkauf gute Geschäfte machen. Ein prestigehungriger Japaner hatte in jener Zeit zur Autoindustrie seines eigenen Landes nur ein sehr geringes Vertrauen. Als 1961 die ersten ausländischen Modelle unter staatlicher Aufsicht eingeführt und auf dem freien Markt zur Finanzierung eines Messeschiffes versteigert wurden, erzielten deutsche Wagen astronomische Preise. Ein Mercedes 300 de Luxe erbrachte DM 165 000; ein Mercedes 220 DM 78 500; ein Opel Rekord DM 20 000; ein VW DM 16 000.

Heute dagegen ist der Liebhaberwert für ausländische Wagen tief gesunken. Die angenehme Zeit für die Diplomaten, da sie ganz legal ihre Finanzen etwas aufbessern konnten, ist längst vorbei. Die Produktionszahlen der japanischen Automobilindustrie stiegen von 481 000 im Jahre 1960 auf 3 Millionen im Jahre 1967. Mit der Steigerung um das Sechsfache wurde selbstverständlich auch die technische Perfektion verbessert. Die japanische Automobilindustrie hat einen solchen Ruf gewonnen, daß sie nun ihrerseits zur Exportoffensive übergegangen ist. Toyota, Nissan und Honda sind auf dem amerikanischen Markt zu den größten Konkurrenten für den deutschen Volkswagenkäfer geworden. Sportwagen-Fans in der Bundesrepublik probieren heute, bevor sie sich entscheiden, auch die schnellen Flitzer von Honda aus. Noch 1962 hätte man bei der Prophezeiung geschmunzelt, daß die japanische Automobilindustrie schon so bald die Klassiker herausfordern würde.

Hinter dieser Dynamik steht die Vision von Ostasien im Jahre 2000. Land und Volk sind dabei, einen alten Traum zu verwirklichen: das Ruhrgebiet des Fernen Ostens zu werden. Der Bedarf des im Aufbruch befindlichen Konkurrenz-Kontinents zu Europa ist unersättlich. Japan, seit langem von Gedanken und Ideen einer großostasiatischen Wohlstandsphäre bewegt, kann aus seiner geographisch ungünstigen Position des absoluten Außenseiters in der Nachbarschaft nur unterentwickelter Völker volkswirtschaftliches Kapital schlagen. Was es unter den Militärs mit Waffengewalt nicht erreicht hat – die Hegemonie über Ostasien –, diesem Fernziel ist es heute, dank seinen Industriellen und Kaufleuten, in einem ganz anderen Sinn und auf ganz anderen Wegen beträchtlich nähergekommen. Die kapitalhungrigen Länder des Fernen Ostens fragen für Entwicklungsprojekte heute auch in Tokio an; Japan seinerseits aber macht keine politischen Auflagen. Von westlich-demokratischen Vorurteilen unabhängiger als Washington und Bonn, denkt Tokio an die ostasiatischen Menschenmassen und weniger an die dortigen Regime, die stürzen können.

In der Industrie ohne Mitte, deren strukturelle Diskrepanz in groß und klein trotz aller Zehnjahrespläne so bald nicht überwunden werden kann, gibt es noch zusätzlich eine Gewerkschaftsbewegung ohne Mitte. Auch hier stehen auf der einen Seite die Giganten, die nationalen Dachverbände, und auf der anderen Seite die Zwerge, die 53 000 Betriebsgewerkschaften. Ihre Durchschnittsstärke lag in den fünfziger Jahren bei 200 Mitgliedern. Aber bedingt durch die unzähligen Klein- und Mittelbetriebe hatten 19 000 Betriebsgewerkschaften weniger als 50 Mitglieder.

Die Betriebsgewerkschaften, denen sämtliche Beschäftigten ohne Rücksicht auf ihre fachliche Ausbildung und Tätigkeit, also sowohl Arbeiter als auch Angestellte angehören, regeln in einem betriebspatriotischen Geist das Verhältnis zwischen Arbeitgeber und Arbeitnehmer und blicken dabei über ihre eigenen Fabriktore kaum hinaus. Bestreikt wird im Konfliktsfall grundsätzlich die eigene Firma; eine überregionale Lahmlegung ganzer Industriezweige kennt man nicht. Auch die sehr häufigen Kurzstreiks bei der Staatlichen Eisenbahn sind im Grunde eine betriebsinterne Angelegenheit, wenn auch durch das weitausgedehnte Eisenbahnnetz der Eindruck entstehen kann, als handele es sich um einen nationalen Streik. Aufgrund der betriebsfeudalistisch verankerten Arbeitsdisziplin aber sind Streiks in der exportintensiven Großindustrie eine absolute Seltenheit.

In der Betriebsgewerkschaft ist nur »der Adel«, die auf Lebenszeit angestellte Stammarbeiterschaft, organisiert. Die zeitweilig Beschäftigten, vor allem in Zeiten der Hochkonjunktur, werden grundsätzlich nicht aufgenommen. Sie sind und bleiben schutzlos und werden in Zeiten einer Depression als erste wieder entlassen. So exerziert Japan praktisch die Umkehrung der europäischen Gewerkschaftsidee: der Schutzbedürftigste bleibt der Schutzloseste.

Bei diesem Mangel an Solidarität schon im eigenen Betrieb wundert es nicht, daß sich auch eine Kampfgemeinschaft mit Arbeitern anderer Firmen nicht entwickeln kann. Die marxistische Parole »Proletarier aller Länder vereinigt Euch« klingt japanischen Arbeitern im großen und ganzen fremd. Europäische Gewerkschaftsfunktionäre, die noch in der Euphorie einer die nationalen Grenzen sprengenden proletarischen Brüderlichkeit groß geworden sind, sehen in der Pulverisierung der japanischen Gewerkschaftsbewegung eine verhängnisvolle Schwäche. Aber der Arbeiter Nippons empfindet nun einmal anders; er hat wie alle seine Landsleute ein Kimochi, eine Dunstwelt von Gefühlen und Stimmungen, und betrachtet sein Verhältnis zum Unternehmer weniger sach- als personbestimmt. Aufgewachsen in einer patriarchalischen Familienatmosphäre, sucht er auch in der Arbeitswelt nach Wärmespeichern, die abstrakte Sachbeziehungen durch Emotionen gegenseitiger Treue vermenschlichen.

Über den 53 000 Betriebsgewerkschaften thronen die nationalen Dachverbände mit ihren Hauptquartieren in Tokio wie in den Wolken. Am berühmtesten ist Sohyo mit 4,2 Millionen Mitgliedern. Von der amerikanischen Besatzungsmacht mit einer antikommunistischen Präambel in den Statuten gegründet, steht Sohyo heute am weitesten links und in enger ideologischer Tuchfühlung zur Kommunistischen Partei. Voller antiamerikanischer Ressentiments laufen die Funktionäre gegen die proamerikanischen Tendenzen der japanischen Außenpolitik Sturm. Sohyo-Gewerkschafter marschieren bei fast allen Demonstrationen im ersten Glied. Aufgrund seiner Schlagzeilen liefernden politischen Aktivität und

Der Garten der kaiserlichen Katsura-Villa in Kyoto. Die japanische Gartenbau-kunst »erobert« Europa und Amerika.

Eine shintoistische Trauung. Der Bräutigam westlich, die Braut östlich gekleidet.

100 Millionen Japaner Rush-hour in Tokio . . .

. . . Männerfest in einem buddhistischen Tempel

Radikalität beherrscht der Dachverband so sehr die Nachrichten- und Kommentarspalten der großen Tokioter Zeitungen, daß man den Eindruck gewinnen kann, die japanische Arbeiterschaft gehöre zu den unruhigsten und linksextremistischsten der Welt.

Die aufgeblasene Berichterstattung aber steht in keinem Verhältnis zur Wirklichkeit. Theodor Jaeckel urteilt in seiner interessanten Studie über »Die japanische Arbeiterbewegung«: »Die politische Diskussion und Betätigung ist auf zentraler Ebene sehr laut. Da viel davon in die Presse kommt, sieht es für den Außenstehenden so aus, als ob die ganze Gewerkschaftsbewegung sehr politisch und ein Kampfplatz der Ideologien sei. In den Zentralen ist es auch so; das heißt aber nicht, daß es auf örtlicher Ebene ähnlich sein muß ... Während die Führer in den Zentralen sich darum streiten, welchem ausländischen Beispiel man folgen soll, haben die Betriebsgewerkschaften sich unten fest eingerichtet und treiben ihre örtliche Interessenpolitik mit Kraft und Erfolg, ohne daß davon viel in die Presse kommt. Was ›die oben‹ machen, betrachten ›die unten‹ als Sport und Spiel ... Oben vollzieht sich die politische und ideologische Auseinandersetzung und unten das Ringen um die wirtschaftlichen Tagesprobleme. Es sind fast zwei Institutionen mit zwei verschiedenen Funktionen. Keines der von außen geborgten Themen spricht das an, was den japanischen Arbeiter in seiner Lage bewegt. Die Bewegung unten und die Bewegung oben haben zwar den gleichen Namen und gebrauchen die gleiche Begriffssprache. Aber sie treffen sich nur selten; und auch dann verdeckt das, was offiziell ausgesprochen wird, oft die tatsächlich bestehenden Differenzen. Wer diesen Hintergrund der Gewerkschaftsbewegung nicht beachtet, sondern Forderungen und Erklärungen als bare Münze zu nehmen geneigt ist, wird immer wieder vor unverständlichen Rätseln stehen.« [3]

Trotz der Disproportionalität im gewerkschaftlichen und industriellen Bereich aber könnte Japan den asiatischen Entwicklungsländern als Vorbild dienen, denn seine Ausgangsposition vor hundert Jahren war derjenigen in heutigen Agrarstaaten nicht unähnlich. Vier Fünftel der damals 30 Millionen Japaner wohnten auf dem Land. Die steuerliche Last der Modernisierung mußten also am Anfang die Bauern tragen. Eine technologische Basis, auf der die Industrialisierung hätte aufbauen können, war so gut wie überhaupt nicht gegeben. Die volkswirtschaftlich nutzbaren Möglichkeiten, durch Exporte den Import notwendiger Investitionsgüter zu finanzieren, lagen zunächst ausschließlich im traditionellen Handwerk der Seiden- und Baumwollverarbeitung. Gleichzeitig bestand die Masse der Bevölkerung aus Analphabeten. Kapitalmäßig gesehen war Japan sogar bedeutend benachteiligter als die Entwicklungsländer heute, denn es gab um 1870 weder die Idee von einer Entwicklungshilfe noch zinsgünstige Kredite.

Auch das Problem der Bevölkerungsexplosion hat Japan durchlebt. Seine Einwohnerzahl stieg in hundert Jahren von 30 Millionen auf 100 Millionen. Der Baby-Boom wurde bis zum Zweiten Weltkrieg aus politischen Gründen allgemein begrüßt und gefördert. Erst nach der nationalen Katastrophe, als Japan tatsächlich ein Volk ohne Raum geworden war, wurden durch die Popularisierung von Empfängnisverhütungsmitteln und Legalisierung der Abtreibung radikale Maßnahmen zur Geburtenkontrolle ergriffen. Dabei gab es trotz Buddhismus und Ahnenkult keine Konflikte mit religiösen Tabus. Der Geburtenüberschuß sank schlagartig rapide ab. Man schätzt die Zahl der legalen Abtreibungen auf jährlich anderthalb Millionen. Dennoch steigt aufgrund des Absinkens der Sterblichkeit die Bevölkerungszahl weiter an und wird theoretisch im Jahre 2005 mit 122 Millionen ihren Kulminationspunkt erreichen.

An Japan als Modellfall aber sind die heutigen Entwicklungsländer erstaunlicherweise uninteressiert. Ihre Studenten sitzen nicht in den Hörsälen der Todai in Tokio, sondern zu Füßen europäischer und amerikanischer Professoren. Auf das Wunder Japan scheinen sie noch nicht aufmerksam geworden zu sein. Dabei spielen die nur mit äußerster Zähigkeit und Energie zu überwindenden Sprachschwierigkeiten wahrscheinlich eine entscheidende Rolle. Die Elite der Entwicklungsvölker lernt Englisch, Französisch, Russisch und Deutsch, aber nicht Japanisch. Trotzdem sollte ihre Blickrichtung in Zukunft nicht mehr so einseitig sein. Gerade die Reisländer können von Japan lernen, das auf immer kleinerem Raum immer größere Reiserträge erntet und trotz der Ameisendichte der Besiedelung heute in Notzeiten praktisch ein Selbstversorgerland sein kann.

Das Beispiel Japan aber ist wahrscheinlich gar nicht exportfähig. Das Volk brachte bei seinem rasanten Einbruch in die Weltgeschichte zwei Geheimnisse mit: eine durch den 250jährigen Isolationismus aufgestaute nationale Energie und eine wie selbstverständlich anmutende nationale Disziplin. Der Übergang vom Mittelalter in die Neuzeit gelang ohne revolutionäres Blutvergießen. Ohne von des Volkes Wut dazu gezwungen zu sein, trat die tonangebende Aristokratie der Shogune, Daimyos und Samurai zurück, legte ihre Schwerter ab und verzichtete auf ihre Vorrechte. Eine ähnlich freiwillige Selbstauflösung der privilegiertesten Klasse hat es in keinem anderen Land gegeben. Gleichzeitig trat die entrechtete Elite in die Dienste des neuen Staates ein und kanalisierte die frei gewordenen Energien des Volkes. Das Schicksal der Samurai trägt manche Züge eines Opferganges zum Wohle der gesamten Nation.

Eine solche Mentalität läßt sich kaum verpflanzen und nachahmen. Das russische und chinesische Volk mußten durch die blutigste Revolution ihrer Geschichte gehen, um zu werden, was sie heute sind. Auch andere Länder fanden den Anschluß an das 20. Jahrhundert nur durch gewaltsame Erschütterungen ihres Gesellschaftssystems. Gegenwärtig noch im Umbruch befindliche Völker erleben ebenfalls ein revolutionäres Wetterleuchten. Japan ist das einzige Land, das das Ende des Mittelalters und den Prozeß der Modernisierung konservativ überstanden hat. Die Kontinuität seiner Geschichte wurde nicht unterbrochen.

3. Väter und Söhne

Hosei-Universität in Tokio im September 1967. Mehrere hundert Studenten verlangen von Präsident Watanabe und einigen Dekanen Auskunft über die Bestrafung von sieben Kommilitonen. Es kommt zu lärmenden Szenen gegen die Professoren und wüsten Beschimpfungen der politisch gespaltenen Studenten untereinander. Nach sieben Stunden wollen die akademischen Autoritäten den Saal verlassen. Radikalinskis versperren ihnen mit Gewalt den Weg. Mehrere Hundertschaften Polizei treffen ein. Eine wilde Keilerei bricht aus. Die Studenten wehren sich mit allem, was nicht niet- und nagelfest ist. Die Polizisten befreien die eingesperrten Professoren, indem sie mit Äxten die Türen einschlagen. 285 Studenten werden verhaftet.

Nächste Eskalationsstufe: Versammlung in der Mensa. Wer hat die Polizei gerufen? Professor Shimomori muß Rede und Antwort stehen. Er wird ergriffen, herumgestoßen, beschimpft; ins Gesicht geschlagen, mit glühenden Zigarettenstummeln beworfen und mit Wasser übergossen. Der mißhandelte Professor muß stehen. Erst nach neun Stunden darf er sich setzen. Das Happening zieht sich bereits vom Abend bis zum nächsten Mittag hin. Der Professor droht vor Erschöpfung zusammenzubrechen. Ein Arzt darf nach ihm sehen und legt ihn auf einige zusammengerückte Sessel. Die Mensa kann er noch immer nicht verlassen. Um sechs Uhr abends, nach fast 24 Stunden, erhält er endlich seine Freiheit zurück.

Schlußakt: 2 000 Studenten halten Gericht über die Universitätsbehörden. Sie singen die Internationale und die Hosei-Hymne. Zwischen den verschiedenen Fraktionen brechen Schlägereien aus. Das Gewitter entlädt sich über Professor Yamanouchi. Er muß es bis vier Uhr morgens ertragen. Junge Assistenten befreien ihn. Von einem Arzt begleitet wird er fortgetragen.

Ähnliches erlebte im Frühjahr 1966 die Waseda-Universität in Tokio. Studenten verbarrikadierten die Tore und biwakierten in Hörsälen und vor Professorenzimmern. Immer wieder flackerten regelrechte Schlachten mit der Polizei auf. Die Affäre dauerte Wochen. Es herrschte eine Art Bürgerkriegsatmosphäre. Die Vorlesungen fielen aus. Auch hier an der Waseda mußte der Rektor von Sanitätern auf einer Bahre hinausgetragen und ins Hospital geschafft werden.

Das gleiche Schicksal erlitt im Dezember 1962 Seiji Kaya, der Rektor der Tokio-Universität. 18 Stunden in seinem Rektoratszimmer belagert, brach er zusammen. Nicht viel anders war es im voraufgegangenen Juni dem Präsidenten der Yamanashi-Universität ergangen.

Die akademische Jugend des in der Welt als diszipliniert bekannten Japans kommt nicht zur Ruhe. Über Gebührenerhöhungen, die Zulassung von Offizieren, den Bau von Sportstätten, die Bestrafung von Kommilitonen und das Reglement in den Schlafsälen sieht sie rot und schlägt blindwütig um sich. Schreihälse verlieren die letzte Kontrolle über sich, das Blut weicht ihnen aus dem Gesicht, sie werden weiß wie die Wand, zittern am ganzen Körper, brüllen nur noch Fetzen; als hätten sie Schaum vor dem Mund und als könnten sie mit einem Messer in der Hand auch zustechen und morden.

Aber diese Studenten sind nicht Japans Jugend, sondern nur ein winziges Grüppchen von ihr. Es heißt Zengakuren. Der Name gehört zum Repertoire jedes Berichterstatters wie Fuji und Geisha. Zengakuren ist der bekannteste nationale Verband der Astas, der Allgemeinen Studentenausschüsse. Jeder Student wird automatisch Mitglied, der sich auf einer dieser Organisation angeschlossenen Universität einschreibt. Aber die erdrückende Mehrheit der Studenten steht desinteressiert und in ihr Studium verbissen abseits. Dadurch ist Zengakuren ganz in das Fahrwasser des radikalsten Linksextremismus geraten und zum Tummelplatz idealistischer Anarchisten und nicht minder idealistischer Marxisten geworden.

Zengakuren-Studenten geistern durch die Schlagzeilen der Nachkriegszeitungen. Wo es gegen Amerika zu demonstrieren gilt, sind sie dabei. Innenpolitische Probleme erregen ihre Gemüter weit weniger. Wenn es nichts zu protestieren gibt, spalten sie sich. In Moskau- und Peking-Flügel, Titoisten und Rotgardisten, Orthodoxe und Liberale, pro-Yoyogi und anti-Yoyogi (im Tokioter Stadtteil Yoyogi befindet sich das Hauptquartier der Kommunistischen Partei), Samparengo und Marugaku. Jede Fraktion unterteilt sich wieder in Haupt- und Nebenströmungen. Wenn sie alle zusammen diskutieren, schlagen sie meistens mit Fäusten, Stühlen, Tischen und Pulten aufeinander ein. 1963 dauerte die Schlacht während des nationalen Konvents zwei volle Tage; 1964 gab es 30 Verletzte. Die alarmierte Polizei verharrt jedesmal diesseits der Universitätstore und verfolgte das teilweise recht blutige Spektakel mit väterlicher Nachsicht.

Obgleich Karl Marx, Friedrich Nietzsche, Lenin und Mao Tsetung die Gemüter erhitzen können, ist für die politische Einstellung eines Zengakuren-Studenten die Freundschaft mit einem Altkommilitonen viel wichtiger. Der Leibbursch entscheidet, ob der Fuchs Chruschtschowianer oder Tschou-En-lai-Anhänger wird, und er folgt seinem Mentor um so treuer durch dick und dünn, je älter jener ist. Darin ist der Zengakuren-Fanatiker keine Ausnahme unter den japanischen Studenten. Er trägt bei Bergtouren und Skiausflügen, falls er der Jüngste ist, den schwersten Rucksack und läßt sich Feigling und Memme schimpfen, wenn er in Schneewehen einsinkt und sich allein nicht mehr befreien kann. Helfen tut dem Progressiven von seinen fortschrittlichen Freunden niemand. In anderen studentischen Verbindungen, wie den Wandervogel-Clubs und auf der Akademie für Handelsschiffsoffiziere auf der Insel Yuge in der japanischen Inlandsee, dürfen die Älteren die Jüngeren sogar schlagen und niederboxen. Feudalistisch organisiert rennen die Zengakuren-Idealisten gegen den Feudalismus ihrer Umwelt an.

Als Beobachter denkt man zunächst, die Unruhe unter der Studentenschaft sei ein eminent wichtiges politisches Problem. 1945 stürzte eine Welt ein – geistige Leere, wohin man blickte – der Militarismus war bankrott und sollte niemals wiederkehren – der Kapitalismus schien ebenfalls tot – die Väter hatten versagt. Nun wollte die Jugend das Steuer übernehmen, etwas Neues sollte kommen, ganz etwas Neues. Gleichheit für alle! Freiheit für jeden! Brüderlichkeit mit allen! Die Ausbeutung des Menschen durch den Menschen sollte beendet, die Fackel der Aufklärung entzündet und in den feudalistischen Mief der Gesellschaft frischer Wind gebracht werden. Japans Studenten schienen mit einer Verspätung von anderthalb Jahrhunderten die Französische Revolution nachholen zu wollen. Die wirkliche, die echte, die totale Demokratie aus dem Volk und für das Volk sollte entstehen. Bei dem pubertären Rütteln an den Grundfesten des Nipponismus wurde über das Ziel hinausgeschossen, aber Übereifer gehörte nun einmal dazu, denn mit Eifer allein ging es nicht. Leidenschaftlich und ungekämmt zeigten die Studenten Bravour – selbst vor Kreml-Thronen. Drei Zengakuren-Kamikaze demonstrierten im August 1962 auf dem Roten Platz in Moskau gegen die Wiederaufnahme sowjetischer Atombombenversuche. Sie verteilten Flugblätter in russischer Sprache, bis die Polizei kam und sie abführte. Tokios Zeitungen berichteten darüber in Schlagzeilen.

Aber die Studenten verdemonstrierten sich. Es gab Wochen, da waren sie jeden Tag auf der Straße. Ihre Aktionen verpufften; man nahm sie nicht mehr ernst. Denn ändern tat sich so gut wie nichts. Der Sicherheitsvertrag mit Amerika wurde ratifiziert; die Konservativen gewannen alle Wahlen mit sicheren Mehrheiten; atomgetriebene Unterseeboote der US-Marine liefen Yokusuka an und später Sasebo; Ministerpräsident Sato flog nach Südvietnam und Washington; im Januar 1968 kam der Flugzeugträger »Enterprise«, das größte Kriegsschiff der Welt, und hatte wahrscheinlich Atomwaffen an Bord; die Regierung erklärte, die »Enterprise« könne ein zweites und drittes Mal wiederkommen; der Kapitalismus blühte wie nie zuvor; die Linke hatte zur Regierungsbildung keine Chancen; die Restauration schlich auf Gummisohlen. Vielleicht ist die Unruhe unter der Studentenschaft ein soziologisches Problem?

In den frühen Morgenstunden von Februar- und Märztagen jeden Jahres stehen vor Tokios Bibliotheken und Lesesälen lange Schlangen von Abiturienten und Abiturientinnen. Nach Öffnung der Pforten vergraben sie sich in ihre Bücher und pauken für die Aufnahmeexamen der Universitäten. Denn im Gegensatz zu Deutschland ist mit dem Zeugnis der Reife der Ernst des Büffelns nicht abgeschlossen, sondern beginnt erst. Die Stunden der Zulassungsprüfungen für die Hochschulen gehören zu den schwersten im Leben eines Japaners. Er fühlt die Augen der gesamten Familie auf sich gerichtet, die ihre ganze Hoffnung in ihn setzt, daß er ein Akademiker werde und dem Clan Ehre mache.

Am Examenstag sind die Kandidaten wie auf dem Kasernenhof angetreten, zu Tausenden. Väter und Mütter geben ihnen Zuspruch, reichen »o-bentos«, zigarrenkistengroße Schachteln aus dünnstem Holz mit kaltem Reis, kalten Gemüse-, Pflanzen- und Fischstückchen. Dicht an dicht sitzen die schwarzuniformierten Schüler später in den riesigen Hörsälen, beantworten Fragebogen, schreiben Aufsätze und haben Lampenfieber. An manchen Hochschulen dürfen sie ihre Arbeiten nicht mit ihrem Namen überschreiben, sondern nur mit der Zahl, die sie gezogen haben. Es soll keine Bestechungen geben. Die Nadelöhre zu den studentischen Paradiesen sind eng.

Im Frühjahr 1966 meldeten sich an der Tokio-Universität, der Todai, 13 000 Bewerber. Aber nur 3 000 von ihnen bestanden die Examen; 10 000 fielen durch. Ähnlich liegen die Verhältnisse an anderen Prestige-Universitäten, die als gut gelten. Die Durchgefallenen pauken anschließend zwölf Monate beim Repetitor und machen nach einem Jahr einen zweiten Versuch. Sollten sie wiederum durchfallen, haben sie im darauffolgenden Jahr eine dritte und letzte Chance. Wer es auch dann nicht schafft, nach zwei praktisch verlorenen Jahren, hat den Traum von Todai, Waseda und Keio – den drei angesehensten Hochschulen – ausgeträumt und sucht sich unter den 270 Universitäten des Landes eine weniger berühmte aus.

Der Konkurrenzkampf beim Eintritt in das akademische Leben ist entbehrungsreich, hart und manchmal voller Enttäuschungen, denn Japans Universitäten sind nicht gleichberechtigt. Ähnlich wie die Industrie in renommierte Groß- und rückständige Kleinbetriebe gespalten ist, gibt es im akademischen Bildungsbezirk sozial anerkannte Prestige-Hochschulen, auf denen sich das Studium lohnt, und eine inflationäre Zahl drittklassiger Mittel- und Klein-Universitäten, deren Niveau europäischen Ansprüchen in den meisten Fällen nicht genügt. Die Zahl der eingeschriebenen Studenten schwankt zwischen 100 und 60 000. Von den im ganzen 270 Hochschulen sind nur etwa 20 erstrebenswert; die restlichen 250 werden kaum ernst genommen.

Der von Prestige-Rücksichten diktierte Bildungsgang des Japaners beginnt schon beim Eintritt in den Kindergarten. Die Eltern wählen nicht den in der Nachbarschaft nächsten, sondern den renommiertesten, von dem aus später der Sprung in eine berühmte Volksschule gelingen soll. Der Ruhm der Volksschule hängt von der Zahl derjenigen Schüler ab, die in eine angesehene Mittelschule überwechseln konnten. Ihr Ruf wiederum wird von jenen entschieden, die auf einer von Sozialprestige umrankten Oberschule angenommen wurden. Je mehr Schülern von dort der lebensentscheidende Sprung auf die Todai, die Tokio-Universität gelang, um so mehr Gesicht gewinnen Rektor und Lehrer. Jeder auf der Todai immatrikulierte Student trägt zum Ruhm seiner Schulen und seines Kindergartens bei. Sie machen mit der Zahl ihrer Todai-Studenten buchstäblich kommerzielle Reklame, denn die Hälfte der Oberschulen sind Privatanstalten; mit jedem Schüler wächst ihr Einkommen.

Die staatlichen Universitäten und Schulen haben den privaten gegenüber unverhältnismäßig große Vorteile. Auf der staatlichen Todai betreuten Anfang der sechziger Jahre 3 500 Lehrkräfte etwa 15 000 Studenten, während es auf der privaten Waseda für 35 000 Studenten nur 1 300 akademische Lehrer gab. Gleichzeitig war auch der Etat der Waseda, die als absolut erstklassig gilt, um zwei Drittel niedriger als derjenige der Todai. Noch ungünstiger lagen die Verhältnisse an den weniger berühmten Privathochschulen. Die Nihon-Universität besaß bei 69 000 Studenten nur 3 000 vollbezahlte Lehrkräfte. Ähnlich kraß war die Ungleichheit auch bei den Gebühren. Die staatlichen Universitäten verlangten 1964 etwa DM 100 im Jahr, die privaten Hochschulen dagegen das Drei- bis Fünffache.

Angesichts des Volksglaubens an das berufliche Heil durch ein akademisches Studium und der bis heute sträflich vernachlässigten Erziehungsreform drohen die Probleme eines akademischen Proletariats. Der Boy-san, der hinter der O-sushi-Bar die Reisbällchen knetet, auf die der rohe Fisch gelegt wird, spricht nicht selten ein paar Brocken Deutsch und erkundigt sich nach Beethoven und Heidegger. Fast alle Japaner, die ein Ausländer kennenlernt, haben einmal »studiert«. Aber wegen des Massenangebots erklimmen nur wenige Akademiker diejenigen Stellungen, von denen sie in ihrer Jugend geträumt und auf die sie hin studiert haben. Deshalb ist die Unruhe in der japanischen Studentenschaft zu einem ganz wesentlichen Teil auch ein psychologisches Problem.

Der Konkurrenzkampf macht die Studenten ernst. Sie sind im Unterschied zu ihren Kommilitonen in Europa in ein lexikalisches Lernen verbissen und wirken verklemmt und humorlos. Ausländische Lehrer haben ihnen bereits vor achtzig Jahren geraten, nicht so ehrgeizig zu sein, auch mal ein Bier zu trinken und nachts gut zu schlafen. Der japanische Student macht einen gehetzten Eindruck, als sehe er riesige Bibliotheken vor sich, die er in der kurzen Zeit des Studiums auslesen müsse. Mit einer, europäisch gesehen, unjugendlichen Besessenheit stürzt er sich in den Ernst des Studiums.

Die teilweise vorsintflutlichen pädagogischen Methoden tun das Ihre dazu. Ein Vertreter der deutschen Botschaft erhielt eines Tages eine Einladung zur Abschlußveranstaltung eines Ferienkurses für deutsche Sprache. Er dankte mit ein paar freundlichen Worten für das Interesse, das dem Deutschen in Japan entgegengebracht werde. Anschließend gaben die Anfänger eine Probe ihres Könnens. Sie schlugen ihr Lehrbuch auf; der Verfasser hieß Immanuel Kant; der Titel lautete: »Kritik der reinen Vernunft.« Das Schwerste ist japanischen Studenten gerade leicht genug. Mit einem naiven Ehrgeiz greifen sie immer nach den Sternen.

Man besuche einmal die Sprachenclubs, zu deren Wettbewerben ausländische Botschaften Pokale und Preise stiften. Da steht der einzelne Student vor 200 Kommilitonen und Gästen auf der Bühne und rezitiert den »Erlkönig«. Er bleibt stecken, wird rot, Schweiß bricht ihm aus; er schließt die Augen, stampft mit den Füßen auf und blickt flehentlich in die Runde. Er ringt mit jeder Zeile und jedem Wort; die Aussprache fällt ihm schwer. Aber er findet schließlich das Stichwort und er schafft den »Erlkönig«. Man empfindet Mitleid für diese Studenten; wie sie sich plagen, wie sie sich abmühen. Aber trotz all ihren Fleißes und ihrer Energie bleibt die Frage offen, ob sie überhaupt verstehen, was sie auswendig lernen.

Ich verbrachte einmal mit vier Studenten ein paar Sommertage in den Dünen der Küste von Chiba nördlich der Tokio-Bucht. Derjenige, der am wenigsten Deutsch sprach und kaum »guten Morgen« und »wieviel Uhr ist es« sagen konnte, schrieb an einer Dissertation über den Liberalismus im Deutschland Bismarcks. Er hatte stapelweise deutschsprachige Literatur mitgenommen und las abends die im preußischen Hofdeutsch geschriebenen Tagebücher Kaiser Friedrichs III. Er war wie so viele seiner Kommilitonen ein Schriftgelehrter, der vorgab, Deutsch zwar lesen, aber nicht sprechen zu können. Deshalb begegnet man trotz der Lernbegierde und des enormen Interesses für ausländische Sprachen so wenigen Japanern, die eine fremde Umgangssprache beherrschen und sich in ihr einigermaßen verständlich ausdrücken können. Ihre Stärke ist das gelesene, aber nicht das gesprochene Wort.

Japan hat die westliche Universität in seine östliche Gesellschaft importiert, von der Idee her einen Fremdkörper in den Garten seiner Traditionen. Von dieser bei der Rezeption der europäisch-amerikanischen Kultur künstlich errichteten Insel ist deshalb immer eine beträchtliche Unruhe ausgegangen, so daß die Gärung in der Studentenschaft kein auf die Nachkriegsära beschränktes Phänomen ist. Schüler- und Studentenstreiks hat es auch in den Jahrzehnten vor dem Kriege gegeben. In den zwanziger Jahren war die Todai, die Mutter aller Universitäten, ein Zentrum des ideologischen Aufruhrs. Nicht zuletzt wegen der Unbotmäßigkeit der Studenten unterdrückten die Militärs Meinungs- und Pressefreiheit und erließen die berüchtigten Gesetze zur »Gedankenkontrolle«. Aber selbst vor der Macht der Generale zeigten viele Studenten wenig Respekt. Die Universitäten beruhigten sich erst kurz vor dem Zweiten Weltkrieg, »als die Jugend bei der nationalen Ehre gepackt wurde und sich fügte, teilweise allerdings recht widerwillig«. [1]

Seit etwa 1880 proben Japans Söhne den Aufstand gegen die Väter. Die amerikanischen Reformversuche nach dem Kriege mit dem Ziel der Seligsprechung eines westlich verstandenen Individualismus haben die jugendliche Aggressivität gegen die alten Ordnungsmächte nur radikalisiert. Die Spannung zwischen Vätern und

Söhnen an sich liegt der japanischen Gesellschaft im Blut, seit das Land kulturell schizophren geworden ist. Denn der Student ist der Schnittpunkt der beiden kulturellen Welten, zwischen denen Japan wandert, und die Spannungen sind so stark, daß sie sich beinahe zwangsläufig entladen müssen.

Als die Elite Japans in Preußen die Verfassung abschrieb, die Organisation des bei Sedan gegen die Franzosen siegreichen Heeres kopierte und in Berlin Medizin studierte; aus Österreich Wolfgang Amadeus Mozart nach Nippon brachte; in Frankreich Straf- und Zivilrecht lernte; nach dem Vorbild Großbritanniens Schlachtschiffe und schwere Kreuzer baute und aus Amerika den Kapitalismus importierte – in dieser revolutionsähnlichen Epoche wurden die ins Wanken geratenden Fundamente der eigenen Staatsidee fester denn je in der Tiefe der Geschichte verankert. Hand in Hand mit der Verwestlichung ging die Besinnung auf ganz ursprünglich Japanisches. Trotz des Buchstabenwissens den Geist der Zeit verleugnend, in die Japan hineinwachsen wollte, wurde der Tenno ausgerechnet in der Epoche des Liberalismus, von dem das Volk Nippons so begeistert zu sein schien, zum Gott erklärt und in den Mittelpunkt eines staatsreligiösen Kultes gestellt. Das fremdeste Extrem, die Verwestlichung, wurde mit dem japanischsten Extrem, der Tenno-Vergöttlichung, in eine Koexistenz gezwungen. Die Aussöhnung zwischen West und Ost, diese Quadratur des Kreises, ist seit hundert Jahren die Pflichtaufgabe der japanischen Studenten.

Hinter den Toren der Universitäten schlagen über dem jungen Japaner die kulturellen Ströme zweier andersartiger Welten zusammen. Hier trifft er zum ersten Mal auf die volle Wucht der abendländischen Weltanschauung; es ist kein Wunder, daß er dabei eine Zeitlang aus der Fassung gerät. Bis der Japaner Student wird, ist sein Menschenbild vertikal, ausgerichtet auf Tenno, Vater, Meister und älteren Bruder; die Mutter steht unter ihm, und unter ihr folgen in biologischer Reihenfolge die Schwestern. Die vertikale Linie ist so geradlinig klar, daß der Japaner keinen »Bruder«, sondern nur einen »älteren« oder »jüngeren« Bruder und ebenso nur eine »ältere« oder »jüngere« Schwester hat. In diesen Schnittpunkt zwischen oben und unten hineingeboren, kann er sich bis zu seinem 20. Lebensjahr die Welt nur in oben und unten vorstellen.

Auf der Universität aber lernt der Japaner das horizontale

Menschenbild des Westens kennen. Die ihm fremde Weltanschauung der Gottebenbildlichkeit eines jeden und der Gleichheit aller spricht zu ihm aus allen ausländischen Dramen, Romanen, Ideologien und Philosophien, die er als Student liest und verschlingt. Er ahnt dabei etwas von der Befreiung, die der Individualismus verspricht, der an das »ich« und dessen schöpferische Energien und Initiativen glaubt. Als Student begreift der Japaner, was Freiheit sein könnte, und dabei lockern sich für ihn seine feudalistischen Fesseln. Er schert zumindest theoretisch mehrere Jahre aus den etablierten Hierarchien aus und wird ein »anderer Mensch«; er verliert bei dieser Begegnung seine weltanschauliche Unschuld. Dieses ideelle Pubertätserlebnis ist wahrscheinlich der entscheidende Grund für die geistige Unruhe und den politischen Radikalismus der Studentenschaft seit hundert Jahren.

Doch nach dem Examen muß der junge Japaner seine Freiheit zurückgeben. Die Welt diesseits der Universitätstore, in der er vorwärtskommen will, ist während seiner Abwesenheit vertikal-hierarchisch geblieben. Er muß sich in sie wieder einfügen und das horizontale Menschenbild des Westens vergessen. Denn das Studium war nur eine Ausnahmeperiode ohne Anschlüsse an die Kindheit und das Erwachsensein, und der Individualismus nur eine Versuchung, verlockend schön. Die Erinnerung verblaßt, und auch der Sturm und Drang klingt ab, denn vier Jahre zählen kaum, wenn man vorher 18 Jahre lang vertikal erzogen wurde und anschließend in dieser Vertikale wieder seinen alten Platz einnehmen muß.

Die Väter wissen das. Sie dulden deshalb die Aufsässigkeit ihrer Söhne mit einer Ausländer gelegentlich beunruhigenden Toleranz. Auch die größten Demonstrationen und die wildesten Schlachten zwischen Studenten und Polizisten können die Väter nicht aus der Ruhe bringen. Die Generationen scheinen in verschiedenen Welten zu leben, die sich nur am Ersten jeden Monats kurz berühren, wenn die Wechsel fällig sind. An den übrigen neunundzwanzig Tagen sind die Väter konservativ und die Söhne progressiv und gehen ihre eigenen Wege. Studentsein in Japan gleicht einem Privileg, als habe die in ihren Ordnungsprinzipien sonst rigorose Gesellschaft ihrer akademischen Jugend eine Art Spielwiese gebaut, auf der sie sich austoben kann, wie es ihr gefällt. Die Protestjahre sind wie eine Novizenzeit zur Vorbereitung auf die eiserne Strenge der Welt der Erwachsenen. Studentendemonstrationen, -schlägereien und -streiks scheinen zum japanischen »Gaudeamus igitur« zu gehören.

Aber im Vergleich zur Vergangenheit hat sich soziologisch wahrscheinlich einiges geändert. Die Studenten sind heute eine politische Partei, eine Art Gewerkschaft der Jugendlichen, die von der Regierung nicht mehr übersehen werden kann. Weniger abstrakt und prinzipiell als ihre Kommilitonen in Westeuropa, engagiert sich Japans außerparlamentarische Opposition bereits seit einem Vierteljahrhundert für konkrete und gezielte Einzelaktionen. Was den Pariser Studenten im Frühsommer 1968 nicht gelang, der Sturz de Gaulles, haben Tokios Studenten acht Jahre früher, im Frühsommer 1960, erfolgreicher vorexerziert: der damalige Ministerpäsident Kishi mußte angesichts der studentischen und gewerkschaftlichen Protestwellen zurücktreten. Im Sinne solch gezielter Aktionen, besonders vor den amerikanischen Militärstützpunkten, ist der Zengakuren-Verband unablässig aktiv. Dadurch hat die japanische Polizei eine Krisenerfahrung gesammelt und Toleranz gelernt, die es wert wäre, von Polizeipräsidenten westeuropäischer Universitätsstädte studiert zu werden. Eine mögliche Unruhe unter der Bevölkerung, die früher durch gutes Zureden der Politiker abgebogen werden konnte, kann heute von den Studenten zur Explosion gebracht werden. Das ist für die Regierenden das Neue an der Situation. Außerhalb des demokratischen Establishments steht eine organisierte, einsatzfreudige Gruppe bereit, die zwar nicht das System an sich zum Einsturz bringen, aber doch den Kurs der Politik beeinflussen kann.

Gemessen an den kulturrevolutionären, die Fundamente des Staates gefährdenden Aktivitäten der Studenten Westeuropas, gleicht Zengakuren trotz aller ideologischen Fanfarenklänge mehr einer kompromißlos um Lohnerhöhungen kämpfenden angelsächsischen Gewerkschaftsorganisationen. Der Pessimismus des Establishments in Paris, Rom und Bonn, daß sich in der Ideenwelt der studentischen Revoluzzer etwas radikal Neues andeutet, das die etablierte Ordnung an sich in Frage stellt, wird in Tokio nicht geteilt. Dort ist der Protest tagespolitischer und zeitgebundener und weniger allgemein und grundsätzlich. Obgleich Japan dem kulturrevolutionären China viel näher liegt als Frankreich, ist der irrationale Funke jener Phase des Maoismus nicht übergesprungen. Die mit den Vorgängen an der Sorbonne zeitlich etwa parallel laufenden Studentenunruhen in mehreren japanischen Städten richteten sich, wie in allen Jahren vorher, gegen die Anwesenheit amerikanischer Truppen im Land. Das Kabuki-Theater als »Zitadelle der bourgeoisen Kultur« wurde im Gegensatz zum Odeon-Theater in Paris nicht gestürmt.

Die permanenten Proben zum Aufstand der Söhne gegen die Väter haben in der Gesellschaft bis heute kaum tiefgreifende Spuren hinterlassen. Trotz seiner radikalen Studentengenerationen ist Japan noch immer ein konservatives und feudales Land. Nach den Abschlußexamen geben die Studenten Radikalismus und Unruhe wie einen Mantel in der Garderobe ab und passen sich wieder der Familie und ihrer Umwelt an. Sie können schnell vergessen, und darum bleibt von den geistig-weltanschaulichen Eindrücken der Universitätsjahre wenig haften, weniger als bei europäischen Studenten. Alles, was Japans akademische Jugend wollte, dachte und träumte, ist Theorie geblieben, mußte wahrscheinlich Theorie bleiben, weil die Verhältnisse nun einmal anders und stärker sind.

DAS VERSTECKSPIEL DER AUTORITÄTEN

Die »Hamburger Nachrichten« brachten am 30. August 1912 einen Korrespondentenbericht aus Tokio über die letzten Tage und den Tod des Meiji-Tenno, in dem es hieß: »Nach Tausenden zählten die Scharen, die Tag und Nacht auf dem großen freien Platz vor der Nijubashi (der Brücke), die zum Palast führt, in stetem Kommen und Gehen zu sehen waren. Buddhistenpriester mit ihren kahlgeschorenen Häuptern, Shintopriester in ihren weißen altertümlichen Gewändern, ja selbst Bergzauberer mit dem ganzen Apparat ihrer Geisterbeschwörung, schließlich auch christliche Pastoren – sie alle als Vertreter des großen Religions-Mischmasches, der in Japan herrscht – standen, knieten oder lagen hier, die Gesichter nach der Stelle gerichtet, wo am Tage eine Flagge, in der Nacht eine Laterne den Ort des Krankenlagers des Kaisers anzeigte, und beteten zu ihren Göttern um die Erhaltung des Lebens des Kaisers. Einfache Landleute in weißer Pilgergewandung, Städter in ihrem besten Seidensonntagsstaat, Kinder, junge Leute, Männer, Frauen und Greise; ganze Schulen unter Führung ihrer Lehrer und ganze Kompanien unter Vorantritt ihrer Hauptleute erschienen vor dem Palast. Dabei war so merkwürdig zu beobachten, wie suggeribel dieses Volk ist. Denn was zunächst der Ausdruck frommen inneren Triebes war, wurde sehr bald eine Sitte oder Mode von geradezu epidemischem Charakter. (Es gab) ältere Männer und Frauen, die ihre Gebete vor den Göttern dadurch zu bekräftigen meinten, daß sie sich nachher selbst entleibten, um des Kaisers Leben zu retten, wie das auch andere getan haben, nachdem der Tod des Kaisers wirklich eingetreten war, um dadurch ihre loyale Gefolgschaft zu beweisen. An sich ist daran ja nichts besonders Bemerkenswertes; derartige Auswüchse würden ja auch in anderen primitiven Naturvölkern vorkommen. Bemerkenswert ist nur, daß diesen Leuten von ihren Dorfgenossen feierliche Begräbnisse veranstaltet und große Gedenksteine oder Schreine errichtet werden, zu denen dann das Volk wallfahrtet, um die Loyalität ihrer Seele anzubeten. Und vor allem, daß das unter den Augen und mit stillschweigender Billigung, wenn nicht gar mit direkter Förderung der Regierung geschieht.« [1]

So nahm Japan Abschied von seinem größten Kaiser, von Mutsuhito, wie er ursprünglich hieß, aber als Meiji-Tenno in die Geschichte eingegangen ist. Er wurde am 3. November 1852 in Kyoto geboren. Seine leibliche Mutter war eine Konkubine seines Vaters, des Kaisers Komei. Die Pflichten als Sohn aber mußte er der Kaiserin erweisen, obgleich er mit ihr blutsmäßig nicht verwandt war. »Er besuchte sie feierlich mehrmals im Jahr«, so notierte am 28. November 1893 der in Bietigheim in Württemberg geborene Professor der Medizin Erwin Bälz, damals Arzt am kaiserlichen Hof zu Tokio, in sein Tagebuch. »Dagegen setzte er nie den Fuß auf die Schwelle seiner leiblichen Mutter. Denn diese ist seine Untertanin. Diese kann jedoch ihn besuchen, wenn sie vorher um Erlaubnis bittet und sie erhält. Sonderbare Blüten der Etikette!« [2]

Schon kurz nach seiner Geburt wurde der Meiji-Tenno seinen Eltern weggenommen und einsam und allein von Ammen und Höflingen aufgezogen. »Diese sonderbare alte japanische Hofetikette der Erziehung junger Kaiserprinzen in fremden Häusern ist begründet durch die eigenartige Stellung des Kaiserhauses in der japanischen Geschichte. Die tatsächlichen Machthaber Japans, die Shogune, strebten nach früheren unliebsamen Erfahrungen dahin, jeden etwaigen Versuch der Kaiser, wieder zu tatsächlicher Macht zu gelangen, schon im Keim zu ersticken. So wurden die Prinzen sofort nach ihrer Geburt der Mutter genommen und einem alten Hofbeamten und dessen Familie übergeben, der sie durch Ammen ernähren ließ und wo ihre Erziehung genau kontrolliert werden konnte. Diese Sitte war eben eine wohlerwogene politische Maßnahme, ein Glied in jener Kette, die den Kaiser gänzlich isolierte, sowohl von seinen nächsten Angehörigen als von seinem Volk. Die Kinder wurden so den Eltern entfremdet, irgendeine persönliche Anhänglichkeit konnte sich nicht bilden. Sie hatten keinerlei Möglichkeit, irgendwelche gemeinsamen Interessen zu besprechen. Jede Begegnung war einer strengen Etikette unterworfen. Der Kaiser durfte seine Kinder nie ohne Zeugen sehen. Und wenn sie sich trafen, so waltete eine unerbittliche Zeremonie, die jede Annäherung unmöglich machte. Auf diese Weise wurde systematisch verhindert, daß Vater und Sohn sich gegen die Machthaber verschwören konnten.« [3]

In Kyoto lebten die Kaiser in einem mystischen Dämmer göttlicher Ehren. Weil ihr heiliger Fuß den Boden des Landes nicht berühren durfte, wurden sie in Sänften getragen oder in Phönixwagen, von schwarzen Ochsen gezogen, von einer heiligen Stätte zur anderen gefahren. Auf dem Thron waren Gesicht und Hände profanen Blicken durch Verhüllung entzogen. Die Kaiser waren so heilig, daß es als ein beinahe todeswürdiges Verbrechen galt, sie zu berühren. In früheren Jahrhunderten, so wird berichtet, durften ihnen weder Nägel noch Haare geschnitten werden. Ausgesuchte Höflinge sollen es nachts getan haben, wenn die Enkel der Sonnengöttin schliefen.

In der goldenen Gefangenschaft zu Kyoto wuchs der spätere Meiji-Tenno auf, bis er 1868, im Alter von 15 Jahren, den Thron bestieg und seine Residenz nach Edo, dem heutigen Tokio, verlegte. Der Umzug aus dem japanischen Rom in die neue, bereits von fremden Barbaren betretene Hauptstadt soll sich unter dramatischen Begleitumständen vollzogen haben. Ein Teil der Leibwache warf sich vor Mutsuhito nieder und bat ihn, Kyoto nicht zu verlassen, denn er werde sich durch die Berührung mit den weißen Teufeln beflecken und seine Reinheit verlieren. Aber die Ratgeber des Knaben überwanden die Widerstände, mußten aber einwilligen, daß ihn 2000 Zweischwertermänner zum Schutz gegen die Fremden begleiteten. Erst sechs Monate später soll man es gewagt haben, die Kaiserin ihrem Gemahl von Kyoto nach Tokio folgen zu lassen. [4]

Japan durchlitt damals die Wehen eines revolutionsähnlichen Umbruchs, den mancher Ausländer, hingestreckt von den Schwertern der Samurai, mit dem Tode bezahlen mußte. Ende der siebziger Jahre sah es sogar nach Bürgerkrieg aus, aber die Revolten auf Kyushu in Südjapan konnten niedergeschlagen werden. In der Ära des Meiji-Tenno machten Volk und Land in unerhörter Verwegenheit den Sprung vom Mittelalter in die Neuzeit. 1872 fuhr bereits die erste Eisenbahn zwischen Tokio und Yokohama. Bei der Eröffnung konnten die Ehrengäste in Yokohama nicht aussteigen, weil sie beim Betreten des Zuges die Schuhe ausgezogen und in langer Reihe auf dem Bahnsteig in Tokio zurückgelassen hatten. 1889 schenkte der Meiji-Tenno seinen Untertanen die erste Verfassung, ein Jahr später wurde das erste Parlament eröffnet. In jenen Jahrzehnten führte Japan gleichzeitig Schulzwang und Wehrpflicht ein. Das Tempo der Reformen und Modernisierung war so atemberaubend, daß die neuen Männer bereits 1894 mit dem kaiserlichen China über die Zukunft Koreas einen Krieg wagen und gewinnen konnten. Zehn Jahre später traten sie gegen das zaristische Rußland an und leiteten, damals noch von niemandem geahnt, das Ende der Vorherrschaft des weißen Mannes in Ostasien ein. Als die aus der Ostsee um die halbe Welt gefahrene russische Flotte bei Tsushima versenkt wurde, war Japan endgültig Großmacht geworden. In Europa aber kannte man das Land, das da plötzlich irgendwo im Fernen Osten von sich reden machte, fast nur aus der neckischen Operette »Mikado«, die Ende des vorigen Jahrhunderts von London aus über die europäischen Bühnen ging.

Die wenigen Ausländer, die Japan im Umbruch erlebten, waren von den Veränderungen schockiert. Nur einzelne wie Lafcadio Hearn fanden noch die blaue Blume der Romantik; die Masse der Durchschnittseuropäer – Diplomaten, Entwicklungshelfer und Kaufleute – bewunderte zwar den Reformeifer, aber liebte ihn nicht. Eigentümlicherweise ist es bis auf den heutigen Tag so geblieben. Basil Hall Chamberlain erzählt in seinem Anfang dieses Jahrhunderts geschriebenen Buch »Allerlei Japanisches« die Geschichte eines Engländers, der auf einem Bankett in Tokio Japans Kunst, Landschaft, Höflichkeit, Sitten und Brauchtum lobte. Am nächsten Tag wurde er in der größten Zeitung scharf angegriffen, weil er nicht von den technischen und wirtschaftlichen Leistungen gesprochen hatte. Er habe Japan in Wirklichkeit verdammt und die Menschen als exotische Schwächlinge hingestellt. Chamberlain knüpft daran die teilweise auch heute noch gültige Bemerkung: »Was du auch tun magst, lasse dich niemals vor Japanern der neuen Richtung über jene alten, seltsamen und herrlichen Dinge aus, welche deine echteste Bewunderung erweckten. Es gibt zweifellos hier und dort noch altmodisch denkende Personen, denen die buddhistische Frömmigkeit wertvoll ist; andere mögen immer noch im geheimen das ihnen von den ritterlichen Vorvätern hinterlassene Schwert liebkosen; es gibt kleine Kreise, die die Kunst pflegen; es gibt auch solche, welche die Teezeremonie, das Arrangement der Blumen den Gesetzen der Tradition gemäß üben, und selbst solche, die das mittelalterliche lyrische Drama aufführen. Aber all das ist nichts als Brackwasser. Im allgemeinen gesprochen haben die gebildeten Japaner ihre Vergangenheit abgetan. Sie wollen anders sein und etwas anderes, als sie waren und zum Teil noch sind.« [5]

Ein noch früherer Zeuge der damaligen Umwälzungen auf allen Gebieten, der Österreicher Graf Hübner, schrieb in den siebziger Jahren: »Ist es wahrscheinlich, ist es möglich, daß derlei Experimente nicht auf verzweifelten Widerstand stoßen? Entweder ist die japanische Nation ein toter Körper, oder es bleibt ihr noch einiges Leben. Im ersten Fall haben die Reformatoren nichts zu befürchten und nichts zu hoffen: wie Arzneimittel über Leichname nichts vermögen, so werden auch ihre Reformversuche ohne Wirkung bleiben. Lebt aber das japanische Volk noch, dann wird es nicht sehr lange diese Angriffe dulden gegen sein Eigentum, seine Gebräuche, gegen die ererbten Zustände und den ererbten Glauben. Es wird aufstehen wie ein Mann, es wird die vermessenen Toren niederschmettern, welche die frevelhafte Hand erhoben gegen alles, was ihm teuer und heilig ist.« [6]

Der österreichische Weltreisende hat sich wie alle Ausländer, die gleicher Meinung waren, geirrt. Für das neue Lebensgefühl der Japaner waren Produktionszahlen, die Tonnage der Kriegsschiffe und die Furcht der Welt maßgebend. Der »Führer« der Reformation und des kometenhaften nationalen Aufstiegs hieß Mutsuhito, als Kaiser Meiji der 122. Nachkomme auf dem Thron der Sonnengöttin. Als er am 30. Juli 1912 für immer die Augen schloß, ließ sich die »Frankfurter Zeitung« berichten: »Daß die drei Ärzte alles getan haben, was die moderne ärztliche Kunst im Kampf gegen menschliches Leiden vermag, das wird erst der recht verstehen, der weiß, gegen welche Vorurteile und Traditionen sie bei den Konservativen haben kämpfen müssen, um den Kranken für ihre Behandlung freizubekommen. So soll es nur die Kaiserin gewesen sein, die den nach Ansicht der Konservativen geheiligten Körper des Monarchen zur profanierenden Behandlung mit subkutanen Einspritzungen freigab. Was den Ärzten aber trotz allem nicht gelang, das war die Ersetzung der den Kranken pflegenden Hofdamen durch ausgebildete Pflegerinnen. Früher hätte auch kein Arzt gewagt, die Hand an den Körper des Kranken zu legen, wie ja noch Kaiser Komei, der Vater Mutsuhitos, im Alter von 37 Jahren an den Pocken verstarb, weil niemand wagte, die Impfung an ihm vorzunehmen.« [7]

Um diesen Meiji-Tenno rankt sich als eine Art Hüter des Reiches noch heute der größte Ruhm, den die japanische Geschichte zu vergeben hat. Wenn man der Verehrung glauben könnte, die ihm das heutige Japan entgegenbringt – 1968 fanden Jahrhundertfeiern seiner Thronbesteigung statt –, müßte Kaiser Meiji, an europäischen Maßstäben gemessen, in seiner militärischen Genialität und staatspolitischen Klugheit eine Mischung von Napoleon und Bismarck gewesen sein. Sein Charisma als Heros der Nation ist so unumstritten, daß man als Ausländer die Überzeugung gewinnen kann, Kaiser Mutsuhito sei der an Herrschergewalt mächtigste und in der Freiheit seiner Entscheidungen autoritärste Tenno gewesen.

Doch welch ein Gegensatz tut sich auf zwischen dem Eindruck der Nachwelt und den Urteilen damaliger ausländischer Augenzeugen! In einem 1913 veröffentlichten Pressespiegel europäischer und amerikanischer Korrespondentenberichte über das Ende der Meiji-Ära schrieben Deutsche und Österreicher, darunter Professoren und Jesuiten, übereinstimmend, man habe nicht eben viel von Kaiser Mutsuhito gewußt. Er habe kein persönliches Regiment geführt, sondern in einer Art heiligen und freiwilligen Gettos gelebt, sei in der Öffentlichkeit wenig in Erscheinung getreten, meistens im Hintergrund, und ein Mysterium geblieben. Die wenigen Wissenden am Hofe hätten die Kunst des Schweigens geübt. »Seine Rolle war die des Moderators der unumgänglichen Bewegung, nicht die des Führers und der Triebkraft zu immer neuer Initiative. Durch feierliche Würde, vorbildliche Hinnahme der durch die neue Weltstellung des Landes erforderlichen Änderungen einer geheiligten Tradition und durch scheinbar selbstverständliche Anknüpfung des Neuen und Fremden an das graue Altertum und die nationale Eigenart leistete er für die Übergangsperiode den wichtigen Dienst eines Schildhalters der gefahrvollen Umwälzung. Dazu war er durch sein melancholisches Temperament, seine unerschütterliche Ruhe, die ihm anerzogene große Geste überragender Vornehmheit gleichsam prädestiniert. In seiner hohen Gestalt, dem bis zur Starrheit feierlichen Ausdruck seines blassen Gesichts, seiner langsamen, sich etwas in den Hüften wiegenden Gangart entsprach sein Äußeres dem Idealtypus japanischer Kaiserwürde, die den oberpriesterlichen Einschlag der Urzeit noch nicht verloren hat.« [8] Der von allen Ausländern wahrscheinlich am besten unterrichtete Erwin Bälz urteilte: »Unbestritten ein Sproß der ältesten Dynastie der Welt, wurde er von Kindheit auf in strengster Weltabgeschiedenheit erzogen; fast noch im Knabenalter zum Priesterkönig eines hochzivilisierten und kriegerisch stolzen Volkes bestimmt. Theoretisch ein Abkömmling der Himmlischen, mit unbeschränkter Machtfülle und mit göttlichen Ehren ausgestattet, war er in Wirklichkeit nicht viel mehr als ein Gefangener in einem goldenen Käfig, ohne jeden Einfluß auf die Geschicke seines Landes.« [9]

Im Nebel der mystischen Verehrung, die das Japan von heute dem ruhmreichsten Herrscher des Himmels entgegenbringt, wird ein Tenno sichtbar, der ein Dulder und Gehorchender, aber kein Tätertyp war. Nicht der Meiji-Tenno hat die Zeit geprägt, sondern die Zeit fand in ihm eine Persönlichkeit, die in der Hand bedeutender Staatsmänner eine Entwicklung mitmachte und sich ihr nicht entgegenstellte. Der Mythos seiner Größe und Macht löst sich in Tugenden auf, die in Deutschland an Kaiser Wilhelm I. gerühmt werden. Dieser fand einen Bismarck – der Meiji-Tenno einen Fürsten Ito. Aber was war daran für einen Tenno Besonderes? In allen Jahrhunderten ist Japans Geschichte niemals von Kaisern gemacht worden. Im günstigsten Fall durften sie beschlossene Politik sanktionieren; die meisten Tage im Jahr mußten sie nur heilig sein. Herrschen taten andere: die Familienclans der Fujiwara und Taira, der Minamoto und Hojo, der Ashikaga und Tokugawa. Sie regierten in Nara, Kyoto, Kamakura und Edo. Einzelne große Männer wurden geboren: Nobunaga und Hideyoshi. Familiennamen, Städte- und Heldennamen – aber niemals die Namen von Kaisern. Sie fehlen in den Annalen der japanischen Geschichte. Während Europas Schicksal jahrhundertelang von seinen Monarchen entschieden wurde, nahmen die Himmelsherrscher der Sonnengöttin nur als Zuschauer an der Geschichte teil.

Kaum einer von ihnen bestieg den Thron mit Plänen und Ideen. Von den 124 Enkeln Amaterasus waren zwölf noch Kinder, als sie gekrönt wurden. 29 Kaiser dankten ab, bevor sie 12 Jahre alt waren. Ein Tenno des Mittelalters soll sogar am Straßenrand feilschend handgeschriebene Gedichte verkauft haben, um sich einen kärglichen Lebensunterhalt zu verdienen. Ebenfalls aus Armutsgründen soll die kaiserliche Familie dreimal auf Krönungen und feierliche Bestattungen verzichtet und es zwanzig Jahre lang überhaupt keinen Tenno gegeben haben. Es führt auf falsche Wege, bei Japans Kaisern an die ganze Ahnengalerie europäischer Monarchen zu denken: an die Hohenstaufen, Hohenzollern und Habsburger; an die Zaren, die Ludwige und George. Sie haben Tod und Verderben, Frieden und Wohlstand über die Völker gebracht; sie haben mit Härte, sie haben mit Güte regiert; sie waren Heerführer und Kulturförderer: wer sie auch waren und was sie auch waren – sie haben ihrer Zeit ihren Stempel aufgedrückt. Nichts dergleichen in Japan. Das älteste Kaiserhaus der Welt war für die Päpste des Shintoismus politisch eine Gefangenschaft.

In welchem anderen Land gibt es zwischen der »Größe« des berühmtesten Kaisers und seiner tatsächlichen Machtlosigkeit eine ähnliche Diskrepanz? Wenn aber auf dem Thron in Kyoto und Tokio niemals ein »Führer« saß – wo verstecken sich dann die Autoritäten, die Japan regieren? Im Schatten des Hofes, könnte die Antwort lauten. Sie lassen sich von den Scheinwerfern der Geschichte nicht anstrahlen, sondern begreifen sich in einem ostasiatischen Sinn als loyale Diener. Als Ministerpräsident General Tojo im Februar 1943 vor dem Parlament um eine Erweiterung seiner Machtbefugnisse bat, erklärte er: »Ich, Tojo, bin nur ein einzelner bescheidener Untertan und also genauso wie Sie. Der einzige Unterschied ist der, daß mir die Verantwortung des Premierministers übergeben worden ist, und nur in diesem Punkt unterscheide ich mich von Ihnen. Nur wenn ich dem Licht Seiner Majestät des Kaisers, dessen Vertrauen ich genieße, ausgesetzt bin, scheine ich. Ich kann also mit denjenigen Herrschern Europas, die als Diktatoren bekannt sind, überhaupt nicht verglichen werden.« [10]

Japan ist dadurch, europäisch verstanden, arm an »großen« Männern. Keiner seiner Regierungschefs hat nach dem Kriege einen Bekanntheitsgrad erreicht wie der Koreaner Syngman Rhee, die Chinesen Mao Tse-tung und Tschiangkaischek, der Indonesier Sukarno, der Inder Nehru, wie Churchill, Kennedy, Chruschtschow, de Gaulle oder Adenauer. Der ausländische Beobachter sucht in Tokio vergebens nach Persönlichkeiten und Temperamenten, die faszinieren und das Signum der Geschichte tragen. Er sieht mit europäischen Augen eigentlich nur interessante Begabungen und eine mit der Bedeutung Japans eigentümlich im Widerspruch stehende Mittelmäßigkeit. Man tut seine Pflicht, ist fleißig, hält Reden, macht Reisen, besucht Geisha-Parties; aber genialisch, machtbewußt, stark, besessen und leidenschaftlich ist kein Minister und Parteiführer. Sie alle mögen respektable Manager sein, zuverlässig im zweiten Glied und Könner auf ihrem Gebiet, aber um Schlagzeilen zu machen, die Welt zu beeindrucken – zur Größe fehlt ihnen das Charisma.

In einer Gesellschaft ohne Grammatik kann sich ein Charisma nicht bilden. Aufgrund ihrer Atomisierung und Pulverisierung bilden sich zu viele miteinander konkurrierende Machtspitzen, als daß sich diese auf einen »Führer« einigen könnten. Ein japanischer Ministerpräsident, Partei- und Gewerkschaftsvorsitzender ist häufig eine Kompromiß- oder Übergangslösung. Seine Fähigkeiten liegen nicht so sehr darin, zu herrschen und zu führen, sondern sich zu arrangieren und mit den anderen auszugleichen. Beim Sturz von Nobusuke Kishi konnte man 1960 in Tokio die Meinung hören, er sei nicht zuletzt deshalb gescheitert, weil er seinen eigenen Parteifreunden zu smart, zu direkt und zu tüchtig gewesen sei. Sein Bruder Sato, der vier Jahre später Regierungschef wurde, mußte gegen das im Volk populäre Gespenst seines stechenden Blicks, seiner »europäischen« Augen ankämpfen, die als zu groß, zu weit und zu strahlend galten. Japaner lieben mehr die verschleierten Augen, in denen sich rätseln läßt; Augen, wie sie Außenminister Ohira hatte, der bei allen Pressekonferenzen seines Kabinettschefs »schlief«.

Eine in ihren horizontalen Bindungen unterentwickelte Gesellschaft wie die japanische ist für die Machtergreifung eines »Führers« ein strukturell kaum übersteigbares Hindernis. Zu viele Autoritäten stellen seine Macht ständig in Frage; würde er es wagen, sich über sie hinwegzusetzen, könnte er über Steine, die er nie im Wege gesehen hat, stolpern. Tatsächlich kommen die unmotivierten, periodischen Regierungsumbildungen einem Scheitern an unsichtbaren Hindernissen ja auch sehr nahe. Japan hat von allen hochzivilisierten, innenpolitisch stabilen Ländern den wahrscheinlich größten Verschleiß an Ministern. Interessant ist in diesem Zusammenhang das Plädoyer eines amerikanischen Verteidigers während des Hauptkriegsverbrecher-Prozesses. Um die Anklage zu entkräften, daß ein einzelner oder eine verschworene Gruppe, ähnlich wie in Deutschland und Italien, den Krieg generalstabsmäßig geplant habe, erinnerte er daran, daß es in den entscheidenden Vorkriegsjahren in Tokio 15 Kabinette, 21 Ministerpräsidenten, 30 Außenminister, 28 Innenminister und 19 Kriegsminister gegeben habe. [11]

Aufgrund des Autoritäts-Föderalismus von Gruppen, Cliquen und Clans ist man als Ausländer ständig auf der Suche nach dem

Zentrum der Macht. Es ist bestimmt irgendwo vorhanden, aber nicht zu lokalisieren und schon gar nicht zu greifen. Es besteht aus einem Netz unausgesprochener Rücksichtnahmen, die zwar der Japaner, aber nicht der Ausländer kennt. Der eigentliche Mittelpunkt bleibt dabei ziemlich verborgen. Daraus resultiert die ausländische Ungeduld, an wen man sich in Tokio letztlich zu wenden habe, um verbindliche Auskünfte zu bekommen. Es kann passieren, daß man im Kanzleramt etwas ganz anderes als im Außenministerium hört und total verwirrt wird, wenn man zusätzlich noch den Fraktionsvorsitzenden der Regierungspartei fragt. Diese Erfahrungen mußten auch Hitler und Ribbentrop machen. Noch zwei Monate vor Abschluß des Dreimächtepaktes Deutschland–Italien–Japan beklagte sich der deutsche Außenminister im Juli 1940 bei dem japanischen Botschafter, er wisse überhaupt nicht, woran er mit Japan tatsächlich sei. Die Schwierigkeiten lagen darin, daß Berlin nur zu deutschfreundlichen Kreisen im Heer einen direkten Draht besaß und deshalb ständig in der Ungewißheit schwebte, ob es den Generalen auf dem Wege des Kompromisses gelingen würde, Admirale, Großindustrielle und Hofbeamte in einem für Hitler günstigen Sinne zu beeinflussen. Zu viele mischten in Tokio mit; ein Führer oder Duce hätte die Achsenzeit für Berlin und Rom leichter gemacht.

Die Mittelpunktslosigkeit der Macht war für die Militärs ein großes Hindernis, das für eine Diktatur scheinbar prädestinierte japanische Volk im Sinne einer Konzentration der nationalen Kräfte ideologisch und organisatorisch gleichzuschalten. Die Nationalsozialisten hatten mit dem allgemein als individualistisch geltenden deutschen Volk viel weniger Schwierigkeiten. Während der Reichstag in Berlin alle Beschlüsse einstimmig faßte und als Gesangverein bewitzelt wurde, saßen im Parlament in Tokio Abgeordnete wie der antimilitaristische Liberale Yukio Ozaki und der tojofeindliche Faschist Saigo Nakano. Ähnliche Nonkonformisten gab es auch unter den Journalisten. Trotz Geheimpolizei, Gedankenkontrolle und überfüllter Zuchthäuser erhoben immer wieder Außenseiter gegen den Kurs des Regimes ihre warnende Stimme. Auch in der Kunst waren liberale Tendenzen nicht gänzlich tot. Noch 1939 wurden avantgardistische Gesellschaften für Kubismus, Dadaismus und Surrealismus gegründet. Von den erst 1942 patriotisch auf Vordermann gebrachten Schriftstellern blieben manche auch weiterhin als geheime Kommunisten bekannt. Störrische Einzelgänger sabotierten die Gleichschaltung auch auf dem Gebiet der Wirtschaft. Nobusuke Kishi, der ab Herbst 1939 als stellvertretender Minister für Handel und Industrie für die Koordinierung der Kriegsproduktion verantwortlich war, »sah sich einer unüberwindlichen Barriere wirtschaftlicher Uneinigkeit gegenüber, die sich aus dem Fehlen einer zentralisierten Verantwortung für Planung und Durchführung der industriellen Mobilmachung ergab ... Es kam hinzu, daß die Ministerien es nicht fertigbrachten, die Zaibatsu im Zaume zu halten, die nach wie vor dazu neigten, alle Anordnungen zu ignorieren, deren Befolgung ihre Profite zu verringern drohte ... Die Zaibatsu, deren leitende Männer überzeugt waren, daß die Regierungs-Reglementierung nur darauf abzielte, ihre Gesellschaften abzuwürgen, begannen die Kriegsproduktion zu sabotieren.« [12] Trotz der Dauerpropaganda für Gemeinwohl und nationale Disziplin trat die Wirtschaftsabteilung des Auswärtigen Amtes sogar in einen regelrechten Streik, weil die Beamten sich weigerten, einige ihrer Kompetenzen an andere Ministerien abzugeben. Wegen der teilweise offenen Eifersüchteleien unter den verschiedenen Autoritätszentren war Tokio in den Vorkriegsjahren »eine der intrigantesten, wenn nicht *die* intriganteste Hauptstadt der Welt. General Araki, der als Nationalist geradezu berüchtigte Kriegsminister zur Zeit des mandschurischen Zwischenfalls und spätere Erziehungsminister, äußerte zu Anfang des Zweiten Weltkrieges, er hoffe, die Stadt Tokio werde durch Bomben dem Erdboden gleichgemacht, damit dieses verderbte Intrigennest vom Erdboden verschwinde.« [13]

Der Unterschied zum totalitären Deutschland war beträchtlich. Ähnlich verschieden ist auch heute das Funktionieren der demokratischen Institutionen. Im politischen Leben Japans spielen »Unabhängige« eine größere Rolle als in westlichen Ländern. Von den 46 Gouverneuren der Präfekturen waren 1963 knapp die Hälfte, nämlich 21, »unabhängig«. Selbst der Gouverneur von Tokio gehörte keiner Partei an. Noch größer war der Anteil der Parteilosen unter den 547 Bürgermeistern und Oberbürgermeistern; 457 von ihnen galten als »unabhängig«. In den dörflichen Volksvertretungen schwoll die Zahl der Parteilosen zur Lawine an. Dort standen 28 000 »Unabhängige« 500 Liberal-Demokraten und 600 Sozialisten gegenüber.

Die Stärke der Unabhängigen beleuchtet die Schwäche der großen nationalen Parteiorganisationen. Ihre Macht wird praktisch mit jedem Kilometer geringer, den man sich von der Hauptstadt entfernt. Auf der lokalen Ebene haben die dörflichen und nachbarschaftlichen Honoratioren trotz allen Wandels der Zeiten ihre ererbte Machtstellung zu einem großen Teil behaupten können. Um sich der Loyalität dieser in der Bevölkerung geachteten Autoritätspersonen zu versichern, sind die politischen Parteien zu allen möglichen Konzessionen gezwungen. Deshalb bleiben von ihren im Parlament in Tokio so lautstark vertretenen Programmen auf der lokalen Ebene oft nur noch Restbestände übrig. Die Macht, die »oben in der Hauptstadt« von sich reden macht, wird »unten« fast kaum wahrgenommen. Deshalb spiegeln die Zeitungen mit Millionen-Auflagen auch nur *eine* Seite der politischen Wirklichkeit wider – die hauptstädtische; die lokale ist mit ihr in vielen Fällen nicht identisch.

In der föderalistischen Struktur des japanischen Autoritätsfächers wird die Macht nicht nach unten delegiert, sondern umgekehrt: sie kann sich »oben« erst gar nicht bilden. Bezeichnend für die Schwäche des auf den ersten Blick als Mittelpunkt der Macht angesehenen Parlaments waren bis in die zwanziger Jahre die berühmten Genro, die älteren Staatsmänner. Sie fanden sich zu formloser Beratung mehr oder weniger regelmäßig im kaiserlichen Palast zusammen und entschieden, ohne von der Verfassung dazu legitimiert zu sein, über die Kabinettslisten und die personelle Besetzung der Stäbe von Heer und Marine. In jenen Jahrzehnten wußte jeder politisch Interessierte, daß die Richtlinien der Politik von den älteren Staatsmännern bestimmt wurden und jeder Ministerpräsident von ihnen abhängiger war als vom Parlament. Die im Grunde verfassungswidrigen Schattenkabinette entsprachen der japanischen Neigung, Seniorität und Alter zu respektieren, individuelle Verantwortung zu umgehen und die Macht nicht prunkhaft zur Schau zu stellen. Obgleich es die Genro als Institution heute nicht mehr gibt, hat sich die Art und Weise ihres Regierens hinter den Kulissen bis auf den heutigen Tag in allen Bereichen vererbt.

Der politische Souffleur, den das Publikum weder sieht noch kennt, übt auf die Parteien eine ziemliche Macht aus. Für diese stark aus den Kulissen beeinflußte Willensbildung kennt das Japanische den Ausdruck kuromaku. Er ist der Welt des Theaters entliehen. Im Kabuki- und Nô-Spiel vollzieht sich der Umbau der Szene gelegentlich auf offener Bühne. Ganz in Schwarz gekleidete Gehilfen treten dann hinter dem schwarzen Vorhang – kuromaku – hervor und helfen beim Umbau des Bühnenbildes oder Umkleiden der Schauspieler. Dabei wird aber weitergespielt. Das Publikum im Parkett nimmt von den schwarzen Gestalten keine Notiz; es sieht nur die Schauspieler. An ähnliche Vorgänge ist das Volk auch auf der Bühne der Politik gewöhnt. Es weiß, daß es hinter den Kulissen Männer gibt, von denen die im Rampenlicht Agierenden abhängig sind. Als ausländischer Beobachter ist man deshalb ständig auf der Suche nach diesen grauen Eminenzen.

OYABUN–KOBUN

Fernsehgeräte-Fabrik »National« in Ibaraki bei Osaka morgens kurz vor Schichtbeginn. Zwischen den langen Fließbändern in Reih und Glied, auf Vordermann und Seitenrichtung angetreten 3 500 Transistor-girls, junge Mädchen, frisch, kurzbeinig und etwas pummelig. Alle in hellgrauem Werksdrillich und mit weißen Turnschuhen. Im ersten Glied, wie Unteroffiziere und Feldwebel, etwa hundert männliche Vorarbeiter, Meister und Abteilungsleiter. Aus Lautsprechern zunächst die krächzende Stimme eines Ansagers und danach Musik von einem verstimmten Klavier. Die 3 600 im Chor:

Für den Aufbau eines neuen Japans
laßt uns Muskelkraft und Geisteskraft vereinen!
Laßt uns unser Bestes geben, um die Produktion voranzutreiben.
Schickt unsere Erzeugnisse, gleich einem großen Strom,
in alle Länder der Welt,
wie die Wasser eines Springbrunnens.
Blühe, Industrie, in Harmonie und Aufrichtigkeit!
Blühe, blühe, Industrie, Matsushita-Electric!

Das Werkslied des »National«-Konzerns für elektrische Haushaltsgeräte wird zur selben Minute in allen Betrieben gesungen. Gesamtzahl der Angetretenen im ganzen Land: 38 000. Gleichzeitig sprechen sie den Firmeneid nach: »Wir sind dankbar für Leben und Freiheit in der Gemeinschaft unserer Arbeitskameraden und für den Geist der Freundschaft, durch den wir Kraft und Freude gewinnen. Wir sind uns bewußt, daß Dankbarkeit alle Schwierigkeiten überwindet. Wir müssen unsere Überzeugungen täglich in die Tat umsetzen, denn durch unser Beispiel liefern wir Vorbilder und beeinflussen andere.«

Neben Firmeneid und Werkslied lernen Arbeiter und Arbeiterinnen noch das Matsushita-Glaubensbekenntnis: »Unsere Ziele heißen nicht Wohlstand und Protzentum; unsere Mission dient der Erquickung und Wohlfahrt der Menschheit. Wir marschieren und arbeiten in einem Gemeinschaftsgeist gegenseitiger Hilfe, Fairness und Gerechtigkeit. Ohne offenen Sinnes würde Dunkelheit uns umgeben. Allein sind wir schwach, nur zusammen sind wir stark. Wir wollen uns wie eine Familie vertrauens- und verantwortungsvoll die Hand reichen und demütigen vor den Problemen anderer und ihnen helfen. Nur Einheit und Verstehen sichern den Erfolg. Keiner soll herrschen, sondern jeder soll sein Bestes geben, damit er Selbstvertrauen und Selbstachtung gewinnt. Wir müssen die Rechte und Lebensgewohnheiten der anderen respektieren und immer freundlich und ausgeglichen sein. Seid in Lob und Ermutigung großzügig! Fortschritt kann es nur geben, wenn wir uns den Verhältnissen anpassen, darum gehen wir mit der Zeit. Wer diesen Geboten nachkommt, erfüllt den Geist unseres Glaubensbekenntnisses und wird eine von Myriaden Säulen an unserem großen Werk.«

Der Verfasser dieser Betriebsideologie heißt Konosuke Matsushita. Er hat »National« gegründet, mit Eisschränken, Waschmaschinen, Staubsaugern, Bügeleisen, Radioapparaten und Fernsehgeräten Millionen gemacht und gilt heute als Japans reichster Mann. Er ist im Kreis der Großindustriellen kein versponnener Außenseiter eines reaktionären Betriebsfeudalismus, sondern von allen Unternehmerpersönlichkeiten die wahrscheinlich größte und populärste. Der Lebenslauf Konosuke Matsushitas steht in allen Schullesebüchern und muß von den Kindern auswendig gelernt werden. Religiös-philosophisch interessiert und der Vater einer Bewegung, die sich »Frieden durch Wohlstand« nennt, gehört Matsushita zu jenen im Ausland kaum bekannten »großen« Japanern, deren Geheimnis im Grunde nur die japanische Phantasie beschäftigt.

Jeder Betriebsneuling muß von Stammarbeitern empfohlen werden, Lebenslauf und Familiengeschichte einreichen und ein Aufnahmeexamen absolvieren. Anschließend wird er in mehrwöchigen Kursen charakterlich geprüft, körperlich trainiert, an das Betriebsklima und den bei »National« herrschenden Korpsgeist gewöhnt. Im Mittelpunkt des theoretischen Unterrichts stehen Firmengeschichte und Zeitfragen; erläutert von Abteilungsleitern, Vorarbeitern, Professoren, Priestern und Journalisten. Wer die »Fuchsenzeit« besteht, wird die Firma nie mehr wechseln, ist unkündbar, hat Pensionsanspruch und das Ziel seines Lebens praktisch erreicht. Zu jedem Geburtstag erhält er vom Unternehmer ein Geschenk und einen persönlichen Brief. Geheiratet wird in betriebseigenen Räumen, und die Firma stellt gegen geringe Gebühr auch kostbare Hochzeitskimonos.

An feudalistischer Nestwärme ist »National« innerhalb der Großindustrie ein anerkannter Musterbetrieb. In den meisten Firmen herrscht durch familiären Gemeinschaftssinn, soziale Sonderleistungen, »Fuchsenstunde«, Kernsprüche und Lieder ein ähnliches Betriebsklima, das oft, mit europäischen Augen gesehen, einem quasimilitärischen Geist sehr nahekommt. Die Belegschaft der weltbekannten Canon-Kamerawerke singt:

Die Canon-Kamera ist der Stolz der Welt,
und deshalb ist die Welt mit uns.
Canon, Canon, Canon-Kamera!
Wo immer es Kameras gibt,
da ist die Canon dabei.

In den Yanmar-Dieselwerken in Osaka wird gesungen:

Wir sind Yanmars Hoffnung,
sind des Wachstums Kraft,
laßt uns vorwärts stürmen,
Arm in Arm mit Macht.
Yanmar, Yanmar, Yanmar,
Yanmars junge Garde.

Das Betriebslied der Automobilfabrik Toyata heißt:

Die Räder der Autos, die wir bauen,
drehen sich schnell und rund,
werden weit hinter den Horizont schauen,
überall auf dem Erdenrund.

Die betriebsideologischen Glaubensbekenntnisse klingen in deutscher Übersetzung meistens steif und trocken, erzeugen aber trotzdem bei der Mentalität des japanischen Arbeiters ein Gefühl der

Zusammengehörigkeit und Solidarität. In den Honda-Motorradwerken, die auf den Rennstrecken Europas seit Jahren fast alle Preise holen, heißt es eingerahmt hinter Glas: »Von einem internationalen Standpunkt aus gesehen, produzieren wir Erzeugnisse von verläßlicher Qualität zu vernünftigen Preisen. Dadurch befriedigen wir die Wünsche unserer weltweiten Kundschaft. Schreitet immer ideenreich und mit jugendlichem Glanz in den Augen vorwärts. Macht das Beste aus Theorie, Weltanschauung und Gegenwart. Tut Eure Arbeit mit Freude und haltet Euren Arbeitsplatz sauber. Seid immer strebsam bemüht und denkt an die Forschung!« Andere Großfirmen fassen sich kürzer und sind wie die Kugellager-Fabrik Toyo-Bearing in Takarazuka origineller. Ihre Werkshallen sind zur moralischen Aufrüstung der Belegschaft mit dem englischsprachigen Orakel geschmückt »business is business«.

Zur Pflege des Korpsgeistes gehören bis zur Pensionierung auch Sport und Musik. Viele Werkssirenen heulen nicht wie bei Fliegeralarm, sondern kündigen Mittagspause und Schichtwechsel mit den Anfangstakten populärer Melodien oder deutscher Volkslieder an. Im Konstruktionsbüro der Mitsui-Werft in Uno machen die technischen Zeichner und Zeichnerinnen allmorgendlich um zehn Uhr für fünf Minuten gemeinsame Freiübungen. Für den gleichen gymnastischen Zweck schrillt nachmittags um drei Uhr auch im Erziehungsministerium in Tokio eine Glocke. Ministerialdirigenten, Regierungsdirektoren, Inspektoren und Sekretärinnen erheben sich hinter ihren meterhohen Akten und rollen auf Kommando einer aus Lautsprechern ertönenden Geisterstimme mit den Köpfen, spreizen die Arme, gehen in Kniebeuge und boxen. Der gymnastische Spuk ist nach wenigen Minuten vorüber, und alle widmen sich wieder ihren statistischen Tabellen mit den auf zehn Stellen hinter dem Komma ausgerechneten Prozentzahlen über die Erfolge der japanischen Pädagogik.

Anfang der sechziger Jahre war es in der Industrie verhältnismäßig Mode, Schüler und Studenten vor ihrem Eintritt in den Betrieb zunächst einmal in Ausbildungslager zu schicken. Je nach ihrer Neigung bevorzugten die Unternehmer dabei Zen-Klöster oder Kasernen. Bei den Marineausbildern in Etajima mußten die Betriebs-Frischlinge morgens um sechs Uhr aufstehen, Betten bauen und Stuben reinigen. Anschließend war in den umliegenden Bergen Geländedienst. Zur Ausbildung gehörten auch Bootsübungen auf

See. Neben kaufmännischen und technischen Vorlesungen erteilten altgediente Offiziere Ermahnungen zum selbstlosen Einsatz für das Vaterland und Lektionen über die ungebrochene Stärke des Bushido-Geistes. »Alle, die an dem Lager teilnahmen, äußerten die Meinung, daß sie von der Pflicht zur Pünktlichkeit, Ordnung und Disziplin profitiert hätten.« [1]

Die Großbäckerei Yamazaki schickte 97 frisch von Universitäten entlassene Jungakademiker in ein Trainingscamp am Fuße des Fuji. Ein U.v.D. pfiff zum Wecken und zum Ausmarsch ins Gelände. Der Kaufhauskonzern Seibu unterhielt ein paramilitärisches Ausbildungslager in der Nähe des Yatsugadake-Berges. Dort wurde versucht, den angehenden Verkäufern und Verkäuferinnen das Denken auszutreiben, denn bevor man das Gehirn anstrenge, sei es wichtiger, den Körper zu beherrschen. Die Baugesellschaft Taisei verbündete sich, um ihren Nachwuchs körperlich fit zu machen und charakterlich auf Vordermann zu bringen, mit der Luftwaffe. Die Presse berichtete über den kasernierten Drill für Schraubstock und Schreibtisch, als sei er das Selbstverständlichste von der Welt.

Bei solchen korporationsähnlichen Betriebsidealen gelten Verletzungen menschlicher Grundrechte als Pannen, die immer mal passieren können, über die aber niemand spricht. 1954 traten nach einem Großfeuer in der Ohmi-Seidenspinnerei, bei dem 23 Arbeiterinnen totgetreten worden waren, 13 000 Arbeitnehmer wegen unzumutbarer Behandlung in den Streik. Die Arbeiterinnen lebten kaserniert, mußten um neun Uhr abends in den Schlafsälen in den Betten liegen, durften zum Ausgang das Werksgelände nur mit schriftlicher Genehmigung verlassen und weder zur Arbeit noch in der Freizeit Lippenstift auftragen. Ihre eingehende und ausgehende Post wurde zensiert und bei Heirat das Gehalt gekürzt. Die Mädchen mußten versprechen, keine unvernünftigen Forderungen zu stellen und sich nicht zu beklagen. Der Streik wurde gebrochen, indem der Unternehmer 760 Arbeitnehmer fristlos entließ.

»Pannen« dieser Art erregen für kurze Zeit die Gemüter, aber sind bald wieder vergessen. Vorherrschend ist die Einstellung, daß betriebsinterne Angelegenheiten in der Werksfamilie bleiben und nicht ausposaunt werden sollten. Die Öffentlichkeit hat für das Breittreten von Affären kaum Verständnis, so daß derjenige, der sich in seinen Rechten und seiner Würde verletzt fühlt, die Schuld meistens bei sich selbst sucht, Selbstkritik übt und Besserung gelobt.

Die auf Japaner zugeschnittenen Methoden der psychologischen Betriebsführung fördern ein Zusammengehörigkeitsgefühl, das über die Betriebsromantik der alten Kruppianer in Deutschland weit hinausgeht. Als im Mai 1964 die allen ausländischen Touristen bekannte Seidenfabrik Kanebo den 77. Jahrestag ihrer Gründung feierte, schickte der Unternehmer an alle Filialleiter einen geschlossenen Brief mit der Bitte, ihn erst anläßlich der Betriebsfeier zu öffnen und vor versammelter Belegschaft zu verlesen. Der Direktor des Zweigwerks Tokio öffnete den Umschlag mit zitternden Händen. Tränen traten ihm in die Augen, und er mußte sich erst wieder sammeln, bevor er die gütigen Worte seines gnädigen Herrn den in ernster Stille verharrenden Untertanen kundtun konnte. Was sie hörten, rührte auch Arbeiter und Angestellte zu Tränen. Einige mußten vor Fassungslosigkeit und Erregung den Raum verlassen. Ein Sektionschef erklärte, er sei dem Unternehmer Itoji Muto schon immer so dankbar gewesen, daß er bereits seit Jahren mit den Füßen in Richtung Osaka liegend schlafe. Die Frau eines Abteilungsleiters meinte, der Besitzer der Kanebo-Seidenfabriken sei ein lebender Gott. Was hatte in dem Brief gestanden, der so viel existentielle Erschütterung und rührende Dankbarkeit auslöste? Präsident Muto habe entschieden, das Pensionsalter seiner Arbeiter und Angestellten von 55 auf 65 Jahre zu erhöhen. [2]

Welche gefährlichen Formen eine solche emotional aufgeladene Betriebsgemeinschaft annehmen kann, bewies im Mai 1964 in Tokio ein Prozeß gegen acht wegen versuchten Staatsstreichs angeklagte Rechtsradikale. In der Verhandlung wurde aufgedeckt, daß der Hauptangeklagte, ein Unternehmer, die gesamte 250 Mann starke Belegschaft seines Betriebes zum Sturm auf das Parlament mit Maschinenpistolen, Gewehren und Handgranaten bewaffnen wollte. Er schien als selbstverständlich vorauszusetzen, daß die Betriebsgemeinschaft bis zur politischen Gesinnungsgemeinschaft gehe.

In der Hierarchie des Betriebes hat jeder seinen genau fixierten Platz. In den gewöhnlich von hundert und mehr Menschen bevölkerten Bürozimmern gibt schon die Anordnung der Schreibtische über die Stellung des einzelnen Auskunft. Wer der Tür am nächsten sitzt, ist der Niedrigste. Am Ende der dort beginnenden langen Reihe sitzt der Chef. Jeder Schreibtisch zwischen ihm und der Tür symbolisiert eine Sprosse auf der hierarchischen Stufenleiter. Die

Sucht, seine Stellung im Betrieb auf den Millimeter genau zu bestimmen, hat im Japaner eine künstlerische Phantasie in der Erfindung von Titeln entwickelt. Auf den Visitenkarten, die wie einst das Schwert der Samurai zum Statussymbol gehören, geht der Name in einem Wasserfall von Titeln gelegentlich unter. Denn Herr Tanaka wird erst als Schnittpunkt der Koordinaten, Parabeln, Sinus- und Cosinus-Kurven seines Betriebes zu einer Persönlichkeit; einfach und schlicht als Tanaka-san kann er weder vor sich selbst noch vor anderen bestehen. Deshalb trägt er im Knopfloch auch das Firmenabzeichen und fährt, wenn er einen Dienstwagen benutzen darf, nur mit Stander oder Werkswimpel aus.

Ausländer, die in die »geschlossene Gesellschaft« eines japanischen Betriebes mit Forschheit und Schneid eindringen wollen, weil sie glauben, unsentimentale Geschäftsinteressen würden ihnen wie in Europa und Amerika Tür und Tor öffnen, können unangenehme Überraschungen erleben. Wie oft kommen Fotohändler nach Japan, lassen sich im Hotel ein Branchen-Telefonbuch geben und läuten frisch, fromm, fröhlich und frei bei einem Kamerawerk an. Sie werden von einem zum anderen verbunden; können sich glücklich preisen, wenn am anderen Ende der Leitung jemand wenigstens »yes« oder »no« sagen kann, aber bis zum Präsidenten oder Exportleiter kommen sie niemals durch. Zum hundersten Male an die Vermittlung zurückgestellt, gehen ihnen schließlich die Nerven durch, und sie brüllen in den Apparat: »Wollen sie eigentlich Kameras verkaufen oder nicht?« Eine piepsende, ruhige und freundliche Jungmädchenstimme wird antworten: »Ich bin leider nicht befugt, Ihnen darüber Auskunft zu geben.« In die Betriebsmystik japanischer Unternehmen kann man nur auf geheimnisvollen Wegen, durch Empfehlung, Einführung und Vermittlung eindringen. Der direkteste Weg ist der längste; Umwege kürzen ab. Dann aber wehen am Portal auch gleich das Sonnenbanner und die Landesfahne des Besuchers.

Die Großindustrie hat nach dem Kriege nicht nur die brachliegenden nationalen Energien kanalisiert, sondern darüber hinaus auch eine Art Staatsersatz geboten. Die Hierarchie des Reiches brach 1945 zusammen, aber als Miniatur bestand sie im Betrieb fort. Der Arbeiter fand dort an Rangordnung, Disziplin und Emotionalität wieder, was ihm der Staat in jenen Jahren nicht mehr bieten konnte. Der ideelle Zusammenbruch wurde von der Großindustrie teilweise aufgefangen, die durch die Konservierung traditioneller Tugenden den Arbeiter dann in der späteren Normalisierungsperiode auch erneut an den Staat heranführte. So ist ausgerechnet die in Europa so anonyme und für die gesellschaftliche Unruhe verantwortlich gemachte Großindustrie in Japan eine Art »Schule der Nation«.

»Ich finde es viel zu einfach zu glauben«, schreibt der Soziologe Nakane, »daß die japanische Art und Weise des Denkens, die Art der menschlichen Beziehungen sich wie die europäische ändert oder sich der europäischen nähert, nur deshalb, weil Japan zu einem Industriestaat geworden ist. Obwohl die Japaner in einem modernen System leben, unterscheiden sie sich doch von den Europäern, und seit der Meiji-Restauration haben sie sich auch in wesentlichen Dingen kaum geändert... Die Besonderheit der Gruppe zeigt sich deutlich bei der Betrachtung der großen Unternehmen. Es bilden nicht nur die Angestellten eine sogenannte blockierte Gesellschaft – Neuhinzugekommene haben einen Status vergleichbar mit dem der neugeborenen Familienmitglieder oder des adoptierten Schwiegersohns –, sondern mit der Zuweisung einer Dienstwohnung, mit den Gratulationsgeldern bei Hochzeit und Geburt oder der Überbringung von Trauergeldern übt die Firma ihren Einfluß auch auf das Privatleben der Angestellten aus, anders gesagt, ihr Einfluß reicht bis in die Familie. Und was interessant ist, je größer ein Unternehmen, je moderner es ist, um so deutlicher zeigt sich die Tendenz. Was in der Verwaltung der Betriebe seit der Meiji-Zeit unverändert geblieben ist, ist das Verhältnis zum Menschen, das heißt zu den Betriebsangehörigen. Diese Beziehung zwischen Betriebsführung und Angestellten ist eher vergleichbar einer Beziehung, die durch Schicksal bestimmt ist, als einem zwischen Betriebsführung und Angestellten abgeschlossenen Arbeitsvertrag. Es handelt sich hier sozusagen um eine menschliche Beziehung, die der Ehebeziehung vergleichbar ist.« [3]

Das Arbeitgeber-Arbeitnehmer-Verhältnis als Ehebeziehung: zwischen der westlichen und der japanischen Industriegesellschaft liegen eben nicht nur 24 Düsenflugstunden, sondern auch scheinbar nicht einzureißende Grenzpfähle, die zwei vollkommen andersartige Kulturkreise trennen. Der Wiederaufstieg wäre wahrscheinlich nicht so steil gewesen, wenn niedrige Löhne, staatliche Subventionen, eine günstige Steuer- und Kreditpolitik, kühne Rationalisierungsmethoden und eine weitsichtige Automatisierung nicht in die Betriebs-Irrationalität eingebettet gewesen wären. In einer Ehe oder Vater-Kind-Beziehung zwischen Unternehmer und Arbeiter ist der Lohn nicht von solch zentraler Bedeutung wie in einer Industrie, die einzig und allein auf Tarifverträgen beruht. Auch eine Ehe zwischen Mann und Frau ist nun einmal besser, wenn sie sich auf Liebe gründet und nicht allein auf das Standesamt beruft. Aufgrund der Geborgenheit des betrieblichen Lebensbundes mit all seinen feudalistischen und romantischen Gefühlen arbeitet der japanische Arbeiter für mehr als nur für die Lohntüte. Er denkt in einem gewissen Sinne auch an Tenno, Land und Volk und investiert nicht nur seine Arbeitskraft, sondern auch seine nationale Energie. In der völkisch-romantischen Stimmung einer Art konservativer Revolution ist der Arbeiter gegen den Marxismus relativ immun und damit eine verläßliche Stütze des traditionellen Establishements.

Die feudalistische Betriebsstruktur ist keine künstliche Entwicklung aus dem Nichts, sondern aus einer jahrhundertealten soziologisch-psychologischen Zelle entstanden, die der Kern der gesellschaftlichen Organisation und des sozialen Denkens ist und Oyabun-Kobun genannt wird. Damit ist die vertikale Beziehung und das gegenseitige Treueverhältnis zwischen oben und unten, Führer und Gefolgsmann, Boss und Untergebenen, Daimyo und Samurai, Fürst und Krieger, Lehnsherr und Belehnten gemeint. Aber im Gegensatz zum europäischen Führer-Gefolgschafts-Verhältnis sind bei der Oyabun-Kobun-Beziehung nicht die Kommandogewalt und Genialität des Führenden von entscheidender Bedeutung, sondern die zwischenmenschliche Atmosphäre und das psychologische Klima. Feldherren sind schlechte Oyabun, weil sie Kühle und Distanz verbreiten; besser ist es, wenn den Boss eine dem Gruppenklima entsprechende Mittelmäßigkeit auszeichnet. Im Grunde ist das vertikale Oyabun-Kobun-Verhältnis eine außerhäusliche Parallele zu der Vater-Kind-Beziehung innerhalb der Familie. Ein guter Vater wird seine Familie nicht kommandieren, genießt aber trotzdem Autorität; seine Söhne werden diese um so freudiger anerkennen, je mehr freiheitlicher Spielraum ihnen gelassen wird.

»Diese starke Oyabun-Kobun-Beziehung ist keineswegs einfach als etwas Feudalistisches zu erklären und läßt sich nicht durch die zunehmende Industrialisierung oder durch den Einfluß der europäischen Kultur ändern. Möglicherweise kann das Feudalsystem ihre

Ausprägung gefördert haben, aber sie ist nicht durch das Feudalsystem entstanden; eine solche Beziehung liegt den Japanern gleichsam im Blut. Die Ansichten des Vorgesetzten werden den Untergebenen nicht aufgezwungen, im Gegenteil, die Untergebenen tragen dem Vorgesetzten ihre Meinungen vor, die dieser wiederum praktisch zu verwerten sucht ... Wenn man dies bis zum Extrem führt, so kann der Vorgesetzte ein absoluter Dummkopf und unfähiger Mensch sein, und doch wird die Leitung des Betriebes funktionieren. Und tatsächlich erweist es sich als besser, wenn der Oyabun kein Genie ist. Denn besitzt er selbst einen ausgeprägten, scharfen Verstand und leitet die Arbeit zu geschickt, so führt das gleichsam zu einer Verminderung des Daseinsgrundes der Untergebenen und hat zur Folge, daß eine Entfremdung zwischen beiden eintritt ... Die Ausstrahlungskraft eines Führers in der japanischen Gesellschaft liegt nicht in genialen Fähigkeiten, sondern in dem Verständnis für seine Mitmenschen. Welche Macht, welche Fähigkeiten und finanziellen Möglichkeiten jemand auch immer besitzen mag, er kann doch nicht Führer werden, wenn er auf menschlicher Ebene die Kobun nicht begreifen kann und keine engen Beziehungen zu ihnen schafft. Aus diesem Grunde kann auch niemals ein charismatischer Führer aus einem Land wie Japan hervorgehen. Die Vorstellung von einem Führer ist bei den Japanern nicht napoleonisch.« [4]

Eine Aura des Väterlichen verbreiten vor allem ältere Männer, und deshalb ist Japan ein Land der Senioritäten, der Siebzig- und Fünfundsiebzigjährigen. Im Vergleich zu Europa stehen an der Spitze internationaler Organisationskomitees wie bei den Olympischen Spielen und der Weltausstellung in Osaka Greise. Sie brauchen von ihren Pflichten relativ wenig Ahnung zu haben, wenn sie nur das Gespür mitbringen, unter ihren Mitarbeitern ein günstiges Klima zu schaffen, in dem sich deren Energien und Talente am freiesten entfalten können. Präsidenten von Betrieben, Fernsehgesellschaften und Kulturinstitutionen trifft der Besucher in vielen Fällen vor gähnend leeren Schreibtischen an. Obgleich sie höchstens ein paar Tassen grünen Tee täglich schlürfen und wenige Briefe unterschreiben, sind sie trotzdem atmosphärisch präsent und eine unbedingte Notwendigkeit für ein gefühlvolles Betriebsklima.

Entsprechend der Lehre des Konfuzius, der eine hierarchische Gesellschaftsordnung definierte, aber den größten sozialen Bereich, die Beziehungen zum anonymen Nächsten, offenließ, ist die Oyabun-Kobun-Zelle Japans soziologisches Atom. Mit ihm wird die horizontale Schwäche der Gesellschaftsstruktur vertikal kompensiert. Der harte, unteilbare soziologische Kern liegt unter demokratischen Satzungen und Statuten verborgen; um zu ihm durchstoßen zu können, müssen die verschiedenen Schichten und Ablagerungen fremder Einflüsse erst einmal abgetragen werden. In der Oyabun-Kobun-Zelle ist das ungeschriebene Gesetz wichtiger als das geschriebene; gilt der Schwur mehr als die Unterschrift; die Treue mehr als ein Vertrag; sind Bande dauerhafter als Paragraphen.

Ein Oyabun verfügt aufgrund von Besitz, Vermögen, Beziehungen, Bildung, Tradition, Ruhm, Alter oder Erbschaft über eine Gefolgschaft, eine personelle Hausmacht. Die Größe seiner Macht entspricht etwa der Kopfzahl seiner Untergebenen. Oyabun sind Stammeshäuptlingen vergleichbar; zwischen solchen mit gleicher Gefolgschaftsstärke besteht eine gewisse Gleichheit. Dabei kann es einigermaßen egal sein, wo sie gesellschaftlich stehen – ob in der Unterwelt, der Halbwelt oder auf der öffentlichen Bühne von Politik, Wirtschaft und Kultur.

Der Untergebene heißt Kobun; seine vertikale Beziehung zum Boss ist einer strengen Rangordnung unterworfen. Seine Stellung in der Gesamtheit der Gruppe entspricht der Dauer seiner Vereinszugehörigkeit, ganz nach japanischer Familientradition, die dem älteren Sohn mehr Rechte als dem jüngeren einräumt. Die alten Kämpfer unter den Kobun bilden wiederum eine Gefolgschaft, die dann zum Häuptling wie der Enkel zum Großvater steht. Kein Gesetz und kein Schriftstück definieren die hierarchische Vertikalbeziehung; aber jeder kennt sie, fügt sich ein und bleibt auf seinem Platz.

Nach Oyabun-Kobun-Vorbild sind alle Gruppen in allen gesellschaftlichen Bereichen organisiert. Die im Blickpunkt des öffentlichen Interesses stehenden Organisationen, die sich politische Parteien nennen, sind dafür das auffallendste Beispiel.

Am 13. Juli 1960 hielten die Liberal-Demokraten in Tokio einen nationalen Parteitag ab. Der einzige Punkt der Tagesordnung war die Wahl eines neuen Parteivorsitzenden. Pünktlich um zehn Uhr morgens nahm das Fußvolk die Plätze ein, und die Fernseh-live-Kameras richteten sich auf den Bühnenvorhang. Die Zeiger rückten auf elf, zwölf und ein Uhr, ohne daß etwas geschah. Ohne Murren verließen die namenlosen Parteimänner den Saal und strömten in nahe gelegene Restaurants zum Essen. Endlich um drei Uhr nachmittags, das Parkett hatte sich inzwischen wieder gefüllt, hob sich der Vorhang, und der Generalsekretär stimmte die Nationalhymne an. Anschließend ergriff er das Wort. Seine Rede dauerte sechzig Sekunden. Er gab nur bekannt, daß der Parteikonvent um 24 Stunden vertagt worden sei. Kein Wort zur Begründung. Stumm strömte das Fußvolk auseinander und fuhr in die Bars der Ginza und Teehäuser von Akasaka. Am nächsten Morgen ging alles glatt. Ohne eine einzige Wortmeldung wurde Hayato Ikeda zum neuen Vorsitzenden gewählt.

Vier Jahre später war es ähnlich. In jenem Sommer 1964 dauerte der Rechenschaftsbericht des Generalsekretärs 8 Minuten. Anschließend bewarb sich der Parteivorsitzende Ikeda um seine Wiederwahl. Er benötigte dazu 180 Sekunden. Danach wurde abgestimmt. Ikeda gewann, und die Delegierten gingen nach Hause. Japanischem Brauch entsprechend kamen auf jeden Stimmberechtigten mindestens drei Fotoreporter und Kameramänner. Vor lauter Bildberichtern sah man keine Liberal-Demokraten mehr.

Für Konservative und Progressive sind Parteitage grundsätzlich eine leidige Konzession an die Satzung; für das Fußvolk aus den Provinzen eine günstige Gelegenheit, sich auf Spesenrechnung ins Tokioter Nachtleben zu stürzen. Alle Entscheidungen fallen hinter geschlossenen Türen der Fraktionsbosse, die in der Liberal-Demokratischen Partei Anfang der sechziger Jahre Ikeda, Fujiyama, Ishii, Kishi, Kono, Matsumura, Miki, Ohno und Sato hießen. Sie hatten eigene Kanäle zu den Geldquellen der Industrie, besaßen eigene Kassen, finanzierten eigene Hauptquartiere, unterhielten teilweise eigene Parteihochschulen und zahlten jedem ihrer Untergebenen für treue Dienste zum Jahresende DM 5 000 und mehr. Jeder Fraktionsboss betrachtet die Interessen-Koalition mit anderen Fraktionshäuptlingen als eine Art Aktiengesellschaft und handelt mit seiner Hausmacht wie Börsenspekulanten mit Aktienpaketen. Wahlen zum Sprecher der Koalition, d. h. zum Ministerpräsidenten, treiben die Kurse in die Höhe; in den letzten entscheidenden Stunden vor der Wahl werden Stimmen mit DM 30 000 gehandelt.

Die Kobun folgen ihrem Oyabun durch dick und dünn, auch wenn ihr Boss häufig die Fronten wechselt und mehrmals im Jahr von einem Saulus zum Paulus wird. Er ist seinen Untergebenen keine Rechenschaft schuldig und würde es als impertinent empfinden, ihnen Rede und Antwort stehen zu müssen. Für die Kobun sind die Lehen, mit denen sie beschenkt werden können, zu verlockend, um aufzumucken oder gar zu protestieren. Fast jeder dritte Liberal-Demokrat der Parlamentsfraktion ist schon einmal Minister gewesen. Die acht Regierungschefs seit 1946 haben rund 250 Minister kreiert; Eisaku Sato in den ersten drei Jahren seiner Amtszeit allein 68. An der Spitze des »Verteidigungsministeriums« saßen in 15 Jahren etwa 20 Chefs. Bei den jährlichen Kabinettsumbildungen werden gelegentlich schon die Ministerlisten für die nächste und übernächste Regierung grob zusammengestellt, damit kein Fraktionsführer leer ausgeht und vor seinen Getreuen sein Gesicht verliert.

Durch die absolute Macht der Fraktionsführer gleicht die japanische Parteienpolitik von rechts bis links einem Pokerspiel. Wahlkreise werden an Söhne, Frauen und Töchter vererbt. Das Mandat des Clans der Inukai, die einen 1932 ermordeten Ministerpräsidenten stellten, war 1960, als dessen Sohn starb, 70 Jahre lang in Familienbesitz gewesen. Als im Wahlkampf 1960 der Sozialistenführer Asanuma ermordet wurde, sprang als Ersatz seine Frau ein. Auch im Falle von Krankheit können Väter von ihren Töchtern ersetzt werden. Aus persönlicher Treue zum Oyabun sind Wahlbetrügereien ein Kavaliersdelikt. Wegen Verstoßes gegen die Wahlgesetze werden oft Tausende verhaftet; bei den Gemeindewahlen 1963 sollen es nach Angaben der Opposition 45 000 gewesen sein. Der Korruptionsmief war damals so dick, daß Ministerpräsident Ikeda vor das Parlament trat und sich wegen Stimmenkaufs und anderer Wahlbetrügereien öffentlich entschuldigte. Anschließend wurde über das dunkle Kapitel der Mantel des Vergessens ausgebreitet.

Den Konservativen liegt das personelle Würfelspiel so sehr im Blut, daß sie es auch in einer nationalen Krise und angesichts der theoretisch drohenden Entmachtung durch den Stimmzettel nicht aufgeben können. Seit Kriegsende hat ihr Stimmenanteil prozentual stetig abgenommen; während er bei den Unterhauswahlen 1952 bei 66,1% lag, erreichte er 1963 bei kontinuierlicher Verringerung mit 54,7% den tiefsten Stand. Im gleichen Zeitraum stieg der Stimmenanteil der Oppositionsparteien – Linkssozialisten,

Demokratische Sozialisten und Kommunisten – von 21,3% auf 40,4%. Dabei ist zu berücksichtigen, daß die Liberal-Demokraten aufgrund des Wahlgesetzes, das die konservativen Wählermassen auf dem Lande begünstigt, beträchtliche Vorteile genießen. Die Ruhe und Gelassenheit im Lager der Traditionalisten haben natürlich ihre Gründe. Denn erstens ist der Spaltpilz innerhalb der oppositionellen Parteien genauso unausrottbar; zweitens sind auch ihre Cliquenkämpfe ähnlich machiavellistisch prinzipienlos, und drittens spielen sich die Wandlungen der politischen Oberfläche in einem Rhythmus von Generationen ab, langsam und nur millimeterweise.

Die von niemandem in Frage gestellte Macht der Bosse gefährdet permanent die Einheit der Liberal-Demokratischen Partei. Deshalb fehlt es nicht an Versuchen, die Clans zur freiwilligen Selbstauflösung zu überreden. Bereits 1957 stand groß in den Zeitungen, daß die Fraktionen um Kono und Ohno aus Einsicht in die Notwendigkeit einer strafferen Parteidisziplin aufgelöst worden seien; sechs Jahre später folgten dem Beispiel auch die Clans um Ikeda und Sato. Zur Beerdigung der Hausmacht wurden Fernsehen, Funk und Presse eingeladen und Bier, Reiswein und kalte Schnittchen gereicht. Mit einer Papierblume im Knopfloch verabschiedeten sich die Untertanen von ihren Lehnsherren und schienen endgültig auseinanderzugehen. Bei der nächsten Wahl aber waren alle aufgelösten Gruppen wiederauferstanden, zur Wahrung der Form allerdings teilweise unter anderem Namen. Für derartige Possenspiele hat jedermann, einschließlich der Journalisten, volles Verständnis.

In Parteien dieser Art sind ideologische Grundsatzfragen ziemlich belanglos und haben Programme und Theorien so gut wie keine Bedeutung. Bereits 1918 urteilte deshalb der Parlamentarier Osaki: »Das Denken der Menschen hier ist noch immer so stark den Bräuchen und Gewohnheiten des Feudalismus verhaftet, daß auch der Begriff der politischen Freiheit, sobald er unseren Landsleuten eingegangen ist, sich gemäß den feudalen Vorstellungen weiterentwickelt. Infolgedessen sind die politischen Parteien in Wirklichkeit eine Sache persönlicher und gefühlsmäßiger Bindungen, wobei das Verhältnis zwischen Führer und Geführten dem zwischen Lehnsherrn und Belehnten gleicht.« [5] 1962 schrieb zum gleichen Thema die angesehene Monatszeitschrift Chuo-Koron: »Wenn man den parteipolitischen Betrieb ansieht, so kann man sagen, daß in Japan die Treue zu einer bestimmten Weltanschauung oder zu einer Gruppe, die ein bestimmtes Programm verwirklichen will, nur dann wirklich zur Entfaltung kommen kann, wenn sie von individuellen Bindungen an besondere Führerpersönlichkeiten abgestützt wird ... In einer Welt aber, die von der absoluten Autorität der persönlichen Treueverpflichtungen und menschlichen Bindungen beherrscht wird, können sich keine echten politischen Theorien und Planungen entwickeln.« [6]

KULTUR DES NICHTSPRECHENS

Am 30. Tage des 10. Mondes des 23. Jahres Meiji, am 30. Oktober 1890, erließ der Meiji-Tenno folgende kaiserliche Enzyklika für die Erziehung: »Wir geben Euch hiermit zu wissen: Unsere kaiserlichen Vorfahren haben das Reich auf breiter und ständiger Basis errichtet und die Tugend tief und fest eingepflanzt. Unsere Untertanen sind in unverbrüchlicher Treue gegen den Herrscher und in kindlicher Liebe zu den Eltern stets eines Sinnes gewesen und haben von Geschlecht zu Geschlecht diese schöne Gesinnung in ihrem Tun bekundet. Dies ist die edle Blüte unseres Staatsgebildes und zugleich auch der Urquell, aus dem unsere Erziehung entspringt. Ihr Untertanen! Liebet und ehret denn Eure Eltern, seid ergeben Euren Geschwistern, seid einig als Gatte und Gattin und treu als Freund dem Freunde! Haltet auf bescheidene Mäßigung für Euch selbst, Euer Wohlwollen erstreckt sich auf alle. Pfleget das Wissen und übet die Künste, auf daß Ihr Eure Kenntnisse und Fertigkeiten entwickelt und Eure sittlichen Kräfte vervollkommnet! Bestrebet Euch ferner, das öffentliche Wohl und das Allgemeininteresse zu fördern! Achtet die Reichsverfassung und befolget die Gesetze des Landes. Sollte es je sich nötig erweisen, so opfert Euch tapfer für das Vaterland auf! Erhaltet und mehret also das Gedeihen Unserer wie Himmel und Erde ewig dauernden Dynastie! Dann werdet ihr nicht nur Unsere guten und getreuen Untertanen sein, sondern dadurch auch die von den Vorfahren überkommenen Eigenschaften glänzend dartun. Dieser Weg ist wahrlich ein Vermächtnis, das Uns Unsere kaiserlichen Vorfahren hinterlassen haben und das die kaiserlichen Nachkommen sowie die Untertanen allesamt bewahren sollen; untrüglich für alle Zeiten und gültig an allen Orten. Es ist daher Unser Wunsch, daß Uns sowohl als Euch, Unseren Untertanen, dies stets in aller Ehrfurcht am Herzen liege und daß wir alle zu derselben Tugend gelangen mögen.« [1]

Dieses rührende Dokument des Gottesgnadentums wurde vom japanischen Parlament am 19. Juni 1948 für null und nichtig erklärt und aus allen Universitäten und Schulen entfernt. In der Begründung hieß es, man wolle ein für allemal mit dem Erziehungsirrtum aufräumen, daß Japan als Land und Volk im Mittelpunkt des Universums stehe. Heute, in dem politisch ganz anderen Klima der Nachkriegszeit, fällt es schwer, in der deutschen Übersetzung der von Kaiser Meiji 1890 erlassenen konfuzianischen Tugendfibel die Heilige Schrift des japanischen Imperialismus zu erkennen. Verglichen mit den Reden und Schriften ideologischer Mobilmachungsbewegungen in Europa wirkt die Erziehungsenzyklika harmlos. Es bleibt zunächst unbegreiflich, wie die Gegner Japans in der durch die Kriegsleidenschaften angefachten Epoche des Hasses die kaiserlichen Ratschläge von Liebe, Treue und Gehorsam mit dem Herrenmenschentum des Nationalsozialismus gleichsetzen konnten.

Trotzdem ist das von Kaiser Meiji dem Volk geschenkte Reskript über Erziehung eines der wichtigsten nationalen Dokumente des modernen Japans. Es wurde in den Schulen bei feierlichen Anlässen vor den Kindern verlesen, die sich dabei in Richtung des kaiserlichen Palastes in Tokio verbeugen mußten. Die zum höchsten Gebot erklärte Untertanentreue ging so weit, daß Rektoren und Lehrer Selbstmord begingen, wenn bei Schulbränden das Bild des Tenno in Flammen aufgegangen war. Durch den Kult, der um das Erziehungsmanifest gewoben wurde, lernten die Kinder zwischen den Zeilen zu lesen, so daß die Ausländern harmlos erscheinenden Worte durch geschickte Interpretation einen aufgeschwemmten Gefühlswert erhielten. Das Entscheidende an den zehn Geboten echten Japanertums war nicht das Gesagte, sondern das Ungesagte, das durch ein »exaktes Gefühl« – ein typisch japanisches Paradoxon – erfaßt wurde. Europäisch verstanden verflüchtigten sich die Worte zu Ahnungen, aber erhielten dadurch erst ihre Klarheit.

Die Flüchtigkeit der Worte wird besonders vom Zen-Buddhismus als ein kultisches Geheimnis gehütet. Der durch seine Bücher auch in Deutschland bekannte Zen-Interpret Suzuki behauptet in zahllosen Umschreibungen immer wieder, daß beim Zen-Buddhismus kein Verlaß auf Worte sei, er jenseits aller Auslegung durch Begriffe stehe und sprachlos bleibe. Ähnliches läßt sich vom Shintoismus sagen, der ebenfalls weder ein Dogma noch eine Bibel und Theologie kennt und im Grunde auch wort- und sprachlos ist. Er besitzt nur zwei historische Legendensammlungen, aber kein theoretisches Lehrgebäude. Das Erbe beider Religionen hat das Volk so stark beeinflußt, daß das Wesentliche auch im Zeitalter der Massenpresse und der 7 Fernsehkanäle Tokios mit ihren täglich 20stündigen Programmen unausgesprochen bleibt. Man kann von Japanern hören, daß sie nur 60% dessen sagten, was sie dächten; aus der Art des Sprechens könnten weitere 30% erraten werden, der Rest bleibe Schweigen. In dieser Kultur des Nichtsprechens können Worte und Begriffe eine Wertigkeit bekommen, die gleich Null ist, gleichzeitig aber auch eine Stimmungsdichte gewinnen, durch die sie ins Irrationale transzendieren.

Typisch dafür waren vor und während des Krieges die tennoistischen Erbauungsfibeln, die im national-religiösen Moralunterricht der Schulen als Lesebücher benutzt wurden. Er war, in deutsche Verhältnisse übersetzt, eine Kombination von Religionsstunde, Pimpfenunterricht und Staatsbürgerkunde. Die Erziehungsideale des Shushin-Unterrichts formten mehrere Generationen im Geiste eines imperialen Nationalismus, dessen Sendungsglaube die Eroberung Ostasiens war. Die Textbücher, die als ideologische Quelle von Chauvinismus und Militarismus von den Amerikanern 1945 verboten wurden, erläuterten an Beispielen aus dem Alltag, der japanischen und auch abendländischen Geschichte, wie man ein guter Mensch und guter Japaner werde. Sie waren eine Art Katechismus für die Erziehungsenzyklika des Meiji-Tenno.

Die Kinder lernten, daß sie gehorsame Untertanen des Tenno sein und ihre Eltern lieben müßten; wie sich der Bruder zur Schwester und der Freund zum Freunde verhalten solle. Sie wurden ermahnt, nicht an Wände zu kritzeln, sich nicht vorzudrängen, viel zu schlafen, häufig in der frischen Luft spazierenzugehen, Körper und Kleider regelmäßig zu waschen und sich vor Erkältungskrankheiten zu schützen.

Vorbild des Gebotes der Elternliebe war der kleine Takeko. Er lebte mit seiner Großmutter in einem Haus am Fluß, der wegen schwerer Regenfälle mächtig rauschte. Alle paar Minuten rief die Großmutter: »Was rauscht denn da so?« Und der kleine Takeko antwortete jedes Mal: »Der Fluß ist über die Ufer getreten, Großmutter, und deshalb rauscht es so.« Schließlich wurde es einem zu

Besuch weilenden Freund zuviel und er fragte: »Hundertmal hast Du es Deiner Großmutter nun schon erklärt. Warum aber fragt sie dauernd weiter?« Takeko antwortete: »Meine Großmutter ist schon sehr alt und vergißt deshalb sofort wieder alles. Darum fragt sie dauernd, und ich werde ihr jedes Mal brav antworten.«

Zum Thema Hilfsbereitschaft wurde die Geschichte eines Jungen namens Goho erzählt, der für seine Nachbarschaft einen Straßen- und Häuserplan zeichnete, damit Fremde besser den Weg finden konnten. Andere Beispiele hielten die Kinder zu Arbeitsamkeit, Großherzigkeit, Fürsorglichkeit und Dankbarkeit an. Auch die Pflicht zum Steuerzahlen und die Wichtigkeit internationaler Beziehungen wurden ihnen erklärt. Die Kinder hörten ebenfalls in der Volksschule die Geschichte des guten Staatsbürgers Sokrates, der, als ihn Crito im Gefängnis besuchte und zur Flucht aufforderte, antwortete: »Crito, wir müssen den Gesetzen gehorchen.«

Idealbild der Tenno-Ergebenheit war der auch heute noch berühmte General Nogi, der den Russisch-Japanischen Krieg gewann und sich nach dem Siege bei Kaiser Meiji für die vielen gefallenen japanischen Soldaten entschuldigte. Am 13. September 1912, am Tage der Beerdigung des Tenno, beging General Nogi mit seiner Frau Selbstmord nach den rituellen Formen des Harakiri, weil er den Tod seines Herrn, dem er sein Leben lang treu gedient hatte, nicht überleben wollte. Ein weiteres Beispiel für Loyalität und Patriotismus war das Schicksal eines Hauptmanns Kobayashi. Er hatte während des Russisch-Japanischen Krieges hinter den Linien spioniert und war deshalb von den Russen zum Tode verurteilt worden. Er starb mit dem Ruf auf den Lippen: »Tenno heika banzai – lang lebe der Tenno!«

Manche Kapitel bestanden nur aus wenigen Zeilen. So hieß es unter der Überschrift »mein Vaterhaus« wörtlich: »Wir sind alle zusammen sieben Personen in unserer Familie. Wenn wir abends essen, ist das schön.« Nur zwei Zeilen lang war die Ermahnung zum Lernen: »Es schneite stark. Der Freund kehrte auf dem Wege zur Schule um und ging wieder nach Hause. Ogawa ging allein zur Schule.« Zur Verdeutlichung des Gebotes »du sollst nicht lügen« wurde folgende Kurzgeschichte erzählt: »Immer wieder kam das Kind und narrte die Menschen mit den Worten: ›Der Wolf ist gekommen!‹ Eines Tages kam der Wolf wirklich. Niemand nahm es ernst, und deshalb konnte sich keiner retten.«

Gemessen an den Liedern und Gedichten eines Baldur von Schirach und Hans Baumann und am Zittern »der morschen Knochen der Welt vor dem großen Krieg« waren die tennoistischen Tugendfibeln Ausländern harmlos erscheinende Sammlungen von durchaus normalen, auch in demokratischen Ländern üblichen Moralgeschichten. Was sie von Treue, Tapferkeit und Vaterlandsliebe erzählten, entsprach den niemals entnazifizierten und heute wieder in hoher Auflage erscheinenden »Deutschen Heldensagen«. Bei der Planung der Besatzungspolitik kamen deshalb zwei amerikanische Japanologen, die im Auftrag der Universität von Chikago die Lehrbücher des Shushin-Unterrichts unter dem Gesichtspunkt untersuchten, ob sie nach einem Sieg über Japan weiterhin brauchbar seien, zu dem Ergebnis: »Wenn es die Politik der Besatzungsmacht sein sollte, die Institution des Tenno beizubehalten, können die Textbücher, bei richtiger Anwendung, auch während der militärischen Besetzung des Landes weiterhin benutzt werden.« [2] Trotzdem aber wurde 1945 anders entschieden. Über die Gründe schreibt der in japanischen Erziehungsfragen sachverständige Robert King Hall: »Nicht das Gedruckte, nicht einmal das in den Lehrbüchern der Kriegsjahre Geschriebene war unannehmbar; unbrauchbar war dasjenige, was nicht geschrieben stand, aber von jedem Japaner verstanden wurde, der in den letzten 25 Jahren in Japan zur Schule gegangen war. Eine relativ bedeutungslose Heldengeschichte, die ein dutzendmal in jedem amerikanischen Jugendmagazin hätte erscheinen können, wurde, wenn mit den richtigen Augen gelesen, zur nationalistischen Propaganda. Die Phrasen, langweilig und gewöhnlich für einen solchen Japaner, der im Ausland, innerhalb eines fremden Kulturkreises, aufgewachsen war, wurden gefühlsgeladen, wenn sie von einem Japaner gelesen wurden, der in der Ära der Gedankenkontrolle groß geworden war. Die durch den Drill der Schuljahre sich steigernde Wirkung bestimmter ethischer Begriffe erzeugte einen Effekt, der den augenfälligen Inhalt der simplen Geschichte weit übertraf.« [3]

Nicht viel anders verhielt es sich mit dem Buch »kokutai no hongi«, das als programmatisches Grundsatzwerk des ideologischen Tennoismus konzipiert war. Es nahm nicht inhaltlich, aber in seiner Bedeutung einen ähnlichen Platz ein wie in Deutschland »Mein Kampf« oder »Der Mythos des 20. Jahrhunderts«. Ursprünglich von einem Professor für klassische japanische Literatur an der kaiserlichen Tokio-Universität geschrieben, erhielt das »kokutai no hongi« seine endgültige Fassung von dem Leiter des »Büros für Gedankenkontrolle«, Enkichi Ito, der wegen »falscher Gedanken« zwischen 1928 und 1945 60 000 Japaner verhaften ließ. Das Buch wurde 1937 ohne Verfassernamen als offizielles Dokument herausgegeben und zunächst an Lehrer von Volks-, Mittel- und Oberschulen verteilt. Es erreichte 1943 eine Auflage von 2 Millionen Exemplaren. Nach dem Kriege konnte von den Besatzungsbehörden nicht eine einzige Ausgabe sichergestellt werden.

Dem Leserkreis von gebildeten Erwachsenen entsprechend, versuchte das »kokutai no hongi« eine kulturphilosophische Erklärung für die politische Sendung Japans zu geben. Es enthielt eine Zusammenstellung der sogenannten Kardinalprinzipien der nationalen Wesenheit, um die Genesis der Nation, ihren Geist und seine Manifestation in der Geschichte aufzuzeigen. Dadurch sollte die lebende Generation ideologisch und moralisch aufgerüstet werden. Dieses Dokument des Tennoismus war in der Aussage überheblicher, in der Form bestimmter und im Stil kerniger als die Lehrbücher des Moralunterrichts. Die Ostasien vom japanischen Sendungsbewußtsein drohenden Gefahren wurden deutlicher ausgesprochen, so daß es sich stellenweise wie eine ideologische Kriegserklärung an die Nachbarvölker las. Um aber die chauvinistischen Leidenschaften und militaristischen Energien tatsächlich anzufachen, mußten Propagandisten durch geschickte Interpretation nachhelfen. Dadurch erhielten bestimmte Begriffe eine emotionale Ausstrahlungskraft, die in der deutschen Übersetzung kaum erkennbar werden. Ihr aufgedunsener Gefühlswert entsprach in seiner Wirkung etwa der Magie, die von dem Begriff »das Reich« auf national-völkische Gemüter in Deutschland ausgegangen ist.

Trotz seiner dem europäischen Stil nahekommenden Direktheit und Deutlichkeit aber war auch das »kokutai no hongi« charakteristisch für das auf Gummisohlen schleichende Pathos der Japaner, denn das Buch war in einem so klassischen Japanisch geschrieben, daß es von einem Durchschnittsleser kaum verstanden werden konnte. Während die Demagogen Europas Wert darauf legen, auch den Dümmsten zu erreichen, pflegen japanische Volkstribunen die Kunst einer wolkigen Klassik. Selbst im Zeitalter der Massen achten sie auf aristokratische Distanz; als sei ihr Wissen ein Geheimnis und nicht für die öffentlichen Märkte bestimmt.

Auch in der welthistorischen Stunde des 15. August 1945 wurde am gemeinen Volk vorbeigeredet. Als an diesem Tage der Tenno zum ersten Mal über den Rundfunk zu seinen Untertanen sprach und ihnen zum ersten Mal in der Geschichte bekanntgeben mußte, daß Japan einen Krieg verloren hatte, gebrauchte er das kaum verständliche Hofjapanisch. Seine vagen Umschreibungen für die Katastrophe, in die Worte gekleidet, die Kriegssituation habe sich nicht unbedingt zu Japans Vorteil entwickelt und die Strömungen in der Welt seien seinen Interessen zuwidergelaufen, waren so klassisch stilisiert, daß die seiner Rede im ganzen Land gebannt lauschenden Massen nur ahnen, aber nicht genau wissen konnten, was passiert war. Als Parallele stelle man sich vor, der letzte deutsche Wehrmachtsbericht wäre in mittelhochdeutsch veröffentlicht worden.

In einer Kultur des Nichtsprechens wird von dem Medium der Sprache ein ganz anderer Gebrauch gemacht als in Europa. Der Japaner liebt Zwischentöne und neigt zum Weglassen, wie ja auch in seinen Tuschbildern das Weiß oft beredter als das Schwarz ist. Deshalb ist er nicht zum Volksredner geboren; es liegt ihm nicht, das Schlagwort als Waffe und die Demagogie als Kunst zu üben, und er kann sich in unserem Sinn auch nicht kurzfassen. Sein Mangel an Pathos – ganz im Gegensatz zu den Chinesen, die Mao Tse-tung mit Phrasen in Hysterie versetzt hat – ist nicht zuletzt einer der Gründe, warum Japan nach dem Kriege so selten die Aufmerksamkeit der Weltöffentlichkeit erregt hat. Es gibt dort eine Fülle guter Gedanken und Ideen, die es wert wären, von der Welt gewußt zu werden, aber sie sind in fremde Sprachen so schwer übersetzbar und können vor allem von den Journalisten nicht in schlagzeilenartiger Prägnanz wiedergegeben werden. Über Japan läßt sich deshalb eigentlich nur in Vierteljahreszeitschriften berichten, für die Kürze von Tageszeitungen bleibt es ein undankbares Objekt. Auch schon deshalb, weil man als Ausländer für so vieles, was geschieht, nicht kurz und bündig erfahren kann, *warum* es geschieht.

Es war 1963 auf der Tenno-Reise durch die Provinz Aomori an der Nordspitze von Honshu. Vor dem Sportstadium der Provinzhauptstadt, in dem die Schuljugend zu gymnastischen Vorführungen angetreten war, schritten Kaiser Hirohito und Kaiserin Nagako zum ersten Mal nach dem Kriege die Front einer Ehrenkompanie der Selbstverteidigungsstreitkräfte ab. Es war fernab von Tokios linken Studenten, Sozialisten und Gewerkschaftern ein sensationelles Ereignis. War damit die Entfremdung zwischen Tenno und Armee gebrochen? Sollte in den Beziehungen zwischen Kaiserhaus und Soldaten ein neues Kapitel begonnen werden? Warum aber ausgerechnet in der tiefsten Provinz und nicht in der Hauptstadt? Fragen über Fragen, aber auf der abendlichen Pressekonferenz, die während der Reise täglich von einem Beamten des Hofes abgehalten wurde, schwiegen die japanischen Kollegen. Über den Bruch der Nachkriegstradition wurde kein Wort gesprochen; man war mit den Auskünften, was Kaiser und Kaiserin tagsüber gegessen und getrunken hatten, vollauf zufrieden.

Die Frage »Warum ist das so?« bleibt ausgerechnet immer dann unbeantwortet, wenn sie sich einem Europäer direkt aufdrängt. Im Parlament brechen in jahreszeitlicher Regelmäßigkeit Schlägereien, Unruhen und Sitzstreiks aus. Sie gehören zum japanischen Kalender wie Kirschblüte, Regenzeit und Taifune. Ihr Anlaß läßt sich kaum rekonstruieren und interessiert eigentlich auch niemanden. Die Kommentatoren holen einfach ihre Leitartikel vom Vorjahr heraus, polieren sie etwas auf und geben sie dann in Druck. So liest man denn periodisch alle zwölf Monate, das Benehmen der Parlamentarier sei ungehörig und einer demokratischen Nation unwürdig. Die Fernsehfilme über die Zusammenstöße, bei denen Oberhemden, Schlipse, Jacken- und Hosenknöpfe auf der Walstatt bleiben, seien direkt jugendgefährdend, denn das Rowdytum der in den Schulen als vorbildlich hingestellten Volksvertreter wirke auf die Kinder ansteckend.

Nicht ganz so jahreszeitlich festgelegt sind auch die Umbildungen der Kabinette. Ohne ersichtlichen Grund müssen Minister und Parteifunktionäre regelmäßig Sessel und Ämter räumen. Diesem Bäumchen-wechsel-dich-Spiel brauchen weder Meinungsverschiedenheiten noch Korruptionsaffären vorauszugehen. Es findet auch dann statt, wenn das Kabinett das beste und kollegialste aller nur denkbaren Kabinette ist. Kurz vor einer solch unlogischen Regierungsumbildung telefonierte ein ausländischer Kollege bei den verantwortlichen Stellen herum und erkundigte sich, aus welchem Grunde denn nun eigentlich die meisten Minister gehen müßten. Im Parteihauptquartier der Liberal-Demokraten bekam er die Antwort, der Regierungswechsel sei fällig, weil es Sommer wäre.

Gleichgültig gegenüber dem »Warum«, lassen Japaner auch eine Sturzflut von Worten und Begriffen über sich ergehen. »Unser Ziel«, so hieß es im Programm einer rechtsradikalen Partei, »ist die Revolution nach dem Vorbild der Glorious Revolution in England; unsere Sozialpolitik ist mit derjenigen der britischen Labour Party vergleichbar; in Fischereifragen blicken wir nach Norwegen und in unserer Landwirtschaftspolitik nach Dänemark. Unsere Präzisionsindustrie richten wir nach Schweizer und unsere Kultur nach französischem Vorbild aus. Die Philosophie entnehmen wir aus Deutschland. Für unser Kaisersystem dienen die monarchischen Institutionen in Großbritannien und Schweden als Vorbild. Am Nationalsozialismus lernen wir den Kampf gegen den Kommunismus. Wir glauben aber auch an den Liberalismus, um den Faschismus nicht groß werden zu lassen, und wir studieren den Kommunismus, um den Kapitalismus zu bekämpfen.« [4]

Im Geiste eines naiven Positivismus, aus allen Himmelsrichtungen das Beste zu nehmen, vereinigte nach dem Kriege eine religiöse Sekte in aller Unbefangenheit das christliche Kreuz, den Davidstern, den mohammedanischen Halbmond und das Hakenkreuz zu ihrem geistlichen Symbol. Nicht weniger unbefangen aber ist auch das Erziehungsministerium. In den Lehrbüchern des wiedereingeführten Moralunterrichts werden als vorbildliche Persönlichkeiten in einem Atemzuge genannt: Jesus, Kennedy, Lincoln, Kant, Buddha, Rousseau, Konfuzius und Tolstoi. Dem Japaner wird die Kunst zugetraut, die verschiedenen Moralvorstellungen dieser Großen der Weltgeschichte schon im Volksschulalter auf einen gemeinsamen Nenner zu bringen. Gelegentlich hat der Gebrauch von Namen, Worten und Begriffen etwas Formel- und Schablonenhaftes. Bei der Unbekümmertheit, mit der sie zitiert, kombiniert und gemischt werden, scheint es so, als werde mit ihnen im Grunde nur gespielt oder als würden sie beschworen, damit sie durch ständiges Wiederholen und Nachbeten eines Tages ihren Inhalt und Sinn offenbaren. Dieser Eindruck wird noch durch die Erfahrung bestärkt, daß der Japaner zum Abstrahieren und Theoretisieren gewöhnlich keine große Begabung mitbringt, sondern eher dazu neigt, sich den Zugang zum Unbekannten und Fremden durch magische Schlüsselworte zu erschließen. Gerade der Namens- und Begriffs-Mischmasch des zitierten politischen Programms ist ja nichts weiter als ein Schlüsselbund für viele Türen, hinter denen politische Paradiese vermutet werden. Durch bloße Formeln hofft man, in sie eindringen und von ihnen profitieren zu können, ähnlich wie sich auch das Religiöse für manche nur dadurch erschließt, daß sie es mit intellektuell unverdauten Worten beschwören. Je gängiger und populärer diese sind, desto magischer kann ihre Wirkung sein.

Hier muß auf die Vorliebe des Japaners für Zahlen hingewiesen werden. Er hat eine Schwäche, alles in Statistiken, Kurven und graphischen Darstellungen aufzulösen. Man nehme einmal Jahrbücher von Ministerien, Betrieben und auch kulturellen Organisationen zur Hand und vergleiche sie mit ähnlichen Publikationen in Europa. Dort wird versucht, sie durch journalistische Politur lesbar zu machen; in Tokio dagegen sind sie die Fleißarbeit eines Mathematiklehrers. Der Japaner hat eine ungeheure Hochachtung vor Prozentzahlen und glaubt mit ihnen jedes Thema erfassen und erschöpfen zu können. Er fühlt dabei etwas Konkretes in der Hand, das er getrost nach Hause tragen kann. Sie sind sein Schlüssel zu allen Wissensgebieten, die ihm bei interessanter, spannender, literarischer und rhetorischer Darstellung allein ziemlich verschlossen bleiben würden. Aber gleichzeitig steht gerade der Japaner mit Zahlen ständig auf dem Kriegsfuß; seine Liebe zu ihnen ist so groß, daß sie häufig unexakt sind und sich widersprechen. Aber gerade das reizt ihn noch mehr und spornt ihn immer wieder von neuem an in der Hoffnung, daß die Endergebnisse eines Tages doch stimmen werden. Bei einem solchen Bemühen um die Zahl als dem Schlüssel zur Welt muß sie zwangsläufig magische Qualitäten annehmen.

Ein weniger abstraktes Beispiel sind die populärsten Zigarettenmarken »Peace« und »Hope«. Seit 1945 gehen »Frieden« und »Hoffnung« in Japan tagtäglich millionenfach in blauen Dunst auf. Die Entstehungsgeschichte dieser beiden am meisten gekauften Zigaretten ist unbekannt, aber es wäre denkbar, daß die Werbefachleute nach dem Kriege beraten haben: »Was will unser Volk? Frieden! Und was braucht unser Volk? Hoffnung! Raucht es Frieden, hat es Frieden; raucht es Hoffnung, hat es Hoffnung!« Durch diese Kalkulation mit dem Bedürfnis nach Amuletten, die etwas versprechen und gleichzeitig vor etwas schützen, hat die Tabakfabrik Millionen gemacht.

Amulettworte der Kriegs- und Vorkriegszeit waren »der groß-ostasiatische Krieg« und »die ganze Welt unter einem Dach«. Ihrer magischen Wirkung wegen wurden sie 1945 von der Besatzungsmacht ausdrücklich verboten. »Es hätte dieses Verbotes nicht bedurft«, schreibt Joseph Roggendorf SJ. »Im Angesicht der Niederlage war die Hohlheit dieser Parolen offenbar geworden. Ja sie waren, wie japanische Soziologen es formuliert haben, eigentlich schon lange Amulettworte gewesen, denen man, ohne sich über ihren Sinn klar zu sein, eine magische Bedeutung im Kampf um die Selbsterhaltung beimaß. Sie wurden nun beiseite gelegt, so wie man sich eines Amuletts entledigt, das seine Dienste getan hat. Tatsache ist freilich, daß seit dem Untergang der tennoistischen Ideologie Hohlräume in der japanischen Seele entstanden sind, die weitgehend durch ideologische Amulettworte, nun überwiegend westlicher Herkunft, verschleiert werden.« [5] Damit sind Begriffe wie Freiheit und Demokratie gemeint, an die man wiederum vor allem wegen ihrer Popularität und Gängigkeit, aber weniger wegen ihres weltanschaulichen Inhalts glaubt. Sollten sie eines Tages die in sie gesetzten Erwartungen nicht erfüllen und sich in der Stunde der Bewährung als magisch schwach erweisen, können sie wie ein Amulett, das enttäuscht hat, aus dem Gedächtnis gestrichen werden.

Die Kultur des Nichtsprechens hat viele Erscheinungsformen; man muß sie erleben, um genauer zu wissen, was damit gemeint ist. Mit einem Bekannten diskutierte ich eines Abends in einem Teehaus in Akasaka über Zen-Buddhismus. Er versuchte mir zu erklären, daß für einen Japaner zwei und zwei auch fünf sein könnten. Das ganze Gespräch glich einer artistischen Gedankenspielerei und dauerte bei Reiswein, rohem Fisch und Tempura ein paar Stunden. Am Schluß bat er eine Geisha, Pinsel, Tuschblock und Zeichenpapier zu holen; er wolle mir zur Erinnerung eine Kalligraphie schenken. Er malte ein einziges Schriftzeichen: mu – auf deutsch: nichts. Warum? Ich solle alles vergessen, was ich gehört hätte. Der Abend sei zwar schön, unterhaltsam und interessant, aber im Grunde doch »nichts« gewesen. Man könne die Welt mit Worten nicht lösen.

Anläßlich eines Fernsehfilms war ich bei dem Großindustriellen Matsushita in Kyoto zu Gast. Wir gingen durch den großen blumenlosen Garten seines wunderbaren altjapanischen Hauses; über geharkte Kieswege und gewölbte Brücken aus Naturstein, vorbei an gepflegten Rasen, Steinlaternen und einem Karpfenteich. Jenseits des Bambuswäldchens, dessen grüne Stämme, wie von einem Maler entworfen, aus einem mit weißen Kieselsteinen bedeckten Boden wuchsen, stand ein kleiner Schrein, der nicht größer als eine Truhe und demjenigen der Sonnengöttin in Ise nachgebildet war. Auf einem mit einer Bastmatte belegten runden Stein versenkte sich Matsushita in ein kurzes Gebet. Er habe hier, so sagte er, ein Papier mit dem handgemalten Schriftzeichen für »kongen«, auf deutsch »das Eine«, eingeschreint. Der Begriff sei für Europäer wahrscheinlich schwer verständlich; man könne ihn vielleicht mit Gott übersetzen. Anschließend ließ er mich in einem winzigen, auf Pfählen ruhenden Teehaus an seiner allmorgendlichen Teezeremonie teilnehmen. Wir Europäer werden wahrscheinlich nie ganz hinter Sinn und Bedeutung der Teezeremonie kommen; warum alles so feierlich, schweigsam und rituell zugehen muß, denn für uns ist und bleibt der Tee ein Genußmittel. Das Kochen des Wassers, das Schlagen des grünen Tees, der dabei schaumig wird, und das Ritual des Servierens und Trinkens dauerten 45 Minuten. Die Teeschale, aus der Matsushita trank, war mehrere hundert Jahre alt. Wenn er sie in der Hand halte, erfühle er Vergangenheit und Gegenwart Japans. Die Teezeremonie sei in den bürgerkriegsähnlichen Wirren des Mittelalters von den Samurai eingeführt worden. Sie hätten sich dabei am Vorabend der Schlacht innerlich gesammelt. Er übe die Teezeremonie seit zwanzig Jahren beinahe jeden Morgen. Aber während ihrer Dauer habe er in diesen zwanzig Jahren mit seinem Teemeister, einem der berühmtesten des Landes, noch kein Wort gesprochen. Eine stumme Zwiesprache zwanzig Jahre lang jeden Morgen für 45 Minuten – welcher Europäer hielte ein solches Schweigen aus?

Mehrere Jahre vor seinem Tode wurde ich von Altministerpräsident Yoshida in seinem Haus in Oiso am Meer bei Tokio zu einem Interview empfangen. Als wir den Raum betraten, kniete eine Dienerin vor ihm auf dem Orientteppich und nahm seine Wünsche entgegen. Yoshida saß im schwarzen Kimono auf einen Stock gestützt und wie sein Vorbild, Sir Winston Churchill, eine schwere Zigarre rauchend, in einem Korbsessel. Das Gespräch begann 1908 in Berlin, als er als junger Diplomat im Tiergarten Kaiser Wilhelm II. begegnet war, und endete bei seinen auch in deutsche Sprache übersetzten Nachkriegsmemoiren. Ich fragte ihn, warum er in seinen Erinnerungen nicht ein einziges Mal China erwähne; Peking sei doch für Tokio von allergrößter Wichtigkeit, und es erscheine mir einfach unglaubhaft, daß sich ein japanischer Ministerpräsident niemals über Mao Tse-tung Gedanken gemacht habe. Yoshida antwortete darauf: »China ist für alle Zeit Japans größtes Problem. Deshalb konnte ich über China nicht schreiben.«

TOKIO-PEKING

Bevor der vom Alliierten Militärtribunal in Tokio zum Tode verurteilte Kriegsminister General Itagaki am 23. Dezember 1948 unter den Galgen trat, schrieb er folgendes Gedicht:

Vergeßt nicht, meine Freunde,
meine Freunde im Lande Kara (altes Wort für China)
daß es selbst jetzt nur ein,
ein einziges Ostasien gibt. [1]

Während des Prozesses erklärte der später ebenfalls gehängte Oberbefehlshaber der japanischen Truppen in Shanghai, General Iwane Matsui: »Der Kampf zwischen Japan und China war immer ein Kampf zwischen Brüdern innerhalb der asiatischen Familie ... Ich habe in all den Jahren immer geglaubt, daß wir den Kampf als ein Mittel anzusehen haben, um die Chinesen zur Selbstbesinnung zu veranlassen. Wir haben das alles nicht getan, weil wir sie hassen, sondern weil wir sie im Gegenteil zu sehr lieben. Es ist genau wie innerhalb einer Familie, wenn ein älterer Bruder das schlechte Benehmen seines jüngeren Bruders nicht mehr ertragen kann und er ihn züchtigen muß, damit er sich anständig benimmt.« [2]

Was die beiden hingerichteten Armeeführer vorgaben, mit China gewollt zu haben, ist eingetreten. 700 Millionen Chinesen sind erwacht und haben auf den Trümmern des japanischen Imperiums ihren alten Traum von Größe und Macht verwirklicht. So gesehen könnte die angebliche japanische Selbstlosigkeit gegenüber seinem Brudervolk nachträglich in einen nationalen Opfergang Japans zur Erreichung des höheren Ziels umgedeutet werden, die Herrschaft des weißen Mannes in Ostasien ein für allemal zu brechen. Es gäbe also eine heimliche Achse Tokio–Peking und damit, um ein banales Schlagwort zu gebrauchen, »die gelbe Gefahr«.

Mit Stimmungen asiatischer Bruderschaft begannen um die Jahrhundertwende die japanisch-chinesischen Beziehungen. Damals studierten auf den Universitäten in Tokio und anderen Städten Tausende von jungen Chinesen, die sich zum Sturz der Mandschu-Dynastie und zur Modernisierung ihres Mutterlandes zu revolutionären Bünden und Geheimgesellschaften zusammenschlossen. Darüber hinaus fanden politisch Verfolgte aller Schattierungen in Japan Asyl. Der Revolutionsheld Dr. Sun Yat-sen, dessen Anhängerschaft anfangs besonders unter den Übersee-Chinesen groß war, weilte mehrere Jahre in Japan und war mit führenden Politikern befreundet. Tschiangkaischek studierte auf japanischen Militärakademien, und auch aus der zweiten Garnitur der Maoisten saßen manche in ihrer Jugend in japanischen Hörsälen. 1905 wurde in Tokio der organisatorische Grundstein der nationalen Kuomintang-Partei gelegt. Selbst Mao Tse-tung wurde von den ideellen Strömungen der in Japan studierenden Übersee-Chinesen beeinflußt. 1904 bewunderte er den Revolutionär seiner Heimatprovinz Hunan, Huang Hsing, der aus Japan in die Provinzhauptstadt Chang-sha zurückgekehrt war und Bombenattentate verübte. Als junger Mann las Mao begeistert die Schriften des aus Japan agierenden Extremisten Liang Chi-chao. Mao Tse-tungs wichtigster Lehrer, dessen Tochter er später heiratete, war ebenfalls in Japan gewesen. Von dort her hörten Chinesen auch zum ersten Mal von einer sozialistischen Bewegung im fernen Europa.

Japan übte vor allem aufgrund des siegreichen Krieges gegen das zaristische Rußland 1904/05 auf die chinesischen Revolutionäre eine große Anziehungskraft aus. Sie sahen, wie ein kleines Land, das kühn den Weg der Modernisierung beschritten hatte, erstarkte und militärische Leistungen vollbrachte, die in jener Zeit weltweites Erstaunen erregten.

Die Bewunderung vieler Chinesen für das bis dahin ziemlich unbekannt gewesene Nachbarvolk war schon frühzeitig mit Regungen eines panasiatischen Nationalismus gekoppelt. Sun Yat-sen sagte in jener Zeit zu dem japanischen Nationalisten Toyama, der einer der führenden Ideologen der imperialen Sendungsaufgabe des Tennotums war: »Ich hoffe, daß Japan so mächtig wird, daß es die Ketten der Angelsachsen zerbrechen und die Befreiung der Asiaten herbeiführen kann. Die asiatischen Völker müssen sich fest zusammenschließen, um das Ziel eines Großasiens zu erkämpfen und eine neue und gemeinsame ostasiatische Kultur zu schaffen.« Der Japaner erwiderte darauf: »Dazu aber muß vor allem China sich erneuern und stark werden. Eine chinesische Revolution ist die Vorbedingung zur Bildung Großasiens. Diese Revolution wollen wir gemeinsam ins Leben rufen. Sie soll ein Symbol sein für die Zusammenarbeit der beiden ostasiatischen Völker.« [3] Viele Jahre später gab Toyama dem aus Japan nach China zurückkehrenden Tschiangkaischek zum Abschied folgende Mahnung mit auf den Weg: »Dein Lehrer Sun Yat-sen sagte immer, ›China muß sich mit Japan zusammenschließen, um gegen die Feinde Asiens gemeinsam zu kämpfen. Das ist der zukünftige Weg Chinas.‹ Dieses Wort Deines Lehrers sollst Du nie vergessen. Unsere Länder gehören zusammen. Ohne China ist Japan kein Japan, ohne Japan ist China kein China.« [4] Die Geschichte nahm jedoch eine ganz andere Entwicklung. Der chinesische Nationalismus wurde von Japan verraten.

1914 verletzten die Japaner bei der Eroberung der deutschen Kolonie Kiaotschou mit ihrer Hauptstadt Tsingtao die chinesische Neutralität. Kurze Zeit später stellten sie an China die berüchtigten 21 Forderungen. Tokio verlangte die Zulassung japanischer Berater für politische, militärische und wirtschaftliche Fragen bei der chinesischen Regierung und in bestimmten Städten die Aufstellung einer gemischt chinesisch-japanischen Polizei. Die Forderungen, die praktisch auf eine diplomatische Unterwerfung des Reiches der Mitte abzielten, wurden von den Chinesen zurückgewiesen.

Bei der Friedenskonferenz in Versailles mußte China zähneknirschend zustimmen, daß die ehemals deutschen Rechte in der Provinz Shantung an Japan übertragen wurden. Auf den chinesischen Universitäten kam es daraufhin zu einem antijapanischen Sturm und in den Städten zu einem Boykott japanischer Waren. 1928 landete ein japanisches Expeditionskorps in Shantung, um gegen das Vordringen der Truppen Tschiangkaischeks zu intervenieren. Im gleichen Jahr flog in der Mandschurei der Eisenbahnzug des mächtigen, aber Japan nicht gefügigen Chang Tso-lin in die Luft. Tokio schürte ferner eine mandschurische Unabhängigkeitsbewegung, die die Nordostprovinzen von China loslösen und für selbständig erklären sollte.

1931 ging Japan dann zur offenen Aggression über. Es benutzte die angeblich von Chinesen verübte Sprengung der südmandschurischen Eisenbahnlinie bei Mukden als Vorwand, die Nordostprovinzen zu besetzen und den Satellitenstaat Mandschukuo zu errichten. Im Frühjahr 1932 landeten für kurze Zeit japanische Truppen in Shanghai. Nach einem Schußwechsel an der Marco-Polo-Brücke bei Peking brach dann am 7. Juli 1937 der Japanisch-Chinesische Krieg aus. Die ehemalige Kaiserstadt wurde besetzt, und es fielen Tientsin, die nationalchinesische Hauptstadt Nanking, im Oktober 1938 Kanton in Südchina und Hankau am Mittellauf des Yangtse. Tschiangkaischek und seine Regierung flüchteten weit ins Innere des Landes nach Chungking. Damit kontrollierte Japan sämtliche Küstenprovinzen und hatte China den Zugang zum Pazifischen Ozean abgeschnitten.

Am japanischen Imperialismus aber entzündete sich der chinesische Nationalismus und ergriff wie ein Präriebrand das ganze riesige Reich der Mitte. In seinen Flammen verbrannte eine der am meisten bewunderten Kulturen der Erde, und aus der Asche stieg schließlich ein Regime auf, das heute zu den gefürchtetsten der Welt gehört. Japan war der Geburtshelfer des Maoismus. Er siegte nicht so sehr als sozialrevolutionäre Bauernbewegung, sondern als antiimperialistischer Volkssturm gegen die japanischen Eindringlinge. Mao Tse-tung triumphierte als nationaler Freiheitsheld und Schmied des Reiches, und das chinesische Volk versprach sich von ihm die Rettung der Nation. Getragen vom Begeisterungsrausch vaterländischer Sehnsüchte konnte er am 1. Oktober 1949 auf dem Tor des Himmlischen Friedens der alten Kaiserstadt Peking die Volksrepublik China ausrufen. Als Mao Tse-tung danach die bürgerlich-demokratische Phase der Revolution für beendet erklären und die »sozialistische« einläuten wollte, erlitt sein Regime schwere Rückschläge. Angefangen von der gewaltsam gebremsten »Hundert-Blumen-Periode« über den gescheiterten »großen Sprung vorwärts« bis hin zur »Kulturrevolution«, die die monolithische Einheit der Pekinger Führungselite zerbrach, drohte sein utopischer »Sozialismus« zu scheitern.

Japan war in all den Jahrzehnten seines diplomatischen und militärischen Imperialismus gegen China nicht frei von einem Gefühl des schlechten Gewissens. Einflußreiche panasiatische Kreise durchschauten die Parole der Militärs »Asien den Asiaten« als Lüge zur Tarnung kontinentaler Eroberungspläne. Sie propagierten das Schlagwort in einem national selbstloseren Sinne und zeigten für den chinesischen Nationalismus große Sympathien. In ihren Augen sollte Japan die Geburt eines übernationalen Ostasiens und im Zusammengehen mit China einen heiligen antikolonialistischen Krieg gegen die Weißen vorbereiten. Einer der bekanntesten Panasiaten war der engste Mitarbeiter des Spions Richard Sorge, der später hingerichtete Hotsumi Ozaki. In politischen Kreisen von Tokio sehr angesehen, hat er bei der weltanschaulichen Mobilmachung zum Krieg gegen Amerika eine zwielichtige Rolle gespielt. Er haßte die japanischen Militärs wegen ihres Verrats an China und kämpfte mit prokommunistischen Ideen für einen asiatischen Block gegen den Imperialismus der Weißen.

Ein anderer Panasiate aus jenen Tagen ist der heute in Peking lebende, aus alter Adelsfamilie stammende Kinkazu Saionji. Er wurde 1947 in das japanische Oberhaus gewählt, aber ging nach dem Koreakrieg freiwillig für immer nach China. Mit der maoistische Prominenz auf gutem Fuß, gilt er als eine Art Verbindungsmann zwischen Tokio und Peking und wird von japanischen Besuchern der chinesischen Hauptstadt regelmäßig konsultiert. In seinem Kommunismus aber sind die panasiatischen Akzente wahrscheinlich stärker als die sozialistischen. Saionji und der während des Krieges zum Tode verurteilte und hingerichtete Spion Ozaki sind umstrittene Repräsentanten einer Richtung, die durch ein ostasiatisches Rapallo die Bruderschaft zwischen Japanern und Chinesen erreichen will.

Vor 1941 reichte der Widerstreit zwischen nipponistischem Imperialismus und panasiatischer Solidarität bis tief in das japanische Volk. Eine Augenzeugin, Lily Abegg, erinnert sich: »Die innere Unruhe der Japaner wuchs erheblich seit der Zeit des mandschurischen Zwischenfalls. Man hatte dauernd das Gefühl, daß dieses Volk für seine weitreichenden Pläne und Ambitionen innerlich noch nicht reif, noch nicht fertig sei. Durch den Chinakonflikt wurde die geistig wache Jugend, auch in der Armee, geradezu in Verzweiflung gestürzt. Melancholie, schwärzester Pessimismus, Nervenzusammenbrüche, Selbstmorde aller Orten. Es wurde kein Ziel und kein Ende dieses Konflikts gesehen. Was hatte er überhaupt für einen Sinn? Was konnte man den Chinesen schon bringen? Es stimmte an allen Enden nicht. Es sollte in China Ordnung geschaffen werden. Aber nach welchem Prinzip? Jeder Japaner wußte, daß China kein Kolonialland wie etwa die Mandschurei war, und niemand rechnete auf die Dauer mit einer japanischen Militär- oder sonstigen Herrschaft dort. Was konnte Japan China überhaupt bieten? Pünktliche Eisenbahnen, Asphaltstraßen und Fabriken? Das konnten schließlich die Westländer auch. Die japanische Kaiseridee war für China unbrauchbar, schon im Falle Mandschukuo war das ein schwieriges Problem gewesen. Das moderne Japan war aufgrund des shintoistischen Glaubens, der nicht exportfähig war, groß geworden. Damit kam man nicht weiter. Pearl Harbor wirkte nach diesen Jahren des gesteigerten Mißvergnügens und Suchens wie eine Erlösung. Das chinesische Brudervolk wurde vergessen und geriet in den Hintergrund. Der Kampf gegen die weiße Rasse war zwar auch keine positive, sondern nur eine negative Parole, aber instinktiv war dieser Kampf für jeden Japaner etwas Natürliches, etwas, das er sofort begriff. Sein Ressentiment wurde ausgelöst.« [5]

Nach dem Kriege entwickelte das japanische Volk China gegenüber ein Gefühl der Schuld und eine moralische Verpflichtung zur Wiedergutmachung. Schuldbekenntnisse in Parlament und Presse an die Adresse der Chinesen wurden verhältnismäßig populär. Ähnliche Worte gegenüber den Vereinigten Staaten aber kamen Japanern in Erinnerung an Pearl Harbor nie über die Lippen. Deshalb konnte in den fünfziger und noch Anfang der sechziger Jahre der Eindruck entstehen, als gerate Japan so stark in das Magnetfeld Chinas, daß nach der ersten Phase der Eroberung nun eine zweite der »Unterwerfung« anbreche.

Peking war sich der psychologischen Schwäche des von ihm gefürchteten Inselvolkes wohl bewußt und packte es propagandistisch bei seiner antikolonialistischen Ehre. Um es reif für die Revolution zu machen, versuchten die Maoisten die Antipathien gegen die Besatzungsmacht zu einem militanten Antiamerikanismus anzuheizen. Scharf zwischen dem »verführten« Volk und der kapitalistischen Regierung trennend, wurde Tokio vorgeworfen, es habe durch seine Hörigkeit gegenüber Washington das einst so stolze und nationalbewußte Japan zu einer amerikanischen Kolonie erniedrigt. Militaristen und Revanchisten schmiedeten zum zweiten Mal Kriegspläne gegen das rassisch und kulturell verwandte China und machten Japan erneut zum Werkzeug eines weißen Imperialismus. Wolle denn Japan Ostasien wiederum verraten? Tokio und Peking hätten eine heilige Mission zu erfüllen und dürften niemals getrennt werden. Im Vergleich zur panasiatischen Morgenröte zu Beginn dieses Jahrhunderts war das Verhältnis zwischen beiden Völkern plötzlich umgekehrt. Nicht Japan entwickelte mehr die motorischen Energien für eine ostasiatische Solidarität, sondern China; und wie es damals Chinesen gab, die Tokios Worten glaubten, so gibt es heute Japaner, die auf Peking hören.

Das neue China begann seine Japan-Diplomatie etwa 1953 nach dem Ende des Koreakrieges. Peking ließ im Wege der Familienzusammenführung 26 000 in China lebende Japaner repatriieren und entließ bis zum Sommer 1956 auch 1 500 japanische »Kriegsverbrecher«; die letzten kehrten acht Jahre später zurück. In jener Periode des diplomatischen Lächelns erklärten die Maoisten zur Frage der Reparationen, sie wollten die japanische Nachkriegsgeneration nicht für Verbrechen bestrafen, die vor ihrer Geburt geschehen seien. Außerdem lockten sie mit Versprechungen eines glänzenden China-Handels, der für Japan von vitaler Bedeutung ist. Chinesischem Wunsch gemäß etablierten sich in Tokio »freundliche« Firmen, die keine Geschäfte mit Formosa machten, Zurückhaltung im Amerika-Handel übten und Verständnis für den Kampf gegen den japanisch-amerikanischen Sicherheitsvertrag zeigten. So manche dieser »freundlichen Firmen« waren Tochtergesellschaften alteingesessener, renommierter Großunternehmen. Wegen ihres politischen Gehorsams gehören japanische Geschäftsleute auf den internationalen Frühjahrs- und Herbstmessen im südchinesischen Kanton, nach Auffassung ihrer Kritiker, zu den unterwürfigsten. Nach manchen Wellenbewegungen steht Japan heute im China-Handel von allen nichtkommunistischen Ländern an erster Stelle. Im Herbst 1965 konnten die Chinesen einen ihrer propagandistisch bisher lautesten Erfolge im Werben um die Japaner feiern. Damals zogen viele hundert japanische Jugendliche durch die Straßen von Peking und Shanghai und protestierten lärmend gegen die proamerikanische »Sklavenhaltung ihrer militaristisch-kapitalistischen« Regierung in Tokio.

In der China-Berichterstattung der japanischen Presse überwogen jahrelang positive Meldungen und Reportagen. Vor allem Angehörige der »verlorenen Generation« junger Intellektueller kehrten tief beeindruckt von Peking zurück und veröffentlichten ihre gefühlvollen Erlebnisse. Einer von ihnen war der Schriftsteller Kenzaburo Oe. Im Alter von zehn Jahren erlebte er 1945 die nationale Katastrophe seines Vaterlandes und die schockartige Erschütterung der traditionellen Wertvorstellungen. Er begann seine literarische Karriere mit Themen über die dekadente Jugend, für deren Orientierungslosigkeit er die im Land stationierten amerikanischen Truppen verantwortlich machte. Was ihn als Asphaltgänger seiner heimatlichen Riesenstädte im neuen China besonders faszinierte, war der Eindruck, daß die zweite und dritte Generation der maoistischen Führungselite gesunden, kraftstrotzenden Bauernsöhnen gleiche. Mao Tse-tung, so schrieb er, sei ein östlicher Philosoph und Führer, der in ihm wieder ein Gefühl menschlicher und geistiger Erneuerung geweckt habe. »Die Erleuchtung, die mich während meiner Zusammenkunft mit Mao Tse-tung überkam, war derart, daß ich wieder stolz auf den Geist Ostasiens wurde – ich, ein junger Mann, der an einer japanischen Universität französische Literatur studiert hat.« [6]

Innerlich ähnlich bewegt schrieb nach seiner Teilnahme an einem wissenschaftlichen Symposion in Peking auch Kiyoshi Inoue, Professor an der angesehenen Universität von Kyoto. Die Völker des Ostens seien in den letzten hundert Jahren immer bestrebt gewesen, sich dem Westen unterzuordnen, um auf wissenschaftlichem Gebiet vorwärtszukommen. Die Tage in Peking hätten ihm jedoch bewiesen, daß die Zeit, da man das Wissen und die Kunst des Westens als einzige und höchste Werte gepriesen habe, endgültig vorbei seien. In Zukunft würden auch die Völker des Ostens wieder erblühen und den Blumengarten der Menschheit verschönern, denn schließlich hätten die Wiegen der menschlichen Zivilisation ja in ihren Ländern gestanden.

Den undefinierbaren Geist des Ostens mit der Seele suchend, werden die panasiatisch veranlagten Völkischen von den rechten Traditionalisten bis zu den linken Progressiven China-sentimental. Das Reich der Mitte ist die Mutter der japanischen Kultur und hat auf das Inselvolk einen ähnlichen Einfluß wie das antike Rom auf die Germanenstämme ausgeübt. Um die Mitte des 6. Jahrhunderts kamen vom Festland Buddhismus, Dichtung, Philosophie, Malerei, Architektur und Musik herüber. Das damals noch barbarische Japan importierte auch Eßstäbchen, Kimonos, Tatami-Matten, Judo und das Go-Spiel. Gleichzeitig lernte die Yamato-Rasse von dem hochzivilisierten Kaiserreich, wie man ein Land regiert und verwaltet und bei Bauern und Fischern Steuern einzieht. Die frühen Hauptstädte Nara und Kyoto wurden der chinesischen Residenzstadt Chang-an der Tang-Dynastie nachgebaut. Der wahrscheinlich am tiefsten gehende Einfluß aber ging von der Übernahme der chinesischen Schrift aus. Die Vergewaltigung der japanischen Sprache in die ihr total wesensfremden, komplizierten Zeichen bleibt das Unbegreiflichste an diesem Kulturexperiment, bei dem andere Völker wahrscheinlich sinisiert worden wären, Japan jedoch seine völkische Andersartigkeit behaupten konnte.

Dieses Erbe seiner Kultur begann Japan vor hundert Jahren zu verleugnen. Um zu werden, was es heute ist, mußte es sich von seinen Nachbarvölkern abwenden und in Ostasien den Weg der Vereinsamung gehen. Freiwillig und von keiner ausländischen Macht gezwungen, suchte sich Japan seine Vorbilder in Europa und Amerika und lockerte dadurch zwangsläufig seine Bindungen zu dem kulturellen und geographischen Raum, in den es hineingeboren ist. Besonders die Jugend stürzte sich mit einer gelegentlich schon ans Pathologische grenzenden Neugier und Besessenheit auf alles Europäische und Amerikanische und vernachlässigte das Wissen um das viel näher liegende Ostasien.

Noch heute haben die westlichen Disziplinen an den Universitäten einen weiten Prestige-Vorsprung vor den asiatischen Fächern. An der Tokio-Universität gab es Anfang der sechziger Jahre für das zweijährige, allgemeinbildende Pflichtstudium für Studenten aller Fakultäten 30 Professoren und Lektoren für Englisch, 34 für Deutsch, 14 für Französisch, aber nur einen einzigen Professor für Sprache und Literatur Chinas. In der Philosophischen Fakultät studierten damals 92 Studenten Französisch, 76 Englisch, 33 Deutsch, aber nur 13 Chinesisch. Noch unasiatischer war der Bildungsgang der Fakultät für »liberal arts«, die einer zahlenmäßig kleinen Allround-Elite vorbehalten ist, die später Spitzenpositionen in Verwaltung und Industrie besetzen soll. Diese auf deutschen Universitäten unbekannte Fakultät zur Heranbildung einer hochqualifizierten, aber nicht hochspezialisierten Akademikerschaft bot ihren Hörern Kurse in Amerika-, England-, Frankreich-, Deutschland- und Rußland-Kunde, aber keine Vorlesungen über Politik, Geschichte und Kultur Chinas. Das Hauptinteresse der japanischen Bildungsschicht konzentriert sich auf die Länder des Westens, von deren hohem Zivilisationsgrad ihr Intellekt mehr als von den wirtschaftlich rückständigen Ländern Asiens angezogen wird. Darüber

Unruhiges Japan Studenten gegen Polizisten . . .

. . . Polizisten gegen Studenten

1. Mai 1968: Ministerpräsident Sato am Galgen. Die Linke ist fotogen, aber der japanische Arbeiter konservativ.

hinaus genießen die für europäisch-amerikanische Wissensgebiete zuständigen Professoren auch gesellschaftlich ein höheres Ansehen als die für Fragen Ostasiens zuständigen Ordinarien. Japan will lieber ein Teil des fernen Westens als des Fernen Ostens sein.

Es stürzte sich mit atemberaubender Bravour in den Prozeß der technisch-zivilisatorischen Verwestlichung und hat dabei wie kaum ein anderes Land Schaden an seinem Charme und seiner Schönheit genommen. Die gängigen Wege, die heute von Tokio nach Kobe und von Shimonoseki nach Nordkyushu führen, sind Schneisen durch eine unbeschreiblich häßliche Industrielandschaft. Zwischen Werften, Stahlwerken, Montagehallen, Raffinerien, Fabriken, Holzhäusern und Mietskasernen schieben und drängen sich in ameisenhafter Dichte Millionenmassen um einen Platz an der Sonne. Das Japan, aus dem der Westen einmal den Ruf aus dem Osten hörte, scheint tot zu sein und der Weg auf der Suche nach seiner Kultur direkt ins Museum zu führen. Ist das Land überhaupt noch ein Schnittpunkt oder nicht schon längst nur noch ein chaotisches Durcheinander von Ost und West? Traditionen und Modeeinflüsse vermischen sich zu einer nervenbelastenden Atonalität. Nichts scheint mehr echt, alles nur noch künstlich zu sein. Verliert Japan bei diesem Opfergang der Modernisierung seine asiatische Seele?

Diese Frage stellen sich auch Japaner, und dabei regt sich in ihnen, ob sie rechts oder links stehen, ein Heimweh nach Ostasien. Der prominente Kulturkritiker Katsuichiro Kamei, der als radikaler Linker begann, wegen aufrührerischer Ideen verhaftet wurde und sich später zu einem asiatischen Traditionalisten entwickelte, die kulturellen Spannungen seines Landes also persönlich durchlitt, schrieb 1954 in seinem vieldiskutierten Buch »Idealporträt des modernen Japans«: »Im Gegensatz zu dem Eifer, mit dem seit der Ära Meiji die Europäisierung angestrebt wurde, ist der asiatische Aspekt unseres Lebens sträflich vernachlässigt worden. Ich glaube, daß die Geringschätzung, oder vielleicht sollte man sagen Undankbarkeit, die wir Japaner Asien gegenüber an den Tag gelegt haben, die Tragödie des modernen Japans ist ... Ich selbst bin niemals durch Asien gereist, sondern habe es mir nur durch Bücher angeeignet. Nichtsdestoweniger hat mir der Rückblick auf die japanische Geschichte gezeigt, daß Asien im Geist der Japaner zu allen Zeiten lebendig war. Uns allen ist bekannt, wie die Kultur

Asiens, verwandelt und höchst verfeinert, Teil vom Fleisch und Blut der japanischen Kultur wurde. Ich jedoch hielt, wie die meisten jungen Männer in den letzten sechzig und siebzig Jahren, Asien für uns nicht von erstrangiger Bedeutung. Meine Unkenntnis und Indifferenz gegenüber China und Indien haben mich überhaupt nicht gestört, denn ich war von Europa fasziniert. Ich dachte, daß unsere erste Aufgabe die Aneignung des europäischen Wissens sei, und dabei vernachlässigte ich das Studium der Weisheit des Ostens ... Aufgrund der Tatsache, daß sich Japan als erstes Land des Orients modernisierte, begann es etwa seit der Zeit des Russisch-Japanischen Krieges eine Haltung äußerster Überheblichkeit gegen die Völker Asiens zu entwickeln. Sie war die andere Seite der Medaille unseres Minderwertigkeitskomplexes gegenüber den Europäern und drückte sich in einer Art Brutalität gegen die asiatischen Völker aus. Wir können nicht leugnen, daß wir dazu neigten, sie als unsere Sklaven anzusehen ... Der Grund dieser Tragödie liegt in unserer verbissenen, übereilten Modernisierung. Wir versuchten verzweifelt, die europäische Zivilisation zu meistern, und dabei verloren wir etwas sehr Wertvolles: die Liebe Asiens ... Was war die Folge? Japan wurde im Osten das Stiefkind des Westens, und als Konsequenz scheint es jetzt sein Schicksal zu sein, das Stiefkind des Ostens zu werden ... Für mich ist die Rückkehr nach dem Osten weniger eine politische als eine sittliche Aufgabe und entspringt im Grunde einem Schuldbewußtsein dem Osten gegenüber.« [7]

Die Propagandisten eines Heimwehs nach Ostasien sind des Balanceaktes zwischen den Kulturen müde geworden. Durch Versenkung in den Mutterschoß des Asiatischen hoffen sie auf eine Erlösung von der anstrengenden Wanderschaft zwischen zwei Welten. Sie träumen von einem einfachen Leben, idealisieren die Vergangenheit, wollen zurück zur Natur, raus aus den Städten, den Asphalt gegen die Scholle und die Maschine gegen den Pflug eintauschen. Die Rückbesinnung auf Blut und Boden und völkisch-romantische Patentrezepte sollen das Leben in der modernen Industriegesellschaft endlich wieder konfliktlos machen. Der europäische Geist erscheint ihnen als Widersacher ihrer asiatischen Seele!

Bei der Asien-Empfindsamkeit kommt noch ein anderes psychologisches Moment hinzu. Das von Ehrgeiz getriebene Japan, in dem durch die dauernde Ausrichtung nach Europa und Amerika ein

Unterlegenheitsgefühl nagt, kann in Ostasien ausruhen und entspannen. Blickt es von Korea über China und den Staatengürtel im tropischen Süden bis nach Indien, wird es sich seiner alle diese Länder übertrumpfenden Leistungen bewußt und kann vor sich selbst bestehen. In diesem Erdteil ist der Japaner frei von Komplexen und kann mit sich selbst froh und glücklich werden. Dem Westen verfallen und an seinem Vorbild leidend, braucht er Ostasien für seine Selbstbestätigung.

Diese psychologischen, kulturellen und rassischen Gründe, aufgrund des Krieges aktualisiert durch ein Gefühl der Schuld, sind das emotionale Polster der japanischen China-Sentimentalität. Sie ist komplex und irrational, an kein Parteibuch gebunden, auch unabhängig von arm und reich und beeinflußt in starkem Maße das Klima und die Entscheidungen der Politik. Denn vor allem bei den Linken und Progressiven hat die China-Sentimentalität das Stadium des Stimmungshaften verlassen und ist durch die Machtergreifung Mao Tse-tungs, durch den Sieg einer asiatisierten Richtung des europäischen Kommunismus zu einer relativ gefestigten und artikulierten Weltanschauung geworden. Die Linken sind gegenwärtig Japans beste Asiaten und am weitesten in das Magnetfeld des Maoismus geraten.

Die zahlenmäßig kleine Kommunistische Partei wird dabei durch den Konflikt zwischen Peking und Moskau hin und her gerissen. Vor der chinesischen Kulturrevolution lagen ihre Sympathien eindeutig auf seiten der Maoisten. Sie schwächten sich später ab, bis es dann 1967 zum offenen Bruch kam. Die japanischen Genossen versuchten einen ähnlich neutralen Kurs zu steuern wie die in jener Zeit von Peking ebenfalls als revisionistisch attackierten Nordkoreaner. Da die Kulturrevolution mit ihren blindwütigen Rücksichtslosigkeiten gegen Freund und Feind aber wahrscheinlich eine Ausnahmeperiode des Maoismus war, werden die Chinesen ihren propagandistischen Amoklauf gegen ihre Gesinnungsfreunde in Japan eines Tages möglicherweise energisch stoppen. Die durch den kulturrevolutionären Taumel provozierte Feindschaft ist deshalb auf beiden Seiten aller Voraussicht nach nur temporär. Denn die Kommunisten in Tokio werden ihre Haltung zum Streit zwischen Chinesen und Sowjets nicht von abstrakt ideologischen Gründen abhängig machen, sondern auf die Stimme ihres rassischen Verwandtschaftsgefühls hören. Bei ihnen hat Peking, einfach weil sie Japaner sind, Moskau gegenüber einen beträchtlichen Vorsprung, denn Vorurteile und Spannungen zwischen Gelb und Weiß lassen sich bei dem Konflikt nicht ausklammern.

Gänzlich unbeschadet von der Kulturrevolution und ihren Exzessen in Wort und Tat blieb die tiefe Sympathie der japanischen Linkssozialisten für Peking. Ihre Partei ist ideologisch total konfus und macht halsbrecherische Trapezkunststücke mit Chinesen, Sowjets, der Ostberliner SED, den westdeutschen Sozialdemokraten, französischen Gaullisten und amerikanischen Gewerkschaftern. Während in der Sturm-und-Drang-Periode der chinesischen Roten Garden die Kommunisten in eigentlich allen Ländern in Deckung gingen, propagandistisch zurückschossen oder das gespenstische Schauspiel teilnahmslos verfolgten, schlug ausgerechnet das angeblich nichtkommunistische Herz der Sozialisten in Tokio für die Maoisten besonders stark.

Die Identifizierung der Linkssozialistischen Partei mit Peking geht so weit, daß ihre außenpolitischen Erklärungen aus der Feder von Mao Tse-tung stammen könnten. Aber innenpolitisch ist sie recht brav und hat auch während des Krieges in Vietnam keine Fanfaren zu einer wilden Bilderstürmerei geblasen. Die Schizophrenie ihrer Empörung nach außen und Zahmheit nach innen ist eine Folge ihrer ideologischen Verwirrung und organisatorischen Schwäche. Die linken Sozialisten werden von einer Proteststimmung *gegen*, aber nicht von einem kämpferischen Willen *für* etwas zusammengehalten. Sie sind mit Peking *gegen* Amerika, aber damit noch lange nicht *für* eine der maoistischen ähnliche Revolution in Japan.

Die Trotzreaktion gegen die Vereinigten Staaten ist nicht auf die Linke allein beschränkt, sondern regt sich verschieden temperiert in allen Parteien und ist deshalb ein grundsätzliches Element der politischen China-Sentimentalität. Es hängt ganz wesentlich von der bisher stark von Generalen und Admiralen mitbestimmten amerikanischen Fernostpolitik ab, ob zwischen Japanern und Chinesen eine der Europa-Idee ähnliche Ostasien-Vision, die gegenwärtig noch nicht formuliert ist, begünstigt wird. Es mehren sich in den USA akademische Stimmen, die fragen, ob die in Ostasien stationierten Divisionen tatsächlich Amerikas nationalem Interesse dienen. Washington spiele sich zu einem fernöstlichen Polizisten auf. Asiaten aller Nationalitäten aber reagierten nun einmal empfindlich, wenn sie, ob zu Recht oder Unrecht, das Gefühl hätten, bevormundet und gegängelt zu werden. Weniger Präsenz werde deshalb für Amerika politisch wahrscheinlich mehr zu Buch schlagen.

Bei der vielfältigen Schattierung der japanischen China-Freunde bleibt es durchaus denkbar, daß sich ihre Sympathien für Peking abkühlen, wenn nach dem Abzug der US-Truppen die Reibungsfläche mit Amerika, an der sich ihr panasiatischer Funke entzündet, wegfällt.

Das Janus-Gesicht der japanischen China-Sentimentalität ist bei den grundsätzlich proamerikanisch eingestellten Liberal-Demokraten beinahe maskenhaft. Erinnerungen an China als die frühe Mutter der japanischen Kultur flocht besonders gern der zwischen 1960 und 1964 amtierende Ministerpräsident Ikeda in seine Reden ein. Er neigte dazu, die kulturellen Unterschiede zwischen Ost und West zu betonen und Europäer und Amerikaner mit erhobenem Zeigefinger zu ermahnen, ihr Wissen über die geistigen, historischen und geographischen Besonderheiten Asiens zu vertiefen, wenn sie über diesen Teil der Welt Urteile fällen wollten. Japan, so sagte Ikeda einmal, habe seine Hand am Puls von China, fühle Land und Volk durch die Haut und sei deshalb den Vereinigten Staaten trotz ihrer guten Informationsquellen in der Beurteilung Pekings überlegen.

Einer der bekanntesten Peking-Lobbyisten im Lager der Konservativen, Kaheita, erklärte einmal, das japanische und chinesische Volk hätten in den vergangenen 50 Jahren zwar gegeneinander gekämpft, aber der Geist der Bruderschaft sei dadurch nicht vollständig untergegangen. Sie könnten sich untereinander über vieles verständigen, ohne sich vorher erklären zu müssen. Ein anderer Liberal-Demokrat schrieb, Japan und China seien längst vor dem Aufkommen von Kapitalismus und Kommunismus miteinander in Kontakt gewesen. Diese Tatsache könne durch eine zeitweilige Verschiedenheit ihrer politischen Systeme nicht aus der Welt geschafft werden. Beide Völker verbinde die unerschütterliche Realität einer östlichen Moral und Geistesverfassung, die auf einem jahrtausendealten Erbe beruhe. »Als Antikommunist bin ich natürlich über die militärische Drohung und aggressive Politik Chinas besorgt. Als Asiate jedoch kann ich nicht umhin, darüber Genugtuung zu empfinden, daß Peking die Vereinigten Staaten, die stärkste Macht des Westens, herausfordern kann.« [8] Der Altkonservative Takasaki schlug die Zusammenlegung der Eisen- und Stahlindustrien beider Länder nach dem Vorbild des Schuman-Plans vor.

Bei allen Freundschaftsbeteuerungen aber bleiben die Traditionalisten realistisch. Sie sind von dem experimentellen Utopismus Mao Tse-tungs weder fasziniert, noch starren sie wie das Kaninchen auf die Schlange zum Festland hinüber. Bei ihnen mischen sich existentielle nationale Lebens- mit vorausschauenden Wirtschaftsinteressen. Die Patriarchen des Konservativismus sind im 19. Jahrhundert geboren und in einer Zeit in die Schule gegangen, da Japan mit heimlicher Bewunderung und stiller Liebe, aber auch mit Arroganz und gönnerhafter Geringschätzung auf China blickte. Ein typischer Vertreter dieser gefühlsambivalenten Richtung war Shigeru Yoshida. In einem der letzten Artikel vor seinem Tode bezweifelte er, ob die Chinesen tatsächlich »gute« Atombomben bauen könnten; eine richtige Ahnung von diesen Dingen hätten doch nur Japaner, ließ er durchblicken. Als Vermächtnis hinterließ er Japan das antiquierte Pflichtgefühl, das kommunistische China wieder auf den rechten Weg zurückzubringen. »Aufgrund seiner rassischen und historischen Beziehungen würde Japan gut daran tun, kühn genug zu sein, sich niemals von China abzuwenden, sondern es zu führen. Ich glaube, daß eine solche Zeit mit Sicherheit kommen wird und kommen muß.« [9]

Die die Richtlinien der japanischen Politik in absehbarer Zeit bestimmenden Kräfte der Tradition lassen, vom amerikanischen Interessenstandpunkt aus gesehen, China gegenüber vieles im unklaren. So tauchte in einer Regierungserklärung kurz nach der diplomatischen Anerkennung Pekings durch Paris, die auf Tokio wie ein politischer Tiefschlag gewirkt hatte, der Name China nicht ein einziges Mal auf. Auch bei den jährlichen japanisch-amerikanischen Ministertreffen vermieden die Vertreter Nippons in der Öffentlichkeit jede Formulierung, die sie in bezug auf Peking festgelegt hätte. Tokio blieb reserviert, zog sich auf einen Ohne-mich-Standpunkt zurück und redete wie das Orakel von Delphi. Am liebsten schwieg es, aber gerade dieses Schweigen war der zuverlässigste Gradmesser für die disziplinierte Erregung in der China-Frage.

Auffallend war ferner die Verschiedenartigkeit der Reaktion bei kritischen Japan-Urteilen in den USA und schwerstem Propogandabeschuß aus Peking. Wenn die Maoisten erklärten, Japan schwimme im Kielwasser des US-Imperialismus, und seine Ministerpräsidenten würden wie die ehemaligen Kriegsverbrecher am Galgen enden – wenn sie antiamerikanische Demonstrationen als patriotische Heldentaten lobten und ihre Hand zum Bündnis gegen die Vereinigten Staaten anboten – dann war die Antwort in Tokio Schweigen. Die Presse schwieg, die Liberal-Demokratische Partei duckte sich, und auch die Regierung sagte kein Wort. Wenn aber andererseits amerikanische Unternehmerkreise eine Einfuhrbeschränkung für japanische Baumwollerzeugnisse forderten, sprachen die Zeitungen von Diskriminierung, die Liberal-Demokraten von der Notwendigkeit einer Überprüfung der japanisch-amerikanischen Beziehungen, und die Regierung instruierte ihren Botschafter in Washington vorstellig zu werden. Die leiseste Kritik eines Provinzblättchens im tiefsten Westen der USA erregte die Gemüter mehr als alle Anpöbeleien der Maoisten. Nur Amerikas, nicht Chinas Worte wurden auf die Goldwaage der nationalen Empfindlichkeit gelegt; und auch nur der Vorwurf der Amerika-Hörigkeit war erlaubt – die Beschuldigung, China hörig zu sein, wäre unhöflich gewesen.

Die Konservativen blieben auch unerklärlich stumm, wenn ihre politischen Gegner bei Besuchen in Peking zu propagandistischen Husarenritten bliesen. 1965 brachte der Leiter einer japanischen Industrieausstellung in Shanghai und Sprecher der auf der internationalen Messe in Kanton versammelten japanischen Geschäftsleute mit seinen chinesischen Gastgebern einen Toast auf den gemeinsamen Kampf gegen den US-Imperialismus aus. Japaner und Chinesen müßten zusammenstehen, bis der letzte Amerikaner aus Ostasien vertrieben sei. Auch Delegationen der Linkssozialisten durften mit den Maoisten antiamerikanische, antikapitalistische, antirevanchistische und antimilitaristische Kommuniques jedweden Kalibers unterschreiben, ohne daß ihnen die Liberal-Demokraten daraus im nächsten Wahlkampf einen politischen Strick gedreht hätten.

In der öffentlichen China-Diskussion ging die Tatsache, daß China heute maoistisch ist, fast vollkommen unter. Die kommunistischen Aspekte des Pekinger Regimes traten weitgehend in den Hintergrund, und im Westen gängige Urteile wie »aggressiv«, »expansiv«, »terroristisch« und »gefährlich« wurden gemieden. Für weite

Kreise des Volkes wurde China deshalb immer noch von »Chinesen« und nicht von »Maoisten« regiert. Bei den Bürgerlichen war die grundsätzliche Tendenz spürbar, den Maoismus als eine am chinesischen Volkscharakter scheiternde Zeiterscheinung hinzustellen und sich auf den Tag einzurichten, an dem man es in Peking wieder mit »alten« Chinesen zu tun haben werde. Charakteristisch für diese mehr durch die Haut empfundene als durch intellektuelles Wissen abgestützte Interpretation war die Meinung Yoshidas: »Mao Tsetung wird nicht für immer das Idol der Chinesen bleiben, denn der jahrhundertealte Konfuzianismus ist mit dem Kommunismus unvereinbar. Allein aufgrund dieser Tatsache glaube ich nicht, daß sich der Kommunismus in China über längere Zeit halten kann. Er wird sich nur zu Lebzeiten von Mao Tse-tung und anderer Politiker behaupten können.« [10]

Die rein asiatische Beurteilung des 700-Millionen-Volkes dominierte auch in den Analysen des Konflikts zwischen Peking und Moskau. Japaner haben den europäischen Kreml-Astrologen, die meistens ohne Ostasien-Erfahrung in der China-Frage jahrelang tonangebend waren, stets mißtraut. Sie hielten die aus der Entwicklung des europäischen Kommunismus entlehnten Kategorien zur Erklärung der chinesisch-sowjetischen Spannungen für zweifelhaft und warfen dem Westen vor, aufgrund rassischer Vorurteile in den Chinesen »die Bösen« und in den Russen »die Guten« zu sehen. Bei den Japanern überwog die nationalistische Deutung, wonach der Bruch im Lager des Weltkommunismus seine Wurzeln in dem nationalen Selbstbehauptungswillen der Chinesen gegen die expansionistische Politik der Sowjetrussen habe. Deshalb warnten japanische Stimmen schon 1956 davor, an eine Achse Peking–Moskau zu glauben. Sie wollten den Westen bereits zu einer Zeit vor Irrtümern bewahren, als die europäischen Kreml-Astrologen die öffentliche Meinung noch im entgegengesetzten Sinn monopolisierten.

Japan ist in der China-Frage nonkonformistisch. Sein intellektuelles Spektrum reicht von jenen, die den chinesischen Mut vor Kreml-Thronen ihrem unterentwickelten eigenen Nationalismus als Vorbild empfehlen, bis zu der Mehrheit jener akademischen Sinologen, über die der durch seine China-Analysen in Fachkreisen bekannte Hongkonger Jesuitenpater Ladany urteilte: »Die akademischen Kreise Japans, die sich mit China beschäftigen, benötigen im Grunde eine psychoanalytische Katharsis, um China von einem unparteiischen Standpunkt aus sehen zu können. Das unparteiische Studium des heutigen China ist niemals leicht, aber in Japan ist es praktisch unmöglich, weil die emotionale Verwicklung objektive Analysen im höchsten Grade ungünstig beeinflußt. Dazu kommen noch die fast lähmend wirkenden Folgen eines marxistisch beeinflußten geistigen Horizonts.« [11]

In der Vergangenheit gab es deshalb an der japanischen China-Politik, besonders von seiten der Amerikaner, herbe und harte Kritik. Im Oktober 1965 erklärte der Fernost-Sachverständige im State Department, William P. Bundy: »Wir glauben, daß ein großer Teil der japanischen Öffentlichkeit die Situation im kommunistischen China ganz entscheidend mißversteht und Japan die Bedrohung seiner eigenen Interessen, wenn Südostasien erst einmal von den Chinesen beherrscht wird, in schwerwiegendem Maße unterschätzt. Auch die chinesischen Atomexplosionen haben den in Japan weitverbreiteten Standpunkt nicht geändert, daß Pekings militärische Gefahr und politische Ambitionen von den USA übertrieben würden. Es scheint selbst in konservativen Kreisen eine Tendenz zu geben, den chinesischen Kommunisten mit der gleichen Toleranz zu begegnen, mit der in Japan radikale Studenten geduldet werden.« [12] Werden Urteile dieser Art von der zukünftigen Entwicklung widerlegt werden?

Bei aller China-Sentimentalität im Volk und dem prochinesischen Lärm der marxistischen Linken ist die Regierung in Tokio in den Nachkriegsjahrzehnten einen unabhängigen Weg gegangen. Sie hat sich weder von der einen Seite in die Schützengräben des Kalten Krieges drängen lassen, noch der anderen Seite Konzessionen in politischen Prinzipienfragen gemacht. Der Sicherheitsvertrag mit den USA gilt weiter und soll 1970 verlängert werden; auch die diplomatischen Beziehungen mit dem Regime Tschiangkaischeks auf Formosa sind nicht abgebrochen worden. Ob Peking die politischen Daumenschrauben antiamerikanischer und antiformosanischer Bedingungen anzog, den Handel abrupt unterbrach oder einladend lächelte: Tokio bestand auf der Trennung von Wirtschaft und Politik und entsandte trotz starken innenpolitischen Drucks keinen Botschafter in die chinesische Hauptstadt. Wenn die Japaner gegenwärtig im China-Geschäft von allen nichtkommunistischen Ländern an erster Stelle stehen, dann nicht, weil sie selbst, sondern weil die Chinesen in Grundsatzfragen nachgegeben haben.

Die Anklagen der Maoisten gegen Militarismus und Revanchismus wortlos ignorierend, verdiente Japan an den antikommunistischen Kriegen in Korea und Vietnam. Bei amerikanischen Kriegen in Ostasien geht es dem Land wirtschaftlich am besten. Es unterschrieb einen Friedensvertrag mit dem antimaoistischen Formosa, einen Normalisierungsvertrag mit dem kommunistenfeindlichen Südkorea und Reparationsabkommen mit den ehemaligen Kriegsgegnern in Südostasien; es stellte die Kerntruppe einer zukünftigen regulären Armee auf; baute Raketen und eine für friedliche Zwecke bestimmte Atomindustrie; verbot die Einreise prominenter Peking-Funktionäre; verweigerte nach China eingeladenen Jugendlichen die Pässe; zeigte sich interessiert an der wirtschaftlichen Erschließung des sowjetisch-chinesischen Grenzlandes Sibirien; beteiligte sich mit 800 Millionen Mark an der Asiatischen Entwicklungsbank und legte durch Wirtschaftshilfe um China einen Einkreisungsring der Prosperität. Vollkommen unideologisch und niemals auf die Karte des Kalten Krieges setzend, erreichte Japan im Alleingang mit beinahe traumwandlerischer Sicherheit eine politische Position in Ostasien, in der es heute von Ost und West, von Amerikanern, Chinesen und Russen, fast gleichermaßen umworben wird. Sollte es diese beneidenswerte Stellung opfern, nur weil die Chinesen Asiaten sind?

Könnte nicht vielleicht sogar das genaue Gegenteil eintreten und sich am Maoismus ein neuer japanischer Nationalismus entzünden? Als während der Olympischen Spiele 1964 im benachbarten China die erste Atombombe explodierte, ging dieses wahrscheinlich welthistorische Ereignis im Rausch und Taumel jener Tage in Tokio fast unter. Mit jeder weiteren Atombombe aber eskalierte Japan plötzlich antichinesische Akzente. Anfang 1966 forderten erste Einzelgänger die atomare Bewaffnung. Die zwanzig Jahre alten Nachkriegstabus um alle Fragen des Militärischen bekamen auf einmal Risse. Das bis dahin Unaussprechbare wurde wieder öffentlich diskutiert. Die emotionale Schwarzweißmalerei verblaßte, und in die Verteidigungsdebatte kamen Grautöne.

Zeitschriften, die als marxistisch und linksintellektuell gegolten hatten, nannten die Haltung des Volkes zu Fragen seiner militärischen Sicherheit in gewagter Sprunghaftigkeit illusionär und utopisch. Fast über Nacht kritisierten Kommentatoren den Hiroshima-Komplex als idealistischen Pazifismus, für den in der realen

Welt des letzten Drittels des 20. Jahrhunderts kein Platz mehr sei. Japan, so konnte man lesen, müsse bereit sein, für seine Sicherheit einen Preis zu zahlen und Opfer zu bringen, die in ihren Ausmaßen denjenigen der Kriegszeit entsprechen könnten. Angesichts der nuklearen Bedrohung aus dem maoistischen China bleibe keine andere Wahl. Die Jahre des angenehmen Wirtschaftswunderlebens, in denen man, unter dem nuklearen Schild der USA geborgen, kaum einen Pfennig für die Rüstungsindustrie ausgegeben habe, seien wahrscheinlich vorbei.

Der ruckartige Klimawechsel fiel in die Ära von Ministerpräsident Sato, der als rechts, national und unsentimental in der China-Frage galt. Er besuchte 1967 mit Ausnahme von Cambodia alle nichtkommunistischen Länder Ostasiens. Die erste Station seiner etappenweise durchgeführten Reise war Südkorea, dessen Tiger-Division – vom Vietcong gefürchtet – in Südvietnam kämpfte. Japaner und Südkoreaner gaben sich damals, zwei Jahrzehnte nach Kriegsende, zum ersten Mal wieder die Hand. Die schweren Studentenunruhen in Tokio, die die zähflüssigen und über 13 Jahre sich erstreckenden Normalisierungsverhandlungen zwischen beiden Ländern begleitet hatten, waren vergessen. Niemand von der Linken ging in Japan mehr auf die Straße und beschimpfte die Militärs in Seoul als Kommunistenfresser und Faschisten. Die Aussöhnung zwischen Japanern und Koreanern war für Tokio eines der schwierigsten Probleme seiner Nachkriegsdiplomatie. Aufgrund ihrer gegenseitigen Erfahrungen in einem halben Jahrhundert japanischer Kolonialherrschaft standen sich beide Seiten mit Haß, Verachtung und Vorurteilen gegenüber. In Seoul konnte eine konstruktive Japan-Diplomatie den Sturz der Regierung bedeuten; in Tokio drohten einem prokoreanischen Ministerpräsidenten Revolten innerhalb seiner Partei und Unruhen der Studenten. Das leidige Kapitel konnte erst im Herbst 1964 abgeschlossen werden. Seit dieser Zeit hat Südkorea mit japanischer Hilfe einen großen wirtschaftlichen Sprung vorwärts gemacht. Zum ersten Mal berechtigt »der kranke Mann südlich des 38. Breitengrades« zu einem gewissen Optimismus. Wer die Hauptstadt Seoul 1962 gesehen hat, erkennt sie heute nicht wieder.

Die zweite Station der Asienreise des japanischen Ministerpräsidenten war Taipeh auf Formosa. Man sagt der rechten Gruppe der japanischen Konservativen nach, daß sie die Insel von großer strategischer Bedeutung für die Sicherheit ihres Landes halte und sich deshalb einer von Peking geforderten Angliederung Formosas an Kontinental-China mit allen diplomatischen Mitteln widersetzen werde. Trotz dieser wahrscheinlich weitverbreiteten Auffassung aber sind die Beziehungen zwischen Tokio und Tschiangkaischek niemals ganz ungetrübt. Bei dem ständigen Seiltanz Japans zwischen den beiden Chinas kann der Generalissimus nicht glücklich werden. Tschiangkaischek hat mehrmals, wenn die Peking-Lobby in Tokio zu stark wurde, mit dem Abbruch der diplomatischen Beziehungen und Mitte 1968 sogar mit der Annullierung des Friedensvertrages gedroht. Er weiß, daß er für seine Rückeroberungspläne des Festlandes in Japan keine Unterstützung finden wird. Auch während des Sato-Besuches redete man auf grundverschiedenen Wellenlängen. Trotzdem aber attackierte Peking die Anwesenheit des japanischen Regierungschefs »auf heiligem chinesischen Boden« als eine unverschämte Einmischung in die inneren Angelegenheiten Chinas. Die Angriffe der Maoisten ignorierend und eine Verschlechterung des Handels mit Kontinental-China riskierend, lud Eisaku Sato den ältesten Sohn Tschiangkaischeks, Verteidigungsminister Tschiang Tsching-kuo, zu einem Gegenbesuch nach Tokio ein. Der in der Sowjetunion ausgebildete und mit einer Russin verheiratete Tschiang Tsching-kuo gilt als Erbe des Regimes seines Vaters. Mit der Gastfreundschaft für ihn meldete Japan sein Interesse an Nationalchina oder besser gesagt an einem unabhängigen Formosa auch für die Zeit nach dem Ableben des greisen Generalissimus an.

Die Reise des japanischen Ministerpräsidenten ging weiter nach der indonesischen Hauptstadt Djakarta. Während seines Aufenthaltes brachen die antikommunistischen Generale Indonesiens die diplomatischen Beziehungen mit Peking ab. Tokio ergriff in internationalem Rahmen energische Initiativen zum Abbau des von Sukarno zurückgelassenen Schuldenberges. In Singapur und Malaysia begegnete Sato einer Beunruhigung über die militärischen Rückzugspläne Großbritanniens »östlich von Suez«. Die burmesische Hauptstadt Rangun war in den Tagen seines Besuches vom Fieber antichinesischer Ausschreitungen geschüttelt. In Laos, einer weiteren Station seiner Reise, herrschte Bürgerkrieg. Ein besonders herzlicher Empfang wurde dem japanischen Ministerpräsidenten in der thailändischen Hauptstadt Bangkok bereitet. Die Thais hatten während des Krieges als einziges Volk auf seiten der Japaner gekämpft. In der philippinischen Hauptstadt Manila legte Sato am nationalen Ehrenmal einen Kranz nieder. Mit Gesten der Versöhnung und Aussöhnung wollte er die psychologischen Wunden aus grausamer japanischer Besatzungszeit heilen. Vergessen war der Krieg in Australien und Neuseeland. In den Hauptstädten beider Länder war Sato nicht der erste japanische Regierungschef. Das politische Interesse von Australiern und Neuseeländern an dem freiheitlichen, stabilen Japan war niemals größer als in der gegenwärtigen Epoche eines unruhigen und alle Prognosen zunichte machenden ostasiatischen Nationalismus, dessen Wellen bis an die Gestade des fünften Erdteils schlagen können.

Der vielbeachtete Höhepunkt der Asienreise war der demonstrative Abstecher Eisaku Satos nach Saigon. Er bedeutete für das dortige, von allen Seiten andauernd kritisierte Regime eine moralische Rückendeckung, wie sie bis dahin kein mit den USA verbündeter Staatsmann in Westeuropa gewagt hatte. Der japanische Regierungschef sprach sich dabei gegen eine bedingungslose Einstellung der Bombenangriffe auf Nordvietnam aus und nahm damit Partei für Präsident Johnson und das Lager der amerikanischen »Falken«. Japan schien plötzlich so Washington-treu wie in der Ära Adenauer-Dulles die Bundesrepublik Deutschland.

Noch 1964 wäre der Besuch eines japanischen Regierungschefs in einem kriegführenden Land Ostasiens mit seiner Guerilla-Atmosphäre, seinen Stacheldrahtverhauen und Sandsackbarrikaden undenkbar gewesen. Aber noch aufschlußreicher für die klimatischen Veränderungen in der politischen Welt Japans war die Selbstverständlichkeit, mit der Eisaku Sato nach Südvietnam reisen konnte. Zwar gab es auf dem linken Flügel seiner Partei Unbehagen, verursachte die Opposition einen Sturm im Wasserglas und demonstrierten an der Anfahrt zum Flugplatz Haneda ein paar hundert wild-fanatische Studenten. Aber die Zengakuren-Schläger ernteten für ihren bravourösen Einsatz von allen Seiten nur Undank. Die Zeitungen, die Linkssozialisten, ja selbst die Kommunisten übten Kritik. Die Öffentlichkeit sprach von Anarchisten, Rüpeln und Rowdies. Und das angesichts des schmutzigen Krieges weißer Amerikaner gegen asiatische Brüder! Dazu vor dem Hintergrund weltweiter Demonstrationswellen gegen »amerikanische Brutalität, Unmenschlichkeit und Aggression«! Was manche Beobachter befürchtet hatten, trat nicht ein: Vietnam brachte in Japan keinen Erdrutsch nach links. Die panasiatischen Solidaritätsgefühle mit dem geschundenen Vietnam waren durch die chinesischen Atombombenversuche neutralisiert worden.

Wie um Akzente zu setzen und letzte Zweifel zu zerstreuen, flog Eisaku Sato nach seiner Reise durch die Randstaaten Chinas zu Präsident Johnson nach Washington. Er kam mit der Überzeugung nach Tokio zurück, daß sich Japan über die nukleare Aufrüstung Chinas keiner Selbsttäuschung hingeben dürfe. Es müsse mit anderen freien Nationen wahrscheinlich ein kollektives Sicherheitssystem entwickeln, um der wachsenden Bedrohung aus dem Reich der Mitte entgegentreten zu können. Die militärische Seite des China-Problems könne in Zukunft nicht mehr übersehen werden. Japan werde sich von der benachbarten Kontinentalmacht nicht nuklear erpressen lassen und stimme aufgrund des atomaren Arsenals der maoistischen Volksrepublik mit Amerika überein, Bedingungen zu schaffen, damit die Nationen Ostasiens nicht dem Druck Chinas ausgesetzt würden.

In den gleichen Tagen erklärte der japanische Botschafter in Washington, Shimoda, der vorher stellvertretender Außenminister und einer der Wortführer der neuen Asien-Strategie gewesen war, Chinas Atombomben stellten Japan vor eine schwere Entscheidung. Wenn Tokio auf die atomare Bewaffnung verzichte, könne das bedeuten, daß Japan die nukleare Herrschaft des Maoismus über ganz Ostasien anerkennen müsse. Das Problem sei so komplex, daß die Entscheidung zukünftigen Generationen überlassen bleiben müsse.

Nach Jahren äußerster Unverbindlichkeit wirkten die plötzliche Sprache der Stärke und die scheinbare Unbeirrbarkeit des Kurses sensationell. Denn früher hatte man von Japanern eigentlich nur gehört, daß die Gefährlichkeit Chinas maßlos übertrieben werde. Kein chinesischer Kaiser habe jemals Nippon angegriffen; warum solle man sich darum ausgerechnet heute, nur weil Mao Tse-tung regiere, fürchten. Seine 2,5 Millionen Soldaten könnten Japan niemals gefährlich werden, denn sie besäßen praktisch weder Flugzeuge noch Schiffe. Auch die Phraseologie der maoistischen Propaganda, Peking sei das neue Zentrum der Weltrevolution, solle man nicht allzu wörtlich nehmen; die Chinesen seien von Geburt Mimen und Schauspieler und liebten nun einmal dramatische Gesten und bombastische Opern.

Erst nach den Atombomben-Explosionen im fernen Sinkiang gab es in Japan einen antichinesischen Ruck. Maoismus, Kommunismus und Unfreiheit waren, weil zu abstrakt und zu westlich interpretiert, vom Volk nie als ernstzunehmende Gefahren verstanden worden. Mit der Atombombe aber trat zur »reinen Lehre« etwas Konkretes, Dingliches und Faßbares hinzu, das automatisch Erinnerungen an Hiroshima und Nagasaki erweckte. Das »nie wieder« von damals aber hatte längst einen anderen Sinn bekommen. Dahinter verbarg sich kein aus der Verzweiflung von 1945 geborener Pazifismus mehr, sondern eine Trotzreaktion nationalen Selbstbewußtseins und Behauptungswillens. Die zunehmende Bereitschaft unter der Bevölkerung, die »unbewaffnete« gegen eine »bewaffnete Neutralität« einzutauschen, ist nur die Spitze eines in seiner ganzen Tiefe und Breite noch unsichtbaren Eisbergs. Chinas Atombomben scheinen der japanischen Nachkriegsentwicklung eine ganz andere Richtung zu geben.

Vieles deutet darauf hin, daß damit nach der innenpolitischen Restauration die Nachkriegsära auch außenpolitisch zu Ende gegangen ist, jene Zeit, da das Land ziemlich steuerlos im Strom der Weltpolitik zu treiben schien und scheinbar nicht wußte, was es tun und wie es sich entscheiden sollte. Der nationale Realismus in der China-Frage fiel zeitlich mit den Rückzugsplänen Großbritanniens »östlich von Suez« zusammen. Durch diese letzten Abwicklungsgeschäfte bei der Auflösung des Britischen Empire wird schon in Kürze in Südostasien ein politisches, wirtschaftliches und militärisches Vakuum entstehen. Tokio und Peking werden es auf unmilitärische Art und Weise auszufüllen versuchen, und dabei werden alte japanische Ideen von einer großasiatischen Wohlstandssphäre auf das Mißtrauen und den Widerstand der Chinesen stoßen. Auch das Ende des Krieges in Vietnam, ganz gleich, wie es aussehen mag, wird die japanisch-chinesischen Reibungsflächen kaum vermindern, sondern wahrscheinlich vergrößern. Man darf gespannt sein, ob Tokio seine bisherige Taktik, sich nicht vor den Wagen einer antikommunistischen Kreuzzugsstimmung jener antichinesischen Heißsporne spannen zu lassen, in deren Gesellschaft es sich in Ostasien befindet, durchhalten wird. Bis jetzt hat die japanische Regierung mit ihrer unideologischen Nüchternheit in der Behandlung Chinas eine glückliche Hand gehabt. Es war eine Periode, die mit den Worten hätte überschrieben sein können: nie über Peking sprechen, aber immer daran denken.

Rassische und kulturelle Verwandtschaften machen zwei stark egozentrisch veranlagte Völker, von denen das eine das »Land der aufgehenden Sonne« und das andere das »Reich der Mitte« bewohnt, nicht automatisch zu Achsenpartnern oder sogar Brüdern. Schon allein die Symbolträchtigkeit der beiden stimmungsintensiven Namen verrät bei Japanern und Chinesen ganz apolitische Veranlagungen zu Nationalstolz und Nationalbewußtsein. Darüber hinaus hat sich Peking in einen solchen Rausch nationalistischer Überheblichkeit hineingesteigert, daß es die ganze Welt gegenwärtig nur durch seine maoistische Brille sieht, nach der außenpolitischen Maxime zu handeln scheint »viel Feind, viel Ehr« und einen Gesprächspartner nur dann akzeptiert, wenn er vorher den Kotau macht. Kein Volk aber ist zum Kotau, egal vor welchen Thronen, unbegabter als das japanische. Angesichts der China-Sentimentalität der Japaner ist die Pekinger Politik Tokio gegenüber phantasielos und ideologisch verblendet. Sie spielt auf dem Klavier der japanischen Linken und vernachlässigt dabei das viel bedeutsamere Instrument des japanischen Konservativismus.

Aber sind Japaner und Chinesen denn überhaupt »verwandt«? Auf die Herausforderung aus dem Westen haben sie diametral entgegengesetzt reagiert. Während sich Japan der Entwicklung flexibel anpaßte und seine Traditionen in die neue Zeit herüberrettete, verfiel China in Bürgerkriege, in denen die alte Ordnung einstürzte. Bei der Staatswerdung seiner familienzentrierten Gesellschaft flossen Ströme von Blut, während den Japanern der gesellschaftliche Übergang vom Mittelalter in die Neuzeit dank des Tennotums relativ leicht gelang.

Der Japaner ist Staatsbürger, Preuße, Soldat und Fähnrich; der Chinese Vagabund, Neapolitaner, Zivilist und Obergefreiter. Japaner können planen, Chinesen improvisieren; die einen sind introvertiert, diszipliniert und national, die anderen extrovertiert, spontan und familiär. Japaner sind ernst, tragen Masken und neigen zu Magengeschwüren; Chinesen sind laut, geborene Schauspieler und haben eine Vorliebe für Fettleibigkeit. Japaner gibt es nur als Japaner; Chinesen dagegen als Kantonesen, Shanghainesen und Nordchinesen. Bei den einen überwiegen die aktiven, bei den anderen die passiven Tugenden. Den Japaner treibt die Pflicht, den Chinesen ein gutes Essen; jener ißt mit den Augen, dieser mit dem Gaumen. Nippons Söhne sind Willensfanatiker, die 700 Millionen

Chinesen Geduldsmenschen. Wegen ihrer »Weisheit des lächelnden Lebens« genossen sie in der Welt große Sympathien; den Japanern aber erging es wie den Deutschen: man bewunderte sie, aber liebte sie nicht.

Die chinesischen Tugenden dieses zwangsläufig groben und vereinfachenden völkerpsychologischen Vergleichs scheinen längst vergangenen Tagen zwischen Opiumkrieg und maoistischer Revolution zu entstammen und auf das neue China nicht mehr anwendbar zu sein. So wenigstens will es die Pekinger Propaganda der Welt glauben machen. Aber kein Außenstehender kann nach nur zwanzig Jahren Maoismus mit Sicherheit beurteilen, wie weit es Mao Tse-tung durch seine radikalen Experimente gelungen ist, den Charakter der Chinesen für seine fernen Ziele zurechtzubiegen. Die Kulturrevolution jedenfalls erlaubt Zweifel, ob »der neue Mensch« bereits geboren ist und überhaupt geboren werden kann. Sie hat bewiesen, daß das Regime an der Erbmasse des chinesischen Volkes immer noch scheitern kann.

In Tokio beginnt es ohne viel und kerniges Gerede zu dämmern, daß China unter Mao Tse-tung oder einem anderen charismatischen Führer zu einer Herausforderung für Japans Existenz als Weltmacht werden kann. Seit hundert Jahren steht hinter der Modernisierung des Landes der Anspruch, sich durch all die Anstrengungen und Leistungen zum heimlichen Sprecher Ostasiens qualifiziert zu haben. Gerade die Vision von einer Führerrolle hat dem Einbruch Japans in die Weltpolitik Dynamik gegeben. Man will als Beobachter nicht einsehen, daß die Bitterkeit der Erfahrung von 1945 den Grundtrieb einer hundertjährigen Sehnsucht erstickt und Tokio vor Peking »kapituliert« hat. Der traditionelle Imperialismus militärischer Art ist zwar tot, und kein Japaner denkt auch nur im entferntesten an Krieg, aber das Atomzeitalter hat neue, unblutige »Imperialismen« entwickelt. Mag es auch so scheinen, als seien die 100 Millionen Japaner den 700 Millionen Chinesen gegenüber, auf die Dauer gesehen, hoffnungslos im Nachteil: für den japanischen Stolz ist die Zahl kein Argument, sondern höchstens ein Ansporn. Es wird Tokio schwerfallen, Ostasien mit Peking »teilen« zu müssen, denn Japaner wollen immer die ersten sein und verzehren sich, wenn sie auf den zweiten Platz abgedrängt werden. Die Spannung mit China macht möglicherweise keine Schlagzeilen, aber man sollte Japans Maske nicht für Schwäche verwechseln.

Für eine Achse Tokio–Peking, die die Voraussetzung einer »gelben Gefahr« wäre, gibt es trotz aller füreinander empfundenen Sentimentalitäten keine Beweise. Die japanischen Traditionalisten auf den Kommandobrücken von Politik und Wirtschaft tragen zwei Seelen, eine östliche und eine westliche, in ihrer Brust und wissen, daß es zur nationalen Bestimmung ihres Volkes gehört, die Spannungen von Ost und West austragen zu müssen, wenn das Erreichte nicht gefährdet werden soll. Im Gegensatz zu den Panasiaten empfinden sie die Gratwanderung auf der Schnittlinie zweier entgegengesetzter Kulturen nicht als Leiden, sondern als Schicksal. Sie können sich ein Heimweh nach Ostasien nur nach Feierabend leisten, aber müssen im Dienst ihre asiatischen Herztöne der pragmatischen Vernunft opfern. Denn wenn Japan dem Gesetz gehorchen will, nach dem es vor hundert Jahren angetreten ist, kann es seine politischen, wirtschaftlichen und geistigen Bindungen an die fremden Kontinente Europa und Amerika nicht mehr rückgängig machen. Es darf zwar aus Neigung östlich, aber aus Pflicht nur westlich sein. Deshalb bleibt es sein Schicksal, sich nicht entscheiden zu dürfen. Japan ist wie kaum ein anderes Land zur Einsamkeit verurteilt.

ANMERKUNGEN

Eine ganz persönliche Betrachtung

[1] Spengler, Oswald: Der Untergang des Abendlandes, Seite 34 und 29
[2] MacArthur, Douglas: Reminiscences, Seite 321 und 355
[3] Baumann, Felix: Japaner-Mädel, Seite 254
[4] Chamberlain, Basil Hall: Allerlei Japanisches, Seite 356
[5] Abegg, Lily: Ostasien denkt anders, Seite 36
[6] *Japan Times*, 6. 12. 67
[7] Sieburg, Friedrich: Die stählerne Blume, Seite 65
[8] Chamberlain: a. a. O., Seite 13

1945

[1] Ruge, Friedrich: Entscheidung im Pazifik, Seite 44
[2] Ruge: a. a. O., Seite 47
[3] Togo, Shigenori: Japan im Zweiten Weltkrieg, Seite 195
[4] Ruge: a. a. O., Seite 110
[5] Ruge: a. a. O., Seite 126
[6] Inoguchi, Rikihei: The Divine Wind, Seite 18
[7] Inoguchi: a. a. O., Seite 19
[8] Inoguchi: a. a. O., Seite V
[9] Ruge: a. a. O., Seite 313
[10] Kurzman, Dan: Japan sucht neue Wege, Seite 215
[11] Shigemitsu, Mamoru: Die Schicksalsjahre Japans, Seite 391
[12] zitiert in: MacArthur, Douglas: Reminiscences, Seite 314
[13] MacArthur: a. a. O., Seite 315
[14] Ruge: a. a. O., Seite 263f.
[15] zitiert in: Ruge: a. a. O., Seite 374
[16] Togo: a. a. O., Seite 266ff.
[17] Togo: a. a. O., Seite 277
[18] Togo: a. a. O., Seite 279
[19] Togo: a. a. O., Seite 288
[20] Harakiri ist der unter Ausländern populäre Begriff für den rituellen Selbstmord. Japaner bevorzugen den aus dem Chinesischen abgeleiteten Ausdruck Seppuku.
[21] zitiert in: Morris, Ivan: Nationalism and the Right Wing in Japan, Seite 24

Kaiser Hirohito

[1] *Japan Times*, 30. 8. 1963
[2] zitiert in: Kurzman, Dan: Japan sucht neue Wege, Seite 151
[3] zitiert in: Pippon, Toni: Japans Reichsentwicklung vom Jimmu-Tenno bis zum Kamakura-Shogunat, OAG XXVIII, Teil F, 1937, Seite 40
[4] Kimase, Seizo: Mitsuro Toyama kämpft für Großasien, Seite 237
[5] Tokutomi, Soho: Die Sendung des japanischen Kaiserreiches, Seite 54
[6] MacArthur, Douglas: Reminiscences, Seite 329f.
[7] zitiert in: Hall, Robert King: Shushin, Seite 29
[8] Shigemitsu, Mamoru: Die Schicksalsjahre Japans, Seite 257
[9] zitiert in: Roggendorf, Joseph: Das moderne Japan, Seite 79
[10] Roggendorf, s. o. Seite 79f.
[11] siehe die ausführliche Darstellung bei: Pippon, Toni: a. a. O.
[12] zitiert in: Kanokogi, K.: Der Geist Japans, Seite 64ff.
[13] *Japan Times*, 4. 1. 1966
[14] *Japan Times*, 4. 1. 1966

Entnazifizierung

[1] MacArthur, Douglas: Reminiscences, Seite 343
[2] MacArthur: a. a. O., Seite 343
[3] Yoshida, Shigeru: Japan im Wiederaufstieg, Seite 130
[4] Yoshida: a. a. O., Seite 135 und 141
[5] Hall, Robert King: Kokutai no hongi
[6] Yoshida: a. a. O., Seite 155
[7] Political Reorientation of Japan, Seite 489
[8] Ausführlich dargestellt in: Baerwald, Hans H.: The purge of Japanese leaders under the occupation; Montgomery, John D.: Forced to be Free
[9] Political Reorientation of Japan: Seite 578
[10] Yoshida: a. a. O., Seite 144
[11] Kurzman, Dan: Japan sucht neue Wege, Seite 218
[12] Ike, Nobutake: Japanese politics, Seite 86
[13] MacArthur: a. a. O., Seite 349
[14] Chamberlain, Basil Hall: Allerlei Japanisches, Seite 164f.
[15] Koosaka, Masataka: Eine Yoshida-These, *Kagami*, Band II, Heft 3
[16] Yoshida: a. a. O., Seite 56f.
[17] Yoshida: a. a. O., Seite 62

Das olympische Jahr

[1] Siehe dazu: *Japan Times*, 2. 4. 1962
The Mainichi Daily News, 1. 1., 3. 1., 4. 1. 1964
[2] *The Mainichi Daily News*, 19. 4. 1966
[3] *Tokyo Shimbun*, 5. 9. 1960 (Übersetzung der US-Botschaft)
[4] *Tokyo Shimbun*, 21. 7. 1962 (Übersetzung der US-Botschaft)
[5] *The Mainichi Daily News*, 22. 1. 1964
[6] *The Mainichi Daily News*, 2. 11. 1965
[7] zitiert in: Morris, Ivan: Nationalism and the Right Wing in Japan, Seite 155
[8] *Japan Times*, 4. 12. 1966
[9] zitiert in: Hans Schwalbe: Nationale Neubesinnung in Japan; Moderne Welt, Heft 3/1967, Econ-Verlag Düsseldorf–Wien

Die Sokagakkai

[1] Ikeda, Daisaku: The Human Revolution, Band I, Seite 169
[2] Ikeda: s. o. Seite 154
[3] Ikeda: s. o. Seite 168
[4] zitiert in: Tanaka, Ken: Togetherness à la Nippon, in: *Far Eastern Economic Review*, Hongkong, 24. 12. 1967
[5] *Dies ist die Sokagakkai*, Heft 4: Praxis der Gläubigen, Seite 4, Seikyo-Press, Tokio
[6] Muramatsu, Takeshi: Die Modernisierung Japans und die Nichiren-Sekte Kagami, Band III, Heft 2, 1965, Seite 39
[7] Nichiren Shoshu Sokagakkai, Seikyo-Press, Tokio, Seite 4
[8] *Dies ist die Sokagakkai*, Heft 7: Die buddhistische Demokratie, Seite 3f., Seikyo-Press, Tokio
[9] Roggendorf SJ, Joseph: Das moderne Japan, Seite 195
[10] Roggendorf: s. o. Seite 192
[11] Trobe, Fred de la: *Die Welt*, 10. 4. 1963
[12] Takase, Hiroi: Sokagakkai, *Kagami*, Band II, Heft 1
[13] Takase: s. o.
[14] Wendt, Ingeborg: Zen, Japan und der Westen, Seite 117/148
[15] Roggendorf: s. o. Seite 154
[16] zitiert in: Chamberlain, Basil Hall: Allerlei Japanisches, Seite 453
[17] Muramatsu: s. o. Seite 44ff.

Die organisierte Rechte

[1] Die im Zusammenhang mit der Ermordung Asanumas angeführten Zitate sind englischsprachigen Tokioter Zeitungen jener Tage entnommen, die der Verfasser verloren hat.
[2] Chamberlain, Basil Hall: Allerlei Japanisches, Seite 244
[3] *Asahi Evening News*, 21. 2. 1961
[4] *The Mainichi Daily News*, 18. 7. 1964
[5] *The Mainichi Daily News*, 26. 7. 1964
[6] Stadlmann, Heinz: *Frankfurter Allgemeine Zeitung*, 26. 4. 1965
[7] *Dies ist die Sokagakkai*, Heft 4: Praxis der Gläubigen, Seite 10 Seikyo-Press Tokio
[8] *Asahi Evening News*, 18. 12. 1963
[9] Tokutomi, Soho: Die Sendung des japanischen Kaiserreichs, Seite 32
[10] Kimase, Seizo: Mitsuro Toyama kämpft für Großasien, Seite 236
[11] zitiert in: Kurzman, Dan: Japan sucht neue Wege, Seite 84

Tokio – Washington

[1] MacArthur, Douglas: Reminiscences, Seite 351/354
[2] MacArthur, Douglas: s. o. Seite 453
[3] *Yomiuri*, 1. 1. 1966
[4] Quigg, Philipp W.: Japan in neutral, in: *Foreign Affairs*, January 1966, Seite 253–263
[5] Press Release der US-Botschaft in Tokio, 5. 12. 1962
[6] Press Release der US-Botschaft in Tokio, 28. 7. 1961

[7] Schinzinger, Robert: Maske und Wesen, Seite 17f.
[8] Itoo, Sei: Die Einsamkeit der Japaner auf Auslandsreisen, *Kagami,* Band II, Heft 2, Seite 83–90
[9] MacArthur, Douglas: a. a. O., Seite 355f.
[10] Political Reorientation: Seite 770

Gesellschaft ohne Grammatik

[1] Togo, Shigenori: Japan im Zweiten Weltkrieg, Seite 104
[2] Reischauer, Edwin O., in: *Foreign Affairs,* Oktober 1960
[3] Schinzinger, Robert, zitiert in: Abegg, Lily: Ostasien denkt anders, Seite 40
[4] Abegg: a. a. O., Seite 88
[5] Abegg: a. a. O., Seite 47
[6] Abegg: a. a. O., Seite 48f.
[7] zitiert in: MacArthur, Douglas: Reminiscences, Seite 309f.
[8] zitiert in: MacArthur: a. a. O., Seite 309
[9] Reischauer, Edwin O.: The United States and Japan, Seite 220

1. Die Armee

[1] MacArthur, Douglas: Reminiscences, Seite 347
[2] Artikel 9 der Nachkriegsverfassung
[3] Yoshida, Shigeru: Japan im Wiederaufstieg, Seite 136
[4] Political Reorientation of Japan, Seite 657
[5] *Japan Times,* 25. 2. 1962
[6] *Japan Times,* 13. 7. 1962
[7] *Japan Times,* 7. 12. 1965
[8] Bersihand, Roger: Geschichte Japans, Seite 435
[9] Sieburg, Friedrich: Die stählerne Blume, Seite 171/173
[10] Yoshida, Shigeru: s. o. Seite 186
[11] Bälz, Erwin: Über die Todesverachtung der Japaner, Seite 70f.
[12] Reischauer, Edwin O.: The United States and Japan, Seite 251

2. Schizophrenie der Industrie

[1] Okochi, Kazuo: Sind die japanischen Löhne und Gehälter niedrig? in: *Kagami,* Band I, 1962
[2] Gutenberg, Erich: Über japanische Unternehmungen, Seite 9f.
[3] Jaeckel, Theodor: Die japanische Arbeiterbewegung, Seite 22f.

3. Väter und Söhne

[1] Abegg, Lily: Ostasien denkt anders, Seite 223

Versteckspiel der Autoritäten

[1] Mochizuki, Kotaro: The Late Emperor of Japan, Seite 145
[2] Bälz, Erwin: Tagebucheintragung 28. 11. 1893

[3] Bälz, Erwin: Tagebucheintragung 12. 2. 1904
[4] siehe dazu den Bericht in: Haushofer, Karl: Japan baut sein Reich, Seite 156
[5] Chamberlain, Basil Hall: Allerlei Japanisches, Seite 8
[6] zitiert in: Mochizuki: a. a. O., Seite 164
[7] Mochizuki: a. a. O., Seite 152
[8] Mochizuki: a. a. O., Seite 146
[9] Bälz, Erwin: Tagebucheintragung
[10] zitiert in: Maruyama, Masao: Thought and Behaviour in Modern Japanese Politics, Seite 17
[11] zitiert in: Maruyama: s. o. Seite 86
[12] Kurzman, Dan: Japan sucht neue Wege, Seite 177f.
[13] zitiert in: Abegg, Lily: Ostasien denkt anders, Seite 270

Oyabun – Kobun

[1] *Asahi Evening News*, 16. 4. 1963
[2] *Japan Times*, 28. 5. 1964
[3] Nakane, Chie: Entdeckung der japanischen Gesellschaftsstruktur, in: *Kagami*, Band III, Heft 2, 1965, Seite 71–104
[4] Nakane: a. a. O.
[5] zitiert in: Lasky, Melven, J.: Reise nach Japan, Der Monat, Juli 1953, Heft 58
[6] Inoki Masamichi: Die Herrschaft der Alten und die politischen Parteien, in: *Kagami*, Band III, 1962

Kultur des Nicht-Sprechens

[1] Erziehungserlaß des Meiji-Tenno
[2] zitiert in: Hall: a. a. O., Seite 19
[3] Hall: s. o. Seite 17
[4] zitiert in: Morris, Ivan: Nationalism and the Right Wing in Japan, Seite 83
[5] Roggendorf, Joseph: Das moderne Japan, Seite 81

Tokio – Peking

[1] zitiert in: Johnson, Chalmers: An Instance of Treason, Seite 128
[2] zitiert in: Maruyama, Masao: Thought and Behaviour in Modern Japanese Politics, Seite 95
[3] zitiert in: Kimase, Seizo: Mitsuro Toyama kämpft für Großasien, Seite 160
[4] Kimase, Seizo: a. a. O., Seite 211
[5] Abegg, Lily: Ostasien denkt anders, Seite 280
[6] *Asahi Evening News*, 30. 8. 1960
[7] zitiert in: Sources of Japanese Tradition, Seite 900ff.
[8] zitiert in: Leng, Shao Chuan: Japan and Communist China, Seite 107
[9] Chuo Koron, Juli 1966 (Übersetzung der US-Botschaft Tokio); siehe ebenfalls: *Japan Times*, 2. 3. 1967
[10] Chuo Koron: s. o.
[11] China News Analysis, Nr. 517
[12] *Yomiuri*, 1. 11. 1965

BIBLIOGRAPHIE

Folgende Zeitungen, Zeitschriften, Dienste und Bücher wurden benutzt und in den genannten Ausgaben auch zitiert – Übersetzungen aus dem Englischen wurden vom Verfasser gemacht:

Japan Times, Tokio

Yomiuri, Tokio

Asahi Evening News, Tokio

Mainichi Daily News, Tokio

Mitteilungen der Gesellschaft für Natur- und Völkerkunde Ostasiens, Tokio, abgekürzt OAG

Kagami, Zeitschriftenspiegel, herausgegeben von der Gesellschaft für Natur- und Völkerkunde Ostasiens, Tokio

Übersetzungsdienst der US-Botschaft, Tokio, von in japanischer Sprache erscheinenden japanischen Zeitungen und Zeitschriften

Mitteilungen des Deutsch-Japanischen Wirtschaftsbüros, Hamburg

Abegg, Lily: Ostasien denkt anders, Atlantis-Verlag, Zürich 1949

Bälz, Erwin: Baelz, Toku. Das Leben eines Arztes im erwachenden Japan, Engelhorn-Verlag, Stuttgart 1951

Bälz, Erwin: Über die Todesverachtung der Japaner, J. Engelhorns Nachf., Stuttgart 1936

Baerwald, Hans H.: The Purge of Japanese Leaders under the Occupation, University of California Press, Berkeley and Los Angeles 1959

Baumann, Felix: Japaner-Mädel, Dr. P. Langenscheidt, Berlin

Benedict, Ruth: The Chrysanthemum and the Sword, Charles E. Tuttle Company of Rutland, Vermont and Tokio, 1958

Bersihand, Roger: Geschichte Japans, Alfred Kröner Verlag, Stuttgart 1963

Chamberlain, Basil Hall: Allerlei Japanisches, Bondy-Verlag, Berlin 1912

Combat: Pacific Theatre, edited by Don Congdon, Dell Publishing Co., New York 1958

Combat: The War with Japan, edited by Don Congdon, Dell Publishing Co., New York 1962

Dumoulin, Heinrich: Zen, Geschichte und Gestalt, Francke Verlag, Bern 1959

Franke, Wolfgang: Das Jahrhundert der chinesischen Revolution, R. Oldenbourg Verlag, München 1958

Grimm, Tilemann: Mao Tse-tung; Rowohlt, 1968

Gutenberg, Erich: Über japanische Unternehmungen, Betriebswirtschaftlicher Verlag Dr. Th. Gabler, Wiesbaden 1960

Hall, Robert King: Shushin, The Ethics of a Defeated Nation, Bureau of Publications, Teachers College Columbia University, New York 1949

Hall, Robert King: Kokutai no hongi, übersetzt von John Owen-Gauntlett, Harvard University Press 1949

Haushofer, Karl: Japan baut sein Reich, Zeitgeschichte Verlag, Berlin 1941
Hax, Karl: Japan, Wirtschaftsmacht des Fernen Ostens, Westdeutscher Verlag, Köln und Opladen 1961
Ike, Nobutaka: Japanese Politics, Alfred A. Knopf, New York 1957
Ikeda, Daisaku: The Human Revolution, Band I und II, The Seikyo Press, Tokio 1965
Inoguchi, Rikihei: The Divine Wind, Bantam books, New York 1960
Jaeckel, Theodor: Die japanische Arbeiterbewegung, OAG Band XXXIX, Teil E, Tokio 1959
Jensen, Gustav: Seemacht Japan, Verlag Karl Siegismund, Berlin 1943
Johnson, Chalmers: An Instance of Treason, Stanford University Press, Stanford, California 1964
Kanokogi, K.: Der Geist Japans, Im Verlag der »Asia Major« Dr. Bruno Schindler, Leipzig 1930
Kimase, Seizo: Mitsuro Toyama kämpft für Großasien, Zinnen-Verlag, München, Wien, Leipzig 1941
Kurzman, Dan: Japan sucht neue Wege, Verlag C. H. Beck, München 1961
Kawai, Kazuo: Japans American Interlude, The University of Chicago Press 1960
Latourette, Kenneth Scott: Geschichte des Fernen Ostens in den letzten hundert Jahren, Metzner-Verlag, Frankfurt/Main 1959
Leng, Shao Chuan: Japan and Communist China, Doshisha University Press, Kyoto 1958
MacArthur, Douglas: Reminiscences, Fawcett Publications, Inc., Greenwich, Connecticut 1965
Maruyama, Masao: Thougt and Behaviour in Modern Japanese Politics, edited by Ivan Morris, London, Oxford University Press, New York, Toronto 1963
Meissner, Kurt: Grundlagen der nationalen Erziehung in Japan, OAG XXVIII, Teil A
Meissner, Kurt: Der Shintoismus als Quelle des japanischen Volkscharakters und Nationalgeistes, OAG XXVIII
Mochizuki, Kotaro: The Late Emperor of Japan as a World Monarch; The Liberal News Agency, Tokio 1913
Montgomery, John D.: Forced to be Free, The University of Chicago Press, 1957
Morris, Ivan: Nationalism and the Right Wing in Japan, Oxford University Press London, New York, Toronto 1960
Okumiya, Masatake: Zero, Japan's Air-War in the Pacific, Ballantine Books, New York 1956
Political Reorientation of Japan: Report of Government Section, Supreme Commander of the Allied Powers, September 1945 to September 1948
Reischauer, Edwin O.: Japan, Past and Present, Charles E. Tuttle Company, Tokio 1953
Reischauer, Edwin O.: The United States and Japan, Harvard University Press, Cambridge, Massachusetts 1957
Riess, Ludwig: Allerlei aus Japan, Band 1 und 2, Verlag Deutsche Bücherei, Berlin SW 68, Band 27 und 28
Roggendorf, Joseph (Herausgeber): Das moderne Japan, Sophia-Universität Tokio 1963
Romein, Jan: Das Jahrhundert Asiens, Francke Verlag, Bern 1958
Ruge, Friedrich: Entscheidung im Pazifik, Rütten & Loening Verlag, Hamburg 1951
Schinzinger, Robert: Maske und Wesen, OAG XLIV, Teil 1

Shigemitsu, Mamoru: Die Schicksalsjahre Japans, Alfred Metzner Verlag, Frankfurt/Main 1959
Sieburg, Friedrich: Die stählerne Blume, Societäts-Verlag, Frankfurt/Main 1939
Sommer, Theo: Deutschland und Japan zwischen den Mächten 1935–1940, J. C. B. Mohr (Paul Siebeck), Tübingen 1962
Sources of Japanese Tradition: compiled by Ryusaku Tsunoda, Wm. Theodore de Bary, Donald Keene, Columbia University Press, New York 1958
Spengler, Oswald: Der Untergang des Abendlandes, Verlag C. H. Beck, München 1963
Storry, Richard: The Double Patriots, Chatto and Windus, London 1957
Suzuki, Daisetz Teitaro: Zen und die Kultur Japans, Rowohlt, Hamburg 1958
Tappe, Friedrich: Soziologie der japanischen Familie, Aschendorffsche Verlagsbuchhandlung, Münster 1955
Togo, Shigenori: Japan im Zweiten Weltkrieg, Athenäum-Verlag, Bonn 1958
Tokutomi, Soho: Die Sendung des japanischen Kaiserreiches, Maruzen Verlagsbuchhandlung, Tokio 1939
Tresmin-Trémolières: Yoshiwara. die Liebesstadt der Japaner, Louis Marcus Verlagsbuchhandlung, Berlin W 15
Wendt, Ingeborg: Zen, Japan und der Westen, Paul List Verlag, München 1961
Wildes, Harry Emerson: Typhoon in Tokio, London George Allen, The Macmillan and Unwin Ltd. Company, New York 1954
Yoshida, Shigeru: Japan im Wiederaufstieg, Eugen Diederichs Verlag 1963

REGISTER